홍익인간과
삼균주의의 미래

홍익인간과 삼균주의의 미래

초판 1쇄 인쇄 2025년 7월 15일
초판 1쇄 발행 2025년 7월 30일

지은이	소대봉
펴낸이	윤관백
펴낸곳	선인
등록	제5-77호(1998.11.4)
주소	서울시 양천구 남부순환로 48길 1, 1층
전화	02)718-6252/6257
팩스	02)718-6253
이메일	suninbook@naver.com

ISBN 979-11-6068-985-3 93900
정가 28,000원

홍익인간과
삼균주의의 미래

소대봉

책을 내면서

언젠가부터 홍익인간이라는 단어가 뇌리에 박혀 있었다. 대립과 경쟁, 침략과 정복과 지배로 점철되었다고 배운 인류 역사에는 어울리지 않는 생뚱맞은 단어였기에 어느 한순간에 뇌리에 박힌 것일까?

조소앙선생이 초안을 잡은 〈대한민국건국강령〉에서 삼균제도와 홍익인간이 융합되었음을 알고 나서 조소앙에 관심을 두게 되었다. 조소앙을 연구한 글과 조소앙이 쓴 글을 읽어가다 어느 순간 중단했다.

1925년 이승만이 임시정부 대통령에서 탄핵되었는데 이승만의 당인(黨人)이었던 조소앙이 이승만에게 답신한 서신에서 "무사(武士) 기십인을 지휘하야 정부 급(及) 의정원의 문부(文簿)와 인장을 압수하고 즉시 내각을 발표하야 정령(政令)을 반포하면" 박은식정부는 와해될 것이니 "소불하(少不下, 적게 잡아도) 기천원이라도 임시로 보내"달라는 내용[1]을 인지한 이후다. 대한민국 임시정부 대통령에서 탄핵된 이승만을 위해 조소앙이 쿠데타를 일으킬 자금을 요청했다는 것이다.

물론 당시 조소앙은 광복이후 권력을 잡은 이승만이 제주 4·3과 보도연맹사건으로 수 십 만의 양민학살을 자행하리라고는 상상도 할 수 없었을 것이다. 기호파 원로였던 이시영이 이승만 탄핵이 절차상의 정당성을 갖추지 못한 '정변'이라고는 하였으나,[2] 조소앙이 이승만을 위해 정변을 모의했다는 사실은 큰 충격이었다.

수개월 후 조소앙을 연구한 글을 보다 더 큰 충격을 받았다. 소위 SKY(서

---

[1] 「조소앙→이승만」(1925.5.16.), 柳永益 外編, 『李承晚 東文 書翰集』下, 연세대학교출판부, 2009, 311~313쪽.
[2] 김인식, 『조소앙평전』, 민음사, 2022, 284쪽.

울대·연대·고대) 법대 석·박사 논문을 보는데 삼균주의의 사상적 배경이 '주희 성리학'이라고 인용하고 있는 것이었다. 신분제 유지를 근간으로 하는 성리학에서 민주공화국 대한민국 건국지침인 삼균주의가 나왔다고 주장하는 논리를 도무지 이해할 수 없었다. 전통시대의 인성교육은 대개 유교성리학과 연결된다. 유교적 인성교육인 '수신'의 최종목표는 '평천하'에 있다. 효도의 최정점을 입신양명에 두는 것과 통한다. 유교에서는 인성교육의 목표를 '공생'이 아니라 '개인적인 영달'을 추구함에 두고 있었던 것이다. 그 결과 중화(中華)적 인간상, 체제순응적 인간상, 공리공론적 인간상, 권위적 인간상, 남존여비적 인간상 등 부정적 측면이 훨씬 강하게 나타났던 것이다.

민주공화국 대한민국의 건국지침인 삼균주의가 망국의 철학이었던 주희성리학에 바탕하고 있다는 잘못된 연구 성과가 퍼지는 것은 큰 문제가 아닐 수 없었다. 삼균주의의 사상적 기반에 대해 정리해야 할 필요를 강하게 느꼈다. 정치·경제·교육의 균등이라는 삼균제도가 우리민족이 지킬 최고공리이자 우리나라 건국정신인 홍익인간의 내용적 실체라는 조소앙의 언명(言明)은 대중들에게도 널리 알려져야 했다. 박사논문을 『홍익인간과 삼균주의의 미래』라는 책으로 내야 했던 이유다.

대학원 공부를 독려하신 허성관 전 행자부 장관님, 선도문화와 홍익인간의 길로 안내해 준 정경희 교수님, 만학도의 짜증을 다 받아준 우리 집의 세 여인, 아내와 두 딸에게도 무한한 고마움과 사랑을 전한다.

신시개천 5922년·단기 4358년·서기 2025년 7월
光明에서 필자

이 책의 요지를 먼저 살펴보고 싶은 독자를 위해

　이 책은 근대 홍익정치론을 중심으로 우리 역사에서 펼쳐진 한국선도의 홍익정치 전통과 삼균주의를 연구한 글이다. 삼균주의는 대일항쟁기 독립투사이자 정치사상가인 소앙(素昻) 조용은(趙鏞殷)이 일제에 강점당한 한국의 현황과 삼국시대 이래의 역사 연구를 통해 혁명의 이론적 무기로 찾아낸 삼균제도를 홍익인간사상과 융합하여 홍익정치론으로 완성시킨 정치사상이다. 홍익인간사상을 정치에 투영하여 실천하는 것이 홍익정치였고 그 핵심가치는 '공생(共生)'이었다.
　한국선도에서는 우주에 편재(遍在)하는 존재의 근원이자 생명의 본질인 기(氣)를 매개로 사람 안의 기를 깨워내는 수행을 통해 사람 안의 생명력을 회복[신인합일·성통]하고 사회 전체의 생명력 회복을 위해 실천[홍익인간·공완]한다. 한국선도는 지감(止感)·조식(調息)·금촉(禁觸) 세 가지 수행으로 내면의 밝은 신성(禋性)인 양심이 회복된 개개인이 양심이 깨어 있는 밝은 세상을 만들어 나아가는 실천 사상이다.
　한국선도는 '하늘·땅·사람'(三)을 분리되지 않는 하나(一)로 통찰한다. 만인이 기를 동등하게 받았다고 인식하기에 '균등'의식은 자연스럽게 도출되며, 홍익인간사상이 공생을 핵심가치로 삼는 것은 자연스러운 귀결이다. 『삼국유사』의 환웅사화, 『단군세기』의 홍도익중 가르침, 단군조선의 범금8조와 5% 세금, 부루의 치수법 전수, 삼국시대의 진휼정책은 유구한 홍익정치의 실천이었다.
　단군조선 와해, 선도와 불교의 습합, 서경천도운동 무산을 거치며 점점 약화된 한국선도는 성리학을 국시로 창건한 조선에서 민속·무속 기층문화로 저류화(低流化)되어 공적영역에서 사라져갔다. 태종의 선도서 분서(焚書)와 수서령, 세조·예종·성종의 선도서 수서령은 사대의 대척점인 자주의 선도사상, 유교적 신분질서와 상극인 선도 평등사상을 척결하겠다는 조선왕조의 의지 표명이었다.

대종교 형식으로 중광한 한국선도는 1910~1920년대 자주독립과 민족정체성 정립이라는 시대적 과제에 집중했기에 공생 가치에까지는 관심을 두지 못했지만, 항일무장투쟁·국학운동·식산자강운동으로 홍익인간사상을 실천했다.

1920년대 이후 사회주의 세력이 한 축을 이룬 독립투쟁에서 좌우합작은 필요조건이어서 공생의 홍익인간사상이 본격적으로 주목되었다. 1930~1940년대 홍익인간사상을 표방하고 정치사상으로 발전시킨 대표적인 대종교계 선가(仙家)들이 정인보, 조소앙, 안재홍이다.

정인보는 『동아일보』를 통해 홍익인간사상을 대중에 전파하였다. 그의 홍익인간사상은 개인적인 평안, 해탈, 불로장생 희구가 아닌 수행을 통한 깨달음을 사회적으로 실천하여 이상적인 공동체를 현실에서 구현하는 것이었다. 안재홍은 역사 연구를 통해 단군조선에서 실천되었던 고래의 민주주의 '다사리'를 전민족·전민중으로 확대하고 보편화한 신민주주의를 주창했다. 이 역시 홍익인간사상의 발현이었다.

조소앙은 정인보가 홍익인간사상을 대중적으로 널리 알린 이후 삼균제도를 홍익인간사상과 융합하여 홍익정치론인 삼균주의를 완성했다. 삼균주의는 광복이후의 신민주국가 건국지침으로 안으로는 정치·경제·교육의 철저한 균등 사회 구현을, 밖으로는 민족과 민족, 국가와 국가 간 평등과 인류평화를 지향했다. 삼균주의의 사상 기반은 바로 한국선도의 홍익인간사상이었다.

삼균주의 관점에서 바라보면 현대 한국사회는 정치, 교육과 달리 경제는 오히려 균등과는 역방향으로 질주해 왔다. 공생 가치에 바탕한 홍익정치가 펼쳐지지 않았기 때문이다. 홍익정치는 '1인 1표제'라는 정치 균등의 형식과 '공생'이라는 내용이 결합되어야 현실화될 수 있을 것이다. 이는 당연히 개개인과 공동체가 공생을 핵심 가치로 삼을 수 있도록 홍익교육이 전제되어야 한다.

다양한 연구를 통해 선도 수련이 공생의식을 함양시킨다는 사실이 확인되고 있다. 공교육과 사회 일반에서 수련문화가 확산되어야 한다. 홍익교육의 선행(先行)과는 별개로, 참여민주주의와 배심 재판 제도는 홍익정치를 활성화시킬 것이다. 기본 소득과 함께 ESG 경영은 공생경제로 가는 한 방안이 될 것이다.

삼균주의의 미래는 홍익교육의 '인성회복' 운동이 '홍익정치'로 이어져야 열릴 것이다. 그 방향은 '교육[인성회복을 위한 선도 수련문화 보급·실천] → 정치[홍익인간사상을 정치에서 실천하는 홍익정치] → 경제[공생경제]' 방향으로 진행되어야 하는 것이다.

차례

책을 내면서   5
이 책의 요지를 먼저 살펴보고 싶은 독자를 위해   7

I 머리말
1. 연구의 목적과 방향   15
2. 이 책의 구성을 살펴보면   26

II 한국선도의 홍익인간사상과 홍익정치 전통
1. 한국선도의 성통·공완론에 기반한 홍익인간사상   31
2. 한국 상고·고대사 속의 홍익정치 전통   45

III 1910~1920년대 대종교의 성통·공완 실천과 홍익정치론의 토대 마련
1. 구한말 선도문화의 부활과 대종교 중광   75
2. 대종교의 성통·공완 실천   95

IV 1930~1940년대 대종교계 선가들의 홍익정치론 모색과 전개

1. 홍익정치론 등장의 시대적 배경 117
2. 정인보의 '홍익인간사상'과 홍익정치론의 모색 134
3. 안재홍의 '신민주주의'와 홍익정치론의 전개 142

V 1930~1940년대 조소앙의 '삼균주의'와 홍익정치론의 구체화

1. 삼균주의의 사상 기반에 대한 선행연구의 한계:
   한국선도 전통의 몰이해 159
2. 삼균주의의 사상 기반, 한국선도 190
3. 삼균주의와 홍익정치론의 구체화 220

VI 광복 이후 삼균주의의 계승과 발전

1. 삼균주의 적용의 한계와 '홍익교육'의 중요성 243
2. 현대 한국사회의 선도와 홍익교육의 진전 257
3. 홍익교육에 기반한 삼균주의의 미래 273

VII 맺음말

참고문헌 299
찾아보기 313

I.

머리말

1. 연구의 목적과 방향

일제강점기 대일항쟁을 통해 자주독립국가를 만들고자 했던 독립투쟁은 조소앙의 표현에 의하면 민족의식 운동과 계급의식 운동[1]으로 대별되는 흐름이었다. 두 흐름은 대결 국면도 있었으나 1920년대 중반 이후 줄기차게 좌우익 진영 간의 합작이 추진되었다. 마침내 1940년대에는 임시정부 자체가 좌우합작의 통일전선체가 되기에 이른다.[2] 신채호는 1923년 의열단의 이념적 기초를 세우기 위해 작성한 〈조선혁명선언〉에서 일본제국주의를 '강도'라고 표현했다. 강도 일본을 쫓아내고 새로이 수립될 대한민국은 모든 국민이 정치·경제·교육의 권리를 균등(均等)하게 향유(享有)하는 부흥하고 평안한 나라로서 홍익인간(弘益人間) 이화세계(理化世界)하자는 우리나라 건국이념에 기반하여 세워질 터였다. 조소앙은 1941년(단기 4274년) 11월 28일 공포된 〈대한민국건국강령〉에서 우리나라를 "우리민족이 반만년 이래 공통된 언문(言文)과 국토와 주권(主權)과 경제와 문화를 가지고 공통된 민족정기를 길러온, 우리끼리 형성하고 단결한 고정적 집단의 최고조직"으로 보았다. 우리나라는 단군왕검이 하늘을 열고 나라를 세움(開天建國)[3]으로써 창건된 것으로 보는 것이다.

---

[1] 조소앙, 「韓國之現狀及其革命趨勢」, 『소앙선생문집』 상, 횃불사, 1979, 73쪽.
[2] 김영범, 『한국 근대민족운동과 의열단』, 창작과비평사, 1997, 22쪽.
[3] 조소앙, 「한국독립당 당의해석」, 『조소앙선집』 상, 2021, 323쪽. 한국선도에서 환웅천왕이 신시개천(神市開天)한 배달국 이후 약 6000년을 우리민족 역사로 보는 것과는 시각이 조금 다르다.

1941년 〈대한민국건국강령〉에서 제시되는 삼균주의(三均主義)[4]는 조소앙이 독립투쟁 기본 방략 및 광복된 조국의 건국지침으로 삼기 위해 체계화한 정치사상이다. 삼균주의는 '정치 균등·경제 균등·교육 균등'이라는 삼균 원칙을 실현해야 개인과 개인, 민족과 민족, 국가와 국가에서 전 세계 인류 행복까지 있을 수 있다는 인식에 근거하여, 우리민족 행복에서부터 전 인류 행복을 실현하는 유일하고 절대적인 기초가 되는 '균등'을 중심사상으로 한 것이다.[5]

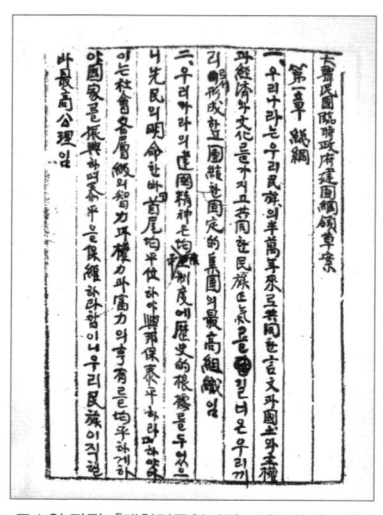

조소앙 자필, 「대한민국임시정부건국강령 초안」

　조소앙은 일제강점기 한국의 현황과 삼국이래의 역사 연구[6]에서 불평등을 해소하는 혁명의 이론적 무기로 삼균제도(三均制度)를 찾아냈다. 삼균제도는 '수미균평위 흥방보태평(首尾均平位 興邦保泰平)'이라는 선민(先民, 옛 현인)의 명명(明命)에 역사적 근거를 두었다. '(저울의) 머리와 꼬리 수평을 잘 잡으면 나라가 융성하고 태평성대를 보장받을 것'이라는 뜻의 '수미균평위 흥방보태평'은 〈신지비사(神誌祕詞)〉를 인용한 것으로, 『고려사』 〈김위제열전〉에 실려 있다. 종래 삼경(三京)의 균형 있는 운영으로 해석해 오던 것을 조소앙이 정치·경제·교육의 균등으로 해석하였다.

4　조소앙이 쓴 「대한민국임시정부건국강령초안」에 명시(明示)된 '삼균주의'가 1941년 11월 28일 임시정부가 공포한 「대한민국건국강령」에서는 '삼균제도'로 바뀌어 있다. 필자는 삼균제도와 홍익인간사상이 융합되어 제시된 정치사상을 삼균주의로 보는 입장이다. 따라서 「대한민국건국강령」에는 '삼균제도'로 표현되었으나 홍익인간사상과 융합이 명확하게 보이므로 '삼균주의'라고 사용하였다.
5　조소앙, 「韓國獨立黨 黨義解釋」, 『소앙선생문집』 상, 횃불사, 1979, 207쪽.
6　조소앙, 「韓國之現狀及其革命趨勢」, 앞의 책, 1979, 39~82쪽.

삼균제도는 배달겨레(Baedal ethnic)의 건국정신으로 우리민족이 지켜야 할 최고 공리(公理, 증명할 필요가 없이 자명한 진리)인 홍익인간 이화세계를 이루는 내용적 실체이자 실천 지침이었다. 이 책에서는 통상 사용하는 '한민족' 대신 '배달겨레'라고 하였다. 우리민족은 신시를 중심으로 배달국을 창건한 환웅천왕으로부터 유래한다고 알려져 왔다.[7] 『예종실록』 1년 9월 18일 '수서령'에 그 이름이 나오는 『삼성밀기(三聖密記)』에 의하면 환웅족이 웅족과 혼인동맹으로 '환족(桓族; 밝족, 배달겨레)'이 성립되었다.[8] 우리민족을 통상 한(韓)민족(Korean)이라고 하나 Korean은 왕건이 건국한 고리(高麗)[9] 시기에 성립된 용어다. 장수태왕 때 국호가 고구리에서 고리로 바뀌었다[10]는 것을 염두에 두고 연대를 끌어올려도 영어로 소개되는 우리민족 역사는 1600여년을 넘어서지 못한다. 환(桓)이 후대에 한(韓)으로 표기가 바뀌어 현재에 이르고 있다 하더라도 민족의 시원을 정확하게 드러내지 못하는 문제가 있기에 배달국을 세운 환족이 민족의 시원임을 명확히 하기 위해 배달겨레라는 용어를 선택했다.

조소앙이 역사 연구에서 혁명의 무기로 찾아내 1930년 한국독립당 당의

---

7 『三國遺事』 紀異1 古朝鮮王儉朝鮮, "古記云 昔有桓因庶子桓雄數意天下貪求人世 父知子意下視三危太伯可以弘益人間 乃授天符印三箇遣徃理之 <u>雄率徒三千降於太伯山頂神壇樹下謂之神市 是謂桓雄天王也</u>"; 『三聖紀』上, "後 <u>桓雄氏</u> 繼興 奉天神之詔 降于白山黑水之間 鑿石井女井於天坪 劃井地於靑邱 持天符印 主五事 在世理化 弘益人間 <u>立都神市 國稱倍達</u>"

8 『太白逸史』神市本紀, "<u>三聖密記曰</u> 桓國之末 有難治之强族 患之 桓雄爲邦 乃以三神設敎而聚衆作誓 密有剪除之志 時族號不一 俗尚漸岐 原住者謂虎 新移者爲熊 然虎性貪嗜殘忍 專事掠奪 熊性愚悷自恃 不肯和調 雖居同穴 久益疏遠 未嘗假貸 不通婚嫁 事每多不服 咸 未有一其途也 至是 熊女君聞桓雄有神德 乃率衆往見 日願賜一穴廛 一爲神戒之氓 雄乃許之 使之奠接 生子有産 虎終不能悛 放之四海 <u>桓族之興 始此</u>"; 『太白逸史』神市本紀, "<u>盖我桓族 皆出於神市所率三千徒團之帳</u>"

9 高句麗와 高麗는 본디 한자가 아니고 나라이름인 '고구리'와 '고리'를 한자로 옮긴 것이다. 나라이름으로 읽을 때 '麗'는 '리'로 읽어야 한다.(서길수, 「高句麗와 高麗의 소릿값(音價)에 대한 연구」, 『高句麗硏究』 20, 2007.)

10 서길수, 『장수왕이 바꾼 나라이름 고리(高麗)』, 여유당, 2019. 고구리와 같은 시기에 존재했던 차이나 왕조의 16개 사서(『한서』~『신당서』)에는 '고구리'를 뜻하는 나라이름이 1209회 나오는데 그중 1002회는 '고리'로 기록되었다.

(黨義)·당강(黨綱)에 채택된 삼균제도는 1941년 〈대한민국건국강령〉에서 우리나라 건국정신인 '홍익인간'과 융합(融合)됨으로써 삼균주의로 완성되었다. 역사연구에서 찾아낸 '삼균제도'와 삼균제도를 내용적 실체로 하여 홍익인간사상을 실현하려는 정치사상인 '삼균주의'를 구별해 본 것은 한국선도의 시각에서 바라본 새로운 접근법이다.

삼균주의에 대한 연구는 많으나 건국정신 홍익인간과 결합에 대해 관심을 가진 논문은 많지 않은 것이 현실이다. 필자는 삼균제도와 융합된 '홍익인간사상'을 고찰하고자 한다. 삼균주의를 홍익인간사상을 정치에 투영하여 실현하고자 했던 정치사상, 즉 홍익정치[11]로 보기 때문이다. '나라를 세우는 데 최고 이상(理想)으로 삼는 정신'이라는 의미에서는 '홍익인간이념'으로 표현할 수도 있을 것이다. 필자는 '홍익인간'이라는 용어에서 '세계관·인생관'을 드러내고자 하였기에, 세계관·인생관을 포괄하는 의미의 '사상'이라는 개념어와 결합하여 '홍익인간사상'이라는 용어를 사용하였다.

배달겨레의 고유 사상은 한국선도(韓國仙道)라고 칭한다. 선도(仙道), 선교(仙教), 풍류도(風流道), 풍월도(風月道), 신선도(神仙道), 신교(神教), 고신교(古神教), 종교(倧教) 등 다양한 용어로 불렸던 배달겨레의 고유 사상을 정경희는 '선도(仙道)'라고 명명하였다. 이는 고유의 민족사상이 단순한 종교나 신앙 전통이 아니라 '신선(神仙: 선(仙)·전(佺)·종(倧)'으로 표상(表象)화 되는 전인적 인격체가 되는 심신 수련법에 입각한 존재론적 인식을 담은 사유 체계인 점에 주목한 것이다. 차이나 도교 전통(도가철학·도교신앙·내단수련법)과 다른 사상인 점을 분명하게 드러내는 경우에는 '한국선도'로 표기하였다.[12]

---

11 이홍범은 홍익민주주의라는 용어를 사용하여 홍익정치를 논한다.(『홍익민주주의』, 도서출판대성, 1993.) 한영우는 홍익인간이념을 정치에 반영하려는 노력을 '홍익적인 정치'라고 하였고,(『한국선비지성사』, 지식산업사, 2010, 127쪽.) 임기추는 홍익정치를 정치와 홍익인간의 이념을 조합시킨 개념으로 보고 있다.(『홍익인간사상의 현대적 적용에 의한 홍익정치 실현방향』, 『역사와 융합』 9, 2021, 163쪽.)

12 정경희, 「韓國仙道와 檀君」, 『도교문화연구』 31, 2009, 93쪽.

한국선도는 우주에 편재(遍在, 두루 존재)하는 기(氣, energy·생명력)를 매개로 사람 안의 기를 깨워내는 '천인합일(天人合一)·신인합일(神人合一)' 수행(修行, 몸과 마음을 닦음)에 기반한다. 신(神)은 신(神)의 옛글자(古字)다.[13] 현대 선도에서는 종교적 신념체계 속에서 인간의 정보나 관념에 의해 만들어진 신을 神(귀신 신)이라 하고, 종교로 정의할 수 없고 종교에 속박되지 않는 '홀로 스스로 존재하는 영원한 생명력', '모든 생명이 그 안에서 자신의 존재가치를 실현하는 자연의 법칙'으로서의 신을 神(하느님 신)으로 구별한다.[14]

선도수행을 본령(本領)으로 하는 한국선도의 대표적 집단 선도수행이 제천(祭天)이다. 선도제천문화(仙道祭天文化)[15]란 수행을 통해 사람 안의 생명력을 회복[신인합일:성통(性通)]한 후 사회 전체의 생명력 회복을 위해 실천[홍익인간:공완(功完)]하는 것을 말한다. 다시 말해 지감(止感)·조식(調息)·금촉(禁觸) 수행을 통해 양심이 회복된 개개인이 양심이 깨어 있는 밝은 세상을 만들어 가는 실천문화인 것이다.

'홍익인간'은 신시배달국에서 단군조선으로 이어지는 우리나라 건국이념으로, 한국선도에서 개인적 수행과 사회적 실천으로 추구하는 최종 목표였다. 선조들은 모든 사람을 하늘의 기를 동등하게 받은 존재로 인식하였기에 사람들이 모두 본질적으로 '하나'라는 것을 당위론적인 진리로 인식하였다. 기(氣)일원론의 세계관에서는 모두가 균등하다는 인식이 자연스럽게 도출되는 것이다. 따라서 두루[16] 세상을 이롭게 한다는 홍익인간이 '공생(共生)'을 핵심가치로 삼는 것은 너무도 자연스러운 귀결이다. 현대어와 달리 이조어

---

13 대종교총본사편, 『譯解三一神誥』
14 이승헌, 『숨쉬는 평화학』, 한문화, 2002, 61~63쪽.
15 이하에서는 '선도제천문화'를 줄여서 '선도문화'로 사용하기도 하였다.
16 홍(弘)을 '빠짐없이 골고루'라는 '두루'로 해석한 것은 정인보의 해석을 가져온 것이다. (정인보, 「단군개천과 十月」, 『담원정인보전집』 2, 연세대학교출판부, 1983, 362~363쪽.)

I. 머리말   19

(李朝語)까지 인간은 사람이 아닌 세상을 뜻하는 말이었기에[17] 홍익인간을 '세상을 두루 이롭게 한다'로 해석하는 것이다.

홍익인간사상은 정치에 투영되어 실천되었다. 각종 병화로 산실(散失)되어[18] 파편적으로만 겨우 전하는 선도사서에는 신시배달국에서부터 홍익정치가 실현되었다고 전한다. 『삼국유사』에 실려 전하는 (단군사화로 알려진) 환웅사화(桓雄史話)가 대표적이다. 『삼국유사』에 인용한 고기(古記) 기록은 대부분 내용이 환웅에 대한 이야기이며, 배달국 선도제천문화가 고고학으로 입증되었으므로 환웅사화로 표현하였다.[19] 만주지역 고고학 발굴·연구 성과는 서기전 7200년~서기전 6600년으로 편년되는 소남산문화 2기층이 동북아 선도제천문화의 출발점임을 보여주어 환국-배달국-단군조선으로 이어진다고 선도사서에 전하는 선도제천문화가 역사적으로 실재(實在)하였음을 입증하고 있다.[20]

공생을 핵심가치로 하는 홍익정치는 삼국시대에도 진휼(賑恤)이라는 국가 정책으로 면면히 이어졌다. 이재민(罹災民)에 대한 구휼(救恤)은 물론, 재난상황이 아님에도 환과고독(鰥寡孤獨)을 구휼하는 공생 가치가 펼쳐졌던 것이다. 환과고독은 『맹자』에 나오는 말인데, 환은 늙어서 아내가 없는 홀아비, 과는 늙어서 남편이 없는 과부, 고는 고아, 독은 늙어서 자식이 없는 노인을 말한다.[21] 환과고독은 사궁(四窮)으로도 지칭된다.

---

17 류창돈, 『李朝語辭典』, 연세대학교출판부, 1964, 621쪽.
18 『東史綱目』凡例 採據書目, "按三國當時各有史官記史 而麗濟二國則隋唐用兵 新羅之末萱裔交亂 故歷代圖籍皆無可考"
19 소대봉, 「선도 홍익사관의 전승 과정 연구」, 국제뇌교육종합대학원 석사학위논문, 2022, 9쪽.
20 정경희, 「흑수백산지구 소남산문화 '환호를 두른 구릉성 적석단총'의 요서지구 흥륭와문화로의 전파」, 『유라시아문화』 6, 2022; 정경희, 「흑수백산지구 소남산문화 '적석단총-옥석기문화'의 요서지구 소하서문화~흥륭와문화로의 전파」, 『유라시아문화』 7, 2022; 정경희, 「흑수백산지구 소남산문화의 옥·석기 조합 연구」, 『선도문화』 32, 2022.
21 『孟子』梁惠王章句下, "老而無妻曰鰥 老而無夫曰寡 老而無子曰獨 幼而無父曰孤 此四者天下之窮民而無告者"

선도제천문화라는 민족 고유 사상전통에 바탕한 한국선도의 핵심가치는 홍익인간사상, 즉 공생이다. 수행을 통한 개인의 깨달음을 사회적으로 실천하여 이상적인 공동체를 현세에 구현하는 것은 더불어함께 살아가는 공생을 실천하는 것을 의미한다. 필자는 삼균주의를 근대 홍익정치론의 정점(頂點)으로 바라보기에 삼균주의라는 홍익정치론이 나오기까지 한국선도 홍익정치론의 전개과정에 관심을 가지게 되었다.

　이에 본 연구에서는 먼저, 홍익인간사상을 정치에 투영하여 실현하려는 홍익정치 전통을 다루었다. 홍익인간사상은 선도문화의 핵심이기에 선도문화와 부침(浮沈)을 같이 한다. 성리학이 득세하는 고리 말 이후 저류화(低流化)되고 성리학을 국시(國是)로 조선이 창건된 이후 공적 영역에서 자취를 감추게 되는 선도문화는 조선이 일제 식민지로 전락하는 즈음에 민족종교 형식으로 양성화되었다. 홍익인간사상도 이즈음 부활한다.

　한국선도의 홍익정치 전통과 삼균주의를 다루는 본 연구는 근대 이후 홍익정치론을 중심으로 고찰하되, 그 전후관계까지도 살펴보았다. 이 시기 홍익정치를 논한 인물은 다양할 것이지만 본 연구에서는 대종교계 선가(仙家, 仙道를 닦는 사람)로서 홍익인간사상을 설파(說破)하는 대표적 인물인 나철, 정인보, 조소앙, 안재홍 4인으로 국한하였다.

　두 번째로, 〈대한민국건국강령〉에서 조소앙이 언명(言明)하였듯이 삼균주의가 홍익인간사상과 분리될 수 없음을 이해한다면 삼균주의의 사상적 기반에 대한 논의는 구구하게 이루어질 이유가 없었다. 선행연구를 분석한 결과, 삼균주의의 사상 기반을 민족 고유 사상으로 바라보는 연구[22]도 있었지

---

[22] 한승조, 「단군신앙과 소앙사상」, 『한국의 정치사상』, 일념, 1989; 한승조, 「한국 정신사적 맥락에서 본 소앙사상」, 『삼균주의론선』, 삼성출판사, 1990; 최충식, 「삼균주의와 삼민주의」, 『삼균주의론선』, 삼성출판사, 1990; 신용하, 「조소앙의 사회사상과 삼균주의」, 『한국학보』 104, 2001; 정영훈, 「조소앙의 단군민족주의와 삼균사상」, 『단군학연구』 38, 2018; 정영훈, 「민족고유사상에서 도출된 통일민족주의」, 『단군학연구』 40, 2019; 김동환, 「조소앙과 대종교」, 『국학연구』 23, 2019.

만, 많은 연구자들이 다른 견해를 보였다. 유교적 이념이 사상 기반이라는 주장,[23] 주희성리학이 삼균주의의 사상 기반이라는 주장,[24] 유교에서 연유한 대동사상이라는 주장,[25] 손문의 삼민주의라는 주장,[26] 사회주의 같은 서구사상이라는 주장,[27] 안창호의 대공주의라는 주장,[28] 혹은 조소앙이 섭렵한 사상의 총합이 삼균주의의 사상 기반이라는 주장[29]도 있었다.

삼균주의는 대한민국임시정부에서 '건국강령'으로 제시한 광복이후 건국의 지침이기에 그 사상 연원을 밝히는 것은 매우 중요하다. 삼균주의는 대한민국이 법통을 이어받았다고 헌법에 명시한 대한민국임시정부에 참여했던 좌우를 막론한 독립투사들과 그들을 지지하고 후원한 민중들의 합의된, 우리나라 건국정신의 실천 지침이다. 홍익인간이라는 건국정신은 국가 존재 목적을 명시한 것이므로 국가 지도자와 국민들이 건국정신을 시대에 맞게 해석하고 계승·발전시키면서 실천해 나아가야 하는 것은 당위(當爲)다.

---

23 조일문, 「조소앙의 삼균주의」, 『삼균주의론선』, 삼성출판사, 1990; 김용호, 「조소앙의 삼균주의에 대한 재조명」, 『한국정치연구』 15, 2006; 정태욱, 「조소앙의 〈대한독립선언서〉의 법사상」, 『법철학연구』 14, 2011.

24 이상익, 「조소앙 삼균주의의 사상적 토대와 이념적 성격」, 『한국철학논집』 30, 2010.

25 조동걸, 「임시정부 수립을 위한 1917년의 「대동단결선언」」, 『한국학논총』 9, 1987; 한시준, 「조소앙의 삼균주의」, 『한국사 시민강좌』 10, 일조각, 1992; 신우철, 「건국강령(1941.10.28.) 연구 '조소앙 헌법사상'의 헌법사적 의미를 되새기며」, 『중앙법학』 10, 2008; 나종석, 「한국 민주공화국 헌법 이념의 탄생과 유교 전통」, 『철학연구』 147, 2018.

26 신우철, 「건국강령(1941.10.28.) 연구 '조소앙 헌법사상'의 헌법사적 의미를 되새기며」, 『중앙법학』 10, 2008.

27 정용대, 「조소앙의 삼균주의와 민족통일노선」, 『정신문화연구』 27, 2004; 여경수, 「조소앙의 삼균주의와 헌법사상」, 『민주법학』 48, 2012.

28 김희곤, 「대한민국임시정부 연구」, 지식산업사, 2004; 박만규, 「삼균주의 정립의 민족운동사적 배경 고찰: 안창호와 조소앙을 중심으로」, 『변태섭교수화갑기념 사학논총』, 삼영사, 1985; 박만규, 「안창호의 대공주의에 관한 두 가지 쟁점」, 『한국독립운동사연구』 61, 2018.

29 홍선희, 『조소앙사상』, 태극출판사, 1975; 강만길, 「민족운동·삼균주의·조소앙」, 『조소앙』, 한길사, 1982; 김기승, 『조소앙이 꿈꾼 세계』, 지영사, 2003; 김인식, 『조소앙평전』, 민음사, 2022.

우리의 역사정신과 고유문화에 기초한 민족 또는 국가이념을 정립함이 없이 외세 의존적이며 맹종적인 타성 속에서 외래의 민주주의를 그대로 흉내 내려 하는 것은, 자칫 외래의 정신과 정치이상 그리고 이데올로기 속에서 자아를 상실한 '얼이 빠진 민주주의'가 될 공산이 크다. 얼이 빠진 민주주의란 민족의 고유한 역사정신이나 고유문화에 기초한 민족 또는 국가이상을 정립함이 없이 개인적 자유, 권리 중시의 민주주의를 해보려는 민주주의를 말한다. 외래의 언어·역사·정신이 들어올 때 '세계주의'라 하여 얼이 빠져버리면 개인의 자유가 증대하면 할수록 민족 또는 국민정신의 분열·혼란이 증대할 위험성이 있다.[30] 그 표현이 추상적이라는 이유로 대한민국 교육이념인 홍익인간을 삭제하자는 법안을 국회에서 발의하는 사건까지 일어나는 작금의 현실이 이러한 위험성을 웅변(雄辯)하고 있다.

2021년(단기 4354년) 3월 24일 더불어민주당 민형배 의원 등이 〈교육기본법〉 제2조에 교육 이념으로 명시된 '홍익인간'을 삭제하는 내용의 〈교육기본법 개정안〉을 발의했다가 사회적으로 큰 비판에 직면하자 4월 22일 법안 발의를 철회하고 사과했다. '홍익인간'을 〈교육기본법〉에서 삭제하겠다는 법안의 문제점은, 법안 발의에 동의한 국회의원들이 대한민국 헌법 전문에 새겨진 "유구(悠久)한 역사와 전통에 빛나는 우리 대한국민은 3·1운동으로 건립된 대한민국임시정부의 법통을 계승"한다는 헌법정신을 위배하고 있는 것이다. 대한민국임시정부가 1919년 4월 11일 선포한 첫 헌법 〈대한민국임시헌장〉 제7조는 "대한민국은 신(神)의 의사(意思)에 의하야 건국한 정신을 세계에 발휘"함이다. 이는 1941년 11월 28일 공포된 〈대한민국건국강령〉에서 "홍익인간과 이화세계하자는 우리민족이 지킬 바 최고 공리"로 이어졌다. 대한민국임시정부 첫 헌법에 명시된 "신의 의사에 의하야 건국"한 '건국정신'

---

30 이홍범, 『홍익민주주의』, 도서출판대성, 1993, 161~171쪽.

이 바로 배달겨레의 건국정신인 '홍익인간'임을 분명히 밝히고 있는 것이다.[31]

이 신은 종교(religion)에서 말하는 신이라기보다는 대종교에서 말하는 신(神)으로 보아야 한다. 당시 임시의정원 의원 29인 중 21인이 대종교 원로[32]였으므로, 이 신은 대종교 경전『삼일신고』신훈(神訓)의 신(神)으로 보는 게 타당할 것이다. 기독교에서 말하는 신과는 달리, 그 신은 나의 뇌에 내려와 있는(降在爾腦) 신으로 신인합일이 가능한 신이기 때문이다. 신의 의사(하늘의 뜻)를 지상에서 펼치는 것이 대한민국 건국정신으로, 두루 세상을 이롭게 하는 '홍익인간'이다. 홍익인간이라는 건국정신은 1949년 제정된 〈교육기본법〉 제2조에 교육이념으로 명시되어 지금까지 유지되고 있다.

선행연구 정리는 그 방향을 간략히 정리하고 연구에 참고하는 것이 통상적이나 선도문화에 대한 몰이해 정도가 너무 심하여 선행연구 문제점을 부족하지만 필자가 다룰 수밖에 없었다. 그 연장선상에서 조소앙 글 중에서 그 사상적 기반과 내용을 확인하여 정리하였다.

정치·경제·교육의 균등으로 국가를 진흥하고 태평을 보유하는 삼균제도가 홍익인간 이화세계 하자는 우리나라 건국정신이자 민족의 최고 공리라고 〈대한민국건국강령〉 총강 제2절에 명시되어 있다. 그러나 삼균주의의 사상적 기반에 대해서는 구구한 논의가 있어왔다. 조소앙이 경험한 다양한 사상적 궤적들이 삼균주의에 영향을 주었겠으나 삼균주의의 사상적 기반은 대종교로 중광된 선도사상, 곧 단군의 가르침인 홍익인간사상이다. 주희성리학을 비롯한 다양하고 잡다한 사상들이 아닌, 홍익인간사상이 삼균주의의 근간이자 사상 기반임을 밝힌 점에 더하여 홍익인간사상의 기반이 한국선도이며 한국선도의 시각으로 삼균주의를 재조명한 점은 새로운 접근법으

---

31 소대봉,「한국 고대의 진휼과 '공생정치'」,『선도문화』34, 2023, 35쪽.
32 박명진,「대종교독립운동사」,『국학연구』8, 2003, 422쪽.

로의 가치가 있다.

　세 번째로, 광복 이후 국가 건설시기 실천 지침이었던 삼균주의 정치사상이 광복 80년이 된 현 시기에도 유효한가이다. 정치와 교육의 균등은 삼균주의가 주창될 당시 기준이 이미 충족되었으나 여전히 많은 한계를 드러내고 있다. 또한 작금의 대한민국에서 조소앙이 주창한 삼균주의 중 경제 균등은 오히려 역주행해 오고 있다.

　필자는 광복이후 새로운 나라를 건설하는 시기 홍익인간사상의 구체적 실천 지침이었던 삼균주의가 수행에 바탕한 홍익교육을 빠뜨리는 한계로 인해 홍익정치와 경제균등도 이루지 못했다고 보았다. 홍익인간사상을 가르치는 교육을 '홍익교육'이라 할 수 있다. 홍익교육은 지식과 정보를 전달하고 성적으로 평가하는 것에 초점을 두는 것이 아닌, 몸과 마음을 닦는 심신수련을 통한 성통, 즉 인성 회복을 위한 교육에 초점을 두는 표현이다. 나와 남(인류, 자연)이 둘이 아닌 하나이므로 사람은 뭇 생명과 공생해야 한다는 도리를 가르치는 교육이 '홍익교육'이다. 한국선도 관점에서 볼 때 삼균이 현실화되는 출발점이 홍익교육이 되어야 함을 밝힌 점도 새로운 접근법이다.

　이 시대에 맞는 정치·경제·교육의 균등을 위한 구체적인 방안들은 사계 전문가들이 심도 깊게 연구하고 시민, 정책결정자들과 함께 치열하게 숙론(熟論)[33]하면서 만들어 나아가야 할 것이다. 그러나 그 방향성은 분명해 보인다. 변화의 시작점은 지식 전달과 성적이 아닌 인성 회복에 초점을 맞춘 교육, 선도 수련문화의 보급과 실천에서 찾아야 하기 때문이다.

---

33 숙론은 여럿이 특정 문제에 대해 함께 깊이 생각하고 충분히 의논하여, 누가 옳은가(Who is right?)가 아니라 무엇이 옳은가(What is right?)를 찾는 과정이다.(최재천, 『숙론』, 김영사, 2024, 17~19쪽.)

2. 이 책의 구성을 살펴보면

이 책에서는 먼저 홍익인간사상을 정치에 투영하여 실현하고자 한 홍익정치 전통이 어떤 발전과정을 거쳐 근대 홍익정치론의 정점인 '삼균주의'에 이르고, 해방공간에서 통일민족국가 건설을 주창한 정치사상인 '신민주주의'에까지 이르는지를 살펴볼 것이다. 다음으로 근대 홍익정치론의 정점이었던 삼균주의의 관점에서 볼 때 현대 한국사회를 어떻게 바라볼 수 있을지, 근대의 삼균주의가 현대 선도에 이르러 어떻게 계승·발전되고 있는지 고찰하고자 한다.

근대 이후 홍익정치론을 다루기에 앞서 홍익인간사상에 대한 이해가 선행되어야 하기에 Ⅱ장에서는 한국선도의 핵심인 홍익인간사상과 홍익정치 전통을 살펴볼 것이다.

Ⅲ장에서는 근대 이후 1910~1920년대 대종교 중광(重光)을 계기로 홍익정치론의 토대가 마련되었음을 살펴볼 것이다. 성리학이 망국의 사상으로 전락된 20세기 초, 대종교 독립투사들은 일제 침탈에서 벗어날 희망의 빛을 대종교로 중광된 고래(古來)의 선도 전통에서 찾아 독립투쟁의 사상적 배경으로 삼았다.

대종교 중광 이후 항일무장투쟁을 선도한 홍암 나철은 한편으로는 세계평화론을 설파하였다. 대종교 중광 이전에는 한·일·청 삼국 친선동맹을 통한 동양평화론을 주장하였고, 대종교 중광 이후에는 대종교인의 종교적 실천 강령 '오대종지(五大宗旨)'에서 인류평화, 세계평화를 주창하였다. 당시로서는 자주독립과 민족정체성 정립이 시대적 과제였기에 홍익인간사상의 공생과 평화의 가치에까지는 적극적인 관심을 가질 수 없는 환경이었지만, 항일무장투쟁을 주도한 것과 세계평화에 대한 가르침은 공완으로서 홍익인간사상을 실천한 것으로 볼 수 있다. 이에 이 시기를 홍익정치론의 토대가 마련된 시기로 보았다.

Ⅳ장에서는 1930~1940년대 홍익정치론이 모색되고 전개되는 과정을 살펴볼 것이다. 1920년대 이후 사회주의 이념이 독립투쟁의 한 축(軸)을 이루면서 좌우합작이 광복의 필요조건으로 등장했다. 1920년대 후반 민족유일당운동 실패는 민족주의 세력과 사회주의 세력 간의 갈등 문제를 해결할 수 있는 이념과 사상을 요구하였다.

1930~1940년대 홍익인간을 표방하고 정치사상으로 발전시킨 시발점(始發點)은 정인보였다. 정인보는 5000년 역사에 흐르는 조선 얼의 뿌리인 홍익인간이 고구리(高句麗)에서는 이도흥치(以道興治)의 도로, 신라에서는 현묘지도(玄妙之道)의 도로 이어졌으며, 홍익인간사상은 세속오계(世俗五戒)로도 구체화되었다고 보았다. 정인보가 누차 강조한 홍익인간사상은 수행이 개인적인 깨달음에 그치는 것이 아니라, 수행을 통한 깨달음을 사회적으로 실천하여 이상적인 공동체를 현실에서 구현하는 것을 의미하였다.

이렇듯 정인보가 단군조선의 건국이념으로 주목한 홍익인간사상은 조소앙과 안재홍[1] 같은 홍익정치론자들에 의해 민주·평등·평화·공생 같은 현대적 이념을 함축하는 고유한 이상으로 해석되었고, 새로운 국가 건설을 주도할 기본이념으로 채택되었다. 조소앙은 정치·경제·교육에서의 균등인 삼균제도를 홍익인간이라는 민족 최고 공리를 현실화하는 내용적 실체이자

---

[1] 대종교인이지만 안재홍은 정인보, 조소앙과는 다른 역사인식을 보여준다. 『조선통사』(1941)에서는 6000여 년 전 환웅천왕이 삼천단부(三部)를 거느리고 태백산(백두산) 꼭대기 신단수 아래에 내려와서 신시(神市) 사회를 열었으니 이를 천평(天平)시대라 한다고 하여, 배달겨레의 시원이 6000여 년 전 백두산 천평지역이었음을 언명(言明)한다.(안재홍, 『민세안재홍선집』 4, 지식산업사, 1992, 18쪽; 소대봉, 「안재홍의 신민족주의와 '홍익민족주의'」, 『유라시아문화』 4, 2021, 137쪽.)

구체적인 실천 지침 자리에 위치시켰다. 해방 정국에서 안재홍은 통일민족국가 건설 방안으로 제시한 〈신민족주의와 신민주주의〉(1945년) 이후 〈삼균주의와 신민주주의〉(1946년)에서 삼균주의를 신민주주의의 주요한 요소로 받아들인 홍익정치론을 설파했다.

Ⅴ장에서는 삼균주의의 사상적 기반과 근대 홍익정치론을 구체화한 삼균주의를 살펴볼 것이다. 조소앙이 이민족 지배하 한국의 현황과 삼국이래의 역사 연구에서 찾아낸 정치·경제·교육 세 영역에서의 균등과 각 민족과 국가의 균등인 삼균제도는 1941년 〈대한민국건국강령〉에서 홍익인간사상과 융합되어 선도 홍익정치론인 삼균주의로 완성되었다.

서구의 사회주의 사상, 유교의 대동사상, 손문의 삼민주의, 심지어는 주희성리학에 이르기까지, 삼균주의의 사상적 기반에 대한 다양한 견해를 주장하는 선행연구들을 한국선도 관점으로 평가해 보고자 한다.

Ⅵ장에서는 광복이후 삼균주의의 현대적 계승과 발전에 대해 고찰할 것이다.

조소앙이 주창한 정치, 교육 영역에서 균등은 대부분 현실화된 반면 경제적 균등은 오히려 역방향으로 질주해 왔다. 경제 균등의 실현은 정치의 역할이다. 홍익정치가 펼쳐져야 경제 균등이 현실에서 구현될 수 있음을 살펴볼 것이다. 홍익정치 활성화를 위한 참여민주주의와 배심 재판제도, 공생경제의 한 방안으로 기본 소득과 ESG 경영도 살펴보고자 한다.

정치·경제·교육의 균등을 위한 구체적인 방안들은 사계 전문가들이 심도깊게 연구하고 시민, 정책결정자들과 함께 치열하게 숙론하면서 만들어 나아가야 할 것이다. 그러나 그 방향성은 명확하다. 변화의 시작점은 인성회복에 초점을 맞춘 교육, 선도 수련문화의 보급·실천에서 찾아야 한다. 진정한 삼균주의의 계승과 발전은 '교육[인성회복을 위한 선도 수련문화 보급·실천] → 정치[홍익인간사상을 정치에서 실천하는 홍익정치] → 경제[공생경제]' 방향으로 진행되어야 함을 살펴볼 것이다.

# II.

한국선도의 홍익인간사상과 홍익정치 전통

1. 한국선도의 성통·공완론에 기반한 홍익인간사상

배달겨레 고유 사상인 한국선도는 우주에 두루 존재하는 기(氣, 에너지 혹은 생명력으로도 표현할 수 있다)를 매개로 사람 안의 기를 깨워내는 '천인합일, 신인합일, 인내천' 수행에 기반한다. 하늘의 기운과 내 안의 기운이 통하니 천인합일이요, 사람과 하늘이 기운으로써 하나임을 깨달으니 사람이 곧 하늘인 것이다.

선도문화란 몸과 마음을 닦는 수련인 수행을 통해 사람 안의 생명력을 회복[생명 에너지로서 나는 곧 우주의 일부임을 체득하는 것으로 성통(性通)이라고 한다]한 후 사회 전체의 생명력 회복을 위해 실천[두루 세상을 이롭게 하는 홍익인간으로 공완(功完)이라고 한다]하는 문화를 말한다. 달리 말하면 지감(止感, 느낌을 멈추다)·조식(調息, 숨을 고르게 하다)·금촉(禁觸, 접촉을 금하다), 즉 호흡과 명상이라는 수행을 통해 양심이 회복된 개개인이 양심이 깨어 있는 밝은 세상을 만들어 나아가는 실천문화다.

양심(良心)은 사람이 본래 가진 내면의 완전성, 곧 신성(𧵚性)의 표현이다. 양심은 우리 의식 안에 프로그래밍 된 사회적 규범이나 윤리가 아닌, 그 무엇으로도 가릴 수 없고 외면할 수도 없는 우리 내면의 밝은 빛이다.[1]

𧵚은 神의 옛글자(古字)인데, 대종교총본사에서 펴낸 『역해삼일신고(譯解三一𧵚誥)』에서 확인된다. 선도문화를 현대에 되살리고자 하는 현대선도에서

---

1 이승헌, 『숨쉬는 평화학』, 한문화, 2002, 96~97쪽.

는 禮을 '홀로 스스로 존재하는 영원한 생명력' 또는 '모든 생명이 그 안에서 자신의 존재가치를 실현하는 자연의 법칙'으로 정의한다. 종교로 정의할 수도 없고 종교에 속박되지도 않는 존재인 '하느님 신(禮)'을 종교적 신념체계 속에서 인간의 정보나 관념에 의해 만들어진 신인 '귀신 신(神)'과 구별하기 위함이다. '하느님'이 기독교 전래 이전부터 사용하던 말로 배달겨레 고유의 용어임은 뒤에서 자세히 살펴볼 것이다.

평생을 독립투쟁과 통일민족국가 건설에 헌신했던 대종교계 선가(仙家, 선도를 수행하는 사람) 안재홍은 선가들의 '수행·실천'론인 '성통·공완'이 추구하는 목표가 홍익인간이라 하였다. 성통·공완은 자기 수행을 기반으로 사회적으로 실천하고 남을 교화시켜 참[홍익인간]에 이르는 최대관건이다. 성통과 공완은 분리될 수 없으니, 처음부터 끝까지 개인적인 심신수련에만 그친다면 그는 혼자만 잘되고자 하는 것이므로 도리어 홍익인간의 큰 도(道)에 어그러지는 것이다. 성통·공완의 최종 목표는 홍익인간이다.[2] 누구나 '온전(圓)하고 참(眞)되게 골고루(美) 잘(善)' 살게 하는 것이 홍익인간이자 만민공생(萬民共生)[3]이므로, 홍익인간은 공생(共生)을 추구하는 사상이고 홍익인간의 가치는 공생에 있다고 할 것이다.

한국선도는 존재의 근원이자 생명의 본질을 기(氣, 에너지·생명력)로 인식한다. 우주는 기로 가득 차 있으므로 우주를 구성하는 기본단위인 기는 분리되지 않는 하나(一)다. 존재의 근원이자 생명의 본질을 선도경전『천부경(天符經)』은 '일(一)'로, 그 해설서에 해당하는 선도경전『삼일신고(三一禮誥)』는 '신(禮)'으로, 선도사서『태백일사(太伯逸史)』는 하늘(天)·밝음(光)·기(氣)라고 표현하였다.[4]

---

2 안재홍,「三一禮誥註」,『민세안재홍선집』4, 지식산업사, 1992, 118~119쪽.
3 안재홍,「신민족주의와 신민주주의」,『민세안재홍선집』2, 지식산업사, 1983, 44~46쪽; 안재홍,「역사와 과학과의 신민족주의」,『민세안재홍선집』2, 지식산업사, 1983, 236~240쪽.
4 『천부경』, "一始無始 一析三極 無盡本";『삼일신고』, "禮在無上一位 有大德大慧大力生天

천부경(天符經)은 다양한 경로로 전해졌다. 『태백일사』「소도경전본훈」에 실려있는 천부경(태백일사본), 묘향산 석벽본 천부경(묘향산본), 고리 말 농은 민안부 유집에 실려있는 천부경(농은본), 노사 기정진의 전비문본 천부경(노사본/단군철학석의본), 고운 최치원 전집과 단전요의에 소개된 천부경(단전요의본), 29개 나라 150여 대학에 알려진 『정신철학통편』 천부경(전병훈본/정신철학통편본), 2020년 발견된 백두산 장군봉 대리석본 천부경(백두산본) 등이 있다.

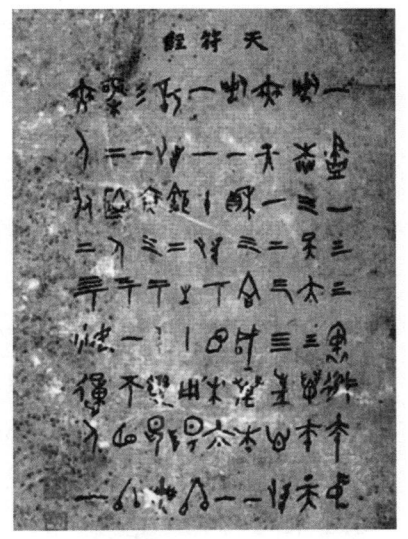

농은 민안부(1328~1401) 유집에 실린 갑골문 천부경

묘향산본 천부경은 신라 말 최치원이 배달조선 시대의 신지(神誌)가 새긴 전비문(篆碑文) 천부경을 묘향산(妙香山) 암벽에 새긴 것을 1916년 9월 9일 계연수가 탑본(搨本)하여 1917년에 서울의 단군교(檀君敎)에 전한 것이다. 이것이 윤효정(尹孝定)을 통해 1919년 『정신철학통편』 저술을 막 끝낸 전병훈에게 전해졌고, 전병훈은 1년여의 연구 끝에 『정신철학통편』 첫머리에 「단군천부경 주해」를 실었다. 1920년 출간된 『정신철학통편』은 29개 나라 150여 대학에 보내졌다고 한다.

모든 존재의 근원이자 생명의 본질이며 우주를 구성하는 기본단위를 '기'로 인식하는 한국선도의 관점은 놀랍게도 현대물리학에서 우주를 바라보는 시각과 동일하다. 현대물리학에서는 질량을 가진 '물질'과 '에너지' 그리고 '공간'을 우주를 구성하는 3요소로 본다. 1905년 아인슈타인이 상대성이론

主無數世界 造炕炕物 纖塵無漏 昭昭靈靈 不敢名量"; 『태백일사』 소도경전본훈, "大虛有光 是神之像 … 一氣卽天也 卽空也 … 神卽氣也 氣卽虛也 虛卽一也"

에서 질량과 에너지가 사실상 동등하며 상호 교환될 수 있음을 뜻하는 방정식[E=mc²]을 발표한 후, '우주를 채우고 있는 물질들은 다른 물질과 결합하거나 재조합되더라도 질량의 총량은 변하지 않고 언제나 그대로다'라는 '질량보존의 법칙'은 무너졌다. 우라늄-235가 핵분열하면서 질량 일부가 사라지고 그 사라진 질량이 엄청난 에너지로 변하는 원자폭탄 사례에서 확인되는 것처럼 질량과 에너지는 다른 것이 아니라 하나라는 것이 밝혀졌다. 이제 우리는 우주의 구성 요소가 두 가지, 즉 에너지와 에너지가 존재하는 공간임을 알게 되었다. 한국선도에서는 존재의 근원을 우주 공간에 편재(遍在, 두루 존재)하는 '기'로 통찰했는데 현대물리학은 이를 '에너지'라고 규명한 것이다.[5]

현대물리학에서도 밝혀진 것처럼 '나-우리-지구'는 모두 기(氣=energy)라는 존재의 근원이 각기 다른 형태로 존재하는 것일 뿐이다. 『천부경』과 『삼일신고』는 신시배달국에서 전하는 것이기에,[6] 늦어도 환웅천왕이 신시를 개창한 6천여 년 전[7]부터 우리 선조들은 '하늘(天)-땅(地)-사람(人, 생명을 대표하는 존재로서의 사람)'은 존재의 근원인 기로서 하나로 연결된 존재, 즉 자연과 사람은 분리되지 않는 '하나'라고 통찰했다.[8]

---

5 소대봉, 「안재홍의 신민족주의와 '홍익민족주의'」, 『유라시아문화』 4, 2021, 150~151쪽. 좀 더 자세한 내용은 데이비드 보더니스의 『E=mc²』(생각의 나무, 2001, 82~84쪽, 109~111쪽, 261~262쪽)과 스티븐 호킹의 『호킹의 빅퀘스천에 대한 간결한 대답』(까치, 2019, 62~64쪽)을 참조.

6 『太白逸史』 蘇塗經典本訓, "天符經 天帝桓國口傳之書也 桓雄大聖尊天降後 命神誌赫德以鹿圖文記之 崔孤雲致遠亦嘗見神誌篆古碑 更復作帖而傳於世者也"; 『太白逸史』 蘇塗經典本訓, "三一神誥 本出於神市開天之世" 구전으로 전하는 『천부경』은 환국에서 비롯된다고 전해진다.

7 『三國遺事』 紀異1 古朝鮮王儉朝鮮, "古記云 昔有桓因庶子桓雄 數意天下貪求人世 父知子意下視三危太伯 可以弘益人間 乃授天符印三箇遣徃理之 雄率徒三千降於太伯山頂神壇樹下謂之神市 是謂桓雄天王也"; 『三聖紀』, "倍達 桓雄定有天下之號也 其所都曰神市 後徙青邱國 傳十八世 歷年一千五百六十五年" 서기전 2333년 개창한 단군조선 이전에 역년 1565년인 배달국이 있었으니 신시(神市) 개천(開天)은 약 6천 년 전 일이다.

8 『天符經』, "一始無始 一析三極 無盡本 天一一 地一二 人一三"

이원론적 사상·종교 전통에서는 존재를 설명할 때 본질과 현상으로 분리하여 설명한다. 유교에서는 이(理)와 기(氣)의 세계, 불교에서는 성(性)과 상(相) 또는 이(理)와 사(事)의 세계, 도교에서는 무(無)와 유(有)의 세계로 보는데, 대체로 현상인 물질세계의 다양한 모습들이 본질에서는 같은 뿌리를 갖는다고 설명한다. 이와는 달리 한국선도에서는 존재의 본질인 일(一, 기(氣)·밝음·생명력)은 천·지·인 세 차원이 서로 어울려 돌아가는 작용으로 이해한다.

이처럼 '일(一)'에서 '삼(三, 天·地·人)'이 파생되었다고 할 때, '일'과 '삼'의 관계는 체용(體用) 관계가 된다. '일'과 '삼'은 별개로 존재하는 것이 아니며, '삼'이란 '일' 내에서의 변화에 불과하다는 의미다. 신라 경덕왕(재위 742~765) 때의 고승 표훈의 말을 전하는 『표훈천사(表訓天詞)』의 '주체는 일신이니 각기 신(神)이 있는 것은 아니며 작용(作用)상 삼신(三神)으로 나뉠 뿐이다'[9]라는 구문에서 '일'과 '삼'의 체용관계를 잘 알 수 있다.[10] 『표훈천사』는 『조선왕조실록』 예종 1년 9월 18일 예종이 중외(中外, 조정(朝廷)과 민간(民間)을 아울러 이르는 말)에 명하여 거두어들이는 서적 중 하나다.

한국선도에서 대체로 '일'은 인격화되어 '일신(一神, 하느님·하나님·㞢)'으로 '삼'은 인격화되어 '삼신(三神, 天一·地一·太一, 三㞢)'[11]으로 표현되는 경우가 많았다. 조상 대대로 부르던 하나님(하나+님) 혹은 하느님(하늘+님)은 여기에서 연유한다.

한국선도는 기일원론적 삼원론으로 세계를 이해한다. 한국선도에서 세계를 통일된 전체로 파악하는 통합적 세계관인 일삼론(一·三論)은 삼태극 문양을 기일원론적 삼원론의 상징으로 본다면 보다 쉽게 이해할 수 있을 것이다.

---

9 『태백일사』 三神五帝本紀, "表訓天詞云 … 自上界却有三神 卽一上帝 主體則爲一神 非各有神也 作用則三神也"

10 정경희, 「『天符經』·『三一㞢誥』를 통해 본 韓國仙道의 '一·三·九論'」, 『범한철학』 44, 2007, 31쪽.

11 『태백일사』 三神五帝本紀, "稽夫三神 曰天一 曰地一 曰太一 天一主造化 地一主敎化 太一主治化"

삼태극: 분리불가의 일·삼사상을 한눈에 보여주는 상징이다

한국선도 전통에서는 천·지·인 중에서 본질인 천과 현상인 지를 주인된 입장에서 매개하여 삼원을 조화시키는 역할을 인차원에 맡기고 있다. 삼진을 온전히 받았으므로[12] 수행을 통해서 자기 안의 밝음을 우주의 밝음과 일치시켜 깨달음을 얻을 수 있는 존재이기 때문이다.

한국선도의 천·지·인(天·地·人) 삼원론에서 인(人)차원이 중심이 되고 있음은 한국선도 기본 경전인 『천부경』의 '인(人)속에 천(天)과 지(地)가 하나로 녹아 있다(人中天地一)'는 경문 중에 선명하게 제시되어 있다. 이는 이기적 인간중심주의가 아니라 천·지와의 합일성 즉, 하늘의 공기와 땅의 영양분을 통해 인간의 생명이 탄생·유지됨을, 사람을 통해 천·지가 하나됨을 말하는 것이다. 또한, 사람만이 삼진을 온전히 받았으므로 인(人)차원의 책임성이 강조되기도 하는 것이다. "이 책임성에 대한 고대 한국인의 실천목표가 다름 아닌 홍익인간·재세이화다. 익(益)은 물질적인 이익과 정신적인 유익(有益)을 다 포함한다."[13]

수행을 통해 깨달음을 얻은(性通) 존재가 사회적인 실천(功完)을 통해 세상을 두루 이롭게 하면 양심이 깨어 있는 밝은 세상, '조화·평화·공생'의 가치가 구현되는 세상이 열린다고 보았다. 생명을 존중하는 선도적 세계관인 홍익주의는 조화·평화·공생을 그 속성으로 한다고 인식하고 있는 것이다.[14] 더욱더 풍요로운 물질문명을 추구하면서 자연을 수탈하고 훼손하며 과속

---

12 『삼일신고』, "人物同受三眞 曰性命精 人全之物偏之"
13 김석진, 『대산의 천부경』, 동방의 빛, 2009, 86~87쪽.
14 소대봉, 「선도 홍익사관의 전승 과정 연구」, 국제뇌교육종합대학원 석사학위논문, 2022, 18~19쪽.

질주하던 인류문명이 '코로나19 팬데믹' 상황에 처하여 공장과 산업시설이 동시에 멈춰 서자 하늘, 공기, 물이 깨끗해졌다[15]는 인류사적 경험은 천·지·인 삼원을 조화시키는 인차원의 역할이 무엇인지를 상징적으로 보여준다.[16]

사람을 포함한 우주만물은 존재의 근원(근원자)로부터 갈라져 나왔으므로 근원자의 속성을 공유한다. 이것을 아는 것이 자기는 물론 자기 이외의 모든 존재들의 생명을 존중하고 상생과 평화로 나아가는 첫걸음이다.[17] 나를 포함한 모든 사물의 근원이 하나임을 알게 되면 전체를 이롭게 하고자 하는 마음은 자연스럽게 생겨나기 때문이다.

사람은 하늘의 맑은 기를 받고 태어난 존재다. 『삼일신고』에서 '창창비천(蒼蒼非天) 현현비천(玄玄非天)'이라고 하였듯이 이 하늘은 단순히 눈에 보이는 푸르거나 검은 하늘이 아니라 현상 너머에 있는 '존재의 근원'으로서의 하늘, 즉 근원의 생명력이며 궁극의 에너지다. 하늘의 생명(기)을 받고 태어났으니 개개인의 생명은 소중하며, 모두가 동일한 기를 받고 태어났으니 사람은 모두 서로에게도 소중하며 균등한 존재다. 사람들이 모두 하늘의 기를 동등하게 받은 존재이므로 모든 사람들이 '균등'하다는 것은 당위론적인 진리다. 즉, 균등의식은 기일원론의 세계관에서 자연스럽게 도출되는 것이다.

사람 안에 있던 원래의 맑은 기는 세상 속에서 물질적인 삶을 살아가면서 혼탁하게 오염되기에 수행을 통해 다시 맑게 회복해야 한다. 수행을 통해 내 안의 생명력과 근원의 생명력이 하나로 연결되어 있음을 깨닫고 맑은 기를 회복하며(性通) 다른 사람들도 함께 깨달을 수 있도록 자신의 깨달음을 사회적으로 실천(功完)하면서 존재에 대한 인식이 보다 깊어지면, 모든 존재

---

15 「코로나의 역설…인간이 멈추자 지구가 건강해졌다」, 『동아일보』 2020.04.03; 「코로나19로 멈춘 세상, 고요해지고 하늘은 맑아졌네」, 『한겨레신문』 2020.07.24.
16 소대봉, 「안재홍의 신민주주의와 '홍익민족주의'」, 『유라시아문화』 4, 2021, 153쪽.
17 김광린, 『홍익인간론』, 도서출판 알음, 2024, 143쪽.

가 근원의 생명력과 하나로 연결되어 있음을 깨닫게 된다. 성통·공완을 통해 모두가 기로서 연결된 하나라는 사실에 대한 인식이 깊어질수록, 누구나 '온전하고 참되게 골고루 잘' 살게 하는 홍익인간의 삶, 즉 균등의식에 바탕을 두고 공생(共生) 가치를 실천하는 삶을 살아가게 될 것이다. 수행과 실천을 통해 세상을 두루 이롭게 하겠다는 정신, 사상이 바로 성통·공완론에 기반한 홍익인간사상이다.

한국 선도사상이 선(仙)과 도(道)라는 용어를 사용하기에 자칫 차이나(China) 도교(道敎)와 혼동될 여지가 많다. 여기서 '도교'는 도가사상을 포괄하는 개념을 의미한다. 흔히 도교는 종교(religious Taoism), 도가는 철학(philosophical Taoism)으로 간주하여 서로 이질적인 것으로 생각한다. 그러나 도교와 도가란 개념은 생각하는 것처럼 간단히 도식화될 수 있다거나 구별지을 수 없다. '도교'와 '도가' 간의 개념적 구분은 20세기 초에 와서야 이루어진 것이다.[18]

그런데 선도사상의 핵심이 '두루 세상을 이롭게 한다'는 홍익인간인 것에서도 알 수 있듯이 한국선도는 불로장생과 비승(飛昇, 신선이 되는 것)을 추구하는 차이나 도교와는 전혀 다른 사상체계다. 한국선도에서 수행을 통한 개인의 깨달음은 공동체를 위한 기여로 이어지기 때문이다. 홍익인간이란 자비, 인, 사랑 등 타인을 향한 마음가짐과 태도를 추구하는 인성을 전제로 하지만 거기서 그치지 않고 실천을 통해 다른 사람들에게 도움을 주고 선한 영향력을 미침으로써 세상을 바꾸라는 가르침이다.[19]

주지하듯이 1911년 10월 10일 신해혁명으로 인하여 1912년 1월 1일 건국된 중화민국 이전의 역대 중원 왕조 나라 이름은 진, 한, 송, 명처럼 한 글

---

18 윤찬원, 「道家-道敎의 의미에 대한 철학적 고찰」, 『도교문화연구』 16, 2002, 9~10쪽.
19 이승헌, 『공생의 기술』, 한문화, 2023, 99쪽.

자(一字)다. 중원을 정복하여 통치한 북방민족 선비, 거란, 여진, 몽골도 중원정복 이후에는 위, 수, 당, 요, 금, 원, 청이라는 한 글자 나라이름을 썼다. 여기서 위는 탁발선비가 세운 나라 이름이다. 조위(曹魏)라고 불리는 조조의 위나라와 구분하여 통상 북위(北魏) 또는 원위(元魏, 효문제 때 성을 탁발에서 원으로 바꿈)라고 불린다. 통상 중국(中國)이라고 불리지만 중화인민공화국은 중화민국 이전에는 역사상 한번도 '중국'이라는 나라 이름을 가져본 적이 없다. 중국이라는 용어는 주변국을 낮춰보는 의미를 갖거나 주변국이 사대(事大)하는 의미를 포함하는 가치판단이 전제된 용어이므로, 이 글에서는 '중심-주변'이라는 가치판단을 배제하는 의미에서 통상 사용하는 중국이라는 용어 대신 지구촌 공용어에 해당하는 영어의 차이나라는 용어를 사용하였다.[20]

도교에서는 개인의 수행과 수행을 통한 깨달음은 공동체를 위한 실천과는 아무런 관계가 없다. 도교 수행은 개인의 깨달음에 그치는 것으로 깨달음의 사회적 실천인 공완이 없기 때문이다. 공동체와는 무관하게 수행을 통한 개인의 깨달음에 그치는 도교와 개인의 수행을 공동체를 위한 사회적 실천과 불가분리(不可分離)의 관계로 바라보는 한국선도가 전혀 다르다는 것은 이미 한 세기 전에 신채호[21]와 정인보[22]에 의해서도 밝혀졌다.

작금 한국사회는 서구 자유민주주의 이데올로기가 지배적으로 통용된다. 자유민주주의는 기본적으로 자유주의가 설정한 한계 내에서 규정되고 구조화된 민주주의다.[23] 따라서 우리 사회는 자유주의 사상의 핵심인 개인주의가 팽배한 현실이다. 개인주의는 개인이 개념상으로나 존재론적으

---

20 소대봉, 「한국 고대의 진휼과 '공생정치'」, 선도문화 34, 2023, 36쪽.
21 신채호, 「東國古代仙敎考」, 『대한매일신보』, 1910.3.11.
22 정인보, 「典故甲」, 『담원정인보전집』 4, 연세대학교출판부, 1983.
23 Parekh, Bhikhu, "The Cultural Particularity of Liberal Democracy," David Held, ed., *Prospects for Democracy*, Cambridge: Polity, 1993, p.157; 강정인, 『민주주의의 이해』, 문학과지성사, 1997, 114쪽에서 재인용.

로 사회에 선행하며 원칙적으로 사회로부터 독립적으로 개념화되고 규정된다.[24] 격렬한 시장경쟁에 기반을 둔 원자론적이고 소유 집착적인 개인주의와 공리주의적 자유주의[25]가 횡행하여 전체의 유익보다 자신의 이익을 먼저 생각하는 이기심이 앞서있고 예외적인 경우에만 공동체 의식이 발휘되는 실정이다. 한국사회에서도 '나와 세계'를 분리해서 바라보는 이원론적 세계관이 주도하기에 전체의 유익보다 자신의 이익을 먼저 생각하는 이기심과 개인주의가 횡행하고 민주주의가 위기에 처해 있다. '나와 전체가 근원에서 하나라는 믿음'이 부재하기에 한국 민주주의가 위기에 처해 있는 것이다.

김상봉은 '나와 전체가 근원에서 하나라는 믿음'을 영성(靈性)이라 하고 영성이 부재하기에 한국 민주주의가 위기에 처해 있다고 한다. 전체의 선을 추구하는 사람은 그 전체와 내가 하나라는 믿음이 있어야 전체의 바다에 자기를 던질 수 있다. 나와 세계를 분리된 타자로 인식하면 전체의 선을 추구할 수 없기에 한국 민주주의가 위기에 처해있다는 것이다.[26] 필자가 홍익인간이라는 공동체관이 널리 공유되기를 바라는 이유다.

그런데 홍익인간의 가치가 공생에 있다면 개인과 공동체의 관계는 어떻게 이해해야 하는가? 홍익인간이라는 최종 목표 달성을 위해 개인은 자신을 희생해야만 하는가? 혹시라도 개인의 개성과 자유가 무시되는 방향으로 가는 것은 아닌가? 여러 의문이 들 수 있는 문제제기다. 한국선도의 요체인 '선도기학(仙道氣學)'을 현대화한 현대선도 단학(丹學)[27]에서는 이를 다음과 같이 설명한다.

하나에서 출발한 우주이기에, 우주의 모든 현상은 개별적인 것처럼 보이

---

24 강정인, 『민주주의의 이해』, 문학과지성사, 1997, 108쪽.
25 강정인, 『서구중심주의를 넘어서』, 아카넷, 2004, 256쪽.
26 김상봉, 『영성 없는 진보』, 온뜰, 2024, 10~17쪽.
27 정경희, 「현대 '선도 수련문화'의 확산과 '단학(丹學)'」, 『신종교연구』 32, 2015, 141쪽.

지만 근본적으로는 모두 하나로 연결되어 있다. 혼돈 속에 있는 것처럼 보이지만 조화와 질서가 내재되어 있는 것이다. 질서의 핵심은 중심과 법칙이다. '하나'를 분명한 구심점으로 세우고, 모든 부분이 그 구심점을 중심으로 일정한 법칙(rule)에 따라 움직일 때 그때 비로소 질서가 유지될 수 있다. 현대 단학에서는 조화와 질서의 원리를 '공전과 자전 원리, 구심력과 원심력 원리, 공평과 평등 원리'라고 말한다.[28]

공전과 자전 원리는 전체(또는 중심)를 기준으로 한 궤도 운동인 공전과 개인의 성장이라는 자전이 조화롭게 하나로 연결되는 것을 말한다. 이러한 조화가 이루어지려면 자전을 하는 개인이 공전이라는 큰 질서를 잃지 않아야 한다. 지구가 자전하면서 태양 주위를 공전하는 것처럼. 지구 자전은 태양계 운행이 원활하기 때문에 가능한 것이다. 태양계 질서가 깨진다면 지구 자전도 성립할 수 없다. 마찬가지로 개인이 속해 있는 사회 전체를 이롭게 하지 않는 개인의 성장은 한계를 갖게 마련이다. 공전에 대한 의식이 있을 때 개인의 이익보다 전체의 이익을 먼저 생각할 줄 알고, 중심과 룰(rule)을 지킬 줄 안다.

구심력과 원심력 원리는 부분의 운동 에너지가 전체(또는 중심) 운동에너지와 조화를 이루어야 함을 의미한다. 구심력은 원심력에 의해 현실화되는 힘이고, 원심력은 구심력의 존재를 전제로 했을 때 발휘될 수 있는 힘이다. 원심력이 없으면 구심력은 잠재적으로만 존재할 뿐 현실적인 힘으로는 존재하지 않는다. 반면 원심력이 구심력보다 더 크면 부분은 전체에서 떨어져 나가 버린다. 결국 전체의 조화로운 운동을 위해서 원심력은 구심력에 맞추어 스스로를 조절해야 하는 것이다. 구심력과 원심력이 균형이 맞을 때만 전체 시스템의 운동이 유지된다.

---

[28] 이승헌, 『단학』, 한문화, 1992, 72쪽.

공평과 평등 원리는 각 부분 차이에 대한 공정한 평가를 근거로 전체 균형이 유지되어야 함을 의미한다. 차이에 대한 공정한 평가가 전제되지 않았을 때 평등은 기계적이고 비생산적인 평준화로 전락해버리고 만다. 이것은 마치 어른과 아이에게 똑같은 양의 밥을 주고 똑같은 양의 일을 하라는 것과 같다. 그렇기 때문에 그냥 평등이 아니라 공평을 전제로 한 평등이 되어야 하는 것이다.

공전과 자전, 구심력과 원심력, 공평과 평등은 우주가 운행되는 원리로서 하나의 생명체 내에서의 세포나 사회 안에서의 개인에게도 똑같이 적용된다. 조화의 원리를 잃어버린 암세포가 전체는 물론 스스로도 파괴하듯이, 조직이나 공동체를 생각하지 않는 개인이나 지구 전체의 생명 질서를 생각하지 않는 인류는 존속할 수 없다.[29]

현대선도가 개인과 공동체를 바라보는 시각은 조화의 원리를 실천하는 개인[홍익하는 개인]과 이로써 이루어지는 공동체[이화세계]의 관계로서, 이는 수행을 통해 홍익을 자각한 개인들이 더불어함께 살아가는 조화로운 세상을 만들고 유지한다는 선도 전통의 현대적 부연(敷衍, 이해하기 쉽도록 설명을 덧붙여 자세히 말함)이다.

상고시대부터 홍익인간하자는 선도사상을 건국이념이자 삶의 지침으로 여겼던 배달겨레에게 세상을 다스린다 함은 '도를 넓혀 백성을 이롭게 하여 한 사람도 본성을 상실함이 없게 하는 일'이었다.[30] 선인(先人)들은 사람을 하늘의 기를 받고 태어난 존재로 인식했기에 사람의 본성은 하늘의 밝음이라고 보았다.(性通光明) 물이 흐르면 물길이 생기듯이, 본성(=밝음)이 사람 몸으로 계속 흘러들어오면 길이 생기는데 그 길을 도(道)라 한다. 천하를 다스림

---

29 이승헌, 『숨쉬는 평화학』, 한문화, 2002, 22~25쪽.
30 『단군세기』 3세 단군 嘉勒, "代天神而王天下 弘道益衆 無一人失性 代萬王而主人間 去病解怨 無一物害命 使國中之人 知改妄卽眞"

에서 먼저 할 일은 본성이 흘러들어오는 길을 넓고 확실하게 드러내는 것이다.[31] 본성이 흐르는 길을 넓히는 것이 신인합일의 수행(성통)으로 개개인의 본성이 하늘의 밝음과 같음을 깨우치게 하는 것이다. 그러므로 '하늘을 대신하여 천하를 다스린다'로 표현된 정치의 목표는 망령되어 불행하게 된 사람들이 참된 삶을 회복하여 행복하게 살도록 교화하는 것이었다.

다시 말해, 홍익정치는 '병을 없애고 원한을 풀어주어 미물 하나도 생명이 손상함이 없도록' 모든 사람들이 조화롭게 공생하는 이상적인 공동체를 현실에서 구현하는 것이었다. 단군조선 시대에도 건국이념인 '홍익인간' 사상이 정치에 투영된 홍익정치, 즉 두루 세상을 이롭게 하는 공생 가치를 현실에서 실현하는 것이 정치의 목표였던 것이다.

정보화와 세계화는 인류의 삶에서 시간과 공간을 압축했다. 특정 지역에서 발생한 사안이 국경과 대륙을 넘어 전 지구적인 관심사로 부상하고 있으며, 개별 국가 노력만으로는 해결할 수 없는 인류 공통 과제들이 양산되고 있다.[32] 국내문제와 국제문제 간 경계가 모호해지고, 지구온난화, 환경, 마약, 테러, 코로나19 같은 질병 문제는 특정 국가만의 문제가 아니라 지구촌 차원의 문제임이 분명해졌다.[33]

서구문명을 일군 사상의 토대는 『성경』이다. 『성경』은 "하나님이 그들에게 복을 주시며 하나님이 그들에게 이르시되 생육하고 번성하여 땅에 충만하라, 땅을 정복하라, 바다의 물고기와 하늘의 새와 땅에 움직이는 모든 생물을 다스리라 하시니라"(창세기 1장 28절)고 하여 '자연을 정복'하고 '생명을 지배'하는 것을 하나님이 주신 당연한 권리로 인정한다.

지구와 뭇 생명을 사람들 마음대로 사용해도 된다는 인식에 기초한 서구

---

31 이기동, 『한국철학사(상)』, 도서출판 행촌, 2023, 239쪽.
32 김용환, 「홍암 나철 홍복사상의 세계시민성 가치」, 『단군학연구』 23, 2011, 145쪽.
33 김광린, 「지구화, 지구시민, 그리고 홍익인간사상」, 『선도문화』 32, 2022, 10쪽.

문명은 화석연료를 기반으로 한 2차 산업혁명 이후 폭주하여 지구 곳곳에서 발생하는 폭우, 폭염, 산불, 한파 등 기후위기와 팬데믹을 유발함으로써 인류가 공멸할 수도 있다는 위기의식을 심화시키고 있다. 닥쳐오는 위기에는 사회적 약자 층이나 가난한 나라 피해가 더 크겠지만 선진국도 위기를 피해갈 수는 없다. 코로나19로 확인되었듯이 인류는 상상 이상으로 서로 연결되어 있으므로 모든 나라는 이제 운명공동체가 되었다. 똑같은 길을 계속 걸어 '공멸(共滅)할 것인가? 새로운 길을 선택하여 공생(共生)할 것인가?' 하는 물음은 전 지구적인 화두가 되었다. 공생은 자연과 우리의 관계를 어떻게 재정립할 지에 달려있다. 이 연구에서는 공생 가치가 정치에서 구현되는 홍익정치를 주로 다루므로 자연과 공생 부분은 Ⅵ장에서 간략히 살펴볼 것이다.

이상에서 살펴본 것처럼 우리나라 건국이념이자 한국선도 수행과 실천이 추구하는 목표인 홍익인간의 핵심가치는 공생이다. 수행과 실천을 통해 세상을 두루 이롭게 하겠다는 정신, 사상이 성통·공완론에 기반한 홍익인간사상이었다. 한국선도에서는 사람들을 모두 하늘의 기를 동등하게 받은 존재로 인식하기에 모든 사람들이 본질적으로 '하나'라는 것은 당위론적인 진리다. 즉, 모든 사람들이 '균등'하다는 인식은 기일원론 세계관에서 자연스럽게 도출되는 것이다. 따라서 홍익인간사상이 더불어함께 살아가는 공생을 핵심가치로 삼는 것은 너무도 자연스럽다고 할 것이다.

2. 한국 상고·고대사 속의 홍익정치 전통

　고대사를 연구하는 학계나 학계의 통설을 반영한 중등교과서 한국 고대사의 상한선은 고조선까지다. 신채호의 『조선상고사』, 안재홍의 『조선상고사감』은 '상고사'라는 용어는 사용했으나 대부분 단군조선 이후의 고대사를 다루고 있다. 따라서 단군조선사까지는 '고대사'라는 개념으로 충분히 설명할 수 있을 것이다. 홍산문화 후기 유적인 우하량유적을 단군조선의 선대 문화로 보는 복기대는 『삼국유사』에 나오는 하늘·땅·웅녀가 모두 표현된 홍산문화 후기를 '상고사'로 표현하고 있다. 정경희도 1980년대 이후 차이나 동북지역에서 발굴되고 동북공정에 이용된 홍산문화를 '상고'문화로 표현한다. 상고사는 고대사보다 앞선다는 개념일 것이므로 단군조선까지는 고대사로, 신시배달국 이전의 역사는 상고사로 명명하였다.

　기록으로 확인되는, 홍익인간사상을 구현한 첫 사례는 단군조선 이전 신시배달국에서였다. 신라 진평왕~선덕여왕 대의 도승 안함로(576~640)가 지은, 조선 7대 임금 세조가 팔도관찰사에게 수거 명령을 내린 도서 중 하나인, 『삼성기(三聖紀)』는 신시에 도읍한 배달국 정치의 목표가 홍익인간, 즉 공생 가치를 실현하는 것이었음을 전한다.[1] 고리 충렬왕 때 승려인 보각국사(普覺國師) 일연 역시 『삼국유사』에서 선도서(仙道書)인 고기(古記)를 인용하여 신

1　『三聖紀』上, "持天符印 主五事 在世理化 <u>弘益人間</u> 立都神市 國稱倍達"

시배달국 선도문화의 실체가 '홍익인간·재세이화'[2]라고 명시하여 그것이 바로 공생을 실천하는 정치였음을 전한다. 배달국 건국이념 홍익인간은 단군조선으로 이어졌다.[3] 단군조선은 홍익인간사상을 정치에 투영한 홍익정치를 구현하는 것이 정치의 목표였고, 이는 3세 단군 가륵(嘉勒) 때 삼랑 을보륵(三郎 乙普勒)에 의해 홍도익중(弘道益衆)으로 표현되었다.[4]

상고·고대에 배달겨레는 정치를 말할 때 정(政)이라는 글자 대신 리(理)라는 글자를 썼다. 리(理)는 옥의 무늬다.[5] 옥은 진흙이 묻어 더러워지더라도 닦아내면 무늬가 되살아나는데, 정치란 본래의 세상을 회복하도록 이끄는 것이므로 '정'대신 '리'를 쓴 것이다. 하늘로부터 받은 맑은 기가 혼탁하게 오염되고, 탐욕으로 인해 짐승처럼 되어버린 사람들을 참된 사람이 되도록 회복시키는 것이 이화(理化)다. 이화된 세상이 바로 홍익인간으로 이 세상 사람들이 모두 좋아하는 세상이다.[6] 인간은 조선시대까지도 세상의 의미로 사용되었다.[7] 더불어함께 살아가는 공생을 개개인과 사회공동체가 모두 가치 있게 여겨 양심이 깨어 있는 밝은 세상을 현세에서 구현하는 것이 바로 홍익정치였던 것이다.

『산해경』,『회남자』,『설문해자』 같은 차이나의 오래된 서적에 중원 동북 지역에는 대인국(大人國)·군자국(君子國)·불사지국(不死之國)이라는 이상향이 있다고 기록[8]된 것을 보더라도 단군조선의 정치적 지향이 홍익인간이었음을

---

2 『三國遺事』古朝鮮王儉朝鮮, "庶子桓雄 數意天下 貪求人世 父知子意 下視三危太白 可以<u>弘益人間</u> … 將風伯雨師雲師而主穀主命主病主刑主善惡 凡主人間三百六十餘事 <u>在世理化</u>"
3 『檀君世紀』, "<u>復神市舊規</u> 立都阿斯達 建邦號朝鮮"
4 『檀君世紀』三世檀君嘉勒, "帝召三郎乙普勒 問神王倧佺之道 … 代天神而王天下 <u>弘道益衆</u> 無一人失性 代萬王而主人間 去病解怨 舞一物害命 使國中之人 知改妄卽眞"
5 허신 저, 단옥재 주, 금하연·오채금 역주,『설문해자』1, 일월산방, 2015, 348쪽.
6 이기동,『유학 오천 년』1, 성균관대학교출판부, 2022, 68~69쪽.
7 유창돈,『李朝語辭典』, 연세대학교출판부, 1964, 621쪽.
8 『山海經』大荒東經, "東海之外 大荒之中 有山名曰大言 日月所出 有波谷山者 有<u>大人之國</u>";『淮南子』墜形訓, "自東南至東北方 有<u>大人國</u> <u>君子國</u>";『淮南子』時則訓, "東方之極

알 수 있다. 중원 동북지역인 단군조선에 인간 세상을 이롭게 하는 사람인 '대인'과 '군자'들이 살고 있음을 말하고 있기 때문이다.

앞에서 살펴본 것처럼 차이나 사람들의 고유 종교라 할 수 있는 도교에는 함께 살아가는 공동체를 위한다는 공동체관이 없다. 공자에서 비롯된 유교는 신분질서에 따른 불균등을 전제한 예(禮)를 지켜야 사회가 안정된다고 본다.[9] 예약에 있어서 전통적인 관례나 기준에서 일탈된 것은 무엇이나 다 바로잡으려고 애썼기에[10] 유교에는 평등을 전제로 공생하는 '홍익'사상이 존재할 수 없었다. 주어진 신분에 따른 질서를 지키는 '예'가 기준이 되었기에, 모든 사람은 존재의 본질인 하나[생명력·氣·밝음]에서 비롯되었고 하늘의 기를 동등하게 받은 존재이며 누구나 수행을 통해 존재의 본질과 하나 될 수 있는 신인합일의 존재로 서로 대등하고 평등한 존재라는 인식을 할 수 없었던 것이다.

중원지역에 살았던 이들과는 전혀 다른 사유체계에 기반하여 조화·평화·공생을 가치로 하는 홍익정치가 펼쳐지는 곳이었기에 대인, 군자, 수명이 아주 긴 사람들이 사는, 흠모하는 곳으로 기록되었을 것이다.

한국 신선가(神仙家) 전승에 따르면 본래 배달겨레에서 시작된 신선사상이 "중국에 전파되어 본래의 정신과는 크게 괴리된 잡술에 가까운 형태로 전락되어 버렸다."[11] 수행을 통해 개인적 깨달음을 얻고[성통] 사회적으로 홍익인간을 실천[공완]하여 현실의 삶 속에서 한 생명체로서의 임무를 완수한 존재인 신선[12] 사상이 서기전 4세기 중반 이후에 중원지역으로 전파되면서[13] 공

自喝石山過朝鮮 貫大人之國 東之日出之次 木之地 青土樹木之野"; 『說文解字』 羊部, "唯東夷從大 大 人也 夷俗仁 仁者壽 有君子不死之國"

[9] 이기동, 『유학 오천 년』 1, 성균관대학출판부, 2022, 121쪽.
[10] 풍우란 저, 정인재 역, 『중국철학사』, 형설출판사, 1989, 61쪽.
[11] 차주환, 「한국 도교의 공동체관」, 『도교문화연구』 11, 1997, 7쪽.
[12] 석상순, 「'한국선도·중국도교·한국도교' 구분론」, 『선도문화』 33, 2022, 17쪽.
[13] 『史記』 封禪書, "自威宣燕昭 使人入海 求蓬萊方丈瀛洲 此三神山者 其傳在勃海中去人不

동체관은 사라지고 개인의 불로장생을 희구하는 사상으로 변질되었다. '성통·공완 신선사상'이 '불로장생 신선사상'으로 바뀌어 버린 것이다.[14]

한국선도의 신선이 '성통'하여 '공완'하는 전인적 인격체를 이른다는 것은 "종(倧, 상고 神人)은 나라에서 선택하는 것이고 전(佺, 신선의 이름)은 백성들이 천거하는 것"이라는 『단군세기』 3세 단군 가륵 기사에서 확인된다.[15]

신시배달국과 단군조선의 국가·사회 지도이념이었던 선도사상은 선도수행을 본령(本領)으로 했다. 그 대표적인 집단 선도수행이 '제천'이다.[16] 하늘에 제사를 지내는 것은 자신이 하늘의 자손이라는 사상, 곧 천손(天孫) 사상의 발현으로서, 자신을 포함한 모든 존재의 근원자에 대한 경외이자 그것과 합일하고자 하는 염원을 담고 있다. 제천 할 때는 선인(仙人)인 환인, 환웅, 단군을 배위하기도 한다.[17]

선도 제천은 눈에 보이는 하늘이나 하늘의 상징인 태양을 숭배하는 것이 아니라, 내 안의 밝음과 우주의 밝음이 하나 되는 천인합일[신인합일]의 선도 수행 의례로, 남녀노소 빈부귀천 구별 없이 원하는 사람이라면 누구에게나 열려 있었다. 부여의 영고, 고구리의 동맹, 예의 무천 등 제천 기록[18]은 오직 천자만이 제천 권한을 독점하는 유교문화와는 달리 국중대회(國中大會)로

遠患且至 則船風引而去 蓋嘗有至者 諸僊人及不死之藥皆在焉"; 『史記』秦始皇本紀 28년, "既已 齊人徐巿等上書 言海中有三神山名曰蓬萊方丈瀛洲 僊人居之 請得齋戒 與童男女求之 於是遣徐巿發童男女數千人 入海求僊人"; 『史記』秦始皇本紀 32년, "因使韓終侯公石生求仙人不死之藥 … 燕人盧生使入海還 以鬼神事 因奏錄圖書"; 『史記』封禪書, "上逢東巡海上 行禮祠八神 齊人之上疏言神怪奇方者以萬數 然無驗者 乃益發船 令言海中神山者數千人求蓬萊神人"

14 소대봉, 「동아시아 선도문화 연구동향과 '한국선도'·'한국도교' 개념의 재검토」, 『선도문화』 33, 2022, 64쪽.
15 『단군세기』 3세단군 가륵, "倧者 國之所選也 佺者 民之所擧也"
16 정경희, 「한국선도의 수행법과 제천의례」, 『도교문화연구』 21, 2004, 64쪽.
17 김광린, 「홍익인간론」, 도서출판 알음, 2024, 77쪽.
18 『後漢書』卷85 東夷列傳 夫餘, "以臘月祭天 大會連日飲食歌舞 名曰迎鼓"; 『三國志』魏書 卷30 烏丸鮮卑東夷傳 高句麗, "以十月祭天 國中大會 名曰東盟"; 『三國志』魏書 卷30 烏丸鮮卑東夷傳 穢, "常用十月節祭天 晝夜飲酒歌舞 名之爲舞天"

치러지는 제천행사로 중원지역에서는 전혀 볼 수 없는 문화현상이었기에 차이나 역사서에 기록된 것으로 여겨진다.

선도제천문화는 만주지역 고고학 발굴·연구 성과에서 유적과 유물로도 확인된다. 선도제천문화를 대표하는 유적과 유물은 제천단으로 사용된 적석총(積石塚)과 제천의기인 옥·석기(玉·石器)다. 1990년대 이후 '단(壇)·묘(廟)·총(塚) 및 옥기(玉器)'를 표지로 하는 홍산문화가 단군조선 선행 문화라는 많은 연구가 나왔다.[19] 정경희는 그 선행 문화 내용을 구체화하여 맥족[환웅족+웅족]에 의한 배달국 선도제천문화임을 밝혔다.[20]

최근 고고학 연구결과에 의하면 차이나와 러시아 국경 오소리 강변에 있는 소남산문화 2기층(서기전 7200년~서기전 6600년)에서 동북아 신석기 최초 적석총인 '환호를 두른 적석총'과 정세하면서도 아름다운 수많은 옥·석기가 발굴되었다.[21]

---

[19] 한창균, 「고조선의 성립배경과 발전단계 시론:고고학 발굴자료와 연구성과를 중심으로」, 『국사관논총』 33, 1992; 윤내현, 「한민족의 형성과 출현」, 『고조선연구』, 일지사, 1994; 이형구, 『발해연안에서 찾은 한국고대문화의 비밀』, 김영사, 2004; 하문식, 「고조선의 돌돌림유적에 관한 문제」, 『단군학연구』 10, 2004; 이형구·이기환, 『코리안루트를 찾아서』, 성안당, 2009; 정경희, 「홍산문화 옥기에 나타난 '조천'사상(2)」, 『백산학보』 88, 2010; 이홍규, 『한국인의 기원』, 우리역사 연구재단, 2010; 정경희, 「홍산문화 옥기에 나타난 '조천'사상(1)」, 『선도문화』 11, 2011; 심백강, 『교과서에서 배우지 못한 우리역사』, 바른역사, 2014; 정경희, 「홍산문화 여신묘에 나타난 삼원오행형 마고7여신과 마고제천」, 『비교민속학』 60, 2016; 박선희, 『고조선문명의 복식사』, 지식산업사, 2018; 신용하, 『고조선문명의 사회사』, 지식산업사, 2018; 우실하, 『고조선문명의 기원과 요하문명』, 지식산업사, 2018; 이찬구, 『홍산문화의 인류학적 조명』, 개벽사, 2018; 임재해, 『고조선문명과 신시문화』, 지식산업사, 2018; 복기대, 『홍산문화의 이해』, 우리역사 연구재단, 2019; 하문식, 「고조선 시기 제의에 대한 문제」, 『유라시아문화』 1, 2019.

[20] 정경희, 『백두산문명과 한민족의 형성』, 만권당, 2020.

[21] 黑龍江省文物考古研究所·饒河縣文物管理所, 「黑龍江饒河縣小南山遺址2015年Ⅲ區發掘簡報」, 『考古』, 2019年 8期; 『黑龍江日報』, 「玉破天驚」, 2020. 07. 22.

2023.5 흑룡강성박물관 소남산유적 옥벽(玉璧)·옥환(玉環)

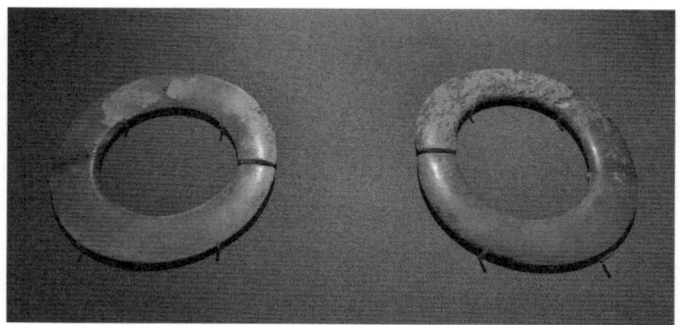

2023.5 흑룡강성박물관 소남산유적 옥결(玉玦)

흥륭와문화 백음장한 유적에서 출토된 옥귀걸이
왼쪽은 백음장한 4호 적석묘 출토 (직경 7.1㎝),
오른쪽은 백음장한 2호 적석묘 출토(직경 2.9~3.1㎝)

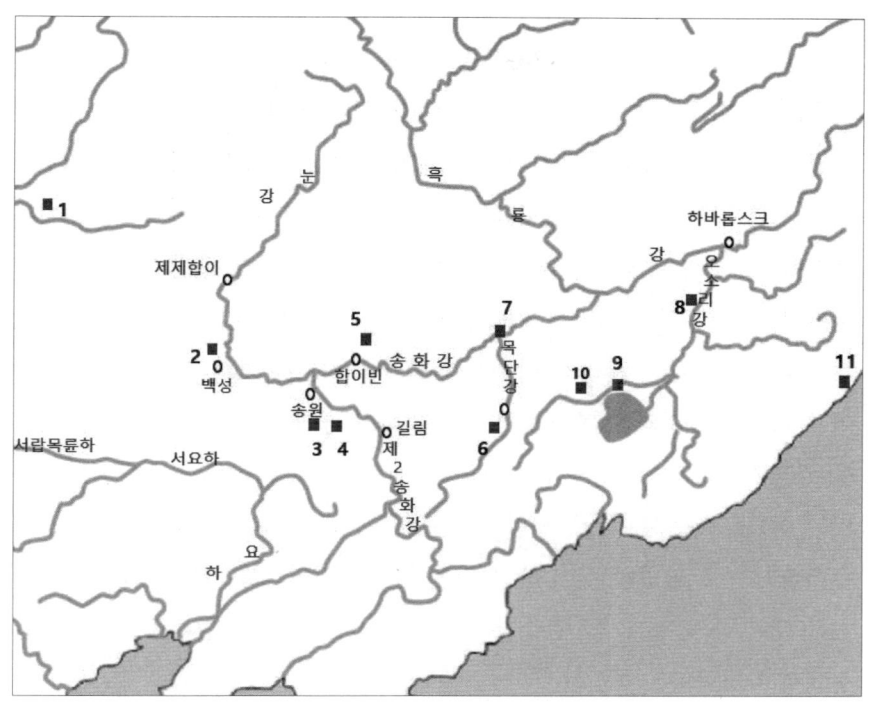

흑수백산지역 조기 옥기 출토 유적과 소남산유적 위치

1. 합극 2. 취보산 3. 요정자 4. 좌가산 5. 연화포 6. 아포력 7. 왜긍합달 8. 소남산 9. 신개류 10. 도배산 11. 초르토비 보르타 (정경희, 「흑수백산지구 소남산문화 '옥벽류(벽·환·결)'의 요서지구 홍륭와문화 '결'로의 전파」, 『유라시아문화』 5, 2021, 144쪽.)

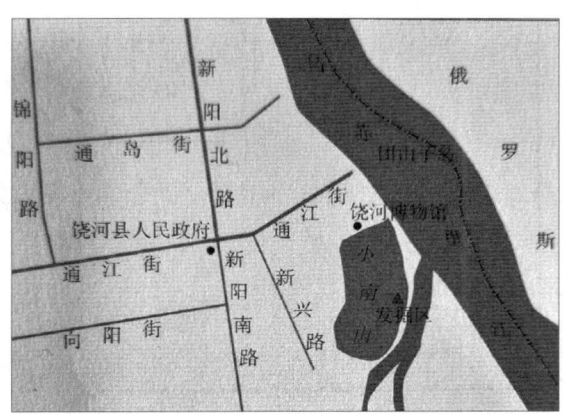

「黑龍江饒河縣小南山遺址2015年 Ⅲ區發掘簡報」, 『考古』 2019에 실린 소남산유적 위치도

Ⅱ. 한국선도의 홍익인간사상과 홍익정치 전통　51

소남산유적 환호를 두른 구릉성 적석총은 동북아 신석기~청동기 문화 특유의 '환호를 두른 구릉성 제천시설' 시원(始原)이다. 소남산에서 발굴된 옥결(玉玦)은 흥륭와문화에서 발굴된 세계 최고(最古) 옥결보다 무려 1000여 년 앞서는 것이다. 소남산문화의 '환호를 두른 구릉성 적석총'과 옥·석기는 흑수백산지구 만주평원[동북평원東北平原] 일대에서 본격적으로 개시된 신석기 문화의 사상·문화적 기반이 선도제천문화였음을 잘 보여주었다.[22]

만주평원 일대의 지리적 범주를 논할 때 차이나학계에서는 행정구역 용어를 그대로 가져와 '길흑(吉黑)지구'로 칭하고 대만학계에서는 주요 강 이름을 가져와 '송흑(松黑)지구'로 지칭한다. 반면 '흑수백산(黑水白山)지구'라는 용어는 북쪽으로는 '흑룡강', 남쪽으로는 장백산맥 주봉인 '백두산'을 따서 '흑수백산지구'로 명명한 것이다. 이것은 차이나 측의 '행정구역' 위주의 지칭이나 대만 측의 '거대 강' 위주의 지칭과 달리 '역사문화' 위주의 지칭이라는 점에서 차별화되는 것이다.[23]

연구가 확장·심화되면서 신석기 흑수백산지구에서 개시된 선도제천문화는 평지돌출한 것이 아니라 후기구석기 초기(Initial Upper Paleolithic, 이하 IUP)에 새롭게 등장한 호모사피엔스의 새로운 의기류(儀器類) 문화를 계승했다는 연구로 이어지고 있다. 신기종 의기류는 IUP 호모사피엔스계 신생명상징(문)인 '원·방·태아' 상징을 기본 형태소로 제작되었다. 중기신석기 소남산문화 옥·석제 의기류 4대 기종인 '벽류+도구류+관류+태아형기류'는 편년이 대략 5만 년 전으로 확인되는 데니소바유적 IUP층 의기류 4종과 전적으로

---

22 정경희, 「흑수백산지구 소남산문화 '환호를 두른 구릉성 적석단총'의 요서지구 흥륭와문화로의 전파」, 『유라시아문화』 6, 2022, 140~148쪽; 정경희, 「흑수백산지구 소남산문화 '적석단총-옥석기문화'의 요서지구 소하서문화~흥륭와문화로의 전파」, 『유라시아문화』 7, 2022, 116~135쪽.
23 정경희, 「흑수백산지구 소남산문화 '옥벽류(벽·환·결)의 요서지구 흥륭와문화 '결'로의 전파」, 『유라시아문화』 5, 2021, 142쪽.

동일하였다. 이는 데니소바유적 IUP층 골·석제 의기류 4기종인 '벽류+도구류+관류+태아형기류'가 신석기 동북아 흑룡강·오소리강 합류지역 토·석·옥·골제 의기류로 면면히 이어졌음을 보여주는 것이다. 선도제천문화는 후기구석기 알타이바이칼지역 의기류 문화를 계승하되 그 내용성을 보다 구체화하고 확장한 형태다. 선도제천문화 표지인 제천시설물, 제천신격, 제천의기, 제천상징문 4계통 중 제천의기 계통이 데니소바유적 IUP층 의기류, 곧 IUP 알타이지역 호모사피엔스계 신종 의기류를 계승하였다.[24]

소남산문화에 대한 고고학 발굴·연구 결과는 소남산문화 2기 주체세력이 서기전 7200년~서기전 6600년경에 환호를 두른 적석총과 옥·석기를 표지유물로 하는 선도제천문화를 누렸음을 보여준다. 소남산문화는 서기전 4000년경에 해당하는 신시배달국보다 훨씬 앞선 시기로 선도사서에 기록된 환국(桓國) 시기에 해당한다.

『조대기(朝代記)』에 배달국 이전에 역년이 3301년인 환국이 있었다[25]고 하니 환국은 서기전 7199년에 개창한 것이다. 소남산문화 2기 유물 유적의 편년과 절묘하게 맞아떨어진다. 『조대기』는 『세조실록』 3년 5월 26일의 수서령에 그 이름이 등장하는데, 고리 초 발해 유민들이 지은 비장서(祕藏書)라 한다. 고리 말 선가 이명(李茗)이 『조대기』를 인용하여 『진역유기(震域遺記)』를 지었고, 조선 숙종 때 북애자는 『진역유기』를 참조하여 『규원사화(揆園史話)』(1675년)를 지었다. 『규원사화』는 1972년 국립중앙도서관 고서심위위원회에서 조선 중기에 쓰인 진본으로 확인되었다.[26]

---

24 정경희, 「후기구석기의 초기(IUP) 호모사피엔스계 '신종 의기류'의 등장과 '호모사피엔스 문화의 알타이바이칼→흑수백산 중심론'」, 『유라시아문화』 10, 2024.
25 『태백일사』 환국본기, "朝代記曰 昔有桓國 … 傳七世 歷三千三百一年"
26 국립중앙도서관에서는 양주동 소장본 『규원사화』 외에도 1945년 말 조선시대에 쓰인 『규원사화』 고(古)필사본을 구입했다. 1968년 10월 3일 국립중앙도서관에서 근무하던 신학균이 『규원사화』 번역본을 출간했다. 1972년 11월 3일 국립중앙도서관은 고서심의위원회(이가원·손보기·임창순)를 열어 『규원사화』 고(古)필사본이 조선 중기에 쓰인 진본임

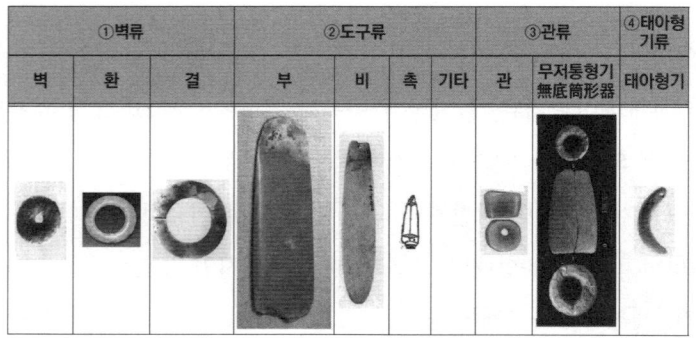

소남산문화의 옥・석기 4대 기종: '벽류+도구류+관류+태아형기류(정경희, 2024, 59쪽.)

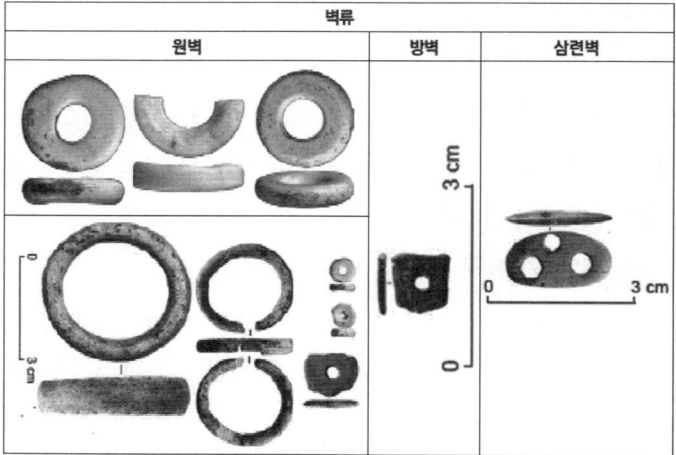

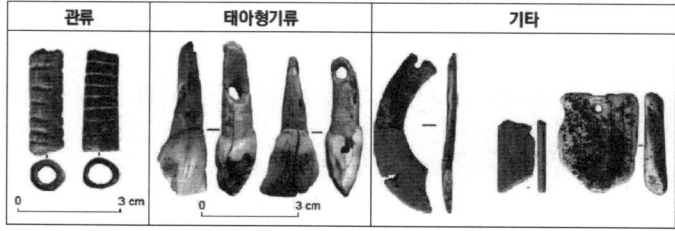

데니소바유적 이른 IUP층에 처음 등장한 벽류・관류・태아형기류(정경희, 2024, 61쪽.)

을 확인하여 인증서를 작성하였고, 국립중앙도서관 귀중본으로 지정하였다.(임채우,「양주동 소장본 규원사화의 발견과 그 의미」,『선도문화』35, 2024, 93~94쪽.)

『삼국유사』에서 서자 환웅을 가히 홍익인간 할 만한 땅으로 천부인 3개를 주고 내려 보냈다는 환국의 환인[27]도 고고학 발굴·연구에 힘입어 역사학 무대에 다시 등장하고 있는 것이다.

환웅사화를 상징적으로 보여주는 요령성 평강지구에서 출토된 고구리 초기 청동패식이다.(박선희, 『고조선문명의 복식사』, 2018, 165쪽) 순종하는 곰과 달리 버티는 범의 모습에서 후대에 배달겨레에 동화되었음을 짐작하게 한다. 곰 뒤의 이리 혹은 늑대는 북방민족의 신수(神獸)인데 상고·고대에 북방민족이 배달겨레에 동화된 공동체였음을 보여준다.

홍익인간사상을 실현하려는 홍익정치가 구현된 세상은 상상의 구현물(具現物)이 아니라 역사의 구현물이었다. 이는 선진문물을 지닌 환웅족이 참된 사람 되는 가르침을 받으러 온[28] 범토템 족과 곰토템 족을 지배하지 않고 밝게 깨우치도록 도와준 사실, 결국 곰토템 족과 하나의 공동체를 이루어[29]

---

27 『三國遺事』古朝鮮王儉朝鮮, "古記云 <u>昔有桓国庶子桓雄</u> 數意天下 貪求人世 父知子意 下視三危太伯 可以弘益人間 乃授天符印三箇 遣往理之 雄率徒三千 降於太伯山頂神壇樹下 謂之神市 是謂桓雄天王也"
28 이기동, 『환단고기』, 도서출판행촌, 2019, 45~47쪽.
29 『三聖紀』, "至是 熊女君聞桓雄有神德 乃率衆往見曰願賜一穴廛一爲神戒之氓 雄乃許之使之奠接生子有産 虎終不能悛放之四海 <u>桓族之興始此焉</u>"

새로운 세상인 단군조선을 개창한 역사적 사실[30]에서도 확인된다. 추방되었던 범토템 족(虎終不能悛放之四海)은 후대에 선도제천문화를 공유하는 배달겨레로 동화되었는데, 이는 『후한서』나 『삼국지』 기록으로 확인된다.[31]

그런데 홍익정치가 구현되어 사람들이 깨우친 광명세상은 어떤 세상인가? 현대 단학에서는 진리가 상식이 되고 원리[32]가 습관이 되며 거짓과 억지가 통할 수 없는 세상을 광명세상으로 본다. 억지는 다른 사람이 억지가 억지인 줄 모를 때 통하는 것이다. 억지가 통하지 않을 만큼 사람들의 의식이 밝아진 세계가 광명세계다. 그것은 본성이 다스리는 세계이고 양심이 다스리는 세계이며, 조화의 원리가 지켜지는 조화의 세계다.[33]

대부분의 역사가들은 평소 인간 삶을 투쟁 일변도로 과장하고 평화로운 분위기를 폄하하는 문헌들을 연구한다. 맑고 빛나는 날들은 강풍과 폭풍에 가려진다.[34] 고대국가는 군사형 국가였으며, 세계 모든 지역에서 한 손에는 검[무력]을 들고 다른 손에는 덕화[농경·생계·신앙]를 들면서 여러 부족들을 연맹시켜 고대국가를 건설하는 것이 일반적이라고 바라본다.[35] 따라서 홍익인간 사상을 실현하려는 홍익정치를 이야기로 다룬 환웅사화는 인류 역사를 대립과 갈등에 기초하여 침략·정복·지배로만 바라보아 온 기존 인식을 조화 속에서 평화롭게 공생하는 관점으로 다시 바라볼 수 있게 하는 중요한 역사적 사례다.

---

30 『三國遺事』紀異1 古朝鮮王儉朝鮮, "時有一熊一虎同穴而居 常祈于神雄願化爲人 時神遺靈艾一炷蒜二十枚曰 爾輩食之不見日光百日 便得人形 熊虎得而食之忌三七日 熊得女身虎不能忌而不得人身 熊女者無與爲婚故每於壇樹下呪願有孕 雄乃假化而婚之 孕生子號曰<u>壇君王儉</u> 以唐高即位五十年庚寅 <u>都平壤城始稱朝鮮</u>"
31 『後漢書』東夷列傳 濊, "常用十月祭天 晝夜飲酒歌舞 名之爲舞天 又祠虎以爲神";『三國志』魏書 烏丸鮮卑東夷傳 濊, "常用十月節祭天 晝夜飲酒歌舞 名之爲舞天 <u>又祭虎以爲神</u>"
32 조화의 원리로, 공전과 자전·구심력과 원심력·공평과 평등의 원리를 말한다.
33 이승헌, 『숨쉬는 평화학』, 한문화, 2002, 28~29쪽.
34 P. A. 크로포트킨 지음, 김영범 옮김, 『만물은 서로 돕는다』, 르네상스, 2005, 153쪽.
35 신용하, 『고조선문명의 사회사』, 지식산업사, 2018, 110쪽.

임재해는 『삼국유사』에서 인용한 고기(古記) 기록은 내용 대부분이 단군조선에 관한 것이 아니라 환웅의 신시고국에 관한 것이니 단군신화가 아닌 '환웅신화'로 일컬어야 함이 마땅하다고 주장한다.[36] 정경희는 만주지역 고고학 발굴·연구 결과를 선도사서 기록과 배대(配對)하여 서기전 4000년경부터 요동지역과 요서지역을 아우르는 배달국 선도제천문화가 역사적으로 실재하였음을 입증하였고 그 선행문화로서 환국시대의 선도제천문화까지 밝혀가고 있다.[37] 선행연구 성과를 긍정한다면 당연히 단군사화가 아닌, 환웅사화로 표현하는 것이 타당할 것이다.

비관주의 철학자들은 전쟁과 압제야말로 인간 본성의 본질이라고 결론내렸고, 역사가와 사회학자들은 지금껏 인류 사회 진화에서 상호투쟁에만 주로 관심을 집중했다. 그러나 동물은 물론, 인류 진화 역사에서 상호투쟁보다 훨씬 더 큰 역할을 했던 상호부조(mutual aid)는 인류의 보편적인 가치였다. 상호부조를 기반으로 하는 제도들이 전성기를 누리는 시기야말로 예술, 산업 그리고 과학의 전성기였다.[38] 이러한 주장은 인간이 '공생'의 삶을 살면서 진화했다고 보는 것이다. 인간 본연의 생존을 위해서는 다양성이 발현되어야 하며, 따라서 '다양성의 공존'을 인류 진화의 필연적 현상인 것으로 보는 주장[39]도 같은 맥락의 논의다.

최근 영국의 한 연구팀은 초기 인류가 생태적, 사회적 문제에 직면하여 그것을 극복하는 데 사용한 에너지 비율이 변하면서 그 변화량이 뇌의 진화

---

36 임재해, 『고조선문명과 신시문화』, 지식산업사, 2018, 126~127, 205쪽.
37 정경희, 『백두산문명과 한민족의 형성』, 만권당, 2020; 정경희, 「흑수백산지구 소남산문화 '적석단총–옥석기문화'의 요서지구 소하서문화~흥륭와문화로의 전파」, 『유라시아문화』 7, 2022; 정경희, 「흑수백산지구 소남산문화의 옥·석기 조합 연구」, 『선도문화』 32, 2022; 정경희, 「흑수백산지구 중기 신석기 옥석기문화의 양대 중심과 소남산문화류의 옥석기 조합」, 『선도문화』 33, 2022.
38 P. A. 크로포트킨 지음, 김영범 옮김, 『만물은 서로 돕는다』, 르네상스, 2005.
39 배기동, 「인간 다양성의 기원과 필연성의 이해」, 『세계시민학 서설』, 주류성, 2021, 85~111쪽.

를 유발했을 것이라는 견해를 『네이처』에 발표했다. 이 연구에 따르면, 호모 사피엔스의 뇌와 신체가 진화하는 데에는 생태·환경 문제가 60%, 사회적 협력 문제가 30%, 집단 간 경쟁 문제가 10% 정도 영향을 미친 것으로 나타났다.[40] 이는 인류의 뇌가 경쟁보다는 사회 협력을 통해 발달하였음을 시사하는 것으로, '공생(共生)'의 삶 속에서 인류가 진화해 왔음을 말하고 있는 것이다.

'공생'에 대한 논의를 생명계 전체로 확장하여 생명 진화의 주요 기제(機制)가 세포간 융합과 공생임을 강조한 린 마굴리스(Lynn Margulis, 1938~2011)의 공생진화론[41]이나 자연이란 손잡은 생물이 미처 손잡지 못한 것들을 물리치고 사는 곳이라는 최재천의 공생론,[42] 이러한 생명체간 공생 관계성을 통해 스스로를 조절하는 사이버네틱 시스템으로서의 지구를 바라보는 제임스 러브록(James Ephraim Lovelock, 1919~2022)의 가이아(Gaia)론[43]에 이르면 공생은 결국 지구 전체를 아우르는 가치임을 알게 된다.

인류 진화 역사를 상호부조를 중심으로 바라본 아나키스트 운동가이자 철학자인 크로포트킨(Peter Kropotkin, 1842~1921)의 연구를 살펴보면 공생에 가치를 두는 것은 배달겨레에게만 고유한 특수성이 아니라 인류 전체의 보편성임을 알게 된다. 동북아 신석기~청동기 기반문화가 한국선도의 '생명-공생'문화임을 밝힌 정경희도 인류와 인류 뇌 진화에서 '생명-공생'문화의 세계관이 비롯했음을 밝혔다.[44] 물론, 생존의 필요에 따른 공생에 그치는

---

40 박한선, 「인간의 우월함은 연약함?」, 『호모사피엔스, 인류는 어떻게 진화하고 공존하는가?』, 국립중앙박물관, 2021, 120쪽, 122쪽, 123쪽.
41 린 마굴리스 지음·이한음 옮김, 『공생자 행성』, 사이언스북스, 2007; 린 마굴리스·도리언세이건 지음, 김영 옮김, 『생명이란 무엇인가』, 리수, 2016, 149~208쪽.
42 최재천, 『손잡지 않고 살아남은 생명은 없다』, 샘터사, 2014.
43 제임스 러브록 지음·홍욱희 옮김, 『가이아』, 갈라파고스, 2004.
44 정경희, 「구석기시대 '주먹도끼→첨두기→모신상'으로 본 호모사피엔스의 '생명-공생문화'」, 『유라시아문화』 8, 2023.

것이 아니라 홍도익중(弘道益衆)의 교화를 실천하는 공생을 정치의 본질로 삼는다는 면에서 배달겨레의 특수성은 여전히 주목할 만하다. 배달겨레에게 공생은 생존의 필요조건에 그치는 것이 아니라 사람의 참모습을 회복하게 하는 사회적 실천이었기 때문이다.

『삼국유사』〈고조선왕검조선〉의 '천제의 아들 환웅이 신시를 열어 홍익인간·재세이화하였다'는 기록, 『태백일사』〈신시본기〉의 '재세이화·홍익인간 한 것은 환웅천왕이었다'는 기록[45]은 환웅천왕이 홍익인간사상을 구현하는 홍익정치를 펼쳤음을 의미한다. 선도사서는 물론 불교사서『삼국유사』에서도 볼 수 있듯이 선도문화에서 역사인식과 실천의 가장 중요한 기준은 사람 안의 '밝음·생명력(氣)·양심'이 온전히 발현되어 공동체 전체의 '밝음·생명력·양심'이 발현되는 홍익인간·이화세계 세상을 현세에서 만들어 나아가는 것이다.

다시 말해 홍익인간 이화세계란 양심이 깨어 있는 개개인의 사회적 실천으로 양심이 깨어 있는 밝은 세상을 만드는 것으로, 이는 더불어함께 잘 사는 공생 가치를 실현하려는 홍익정치와 궤를 같이 하는 것이다.

대립과 갈등이 아니라 조화와 공생을 중시하는 홍익정치는 생명을 존중하고 온전하고 참되게 골고루 잘 사는 삶의 모습으로 나타났다. 이는 환웅천왕이 이화세계를 만들기 위해 백두산 천평 지역에 도읍인 신시를 세우고 조직한 3백5사(三伯五事)의 행정 조직[46]에서 생명 유지에 가장 중요한 식량과 질병을 다루는 주곡(主穀)·주병(主病)이 형벌을 다루는 주형(主刑)보다 앞에 등장하는 것[47]에서도 드러난다. 형벌을 중요한 정치수단으로 삼은 고대 차이

---

45 『三國遺事』卷1 紀異 古朝鮮王儉朝鮮, "昔有桓因庶子桓雄 … 可以弘益人間 乃授天符印三箇遣往理之 雄率徒三千降於太伯山頂神壇樹下謂之神市 是謂桓雄天王也 … 在世理化"; 『太白逸史』神市本紀, "雄率徒三千 初降于太白山神壇樹下謂之神市 … 在世理化弘益人間 是謂桓雄天王也"

46 이강식, 「신시조직의 구조와 기능」, 『단군학연구』 창간호, 1999, 345~354쪽.

47 『三國遺事』紀異1 古朝鮮王儉朝鮮, "桓雄天王也 將風伯雨師雲師 而主穀主命主病主刑主

나 문화 전통과는 사뭇 다른 모습이다. 단군조선이 범금8조(犯禁八條)라는 최소한의 법률로 유지되던 당시 주(周)나라는 3000여 가지로 세분화된 죄목으로 백성들을 옥죄어야 국가·사회가 유지되는 형국이었다.

차이나에서 형벌을 정치 수단으로 사용한 것은 그 유래가 오래되었다. 순임금 때부터 형벌을 사용한 것으로 보인다.[48] 말로써 따르지 않으면 형벌로 따르게 했고, 그럼으로써 순임금의 덕이 크게 빛났다고 한다. 주나라에서도 형벌은 가혹했다. 이마에 자자(刺字)하는 묵형(墨刑), 코를 베는 의형(劓刑), 종지뼈를 제거하는 빈형(臏刑), 생식기를 제거하는 궁형(宮刑), 목숨을 끊는 사형(死刑)이라는 다섯 가지 형벌에 해당하는 죄가 무려 3000가지나 되었다.[49] 중원을 통일한 진나라 역시 엄혹하게 법을 집행했다. 엄혹하게 법을 집행해서 인자함과 은혜와 화의(和義) 따위를 없게 한 후에야 오덕의 수와 합치한다고 보았기에 법을 엄하게 하여 오래도록 사면하지 않았다.[50] 약법삼장(約法三章)을 반포했다는 유방의 한나라는 진나라의 엄혹한 법률보다 훨씬 엄하고 번잡한 법률을 시행했다. 율령은 모두 359장이었는데 사형의 경우 409조항에 1882건의 사례, 사형죄의 판결례는 1만 3,472건[51]이나 되었다.[52]

신시배달국의 규범은 생명을 존중하고 공생하는 '홍익주의'였다. 환웅천왕의 신시배달국과 단군조선 건국이념으로 6천 년 간 이어온 홍익인간사상이 이제는 체계적인 이론과 학설로 정립되어야 한다는 문제의식으로 '홍익

善惡 凡主人間三百六十餘事在世理化"
48 『史記』夏本紀, "帝曰 道吾德 乃女功序之也 皋陶於是敬禹之德 令民皆則禹 <u>不如言 刑從之</u> [索隱 謂不用命之人 則亦以刑罰而從之] 舜德大明"
49 『史記』周本紀, "墨罰之屬千 劓罰之屬千 臏罰之屬五百 宮罰之屬三百 大辟之罰其屬二百 五刑之屬三千"
50 『史記』秦始皇本紀 26年, "剛毅戾深 <u>事皆決於法</u> <u>刻削毋仁恩和義</u> 然後合五德之數 於是<u>急法久者不赦</u>"
51 『漢書』刑法志, "律令凡三百五十九章 大辟四百九條 千八百八十二事 死罪決事比萬三千四百七十二事"
52 소대봉, 「한국 고대의 진휼과 '공생정치'」, 『선도문화』 34, 2023, 50쪽.

주의'라는 표현을 선택하였다. 필자가 생각하는 '홍익주의'의 핵심은 나와 남이 둘이 아닌 '하나'라는 진리의 깨달음에 기초하여 '생명을 존중하고 조화롭고 평화롭게 공생하는 인류의 보편가치'를 말한다.[53]

홍익주의라는 신시배달국의 옛 규범을 이어받은 단군조선은 하(夏)나라와 상(商)나라 정전제인 공법(貢法)이나 조법(助法)의 1/10세[54] 보다 훨씬 낮은 1/20세를 걷었다.[55] 토지세를 1/20만 거두는 것이 어떤지 묻는 전국시대 상인 백규(白圭)의 질문에 "토지세를 생산량의 1/20로 거두는 것은 맥(貊)의 법이다"라고 말한 맹자의 대답에서도 확인되는 사실이다.[56] 맥은 단군조선의 거수국이었으므로 맹자는 단군조선의 세법을 말한 것이다.[57] 늦어도 서기전 4세기 전국시대에는 홍익인간사상을 실천하는 홍익정치의 한 단면인 단군조선 1/20세법이 중원지역에도 알려졌음을 알 수 있다. 서기전 3세기말 진(秦) 2세 호해 때 연(燕)·제(齊)·조(趙)나라 유민 수만 명이 번조선 서쪽 국경지대로 몰려들었다는 『후한서』 기록[58]은 진승·오광의 난 이후 8년간의 진(秦)·한(漢) 교체 혼란기를 피해 달아난 기록이다. 진(秦)·한(漢) 교체 혼란기란 서기전 209년 일어난 진승·오광의 난으로 시작되어 진나라의 멸망, 한(漢)·초(楚)의 쟁패, 한 고조 유방의 천하통일에 이르는 기간을 말한다. 정인보의 해석처럼 고대 차이나 인들이 그만큼 세금이 가벼운 단군조선의 홍익정치를 선망해서 몰려들었다[59]고 볼 수 있는 것이다.

---

53 소대봉, 「한국 민족사학의 원형, '선도사학'」, 『선도문화』 31, 2021, 300쪽.
54 지두환, 「조선초기 井田論 論議」, 『동양학』 28, 1998, 12쪽.
55 『檀君世紀』, "八世檀君于西翰…戊申元年 定二十稅一之法"; 『太白逸史』 三韓管境本紀, "四家同井 二十稅一"
56 『孟子』 告子下, "白圭曰 吾欲二十而取一何如 孟子曰 子之道貉道也…欲輕之於堯舜之道者 大貉小貉也"
57 윤내현, 『고조선연구』 하, 만권당, 2016, 380쪽.
58 『後漢書』 東夷列傳 濊, "漢初大亂 燕齊趙人往避地者數萬口"
59 정인보, 『담원정인보전집』 3, 조선사연구 상, 연세대학교출판부, 1983, 78~79쪽.

중원지역에서는 직접 죄를 짓지 않은 가족과 이웃들까지 함께 연좌시켜 죄를 물었지만[60] 단군조선에서는 연좌제를 적용하지 않았다.[61] 통치를 함에 있어서는 백성들 의견까지 들었다.[62] 모든 사람을 하늘의 맑은 기를 받은 대등하고 평등한 존재로 보았기에 단군조선은 고대 차이나와는 달리 신분차별도 심하지 않았다. 당시 차이나에서는 신분이 다른 사람이 함께 음주가무 한다는 것은 상상도 할 수 없는 일이었지만[63] 단군조선에서는 제천행사 후 온 나라 사람들이 남녀노소 빈부귀천에 상관없이 밤낮을 쉬지 않고 음주가무 등 축제를 즐겼다.

제천행사에 참여한 개개인은 모두 하늘의 맑은 기를 받은 천손임을 자각하였으며 따라서 모두 하늘의 자손이라는 천손의식을 공유하였을 것이다. 거기에 더하여 제천행사가 끝난 후 성(性)과 신분에 관계없이 함께 즐기는 국중대회 축제는 '우리는 하나'라는 공동체 의식을 함양했을 것이다. 제천행사와 이어지는 '모두 함께 즐기는' 축제는 자연스럽게 나에 그치지 않고 공동체까지 생각하게 하는 홍익인간사상을 함양하는 좋은 계기가 되었을 것이기에 국가적으로 진행되는 제천행사는 수천 년 동안 끊임없이 이어진 것으로 여겨진다.

단군조선 제천행사 풍경은 단군조선을 이은 계후국(繼後國) 부여와 고구리, 예와 한의 제천행사를 통해 유추할 수 있는데, 계후국들의 제천행사 모습은 차이나 역사서에 기록되어 전한다.[64] 배달겨레가 음주가무를 잘한다

---

60 『史記』夏本紀, "啓曰 … 不用命 僇于社 <u>予則帑僇女</u>【集解 孔安國曰 <u>非但止身 辱及女子 言恥累之</u>】"; 『史記』商君列傳, "<u>令民爲什伍 而相牧司連坐</u> 不告姦者腰斬 告姦者與斬敵首同賞 匿姦者與降敵同罰"

61 『三聖紀』上, "復神市舊規 設都阿斯達 開國號朝鮮 … <u>罪不及孥</u> 與民共議 協力成治"

62 『太白逸史』三韓管境本紀, "統九桓爲一是爲檀君王儉也 乃召國人立約日 自今以後 <u>聽民爲公法 是爲天符也</u> 夫天符者 萬世之綱典 至尊所在 不可犯也"

63 윤내현, 『고조선연구』하, 만권당, 2016, 380쪽.

64 『후한서』동이열전 부여, "以臘月祭天 大會連日 <u>飮酒歌舞</u> 名曰 迎鼓 是時斷刑獄 解囚徒;

는 인식은 이때 이후 생겨났을 것이다. 생명을 존중하고 조화롭고 평화롭게 공생하며 살았던 배달겨레 모습도 고대 차이나 문헌에서 확인된다. '양보하기를 좋아하고 다투지 않는다', '사람을 사랑하고 친근하게 대한다', '풍속이 어질어 장수한다'라고 기록되어 있다.[65]

생명을 존중하고 더불어함께 잘 사는 홍익인간사상을 실현하려는 홍익정치는 군주의 힘에 가치를 두고 형벌로 대표되는 국가폭력을 동원하여 통치한 중원지역 패권정치와는 출발점부터 달랐다. 삼원오행론에 기반한 홍익인간사상은 중원지역으로 전파된 후 음양오행론에 기반한 도교문화 및 유교문화로 변이되었다.

한국선도 존재론의 핵심은 일·삼·구론[삼원오행론]으로 정리된다. 선도기학에 의하면 우주의 근원적 생명력이자 존재의 '본질'인 '일(一, 氣·energy·생명력)'은 거듭 분화하면서 '현상'의 물질세계를 만들어낸다. 존재의 본질인 '일'을 이루는 세 차원으로 천·지·인 삼원[천(天)은 정보, 지(地)는 물질·질료, 인(人)은 기에너지]을 제시한다.[일·삼론] 이 세 차원 중에서 특히 인 차원[기에너지]이 삼원조화의 중심이 되어, 삼원을 조화롭게 잘 어우러지게 하여 재차 구원(九元)으로 분화하면서 현상화·물질화되는 과정을 거쳐 현상계가 이루어진다고 설명한다.[일·삼·구론]

『천부경』·『삼일신고』에서는 일기·삼기가 움직여 현상세계를 만들어내는

『후한서』 동이열전 고구리, "以十月祭天大會 名曰 東盟 其國東有大穴 號襚神 亦以十月迎而祭之"; 『후한서』 동이열전 한, "常以五月田竟祭鬼神 晝夜酒食 羣聚歌舞 舞輒數十人相隨蹋地爲節 十月農功畢 亦復如之"; 『삼국지』 위서 동이전 부여, "以殷正月祭天 國中大會 連日飮食歌舞 名曰迎鼓 於是時斷刑獄 解囚徒"; 『삼국지』 위서 동이전 예, "常用十月節祭天 晝夜飮酒歌舞 名之爲舞天 又祭虎以爲神"; 『삼국지』 위서 동이전 한, "常以五月下種訖 祭鬼神 羣聚歌舞 飮酒晝夜無休 其舞 數十人俱起相隨 踏地低昂 手足相應 節奏有似鐸舞 十月農功畢 亦復如之"

65 『山海經』 海外東經, "君子國 在其北 衣冠帶劍 食獸使二大虎 <u>其人好讓不爭</u> 有薰華草 朝生夕死"; 『山海經』 海內經, "東海之內 北海之隅 有國名曰朝鮮 天毒其人水居 <u>偎人愛之</u>"; 『說文解字』 夷, "夷 東方之人也 從大從弓 惟東夷從大大人也 <u>夷俗仁仁者壽</u> 有君子不死之國"

Ⅱ. 한국선도의 홍익인간사상과 홍익정치 전통   63

과정을 '9기[天天(性)·天人(命)·天地(精)·人天(心)·人人(氣)·人地(身)·地天(感)·地人(息)·地地(觸)]'로써 설명한다. 이 경우 '일기·삼기'는 본질로, '9기'는 본질의 현상화로 보는 것이다. 『천부경』·『삼일신고』의 '일·삼·구론'은 『부도지(符都誌)』[66]에서 '삼원오행론'으로 설명된다. 『부도지』에서는 삼원으로 허달성[천], 실달성[지], 마고성[인]이 표현되어 있고, '기·화·수·토·천부' 오행에 의해 현상계가 형성되는 것으로 설명하고 있다. 존재의 본질인 1기·3기가 여(呂)·율(律)[음·양의 한국선도적 표현] 이원적 분화과정, 곧 '1기·3기 → 2기 → 4기 → 8기'[67]의 과정을 거쳐 현상계가 만들어진다는 것이다. 존재의 본질인 '일기·삼기'에서 현상의 물질세계를 구성하는 4대 원소인 기(氣)·화(火)·수(水)·토(土)가 파생되어 나오는데 일기·삼기를 '천부(天符)'로 개념화하고 '기·화·수·토 4대 원소'를 합하면 '기·화·수·토·천부 5기(氣)' 즉, 오행(五行)이 된다. 4대 원소를 묶어주는 조화점으로서의 천부[본질 차원인 일기·삼기]와 본질-현상 차원인 '기·화·수·토·천부 5행'을 함께 표현하면 '삼원오행론' 개념이 성립된다.

이처럼 일·삼·구론이나 삼원오행론은 동일한 논의의 다른 표현이다. 존재의 본질은 일기·삼기로 바라보되, 그 현상화(물질화)를 '9기'로 설명하느냐 '5기'로 설명하느냐 하는 차이가 있을 뿐이다. 결국은 존재의 본질인 '1기·3기'가 '9기'라는 9단계의 전변 과정을 거쳐 물질세계를 구성하는 5대 원소인 '5기'로 화하여 현상계[물질계]를 만들어내게 된다는 것이다.[68]

---

66 『부도지』는 배달겨레의 기원과 고대 한국 문화와 철학 사상의 원형을 담고 있는 책이다. 신라 충신이자 선가(仙家) 출신인 박제상(363~419)이 저술한 『징심록』은 전체 3교(敎) 15지(誌)로 구성되어 있는데, 그 중 상교(上敎) 제1지가 『부도지』이다.

67 『符都誌』에서 2기인 궁희와 소희가 낳은 4천녀와 4천인은 '氣·火·水·土'의 여성(呂性)과 율성(律性)의 다른 표현이다. 여성과 율성은 각각 독립적으로 존재할 수 없으며 상호 결합함으로써 비로소 의미를 가지게 되므로 기·화·수·토(氣·火·水·土)는 4쌍의 방식으로 존재하는데 이것이 8기다.

68 정경희, 「『符都誌』에 나타난 한국선도의 一·三論」, 『仙道文化』 2, 2007; 「『천부경』·『삼일신고』를 통해 본 韓國仙道의 一·三·九論」, 『범한철학』 44, 2007 참조.

본질의 현상화 과정을 밝힌 삼원오행론은 현상을 바라볼 때 현상인 물질세계의 '분리와 대립'을 조화해 내는 조화점(調和點)으로서의 천부[일기·삼기]를 함께 바라본다. 물질[현상]은 여·율 이원의 원리에 의해 작동하므로 '분리와 대립'이라는 속성을 지니게 되는데, 현상의 이면에 자리한 본질인 일기·삼기[천부]는 분별과 치우침이 없는 공(公, 전체의식)의 속성을 발현하여 물질의 '분리와 대립'을 '조화'시켜가게 된다. 삼원오행론이 음양오행론으로 바뀐다는 것은 본질 차원을 함께 보지 못하고 '분리와 대립'을 속성으로 하는 물질[현상]만 바라보게 되는 것이다.

유교문화에서는 배달국에서 문화가 전승되었다는 기록을 삭제하고 선도문화의 '삼원오행론'을 대신한 새로운 세계관으로 '음양오행론'을 제시하였다.[69] 도요(陶堯, 요임금)는 오행의 중심에 있는 조화점(調和點)인 일기(一氣, 밝음·생명력·양심) 자리에 통제점(統制點)인 토(土)를 놓고 외부를 지배·통제한다는 제왕의 도를 주창하였다.[70] 제왕은 중앙[內, 土]에서 주변[外, 木·金·水·火]을 통제하고 지배할 수 있다는, 힘의 논리로 세상을 지배하려는 패권주의 사상이 생겨나게 된 것이다. 치우천왕과 전쟁하면서 중원지역을 상징하는 존재가 된 황제의 상징 토를 중심 자리에 놓고 외곽에 목·화·금·수를 배치한 것이었다.[71] 이후 중원지역에서는 생명을 존중하고 조화롭게 공생하는 가치보다는 세계를 지배·통제하고 다스리는 군주의 힘에 가치를 두게 되었다.[72]

중화사상은 유가(儒家) 사상이 통치철학으로 자리 잡은 한나라 동중서에

---

[69] 정경희, 「한국선도의 삼원오행론-음양오행론의 포괄」, 『동서철학연구』 48, 2008, 331~343쪽.

[70] 『要正澄心錄演義』符都誌, "陶堯起於天山之南 素不勤數 … 自誤九數五中之理 以爲中五外八者 以一於(御)八 <u>以內制外之理 自作五行之法 主唱帝王之道</u> … 堯乃劃地九州而稱國 自居五中而稱帝 建唐都對立符都 … 此人世二次之大變"

[71] 정경희, 「동북아 고고학에 나타난 배달국의 선도제천문화와 민족종교의 원형회복」, 『선도문화』 31, 2021, 45~46쪽.

[72] 소대봉, 「한국 고대의 진휼과 '공생정치'」, 『선도문화』 34, 2023, 59~60쪽.

의해 체계화되었다. 동중서는 토를 오행의 주인이라고 주장하였다.[73] 『사기』 오제본기에서 토를 가장 중요하게 여기는 계기는 이러한 바탕에서 만들어 진 것이다. 결국 이러한 인식이 동아시아 상고사를 축소하고 왜곡하는 발단이 된 것이다.[74] 남송 주희는 공자의 화이(華夷)사상[75]을 보편적인 이(理)로 확장하여 항구불변한 천리(天理)로까지 주창하였다.[76]

평화롭게 공생하는 홍익정치는 신시배달국~단군조선 안에서만 실천된 것이 아니었다. 환웅천왕은 신시 개천(開天, 배달국 건립) 이후 높고 낮음이 없이 사해가 평등하고 모든 종족들이 스스로 행하는 부도(符都)의 법[77][홍익인간 이화세계의 조화롭고 이상적인 공동체를 만드는 것]과 문명을 각지로 전파하였다. 천웅도(天雄道)를 설립하여 배를 타고 사해를 순방하면서 근본을 잊지 말 것을 호소하고 인간세상을 이롭게 하는 홍익을 실천한 것이다.[78] 단군왕검 역시 부도를 건설하여 사해 제족(諸族)에게 천부의 이치를 전했으며, 교역을 왕성하게 하여 천하가 넉넉하게 하였다.[79] 상고·고대에도 홍익정치는 한 국가나 한 민족에 국한되지 않고 사해동포에게 펼쳐진 것이다. 9년 홍수로 중원지역이 물난리를 겪던 시기 하우(夏禹)를 만난 단군왕검의 태자 부루는 치수법을 전수하여[80] 사해동포주의인 홍익주의를 실천하기도 하였다. 이는 차이나 기록

---

73 『春秋繁露』 五行之義, "土者 五行之主也 五行之主土氣也"
74 문치웅, 「사기 오제본기에 나타나는 인물관계 기록의 문제점」, 『동아시아고대학』 40, 2015, 180쪽.
75 『朱子語類』 卷83 春秋, "春秋大旨 其可見者 誅亂臣討賊子 內中國外夷狄 貴王賤伯而已"
76 조현걸, 「우암 송시열의 춘추대의사상」, 『국제정치연구』 14, 2011, 291~292쪽.
77 『要正澄心錄演義』 「符都誌」, "符都之法 … 無有高卑 … 四海平等 諸族自行"
78 『要正澄心錄演義』 「符都誌」, "桓因氏子桓雄氏 … 立天雄之道 使人知其所由 … 於是桓雄氏 始乘舟浮海巡訪四海 照證天符修身 疏通諸族之消息 訴言根本之不忘 敎宮室舟車火食之法 … 弘益人世"
79 『要正澄心錄演義』 「符都誌」, "照證天符修身 盟解惑復本之誓 定符都建設之約 … 欲講天符之理於會同協和之席 而使明知也 … 不講則忘失故也 … 自此 四海興産 交易殷盛 天下裕足"
80 『太白逸史』 三韓管境本紀, "及九年洪水 害及萬民 故檀君王儉 遣太子扶婁 約與虞舜招會于塗山 舜遣司空禹 受我五行治水之法 而功乃成也", "自太子扶婁受金簡玉牒 蓋五行治水之

인 『오월춘추』⁸¹에서도 확인된다.⁸² 조선유학자들은 부루가 하우를 조회(朝會, 문안드리고 정사를 아뢰는 일)한 것으로만 기록했다.⁸³

생명을 존중하고 공생을 핵심가치로 삼는 선도적 세계관인 홍익주의는 신시배달국 건국이념이자 국가·사회 운영 원리⁸⁴였으며 이는 단군조선으로 고스란히 이어졌다. 어려움에 처한 사람과 약한 사람을 도와 공생하는 정신은 신시배달국 이전인 환국시대부터 경구(警句)로 전해졌다.⁸⁵ 어려운 사람은 도와주고 낮은 사람을 업신여기지 않고 공생에 가치를 두는 것은 선도사상에서 면면히 이어지는 전통이었다.⁸⁶ 단군조선 시기 펼쳐졌던 홍익정치는 곤궁한 백성을 도와주는 진휼(賑恤)을 통해서도 그 일단(一端)이 드러난다. 단군왕검이 진휼을 했던 행적은 선도적 역사인식의 영향을 받은 18세기 학자 이종휘의 『동사(東史)』⁸⁷에서 간략히 드러난다. 47세에 걸친 단군 행적을 극히 소략하게나마 전하고 있는 『단군세기』 기록에서도 확인된다.⁸⁸

要訣也";『太白逸史』蘇塗經典本訓, "虞人姒禹到會稽山 受敎于朝鮮 因柴虛仙人 求見蒼水使者扶婁受黃帝中經 乃神市黃部之中經也 禹取而用之有功於"

81 『吳越春秋』越王無余外傳, "禹乃東巡 登衡嶽 血白馬以祭 … 因夢見赤繡衣男子 自稱玄夷蒼水使者 … 禹退又齊三月 庚子登宛委山 發金簡之書 案金簡玉字 得通水之理 … 吾獲覆釜之書 得以除天下之災 令民歸於裏間 其德彰彰若斯 豈可忘乎"
82 소대봉, 「선도 홍익사관의 전승 과정 연구」, 국제뇌교육대학원 석사학위논문, 2022, 10~11쪽.
83 『世宗實錄』지리지 평양부, "檀君古記云 … 檀君與唐堯同日而立 至ход會塗山 遣太子夫婁朝焉";『應製詩註』, "至禹會諸侯塗山 檀君遣子夫婁朝焉";『東國歷代總目』檀君朝鮮, "時禹會諸侯於塗山 檀君遣扶婁朝焉"
84 『三國遺事』卷1 紀異 古朝鮮王儉朝鮮, "雄率徒三千 降於太伯山頂神壇樹下 謂之神市 是謂桓雄天王也 將風伯雨師雲師而主穀主命主病主刑主善惡 凡人間三百六十餘事在世理化";『太伯逸史』神市本紀, "雄率徒三千 初降於太白山神壇樹下 謂之神市 將風伯雨師雲師而主穀主命主刑主病主善惡 凡主人間三百六十餘事 在世理化弘益人間 是謂桓雄天王也"
85 『太白逸史』桓國本紀, "扶其傾而濟其弱 一無憾且佛異者"
86 『檀君世紀』, "爾扶傾無陵弱濟恤無侮卑";『揆園史話』, "爾扶傾毋凌弱濟恤毋侮卑"
87 『修山集』東史 檀君本紀, "檀君乃敎民編髮盖首 始有君臣男女之分 飮食居處之節 … 當九年之水命彭吳 定高山大川 至于牛首奠厥民居"
88 소대봉, 「한국 고대의 진휼과 '공생정치'」, 『선도문화』 34, 2023, 61쪽.

단군왕검 재위 50년(서기전 2284년)에 홍수가 범람하여 백성이 편안하게 살 수 없게 되었다. 풍백 팽우에게 명하여 물을 다스리게 하시고 높은 산과 큰 하천을 잘 정리하여 백성이 편히 거처하게 하셨다.[89]

15세 단군 대음: 2년(서기전 1660년) 신사에 홍수가 크게 져서 민가에 많은 해를 입혔다. 단군이 이를 매우 불쌍히 여겨 구제하였는데 곡식을 창해 사수 땅으로 옮겨 백성들에게 골고루 나누어 주었다.[90]

27세 단군 두밀: 8년(서기전 990년) 신묘에 오랜 가뭄 끝에 큰 비가 내려 백성들이 수확할 것이 없었으므로 단군이 창고를 열어 백성들에게 두루 나누어 주도록 명하였다.[91]

45세 단군 여루: 55년(서기전 342년) 기묘 여름 큰 가뭄이 드니 죄없이 옥살이 하는 사람이 있어 그런가 염려하여 크게 사면령을 내리고 단군이 몸소 거둥하여 기우제를 지냈다.[92]

홍익인간사상을 정치에서 펼쳤던 홍익정치는 단군조선을 이은 열국시대에 고구리·백제·신라에서도 진휼(賑恤)이라는 국가 정책으로 현실화되었다.[93] 공생이라는 확고한 사상적 배경 아래 지속적이고 체계적으로 펼쳐졌던 진휼은 삼국시대 전반에 걸쳐 단군조선의 공생 홍익정치가 계승되었음을 보여준다.

엄밀하게 말하면, 고구리·백제·신라만이 존재했던 삼국시대는 가야가 멸망한 562년 이후 백제가 멸망한 660년까지 98년에 불과하다. 사실상 가야 건국(42년)에서 부여 멸망(494년)까지 약 450년은 5국 시대, 부여 멸망에서 가야 멸망(562년)까지 약 70년은 4국 시대라고 불려야 한다. 다만 고구리·백제·신라 삼국의 상황을 다루면서 시기에 따라 3국, 4국, 5국으로 분류하여

---

89 『檀君世紀』, "丁巳五十年 洪水汎濫 民不得息 帝命風伯彭虞治水 定高山大川 以便民居"
90 『檀君世紀』, "辛巳二年 洪水大漲 民家多被害 帝甚憐恤 移其粟於蒼海蛇水之地 均給于民"
91 『檀君世紀』, "辛卯八年 太旱之餘大雨注下 民無收獲 帝命發倉周給"
92 『檀君世紀』, "己卯五十五年夏 大旱 慮有冤獄 大赦 親幸祈雨"
93 소대봉, 「한국 고대의 진휼과 '공생정치'」, 『선도문화』 34, 2023.

서술하는 것이 오히려 번잡스러우므로, 관행적으로 사용하는 삼국시대라는 용어를 사용하였다.

『삼국사기』 기록에 의하면, 삼국시대 선도사상에 기반한 진휼은 남북국시대 이전까지 이재민과 사회적 약자를 대상으로 총 94회[고구리(21회), 백제(19회), 신라(54회)]나 지속적으로 펼쳐졌다. 안정적인 농업생산을 위해 권농과 제방 축조 등 적극적인 대책을 세우기도 했다. 자연재해의 가장 큰 원인은 삼국 공히 가뭄이었다. 홍수와 황충[메뚜기 피해], 서리·우박이 그 뒤를 이었다. 재해 원인이 모두 곡물에 피해를 주는 것이었으므로 재해 결과는 당연히 기근(飢饉)이었고, 백성들을 굶주림에서 구제하는 식량 제공이 가장 중요한 진휼 수단이었다. 상서(祥瑞)·재이(災異)설의 천인감응설에 기반한 차이나의 황정(荒政=진휼)이 책기(責己), 현량방정(賢良方正)한 인재 선발 등 재이현상을 초래하는 군주의 실정을 회피하는데 초점을 맞춘 것과는 사뭇 다른 면모였다. 중원지역 역사문화 전통은 생명을 존중하고 공생하는 가치보다는 군주의 정치권력을 유지하는데 보다 큰 가치를 두었던 것으로 보인다. 생명을 존중하고 공생에 가치를 둔 이상적인 공동체를 현실에서 구현하고자 하는 홍익인간사상에 바탕을 둔 선도적 진휼과 군주 개인의 권력유지에 초점을 맞춘 천인감응설에 바탕을 둔 유교적 진휼은 그 출발점이 확연히 달랐다.

사회적 약자에 대한 진휼도 식량 제공을 수반하였다. 이러한 진휼은 생명 존중과 공생이 핵심 가치인 선도적 세계관에서는 당연한 정책이었다. 그 중에서도 이재민이 아닌 환과고독(鰥寡孤獨), 빈곤자, 고령자 등 사회적 약자 진휼[신라(9회) 고구리(5회), 백제(3회)]은 홍익인간사상이 좀 더 깊고 넓게 발현된 사례로 이해할 수 있을 것이다. 죄수 돌봄과 사면[신라(13회) 고구리(1회), 백제(1회)], 조세 면제[신라(4회) 고구려(0), 백제(1회)] 역시 홍익인간 사상이 실천된 공생정치사례로 보기에 부족하지 않아 보인다. 선도수행의 본령인 선도제천이 부여[동맹], 예[무천], 한[소도제천]에서도 행해졌다는 차이나 기록을 염두에 둔다면, 부여나 가야에서도 홍익정치가 진휼 형태로 펼쳐졌음을 어렵지 않게 추론할 수 있다.

열국에서 시행되었던 진휼은 이재민 구제는 물론 사회적 약자에게는 자연재해와 관계없이 펼쳐졌다. 이재민 진휼은 사회적 불안을 제거하고 지속가능한 사회를 만들기 위한 홍익정치의 실천이었고, 자연재해와 관계없음에도 자기 목소리를 내기 힘든 환과고독 등 사회적 약자를 진휼한 것은 홍익인간의 공생 가치가 좀 더 발현된 홍익정치였던 것이다.[94]

이제껏 살펴본 것처럼 상고·고대에 홍익인간사상은 홍익정치로 펼쳐졌다. 그런데 홍익인간사상을 펼칠 주체들이 정치에서 배제된 경우에는 다른 영역에서 홍익인간사상이 펼쳐졌다. 상업 국가였던 고리(高麗)가 망하고 조선이 개창된 이후 개성 사람들은 정치적으로 소외되어 생존을 위해 상업에 종사했다. 조선시대 상업은 말업(末業)이어서 천대받은 분야였으나 개성상인들은 자신들을 고리에 절의를 지킨 사람들 후손으로 정체성을 확립해 나가면서 경제인으로서 자리를 다져나갔다.[95] 허성관은 홍익인간사상이 경영 부문에서 펼쳐져 공생경영을 실천한 사례를 개성상인 박영진가 복식부기 장부 연구에서 밝혔다.[96]

경영 부문에서 공생을 위해서는 '신뢰'가 필수적인데 개성상인은 투명하고 정확하게 장부를 기록하고, 장부 가치를 일관성 있게 유지하여 신뢰를 구축했다. 개성 공동체 공생 기반인 차인(差人)제도와 시변(時邊)에 적극적으로 참여하여 활용했다. 차인은 일을 제대로 배워 경영능력을 갖추었다고 주인이 판단한 사환이다. 오늘날 전문경영인에 해당하는 차인은 고정된 급여가 없고 대신 책임진 사업을 매년 결산해서 이익을 주인과 반분했다. 시변

---

94 소대봉, 「한국 고대의 진휼과 '공생정치'」, 『선도문화』 34, 2023, 64~85, 88쪽.
95 허성관, 「개성상인 복식부기 장부에 나타난 공생경영」, 『유라시아문화』 10, 2024, 161쪽.
96 허성관, 「개성상인 복식부기 장부에 나타난 공생경영」, 『유라시아문화』 10, 2024.

은 개성상인 사이에서 행해지던 독특한 금융 유통 방식으로, 정원이 없는 조합 형태인 환계(換稧)가 정한 이자율로 필요할 때 15일, 1개월 또는 그 이상 기한으로 신용만으로 자금을 융통하는 금융제도다. 차인이나 공동사업자와 이익을 균등하게 배분하는 공생경영도 실천했다. 박영진가 공생경영은 공생이라는 지향점은 오늘날 ESG 경영과 같지만, 외부 강제 없이 자율적으로 100년 전에 실천했다는 면에서 주목할 만하다.

1897년부터 1905년까지 박영진가의 복식부기 삼포회계 장부로 확인되는 개성상인 공생경영은 불과 100년 전의 사실이다. 그런데, 적어도 왕씨 고리(高麗) 중엽까지는 불교와 습합된 선도사상, 홍익인간이 고리의 국가·사회 운영원리이자 삶의 철학이었고, 더하여 고리가 상업국가였음을 염두에 둔다면 개성상인이 공생경영을 실천했던 시기는 훨씬 더 소급할 수 있을 것이다. 개성상인은 이미 1646년 중강개시(中江開市)에도 참여하였고 이후 의주상인과 함께 청나라와의 교역을 주도하기도 했다.

신시배달국 건국이념으로 6,000여 년 전에 정립된 우리 전통 사상인 선도사상의 핵심이 공생이며, 공생은 홍익인간의 다른 표현이다. 홍익인간은 대한민국 교육이 지향하는 목표(〈교육기본법〉 2조)이자 심신수련을 통해 현실에서 구현할 수 있는 사상이므로[97] 기업 경영자와 이해관계자가 선도 수련으로 공생정신을 함양하면 ESG 경영 성공에 이바지할 수 있을 것이다.[98] 허성관의 연구를 통해 홍익인간사상이 경영 부문에서도 구현되었음을 확인하게 된다.

97　허성관, 「한국선도와 ESG 경영의 공생정신」, 『선도문화』 34, 2023.
98　허성관, 「개성상인 복식부기 장부에 나타난 공생경영」, 『유라시아문화』 10, 2024, 176쪽.

III.

1910~1920년대 대종교의 성통·공완 실천과 홍익정치론의 토대 마련

1. 구한말 선도문화의 부활과 대종교 중광

1) 한국선도의 쇠퇴와 구한말 선도문화의 부활

단군조선 중기에 이르러 많은 사람들이 수행보다 물질 차원에 몰두하게 되면서 수행에 기반한 선도의 위상이 약화되었고 선도문화에 기반한 단군조선의 위상 역시 흔들리게 되었다. 서기전 13세기 우현왕(右賢王) 색불루가 측근들과 사냥꾼 수천 명을 거느리고 일으킨 정변(政變)에서 단적으로 보이는 사실이다.[1] 단군조선 말이 되면서 물질 차원에 몰두하는 중원 문화가 단군조선으로 역 유입되어 선도문화는 더욱 약화되었다. 발해 천통(天統) 31년(727년) 편찬되었다는 『단기고사(檀奇古史)』에는 춘추전국시대에 형성된 중원지역 제자백가 사상이 단군조선에 유입되어 "세상 사람들의 정신을 혼미하게"하는 내용이 38세 기자(奇子) 가색(可索)[2] 조에 비교적 구체적으로 실려 있다.[3]

그러나 주(周)나라 무왕(武王)이 제후로 봉한 자제(子弟)들이 매우 많았는데, 대(代)를 이

---

1 『단군세기』, "索弗婁 襲爲右賢王 … 右賢王 率左右及獵戶數千 遂卽位于夫餘新宮 帝不得已 傳玉冊國寶"
2 연나라 사람 위만의 망명(서기전 195년)이 기록된 42세 기자 마한부터 재위기간을 역순으로 계산하면 38세 기자 가색 재위기간은 B.C. 4세기 초중반이며, (서기전 232년 건국한) 북부여(北扶餘) 사절이 입경하였다는 가색 14년 기사를 고려하면 가색 재위기간은 서기전 3세기 중후반으로 약 100여 년 시차가 있다.
3 대야발 저, 김두화·이관구 번역, 『단기고사』, 조선복음사, 1949, 95~98쪽. 아래 번역은 1986년 고동영이 역주한 『단기고사』를 참고하였다.

을 자가 탐탁치 않아 서로 공격하기를 원수같이 하고, 제후가 왕호(王號)를 함부로 일컬으니, 그 가운데 패권을 잡은 자는 진(晉)·초(楚)·연(燕)·제(齊)·한(韓)·위(魏)·조(趙)의 일곱 영웅들입니다. 이들은 날마다 전쟁만 일삼으니, 편할 날이 없어 전국시대(戰國時代)가 되었습니다. 그 반면에 주의(主義)와 사상(思想)이 극도로 팽창하여 백가(百家)가 쟁명(爭鳴)하여 각각 주의를 일으켰는데 그 중에 으뜸으로 꼽힐만한 자는 공학(孔學)·노장학(老莊學)·양묵학(楊墨學)등입니다.

그러나 그 작품에는 간략하고 정직하다가 끝에 가서는 번거롭고 어지러워 궤변학(詭辨學) 명리학파(名利學派)가 많이 생겨 이단종횡공리(異端縱橫功利)의 설(說)이 성행하여 백성은 진정한 애국심이 없어지고, 국가는 강하고 견고한 기초가 이루어지지 못하여 왕풍(王風)이 땅을 다 쓸어버리고, 살기(殺氣)가 하늘을 찌를듯하여 배타사상(排他思想)이 열렬하여, 이것이 민족사상으로 바뀌어 다른 종족은 배척하고 있습니다.

그런데 우리나라는 평안한 세상이 오래 계속되어 오니, 민심이 해이해져서 자기 나라의 정신을 잊어버리고 맹목적으로 중화를 추앙하는 습관이 심하니 안타깝습니다. 사람은 보편적으로 옛 것을 누르고 새것을 좋아하며 근본은 버리고 끝을 취하는 일을 능사로 여겨 정신까지 하나가 되지 못하니, 신은 이것이 근심이 되고 두려울 뿐입니다.

대조영 아우 대야발(大野勃)이 727년에 편찬하고 신채호가 중간(重刊) 서문을 쓴 『단기고사』는 대한제국 광무 11년(1907년) 학부에서 출간 계획을 세웠으나 일제[4]의 내정 간섭으로 간행되지 못했다. 위서론 시비와는 별개로 중원지역 영향을 받은 단군조선 말기 사상계 혼란상과 제자백가 사상을 비판하는 『단기고사』 내용은 다른 선도사서에는 보이지 않는 것이기에 충분히 검토할 만한 가치가 있다.[5]

제자백가 사상 전파로 인한 사상계 혼란은 고대 차이나 세력과 200여 년에 걸쳐 세 차례 큰 전쟁이 일어났던 서기전 3세기 초 이후와 시기를 같이 한다. 200여 년 이상의 지속적인 전쟁 상태로 인하여 단군조선과 계후국 북부여는 현상으로 드러난 물질세계에 집중할 수밖에 없었을 것이다.

---

4 일본제국은 1868년 1월 3일 메이지유신 이래 일본 열도와 그 식민지를 통치했던 국가로 1945년 9월 2일 미국에 항복하여 해체되기 전까지 77년간 존속하였다. 이하 '일제'로 표기한다.

5 한영우도 『단기고사』의 사상사적 가치는 부정하지 않는다.(한영우, 『한국선비지성사』, 지식산업사, 2010, 434~435쪽.)

첫째, 서기전 3세기 초[6] 진개(秦開)의 침략으로 기록된 연나라와 전쟁이다. 서기전 4세기 내내 연나라와 10여 차례 전화(戰火)에 시달렸던[7] 단군조선은 진개의 침략 전쟁으로 2000여 리 땅을 잃어 약해졌다.[8] 둘째, 서한(西漢) 외신(外臣) 위만 정권과 전쟁이다. 단군조선 서쪽 변경에 있었던 준왕을 정변으로 몰아내고 정권을 차지한 위만은 서한 외신이 된 후 서한 위세를 등에 없고 영토를 수 천리 늘렸으므로 영토를 늘리는 수 십 년 동안 전화는 지속되었다.[9] 선도사서 『북부여

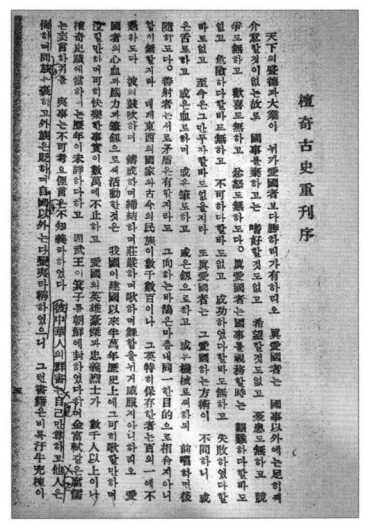

단기 4282년(1949년) 발행된 단기고사
丹齋 신채호가 중간서문을 썼다

기』에는 4세 단군 고우루 6년(서기전 115년)에도 위만 손자 우거와 전쟁한 기사가 전한다.[10] 셋째, 한무제(漢武帝) 유철의 침략전쟁이다. 서기전 108년 위만정권을 정복하고 그 땅에 낙랑군, 진번군, 임둔군을 설치한 한무제는 1년 후 영토를 늘려 현도군을 설치했다. 한무제 유철의 침략전쟁은 현도군 설치로부터 시작하여[11] 북부여 6세 단군 고무서 원년(서기전 59년)까지 이어졌다.[12] 47세 마지막 단군 고열가가 제위를 버리고 산으로 들어가면서 단군조선이

---

6 이형구, 「요서지방(遼西地方)의 고조선(古朝鮮)」, 『단군학연구』 18, 2008, 42~44쪽.
7 『檀君世紀』는 서기전 4세기 내내 연나라와 10여 차례 전쟁을 치렀다고 전하고 있다.
8 『三國志』 魏書 東夷傳 韓, "後子孫稍驕虐 燕乃遣將秦開攻其西方 取地二千餘里 至滿番汗爲界 朝鮮遂弱"
9 『史記』, 朝鮮列傳, "會孝惠高后時天下初定 遼東太守卽約滿爲外臣 … 以故滿得兵威財物 侵降其旁小邑 真番臨屯皆來服屬 方數千里"
10 『北扶餘紀』, "癸亥三年 右渠賊 大擧入寇 我軍大敗 … 丙寅六年 帝親率精銳五千 襲破海城 追之薩水 九黎河以東悉降"
11 『漢書』 地理志, "玄菟郡 武帝元封四年開"
12 『北扶餘紀』, "六世檀君高無胥 … 時 漢寇騷擾 遍于遼左 屢戰得捷"

와해된[13] 전후 200여 년 동안 전화는 끊이지 않았던 것이다. 고열가 단군이 산으로 들어간 이후 산을 지키고 다스리는 산신을 신앙하는 민간신앙이 생겼을 것이다.

연나라, 위만정권, 한나라와 치른 끊임없는 전쟁은 중원문화 유입으로 인한 사상계 혼란과 더불어 수행에 기반한 선도문화를 더욱 약화시켰다. 선도문화가 약화되는 과정에서 단군조선이 와해되었다. 그럼에도 불구하고 선도문화는 고대 차이나로부터 전래된 유(儒)·불(佛)·도(道) 3교가 공인되었다고 추정되는 가장 이른 시기인 4세기 후반[14]까지는 국가·사회 운영원리로 작동되었다. 외래사상이 공인되기 전에는 토착 고유사상이 지배이념일 수밖에 없기 때문이다. 예를 들어, 묵호자가 신라 사회에 불교를 전파한 후 법흥왕 14년(527년) 공인되기까지 무려 100여 년 갈등이 있었다. 법흥왕 7년(520년) 율령 반포 후 신문왕 2년(682년) 국학 설립까지 유교 공인이 거의 150여 년 지체된 이유는 신라 사회를 오랫동안 지배해 온 사상체계, 신앙체계가 계속 우위를 차지하고 있었거나 상호 병존해왔던 때문일 것이다.[15]

선도문화는 불교가 공인된 이후 선불습합(仙佛習合) 형태로 전승되었다. 불교가 들어올 때에 재래 전통을 붕괴시키고 해체하는 기능을 발휘한 것이 아니라, 재래적인 전통의 승인과 그것을 포섭하는 과정에서 포교되었고 토착적인 종교 신격(神格)이나 신명(神名)을 불교식으로 변화시켰으나 그 존재를 부인한 것은 아니었다.[16] 재래 전통이 붕괴되지 않고 존재가 부인된 것이

---

13 『檀君世紀』, "四十七世檀君高列加 … 遂棄位入山 修道登仙 於是五加共治國事六年"; 『太白逸史』, "檀君高烈加 遂棄位入阿斯達 眞朝鮮與五加從政 終未復而終焉"

14 『三國史記』小獸林王, "二年 夏六月 秦王符堅遣使及浮屠順道 送佛像經文 王遣使廻謝 以貢方物 立太學 敎育子弟" 도교가 처음 전래된 것은 영양왕 7년인 624년이다.(『三國史記』榮留王, "遣刑部尚書沈叔安 策王爲上柱國遼東郡公高句麗國王 命道士以天尊像及道法 徃爲之講老子 王及國人聽之")

15 한홍섭, 「난랑비서의 풍류도에 대한 하나의 해석」, 『한국민족문화』 26, 2005, 14쪽.

16 김철준, 「고려중기의 문화의식과 사학의 성격 : 『삼국사기』의 성격에 대한 재인식」, 『한국사연구』 9, 1973, 68쪽.

아니었으니, 불교 형식이라는 외피를 썼으나 선도문화의 내용적 실체는 지속적으로 이어진 것이다. 진평왕 22년(600년) 원광법사가 가르침을 청하는 화랑 추항(箒項)과 귀산(貴山)에게 전수했던 세속오계[17] 중 '임전무퇴'는 용(勇)으로, '살생유택'은 인(仁)으로 볼 수 있기에, 단군조선 소도(蘇塗)에서 가르쳤던 계율인 오상(五常), 즉 충효신용인(忠孝信勇仁)[18]과 세속오계는 다르지 않은 것이다. '불교에 있는 10가지 보살계(菩薩戒)를 다른 이들의 신하와 자식인 너희들은 능히 감당할 수 없을 것이니 세속의 5가지 계율을 전한다'는 원광의 말[19]에서 세속오계가 불교와 무관함을 알 수 있다. 세속오계는 유교의 오상(五常, 仁·義·禮·智·信)[20]과도 다르다. 불교는 물론 유교와도 다른 배달겨레 고유 사상인 세속오계는 국민일반의 생활준칙[21]이었으므로 홍익인간사상이 일상적인 삶에서 실천되고 있었음을 의미하는 것이었다.

고리 중기 서경천도운동이 무산되고 유교세력이 득세한 이후 더 약화된 선도문화는 13세기 후반 원(元) 간섭기 이후 성리학이 확산되면서 더욱더 약화되었다. 원나라에서 실시하는 과거제도에 응시하기 위해서는 주희성리학을 익혀야 했다. 당시 고리에서는 원나라 과거에 합격하는 것을 대단한 영광으로 인식하였기에 성리학이 빠르게 보급되었다. 고리에서도 성리학이 수용되는 가운데 과거제가 개편되면서 성리학자이면서 급제한 문신, 즉 신

---

17 『三國遺事』卷4 義解 圓光西學, "今有世俗五戒 一曰事君以忠 二曰事親以孝 三曰交友有信 四曰臨戰無退 五曰殺生有擇"
18 『太白逸史』三神五帝本紀, "三韓古俗 皆十月上日 國中大會 築園壇而祭天 … 而蘇塗祭天 乃九黎敎化之源也 … 蘇塗之立 皆有戒 <u>忠孝信勇仁 五常之道也</u> 蘇塗之側 必立扃堂"
19 『삼국사기』 열전제5 貴山, "法師曰 <u>佛戒有菩薩戒</u> 其別有十 <u>若等爲人臣子 恐不能堪</u> 今有世俗五戒 一曰事君以忠 二曰事親以孝 三曰交友有信 四曰臨戰無退 五曰殺生有擇 若等行之無忽"
20 사람이 갖추어야 할 보편적인 내면적 도덕성인 오상과 달리 타인과의 관계에서 지켜야 할 도덕적인 질서를 오륜(五倫)이라 한다. 바로 父子有親, 君臣有義, 夫婦有別, 長幼有序, 朋友有信이다. 세속오계의 사상적 초점이 유교와는 다른 고유 사상이라는 것은 도광순, 「풍류도와 신선사상」, 『신라문화제학술발표논문집』, 1984, 301~302쪽 참조.
21 안재홍, 「3·1정신과 국민정신」, 『민세안재홍선집』 2, 지식산업사, 1983, 421쪽.

홍유신(儒臣)이 하나의 정치집단을 형성하기 시작했다.[22] 원에서 성리학을 받아들인 신흥유신들이 성리학 정통론과 명분론으로 원에 대한 사대를 정당화하고, 원 관복을 입고 숨을 거둘 정도로 원에 대한 사대를 당연한 것으로 받아들이면서[23] 자주(自主)를 내세우는 선도문화는 점차 민속·무속 기층문화로 저류화 되면서 공적 영역에서 사라져 갔다.

사대(事大)·모화(慕華)를 표방하는 성리학을 국시(國是, 국가 이념)로 창건된 조선에서 중화주의 세계관 밖에 존재했던 선도문화는 이단으로 금기시되어 더더욱 설 자리가 없었다. 중국의 명을 받지 않고 스스로 명호를 세운 신라, 백제, 고구리에서는 취할 게 없지만, 주나라 무왕의 명을 받아 조선의 정치와 풍속을 아름답게 만들었다는 이유로 기자조선 후계자임을 천명(闡明)했던 조선창건 주도세력 정도전의 시각[24]을 염두에 둔다면 조선 건국세력의 사대는 외교의 일환이라기보다는 건국이념으로 보인다. 더욱이 세종이 태종의 무덤 개석(蓋石)에 새긴 '명나라 제후국인 조선국'이라는 문구[25]를 보면, 사대를 정체성으로 삼은 조선이 선명하게 읽힌다.[26]

사대모화의 유교성리학적 세계관은 왕실과 사대부에 의해 조선 사회에 강요되었다. 성리학적 세계관을 볼 수 있는 대표적인 사례가 『동몽선습(童蒙先習)』(1543년)이다. 16세기 대표적인 아동용 교과서 『동몽선습』은 17세기 향촌 서당의 필수서로 천자문에 이어서 반드시 학습하였다. 이는 17세기에 들어

---

22 이익주, 「행촌 이암의 생애와 정치활동」, 『행촌 이암의 생애와 사상』, 일지사, 2002, 93~94쪽.
23 이익주, 「행촌 이암의 생애와 정치활동」, 『행촌 이암의 생애와 사상』, 일지사, 2002, 112~113쪽.
24 『三峯集』 卷13 朝鮮經國典 上 國號. "稱新羅 … 稱百濟 … 稱高句麗 … 不受中國之自立名號 互相侵奪 雖有所稱 何足取哉 惟箕子受周武之命封朝鮮侯 … 政化盛行 風俗至美"
25 『世宗實錄』 4年 9月16日, "其一爲蓋 刻云 <u>有明朝鮮國</u>太宗聖德神功文武光孝大王之陵"
26 소대봉, 「선도 홍익사관의 전승 과정 연구」, 국제뇌교육종합대학원대학교 석사학위논문, 2022, 26쪽.

서면서 사대모화 사상을 조선사회 구석구석에 파고들게 하였다. 『동몽선습』은 우리나라 역사를 경(經, 오륜)에 이어 서술한 차이나 역사 마지막 부분에 간략하게 첨가했다. 우리 역사 마지막 부분에는 "예악법도와 의관문물을 모두 중화의 제도를 따라 인륜이 위에서 밝혀지고 교화가 아래에서 시행되어 풍속의 아름다움이 중화와 유사하였기 때문에 중화인들이 우리를 소중화라고 일컬으니 이 어찌 기자(箕子)가 끼쳐준 교화 때문이 아니겠는가."라고 서술하여 철저한 존화·사대(尊華·事大)의식을 아동들에게 주입시켰다. 단군에게는 평어를 쓰고 주(周)나라 무왕(武王)과 기자에게는 존칭어를 쓰는 것에서도 조선 성리학자들의 사대·모화 모습이 여실히 드러난다.[27] 심지어는 한무제의 침략군이, 당시에는 역사 정통을 잇고 있었다고 인식한 위만조선을 멸망시키는 사건을 서술하는 데에도 존칭어를 쓰고 있었다.[28] 『동몽선습』은 어릴 때부터 사대주의를 뇌리에 깊이 뿌리박는 역할을 하였다.

"소중화정신으로 오랑캐를 물리치겠다"는 무치생(=박은식)에게 금나라 황제 아골타가 "처음 배우는 교과가 모두 그런 책(차이나의 고대사)이면 … 어릴 때부터 머릿골 속에 노예정신이 깊이 뿌리 박혀 평생의 학문이 다 노예 학문이고 평생의 사상이 모두 노예 사상일 것이다. 존화양이의 대의를 고집한다면, 만일 한나라의 순체·양복, 당나라의 소정방·이세적이 다시 쳐들어와도 앞장서서 그들의 앞잡이가 되어 그 군사를 환영하고 노래를 부르지 않겠는가?"라고 하는 질타는 어릴 때부터 머릿골에 깊이 뿌리박힌 사대주의를 생생하게 보여준다.[29]

유교적 세계관에서 벗어나는 선도서들은 수거되고 불태워졌으며, 몰래

---

27 『童蒙先習』, "是爲檀君是羅(이라) 周武王伊(이) 封箕子于朝鮮爲申大(하신대) 敎民禮儀爲也(하야) 設八條之敎爲時尼(하시니) 有仁賢之化爲加尼(하더니)"
28 『童蒙先習』, "漢武帝伊討滅之爲時古(하시고)"
29 박은식, 「몽배금태조」, 『대통령이 들려주는 우리역사』, 박문사, 2011, 245~252쪽.

소지하는 경우 참형에 처한다고 공포되었다. 세조~성종 3대에 걸친 선도서 수서령[30]은 불응하면 목을 베어서라도 선도문화를 박멸하겠다는 조선왕조 의지의 표현이었다. 사대모화를 속성으로 하는 성리학을 기준으로 본다면, 유교적 세계관과는 전혀 다른 자주를 내세우는 선도적 세계관이 확산되는 것은 왕조를 유지하는데 방해가 되었기 때문일 것이다. 또 다른 이유는 성리학을 국시로 한 조선이 사대부 나라였기 때문이었다. 성리학은 사대부 양인 천민으로 나눈 신분제를 '천경지의(天經地義, 하늘과 땅이 정한 도리로서 영구불변의 진리)'로 삼았다. 한국선도는 인간이 하늘의 맑은 기를 받아 태어난 존재로서 모두가 서로에게 소중하고 평등하다고 인식하므로 신분제를 용인하지 않는다. 이 점에서도 성리학과 한국선도는 상극이다. 조선 사대부에게 양인과 천민은 다스림의 대상일 뿐이었다. 조선 사대부는 백성들이 선도 사서를 읽고 평등사상이 확산하는 것을 차단하고자 하였기에 사대부의 이익을 대표하는 조선 왕실에서 가혹하게 수서령을 내렸다고 볼 수 있다.[31]

이미 태종대에 선도서 수서령과 소각령이 내려졌으며,[32] 기왕에 편찬되

---

30 『世祖實錄』3年 5月 26日, "諭八道觀察使曰 古朝鮮秘詞 大辯說 朝代記 周南逸士記 誌公記 表訓三聖密記 安含老元董仲三聖記 道證記 智異聖母河沙良訓 文泰山王居仁薛業等三人記錄 修撰企所 一百餘卷 動天錄 磨蝨錄 通天錄 壺中錄 地華錄 道詵 漢都讖記等文書 不宜藏於私處 如有藏者 許令進上 以自願書冊回賜 其廣諭公私及寺社"; 『睿宗實錄』1年 9月 18日, "傳于禮曹曰 周南逸士記 志公記 表訓天詞 三聖密記 道證記 智異聖母河沙良訓 文泰玉居仁薛業三人記一百餘卷 壺中錄 地華錄 明鏡數及凡干天文地理陰陽諸書家藏者 京中限十月晦日 呈承政院 外方近道十一月晦日 遠道十二月晦日 納所居邑 納者超二階 自願受賞者及公私賤口 賞綿布五十匹 隱匿不納者 許人陳告 告者依上項論賞 匿者處斬 其速諭中外; 『成宗實錄』卽位年 12月 9日, "下書諸道觀察使曰 前者 周南逸士記 志公記 表訓天詞 三聖密記 道證記 異聖母河少良訓 文泰王居仁薛業三人記一百餘卷 壺中錄 地華錄 明鏡數及凡干天文地理陰陽諸書 無遺搜覓上送事 曾已下諭 上項 明鏡數以上九冊 太一金鏡式 道詵讖記 依前諭上送 餘書勿更收納 其已收者還給"

31 허성관, 「건국기원절과 홍익인간사상에 대한 이해」, 『대한민국 정체성과 '건국기원절' 재인식 학술토론회 자료집』, 2024, 14~15쪽.

32 『太宗實錄』17年 11月 5日, "下敎禁讖書 下旨禮曹曰 讖緯術數之言 惑世誣民之甚者也 爲國者所當先去 故已命書雲觀 擇其妖誕不經之書 付諸烈焰 自今京外私藏妖誕之書 來戊戌年正月爲限 自首顯納 亦令燒去 如或定期不納者 許諸人陳告 照依造妖書之律施行 將犯人家産 告者充賞"

어 사고(史庫)와 서운관(書雲觀)에 있던 선도서들은 벌써 불태워졌다.[33] 고리 예종 원년(1106년)에 편찬하여 사천대(司天臺, 천문 관측을 담당하던 관서) 등에 보관하던 『해동비록(海東祕錄)』[34]도 이런 과정에서 사라졌을 것이다. 조선의 네 임금(태종·세조·예종·성종)이 조서로 참서(讖書)를 금하고, 법령이 준엄해서 예부터 전해오던 비기(祕記)가 후세에 전하는 것이 없다.[35] 수거되어 궁궐에 보관하던 서적들은 임진왜란을 거치며 모두 불타 없어졌다.

공자는 주(周)왕실이 요순의 왕도 전통을 이었다고 보았기에 주나라로부터 전해지는 예악을 중화문화 정수로 인식했다.[36] 공자를 숭앙했던 유학자들에게 선도사서에 전하는 신시배달국 전승이 담긴 역사경험은, 중화주의라는 유교적 세계관과 가치 기준에서 벗어난 황탄불경(荒誕不經)한 것이었다. '어찌 동국의 역사가 요·순시대보다 1500년이나 앞설 수 있단 말인가?' 유교적 가치관에 포획된 유학자들에게 감히 동국(東國) 역사가 중화(中華)보다 더 오래되었고 찬란했다는 기록은 이치에 맞지 않는 터무니없는 것으로 여겨졌다. 더하여 주나라 무왕에게 홍범구주(洪範九疇)를 가르쳤다는 기자(箕子)가 미개한 단군조선에 이주하여 기자조선을 세우고 나서야 우리민족이 개화되었다는 유교적 역사인식이 확산되면서 신단수 아래 내려 온 신인은 환웅이 아닌 단군으로 변개(變改)되었다.[37] 환웅 사적(史跡)이 단군 사적으로 변

---

33 『太宗實錄』12년 8월 7일, "且命曰 神秘集 毋得披閱 而別封以進 上覽其集曰 此書所載 皆怪誕不經之說 命代言柳思訥焚之"; 17년 12월 15일, "丙申焚書雲觀所藏讖書二篋 俗因前朝之習 酷信圖讖陰陽拘忌 親死累年不葬者有之 上命朴訔趙末生坐書雲觀 盡索陰陽書 擇其妖誕不經者焚之"

34 『高麗史』睿宗 元年, "丁酉 命儒臣與太史官 會長寧殿 刪定陰陽地理諸家書 編爲一册以進 賜名海東秘錄 正本藏於御府 副本賜中書省司天臺太史局"

35 이능화 저·이재곤 옮김, 『朝鮮神事誌』, 동문선, 2007, 72쪽.

36 『論語』八佾, "子曰 周監於二代 郁郁乎文哉 吾從周"; 조현걸, 「우암 송시열의 춘추대의사상」, 『국제정치연구』14, 2011, 288~290쪽.

37 『高麗史』志 卷12 西京留守官平壤府, "平壤府本三朝鮮舊都 唐堯戊辰歲 神人降于檀木之下 國人立爲君 都平壤 號檀君 是爲前朝鮮"; 『東國通鑑』外紀 檀君朝鮮, "東方初無君長 有神人降于檀木下 國人立爲君 是爲檀君國號朝鮮 時唐堯戊辰歲也"; 『東國史略』檀君朝鮮,

개되면서 역년(歷年) 1565년의 신시배달국 역사도 삭제되었다.³⁸ 선도제천문화가 공적 영역에서 사라지고 민속·무속화 되면서 신인합일을 위한 성통수행과 홍익인간사상 실천인 공완실천이 사라지고 선도는 종교적 신앙이나 기복 대상으로 변화해 갔다.

구한말 유교성리학이 시의성을 상실하여 더 이상 국가·사회 지도 원리로 작동하지 못하자 이단으로 탄압받아 기층문화로 저류화 되었던 선도문화가 민족종교 형식으로 양성화되기 시작했다. 민족 기원을 단군으로부터 세우려는 민족적 정서는 단군개국 연호 사용으로도 나타났다. 단군개국 연호를 사용한다는 것은 배달겨레의 유구하고 찬란한 역사에 대한 자긍심과 자주적 정체성을 드러내는 중요한 상징적 행위였다. 단군개국 연호는 1905년 4월 1일자『황성신문』, 1905년 8월 11일자『대한매일신보』등에서 시작하여『만세보』,『경남일보』,『예수교회보』,『공립신보』,『신한민보』등 국내외에서 발간되던 다른 신문들도 따르고 있었고, 의병격문에서도 사용되고 있었다.³⁹

한국선도는 1860년대 최제우의 동학(東學), 1880년대 김항의 정역(正易), 1900년대 강일순의 증산도(甑山道), 1909년 나철의 대종교(大倧敎), 1916년 박중빈의 원불교(圓佛敎) 등 대체로 민족종교 형식으로 역사의 전면에 재등장했다. 동학 창교(創敎) 이후 우후죽순처럼 일어난 한국 자생종교들은 민족 정체성 확립의 주역을 자처했고 스스로 민족적 종교로 인식하고 있었기에 민족

"東方初無君長只有九種夷 有神人降于太白山在今寧邊府卽妙香山 檀木下國人立爲君唐堯二十五年戊辰 國號朝鮮 ... 是爲檀君";『童蒙先習』總論, "東方厓 初無君長爲加尼 有神人伊 降于太白山檀木下於乙 國人伊 立以爲君爲尼 與堯奴 竝立爲也 國號乙 朝鮮是羅爲尼 是爲檀君是羅"

38 소대봉,「선도 홍익사관의 전승 과정 연구」, 국제뇌교육종합대학원대학교 석사학위논문, 2022, 27~32쪽.
39 정영훈,「단기 연호, 개천절 국경일, 홍익인간 교육이념」,『정신문화연구』31, 2008, 167~168쪽.

종교로 불렸다.[40] 이들 민족종교는 한국 근대사회가 봉착한 시대적 과제였던 반외세[민족 정체성 확립]와 반봉건[인권·평등의식 확립]이라는 과제에 적극 대응함으로써 한국 근대 민족주의운동의 중심이 되었다.[41]

그중 수행과 사회적 실천을 본령으로 하는 한국선도 원형을 가장 선명하게 계승한 계열은 대종교(大倧敎, 초명(初名) 단군교(檀君敎))였다. 대종교는 사상 측면에서 한국선도 경전 『삼일신고』를 중심에 놓았고, 수행 측면에서 한국선도 수행법인 지감·조식·금촉을 따랐다[성통]. 실천 측면에서는 홍익인간 재세이화라는 한국선도 기준에 따라 일제 폭압에 맞서며 무장투쟁 등 항일독립투쟁을 주도하였다[공완].

대종교는 종교(宗敎)가 아니다. 내세관(來世觀)이 없기 때문이다. 대종교(大倧敎)라고 쓰는 이유다. 대종교에서 종(倧)은 상고 신인(神人) 단군을 의미하고, 교(敎)는 가르침을 의미한다. 즉, 대종교는 종교(religion; the belief in a god or in a group of gods)가 아니라 단군(大倧)의 가르침(敎)을 실천하는 집단 공동체를 의미하는 것이다. 안재홍이 1950년 〈대종교 중광의 의의〉에서 대종교는 4천 수 백 년 전 홍익인간의 대도를 세워 정치가 바로 교화(敎化)였던 사상인 단군고교(檀君古敎)라고 말한 이유다.

대종교는 고래(古來)의 위대한 신인(神人=倧) 단군의 가르침을 '다시' 정립하였다는 의미에서 중광(重光)이라는 표현을 사용했다. 여타 민족종교와는 달리 '창교'가 아닌 '중광'을 선택함으로써 민족사적으로 볼 때 시간적 연속성과 사상적 정체성을 확보한 것으로 여겨진다.[42] 그러나 시대적 한계를 노정할 수밖에 없었다.

---

40 윤이흠, 『한국종교연구』 1, 집문당, 1996, 285~288쪽.
41 강돈구, 『한국 근대종교와 민족주의』, 집문당, 1992.
42 김동환, 「근대 국학의 선각자 - 홍암나철」, 『홍암 나철 사상의 재조명』, (사)국학원 학술회의, 2005, 302쪽.

한국선도 원형을 회복하는 '과정'에서 등장한 것이 대종교였기에 하느님·삼신을 선도 본연의 기(氣, 생명력)로 바라보지 못하고 삼성[환인·환웅·단군]을 인격신으로 보았던 점에서 종교적 요소를 완전히 떨쳐내지 못한 한계가 있었다. 이는 오랜 세월동안 민속·무속문화로 종교화되어 있었기에 재등장 시에 종교의 방식을 뛰어 넘지는 못한 것이었다.[43] 역사 인식 면에서는 선도사학을 수용하여 배달겨레 역사의 시작을 신시시대로 보았다. 그러나 환웅과 단군을 동일시하고 역년을 축약하였다는 면에서 선도사학의 온전한 면모를 보여주지는 못하였다. 환웅과 단군을 동일시 한 유교사학[44] 영향에서 완전히 벗어나지는 못한 것이었다. 대종교 2대 교주 김교헌이 편찬한 『신단실기(神檀實記)』와 『신단민사(神檀民史)』는 상원(上元) 갑자년(甲子, 서기전 2457년) 10월 3일 사람으로 화하여(以神化人) 태백산 신단수 아래 내려와 신시(神市)를 세운 신인(神人)을 개천(開天) 125년 후인 무진년(戊辰, 서기전 2333년) 10월 3일 임금으로 추대하였다고 한다. 단목 아래 내려온 신인을 국인들이 왕으로 세웠다(神人降于檀木之下 國人立爲君)는 유교사학의 영향에서 벗어나지 못하고 있음을 알 수 있다. 이는 신시배달국의 선도제천문화가 유물과 유적으로 확인되는 1980년대~1990년대 만주지역에서의 고고학 발전을 기다려야만 하는 시대적 한계이기도 하였다.[45]

2) 대종교 중광

대종교를 중광한 홍암 나철은 1863년 12월 2일(음) 전라남도 보성에서 태어났다. 본관은 나주(羅州) 초명은 인영(寅永) 호는 홍암(弘巖)이다. 9세에 한학

---

43 정경희, 「동북아 고고학에 나타난 배달국의 선도제천문화와 민족종교의 원형 회복」, 『선도문화』 32, 2021, 66쪽.
44 각주 37) 참조.
45 소대봉, 「선도 홍익사관의 전승과정 연구」, 국제뇌교육종합대학원대학교 석사학위논문, 2022, 75쪽.

숙(漢學塾)에 입학하여 당시 호남 석학이었던 천사(川社) 왕석보(王錫輔) 문하에서 매천 황현, 해학 이기와 동문수학하였다. 29세인 1891년 문과에 급제하여 승정원일기를 기록·정리하는 승정원가주서(承政院假注書)와 외교문서 교정을 담당하는 승문원권지부정자(承文院權知副正字)를 역임하였다. 일제 침략이 심해지자 1893년 관직을 사임하였다. 낙향 후 10년을 순천 제석산을 오르내리며 입산수도하던 나철은 1904년 호남출신 지사들을 모아 유신회(維新會)라는 비밀단체를 만들어 활동하였다. 이해 2월 러일전쟁이 일어났고 8월 22일 일제와 제1차 한일협약이 강압적으로 체결되었다. 외국인 고문(顧問) 고용을 강제당한 대한제국 외교와 재정에 대한 통제권은 일제 손에 넘어갔다.

나철은 '조선의 완전독립과 동양평화를 위한다'는 일제의 대러시아 선전포고 구실을 대한독립에 활용하고자 하였다. 1905년 6월 오기호, 이기 등과 함께 일제로 건너간 나철은 '동양의 영구한 평화를 위하여 한·일·청 삼국은 상호 친선동맹을 맺고 한국에 대해서는 선린(善隣)의 교의로써 부조(扶助)하라'는 의견서를 정객들에게 전달하여 일제 정계 여론을 환기하려 했다.[46] 그러나 일제가 주장한 동양평화는 구두선(口頭禪)에 불과했다.

제국주의 열강 각축장인 국제 외교무대에서 대한제국을 고립무원한 처지로 만들어낸 일제는 1905년 11월 17일 을사늑약으로 대한제국 외교권을 강탈했다. 500년 조선 사직은 하루아침에 종지부를 찍었다. 이미 이해 7월 29일 고종이 믿었던 미국은 가쓰라-태프트 밀약으로 일제의 대한제국 지배권을 인정했다. 8월 12일 영국은 제2차 영일동맹으로 일제의 대한제국 보호와 병합을 전면적으로 찬동하고 지지했다. 9월 5일 러시아도 포츠머스조약으로 일제의 대한제국 처분권을 전면적으로 인정했다. 을사늑약은 1894~1895년 청일전쟁으로 조선에 대한 청의 주도권을 무화(無化)시킨 이

---

46 대종교총본사, 『대종교 중광 60년사』, 1971, 9쪽.

1971년 발행한 『대종교중광60년사』

래 일제의 집요한 침략 야욕의 산물이었다.

을사오적 척살 사건을 주도했던 나철이 10년 유배형을 받은 1907년, 7월 24일 한일신협약(정미7조약)으로 입법·사법·행정권을 모두 빼앗기고 비밀리에 체결된 〈한일협약 실행에 대한 각서〉에 의해 8월 1일 대한제국 군대가 해산되자 의병전쟁이 벌어졌다. 이 의병전쟁은 민비시해와 단발령에 항거한 을미의병, 을사늑약을 계기로 일어난 을사의병에 이은 제3기 의병전쟁이었다. 12월 7일 고종 특사로 풀려난 나철은 일 년 후인 1908년 11월 오기호와 함께 네 번째로 도일(渡日)하여 마지막으로 일제 정치인들의 양심을 믿고 외교담판을 벌이고자 도쿄 청광관(淸光館)에 머물렀다.

1908년 12월, 여관 옆방에서 나온 두일백이라는 도인이 〈단군교포명서(檀君敎佈明書)〉를 비롯한 책을 몇 권 주면서 '〈단군교포명서〉를 널리 홍보하는 일이 당신의 금후 사명'이라고 말하고 떠났다. 1906년 초 1차도일 후 서울역에서 백봉신사(白峯神師) 명을 받은 백전도인(佰佺道人)에게 『삼일신고』와 『신사기(神事記)』를 전해 받았을 때는 큰 관심이 없었던 나철은 3년 후 〈단군교포명서〉 등을 읽으며 큰 깨달음을 얻었다.[47] 국운 회복은 애국지사 몇 사람 힘으로 되는 것이 아니라 전 민족이 단군을 중심으로 거족적으로 단결해야 가능한 일임을 깨달은 것인데,[48] 네 차례에 걸친 일제와 외교 노력에서 참담

---

47 김삼웅, 『나철평전』, 꽃자리, 2021, 87~90쪽.
48 대종교총본사, 『大倧敎重光六十年史』, 1971, 79쪽.

한 실패를 맛본 후에야 비로소 〈단군교포명서〉의 가르침을 깨닫게 된 것이다.

> 汪洋호 千派万流의 水도 其源을 塞호면 渴涸호고 鬱蒼한 千枝万葉의 木도 其根을 絶호면 枯摧호느니 況千子万孫의 人族이 其祖를 忘호고 엇지 繁昌호기를 望호며 安泰 호기를 期호리오 ... 凡我同胞兄弟姉妹는 皆我 大皇祖百世本支의 子孫이오 本敎는 乃 四千年我國固有혼 宗敎라 ... 是敎가 興호면 天地가 更新호며 山川이 復煥호며 人類가 蕃昌호고 是敎가 衰호면 卑高가 易位호며 動靜이 失處호며 品物이 不生호나니 是以로 古今의 消長과 歷代의 存廢가 本敎에 關홈이 若合符節혼지라[49]

〈단군교포명서〉는 '아무리 많은 물줄기도 그 근원이 막히면 마르고 아무리 가지가 많은 큰 나무도 뿌리가 끊기면 마르는데 시조를 잃어버린 후손들이 어찌 번성하기를 바라겠는가? 4천년 우리나라에 고유한 종교인 단군 가르침이 쇠하면 만물이 흥왕하지 못하고 가르침이 흥하면 나라와 민족이 번창할 것임'을 깨우쳐 주고 있다.

일제와 외교활동에서 좌절을 맛본 나철도 〈단군교포명서〉를 읽으며 당시의 민족적 위기는 고대 신인 단군의 가르침을 되살림으로써만 극복될 수 있다고 깨우친 것이다. 이로써 단군교가 중광(重光) 하는 계기가 되었다. 몽골 침략 이후 7백 년간 단절되었던 팔관(八關) 제천[50]의 맥을 다시 이은 것이다. 나철은 오기호·이기·정훈모 등과 1909년 1월 15일 서울 재동에서 단군대황조신위(檀君大皇祖神位)를 모시고 제천의식을 거행하며 단군교 중광을 선포하고 교주에 취임하였다.

1910년 8월 22일 일제와 강제로 체결된 한일병합조약으로 나라가 망하자 9월 3일(陰 7월 30일) 단군교는 대종교로 교명을 개칭하고 9월 13일 정교분리 원칙을 공포하였다.[51] 일제에게 나라가 강제 병합되자 종교적 탄압을 피

---

49 「단군교포명서」(영인본), 1, 6쪽.
50 『고려사』 태조26년, "(훈요10조) 其六日 朕所至願 在於燃燈八關 燃燈所以事佛 八關所以事天靈及五嶽名山大川龍神也"
51 대종교총본사, 『大倧敎重光六十年史』, 1971, 156~159쪽. "四愼 1. 敎는 時局에 無關하니

하고자 정교분리를 선언하였으나 여전히 〈단군교오대종지포명서〉를 비밀리에 유포하며 애국심을 고취하였다. 그런데 1911년 박중양이 공주 시교당(施敎堂)을 총독부에 고발한 사건 이후 대종교인의 종교적 실천 강령 오대종지(五大宗旨)에 내용상 변화가 일어났다.

1911년 1월 말 충청남도 장관 박중양은 공주 시교당이던 사립 명화학교에서 단군교 초기 문건을 압수하여 〈단군교포명서〉와 〈단군교오대종지포명서〉를 조선총독부로 송부하고, 오대종지의 세 번째 '애합족우(愛合族友)'와 네 번째 '안고기토(安固基土)'의 각주 내용 등을 문제 삼아 학교 폐교를 건의하였다. '애합족우' 주석 말문에는, "형제자매는 진심으로 서로를 사랑하고, 의지하고 도와주어 마치 같은 기(氣)를 받은 한 몸의 손발과 같이 하여, 생사고락을 함께 하도록 한다."고 적혀있다. '안고기토'에 대한 주석은, "대황조께서 물려주신 근본 땅을 시대가 거듭 변천해 나감에 따라 잘 다스려, 범위를 수정 정리하고 원래의 근본을 심어주고, 영원히 변하지 않은 것으로 한다."로 되어 있다.[52]

오대종지가 쓰러진 국가 회복을 선동하며 교묘히 민족단결 정신을 일깨우고 배외사상을 고취시켜 일본인과 조선인 상호 융화를 훼손한다는 이유로 학교 폐교를 건의한 것이다.[53] 조선총독부가 단군교를 일찍이 종교로 인정한 적이 없다고 답변을 보내는 등 사태가 심각해지자 오대종지 내용이 바뀐 것이다. 이 내용은 1912년 9월 대종교본사에서 간행한 「대종교시교문(大倧敎施敎文)」을 통해 확인된다.[54]

安心立命함 2. 新法에 注意하여 犯科가 無케 함 3. 財産保管은 所有權과 法律을 信賴함 4. 혹 冤枉을 被하면 誠心으로 解決함"

52 조준희, 「조선총독부 문서철『社寺宗敎』,「大倧敎・檀君敎ノ件」(1911)」,『숭실사학』 35, 2015, 395쪽.
53 김봉곤, 「대종교의 종교성과 공공성 연구」,『원불교사상과 종교문화』 72, 2017, 47~48쪽.
54 오기호, 「대종교시교문」(1912),『알소리』 3, 서울: 한뿌리, 2006.

백봉교단에서 전수한 오대종지 '경봉조신(敬奉祖神), 감통영성(感通靈誠), 애합족우(愛合族友), 안고기토(安固基土), 근무산업(勤務産業)'은 '경봉천신(敬奉天神), 성수영성(誠修靈性), 애합종족(愛合宗族), 정구이복(靜求利福), 근무산업(勤務産業)'으로 바뀌었다. 즉 신앙 대상이 조상(祖神)에서 보편적 신인 천신으로 바뀌고, 영성을 느끼고 통하는 감통영성(感通靈誠)[55]에서 종교적 수행을 강조하여 정성껏 영성을 닦는다는 성수영성(誠修靈性)으로, 단결정신을 강조한 애합족우에서 사랑으로 인류를 합한다는 애합종족으로, 정치적 구호 성격이 강한 안고기토에서 신앙을 통해 복리를 추구하는 정구이복으로 바뀐 것이다.

　　공주 시교당 사건 여파로 대종교는 결국 전략상 오대종지를 대폭 수정하였다. 대종교인의 종교적 실천 강령이라 할 수 있는 오대종지는 결과적으로 민족에 국한되지 않고 인류애를 실천하는 방향, 즉 세계평화를 강조하는 측면으로 변화가 이루어졌다. 특히 사랑으로 인류를 합한다는 '애합종족' 항목은 이를 단적으로 보여주는 근거가 된다.[56] 사랑해야 할 대상으로서의 '종족'은 작게는 단군 자손인 배달겨레이겠지만, 보다 크게는 민족을 초월하여 인류전체로까지 확대된다.[57] 백봉신사 오대종지가 나철 오대종지로 바뀌면서[58] 민족에 국한되지 않고 사랑에 토대를 둔 인류애로 세계평화를 이루는 방향으로까지 의식이 확장되어 갔다.

55　필자는 영성을 느끼고 통하는 感通靈誠은 感通靈性의 오기가 아닐까 생각한다. 靈性이 아닌 靈誠에 느끼고 통한다는 게 무슨 뜻인지 도무지 알 수가 없기 때문이다. 1911년 박중양의 공주시교당 총독부 고발사건 이후 感通靈誠이 誠修靈性으로 바뀐 것을 보면 그렇게 여겨진다. 더욱이 〈단군교오대종지포명서〉에서 니고랑검신 때의 秀斯老라는 현인이 단군의 지극한 도에서 비롯한 신교 종지(宗旨)를 演明性이라고 한 것을 보면 더욱 성(誠)은 성(性)의 오기로 여겨지는 것이다.
56　김동환, 「홍암 나철의 사상과 독립운동방략」, 『한국독립운동사연구』 19, 2002, 105쪽.
57　정영훈, 「홍암 나철의 종교민족주의」, 『정신문화연구』 25, 2002, 243쪽.
58　1912년에는 『삼일신고』에서 오대종지 제창자인 백봉 기록을 삭제하고 총독부 허가를 받은 『삼일신고』가 인쇄본으로 출간되었다. 이로 인해 백봉의 위상이 대종교 역사 속에서 희석되는 단초가 되었다.(조준희, 「조선총독부 문서철 『社寺宗敎』, 「大倧敎・檀君敎ノ件」(1911)」, 『숭실사학』 35, 2015, 387쪽.)

백봉교단에서 나철에게 전해진 『신사기』는 모든 피부색의 인류 전체가 나반과 아만이라는 태초 두 남녀를 시조로 한다고 한다.[59] 모든 인류를 하느님이 내신 백성으로 보고 있으니 다른 민족에 대해 포용적 자세를 가질 수 있다. 또한 대종교를 '백교지조(百敎之祖)'[60], '백교지종(百敎之宗)'[61]으로 보고 있으니 당연히 다른 종교에 대해서도 포용적 자세를 가질 수 있었던 것이다.

나철은 대종교 중광 후 교인들에게 생활규칙으로 제시한 '봉교과규(奉敎課規)'에서도 다른 민족과 다른 종교를 포용하라고 가르쳤다. 민족과 종교는 상대적 가치인데도 절대적 가치 지위를 얻으려고 타민족과 타종교를 침탈하고 배척하는 편협한 자세가 유사 이래 인류 평화를 깨뜨려온 첫 번째 요인이었음을 염두에 둔다면[62] 세계평화에 대한 나철의 관점을 정확히 인지할 수 있다.

- 奉敎人은 비록 敎外人이나 城外人을 대하여도 반드시 溫恭謙和로써 상대하고 결코 輕侮와 岐視가 없을 것임
- 奉敎人은 본국 고래의 忠烈, 英豪의 신명을 모두 숭경할 것이오 비록 타국의 賢聖 및 敎門들도 또한 敬待할 것임
- 만일 본교를 篤信하는 사람이 廣見益智를 위하여 타교에 入參하여도 不禁할지오 또 타교에 旣入한 자라도 본교에 願入하면 곧 허가할지니 대개 한배검의 寬弘하신 大度를 仰體하여 異端을 不攻함
- 비록 城外人이라도 본교에 願入하면 또한 허가하여 다 교우로서 同視無間이로되[63]

---

59 대종교총본사, 『繹解倧經四部合編』, 「檀事記」, "五物之秀曰人 厥始有一男一女 曰那般阿曼 在天河東西 初不相往來 久而後遇與之耦 其子孫分爲五色族 曰黃白玄赤藍"
60 「與日本總理大隈書」, 『대종교중광60년사』, 1971, 248쪽.
61 「與朝鮮總督寺內書」, 『대종교중광60년사』, 1971, 249쪽.
62 현생 호모사피엔스가 지금껏 걸어온 역사는 신들의 경쟁으로 점철되어 있다. 인간이 저지른 역사상 최악의 만행 100건을 열거한 《끔찍한 일들의 백과사전 The Great Big Book of Horrible Things》에서 100건 중 25건이 신들의 경쟁이었다.(E. 풀러토리 지음·유나영 옮김, 『뇌의 진화, 신의 출현』, 갈마바람, 2019, 356쪽.)
63 대종교총본사, 「奉敎課規」, 『대종교중광60년사』, 1971, 101~102쪽.

나철은 순교하기 직전 작성한 〈중광가(重光歌)〉에서도 호생(互生) 원리와 도덕평화 원칙을 노래하고 있으며, 침략과 지배욕으로 점철된 세태 속에서도 모두 함께 사랑으로 통합하여 하늘이 낸 백성이 모두 즐기는 평화로운 세상에 대해 노래함으로써 세계평화를 희구하고 있다.

> 모질다 歐洲 큰 亂 불쌍타 동포주검
> 피 비와 비린 바람 黑暗빛을 다 쓸고
> 好生한 天意받어 道德平和 부를 때
> 天神道 明明한 빛 전세계 同輝하되[64]
>
> 상제께 호소하여 天國을 새로 열어
> 한나라 한 神敎로 큰 지구를 統轄케
> 大小强弱 너 나를 한집에 一體愛合
> 한 세계 한 道 빛에 天民同樂 萬萬代[65]

또한 홍익인간사상을 통해 평화와 평등의 이상세계를 조망하고 있는데,[66] 홍익인간에서 가져온 것으로 보이는 '홍익'을 '홍제(弘濟, 구제하다)'와 함께 쓰고 '균평위'와 같이 언급함으로써 홍익인간을 균등과 결부시켜 이해한 것으로 여겨진다.

> 天嶽神記 보아라 宗人道 弘益弘濟
> 黑鷄赤鷄 云云과 普和統旁 뉘알꼬
> 神公秘詞 풀어라 秤錘極器 한 天下
> 白牙岡 均平位에 萬邦世世 保太平[67]

64　대종교총본사,「重光歌」42,『대종교중광60년사』, 1971, 240쪽.
65　대종교총본사,「重光歌」54,『대종교중광60년사』, 1971, 245쪽.
66　박광수,「홍암 나철의 단군신앙운동 연구」,『종교연구』53, 2008, 88쪽.
67　대종교총본사,「重光歌」41,『대종교중광60년사』, 1971, 239쪽.

다만, 백봉교단에서 전수받은 『신사기』에 '홍익인세(弘益人世)'라는 구절[68]이 있었음에도 나철은 순교 직전에 기록한 〈중광가〉 이전에는 별다른 관심을 보이지 않았다. 단군 자손으로서 민족정체성 정립과 자주독립을 위한 독립투쟁이 시대적 과제였기에 홍익인간사상은 인식하고 있었으나 공생 가치에 주목할 겨를이 없었던 것으로 여겨진다. 1910년대의 시대환경은 아직 홍익인간이 제대로 주목될 수 없는 상황이었던 것이다.[69]

---

68 『신사기』 치화기. "治化主曰桓儉 主五事 弘益人世 肇建極 垂統万万世"
69 정영훈, 「민족고유사상에서 도출된 통일민족주의」, 『단군학연구』 40, 2019, 148쪽.

2. 대종교의 성통·공완 실천

1) 대종교의 성통·공완론

Ⅱ장 1절에서 살펴본 것처럼, 하늘의 기(생명)를 동등하게 받고 태어난 사람들은 존재의 근원(근원자)으로부터 갈라져 나왔으므로 모두 소중하고 서로에게 대등한 존재다. 모두가 하나의 근원에서 나온 대등한 존재임을 깨닫게 되면 모든 생명을 존중하고 공생과 평화의 길로 나아가게 된다. 수행을 통해 깨달음을 얻은 개개인이 이상적인 공동체를 현세에 구현하기 위해 하는 사회적 실천이 홍익인간 이화세계의 경지다.

그런데 두루 세상을 이롭게 하는 홍익인간사상 실천은 외세가 침략하는 시기에는 침략자에 대한 반항투쟁과 독립자존 형식으로 이루어졌다. 한 민족의 정당한 생존권익은 전 인류 생존 대의와 통하기 때문이다.[1] 을지문덕, 양만춘, 강감찬, 이순신이 입증하였듯이 민족자존 조국방호 시기에는 전승(戰勝)이 곧 홍익이었다.[2] 세속오계의 사군이충, 임전무퇴도 같은 맥락의 가르침이다. 사군이충의 충(忠)은 유교에서 말하는 군(君)과 신(臣)간의 개인적 인간관계에 있어서의 '충'이 아니라 집단공동체에 대한 '충'으로 보아야 한다.[3] 한국선도에서 충(忠)이 공동체에 대한 헌신임은 최치원이 쓴 「난랑비서」

---

1 안재홍, 「3·1정신과 국민정신」, 『민세안재홍선집』 2, 1983, 411~422쪽.
2 정인보, 「전고갑」, 『담원정인보전집』 4, 1983, 201쪽.
3 도광순, 「풍류도와 신선사상」, 『신라문화제학술발표논문집』, 1984, 302쪽.

에서 '나라에 충성한다(忠於國)'로 표현된 것에서도 확인된다.[4] 유교의 '충'은 군주에 대한 충성이 핵심이지만, 전통적 선도사상에서의 '충'은 국가에 대한 충성이 핵심이다.[5] 일제하 대종교 항일투쟁도 똑같은 맥락에서 보아야 한다. 식민지 치하의 삶은 노예의 삶이기에 홍익인간이 아예 불가능하기 때문이다.

대종교를 일으킨 나철이 금과옥조처럼 지키라고 유언한 오계(五戒)의 사군이충, 임전무퇴 정신을 안재홍은 군인정신의 지보요 국민정신의 정화라고 하였다.

> 임금께 忠함은 나라에 忠함이요. 어버이께 孝함은 가정에 盡責함이다. 이 몇 마디 말이 신라에 국한됨이 아니요, 全震方의 人民精神이요 國民精神이요 또 軍人精神으로 되어 있던 것이다 … (중략) … '싸움에 臨하여 물러감이 없다'는 것은 그 戰鬪魂·不敗魂·勝利魂이 얼마나 그 가을 기운으로 빛깔을 시새우던가를 잘 알 수 있다. … (중략) … '殺生함에 가림이 있으라'는 것은 … (중략) … 싸울 때 싸우고 和할 때 和하여, 非戰鬪員에게나 非敵性의 人民에게 한갓 殺戮殺伐을 일삼는 것이 아닌 것을 규정한 것으로 볼 바이니, 이는 軍人精神의 至寶인 것이요 國民精神의 精華인 것이다.[6]

이는 조화·평화·공생의 홍익주의를 힘에 의한 패권주의로 대체하여 지배·통제하려는 시도를 단호하게 징치(懲治)했던 단군조선 이래의 가르침이다.[7] 홍익주의란 나와 남(=세계·자연)이 둘이 아닌 '하나'라는 진리의 깨달음에

---

4 『삼국사기』 신라본기 진흥왕, "崔致遠鸞郎碑序日 國有玄妙之道 日風流 設敎之源 備詳仙史 實乃包含三敎 接化羣生 且如入則孝於家 出則忠於國 魯司寇之旨也 處無爲之事 行不言之敎 周柱史之宗也 諸惡莫作 諸善奉行 竺乾太子之化也"

5 한영우, 『한국선비지성사』, 지식산업사, 2010, 131쪽. 한영우는 선도사상을 전통적 선비사상으로 표현하였다.

6 안재홍, 「三一精神과 國民精神」, 『민세안재홍선집』 2, 지식산업사, 1983, 421쪽.

7 『要正澄心錄演義』「符都誌」, "陶堯起於天山之南 素不勤數 … 自誤九數五中之理 以爲中五外八者 以一於(御)八 以內制外之理 自作五行之法 主唱帝王之道 … 堯乃劃地九州而稱國 自居五中而稱帝 建唐都而對立符都 … 此人世二次之大變 於時 壬儉氏甚憂之 使有因氏之孫 有戶氏父子 率鰈夫權士等百餘人 往而曉之 … 有戶氏 … 鳴罪而攻之 戰及數年遂革其都 堯死於幽閉之中"

기초하여 생명을 존중하고 조화롭고 평화롭게 공생하는 고래의 홍익인간사상을 개념화한 것이다.[8] 힘을 중심에 놓고 세계를 지배·통제의 대상으로 삼아 다스리는 패권주의인 중화주의에 대응하는 개념으로 사용하였다.

홍익주의 부도(符都, 단군조선 도읍)[9]를 패권주의 당도(唐都, 요임금 도읍)[10]로 대치하려는 요를 징치하기 위한 단군조선과 요순(堯舜)의 1차 전쟁, 우(禹)의 아들 계(啓)와의 2차 전쟁은 영토를 획득하기 위해 벌인 침략전쟁이 아니라 진리를 놓고 벌인 유혈 문화전쟁이자 이념전쟁이었다.[11] 이러한 기록으로도 인간(생명)을 존중하고 조화롭게 공생하고자 했던 홍익주의를 알게 된다.[12]

나철이 중광한 대종교가 1910~1920년대 항일독립투쟁을 주도한 것이나 나철의 세계평화에 대한 가르침은 모두 공완으로서 홍익인간사상이 펼쳐진 것이다. 비록 구체적으로 '홍익'을 표방하면서 활동하지는 못하였으나 1930년대 홍익정치론과 내용적으로 크게 다르지 않으므로 1910~1920년대 홍익정치론의 토대가 마련된 것으로 이해할 수 있다.

개인적 수행을 통해 깨달음을 얻는 데 집중하는 많은 종교적 전통과 달리 한국선도는 개인적 수행(性通)이 사회적 실천(功完)과 연동되어 있다. 수행

---

8 소대봉, 「한국 민족사학의 원형, '선도사학'」, 『선도문화』 31, 2021, 299~300쪽.

9 천부사상을 간직하는 도읍이자 전파하는 중심지이다. 요(堯)의 도읍으로 공표된 도사(陶寺)유적이 중원지역에서 방국(方國)단계로 등장하는 시기에 요서지역에서는 하가점하층문화가 같은 방국 단계에 진입하였다. 적봉시 음하와 영금하 북쪽에 띠를 두른 듯이 존재하는 석성(石城)들은 대국(大國)이 출현했다는 표지다.(우실하, 『고조선문명의 기원과 요하문명』, 2018, 72, 597쪽.)

10 차이나는 2015년 12월 산서성 도사(陶寺)유적이 요의 도읍이었던 평양이라고 공표하였다. 도사유적 도성 존속 기간은 서기전 2500~서기전 2000년 사이로 편년되었다. 고고학 발굴과 연구 결과 기록으로만 존재했던 요임금이 역사적으로 실재하였음이 입증된 것이다. <u>요임금의 역사적 실존이 고고학으로 입증되었다는 것은 요임금과 같은 시기에 세워졌다는 단군왕검의 역사적 실존도 입증되었음을 의미한다.</u>(우실하, 『고조선문명의 기원과 요하문명』, 2018, 614~633쪽.)

11 이찬구, 『고조선의 오행과 역법 연구』, 한누리미디어, 2021, 94~103쪽.

12 소대봉, 「선도 홍익사관의 전승과정 연구」, 국제뇌교육종합대학원대학교 석사학위논문, 2022, 10쪽.

과 실천이 분리되지 않기에 이를 하나로 보아 '성통·공완'이라 이름 한다. 단군의 가르침을 중광한 대종교에서도 다르지 않았다.

대종교계 선가인 안재홍이 성통·공완의 궁극적 목표를 홍익인간으로 본 것이 그러하다.[13] 김광린,[14] 김동환,[15] 김봉곤[16], 김용환,[17] 박성수,[18] 석상순,[19] 소대봉,[20] 우대석,[21] 정경희[22] 등 많은 연구자들 또한 같은 인식을 보였다. 공완을 홍익인간으로 보는 시각은 많은 연구가 진척된 이후 결과이므로 대종교가 중광 되었던 당시에는 공완을 어떻게 이해했는지 파악할 필요가 있다. 홍익인간사상이 널리 퍼지게 된 것은 1935년 1월 1일부터 19개월 동안 정인보가 『동아일보』에 연재한 〈오천년간 조선의 얼〉 중 '전고갑(典故甲, 문헌상의 출처나 고사(故事) 중 첫 번째 항목)'[23]편에서 홍익인간에 대해 자세히 풀어서 설명한 이후에야 가능했기 때문이다.[24]

대종교 경전 『삼일신고』 진리훈(眞理訓)에서는 '지감·조식·금촉 하여 오직 한뜻으로 나아가 허망함을 돌이켜 참에 이르고 크게 하늘 기운을 펴는 것'을 성통·공완이라 하였다.[25] 지감·조식·금촉 수행법을 통해 성통에 이른다

---

[13] 안재홍, 「삼일신고 註」, 『민세안재홍선집』 4, 지식산업사, 1992, 119쪽.
[14] 김광린, 「평화통일과 홍익인간사상」, 『단군학연구』 13, 2005.
[15] 김동환, 「홍암 나철의 사상과 독립운동방략」, 『한국독립운동사연구』 19, 2002.
[16] 김봉곤, 「대종교의 종교성과 공공성 연구」, 『원불교사상과 종교문화』 72, 2017.
[17] 김용환, 「홍암 나철 홍복사상의 세계시민성 가치」, 『단군학연구』 23, 2011.
[18] 박성수, 「총설」, 『한국선도의 역사와 문화』, 국제평화대학원대학교출판부, 2006.
[19] 석상순, 「'한국선도·중국도교·한국도교' 구분론-한국선도 변형태로서의 중국도교 연구 방향 제안」, 『선도문화』 33, 2022.
[20] 소대봉, 「동아시아 선도문화 연구동향과 '한국선도'·'한국도교' 개념의 재검토」, 『선도문화』 33, 2022.
[21] 우대석, 「한국선도 수행 전통에서 바라본 대종교 수행론」, 『선도문화』 20, 2016.
[22] 정경희, 「'한국선도'와 근대 이후의 '국학' 담론」, 『동학학보』 11, 2007.
[23] 정인보, 「전고갑」, 『담원정인보전집』 4, 연세대학교출판부, 1983.
[24] 소대봉, 「한국선도와 대종교 독립지사들의 공생정치 사상」, 『유라시아 고대의 생명사상과 한민족의 '공생'정신 학술대회 자료집』, 2023, 120~124쪽.
[25] 『譯解倧經四部合編』, 「三一神誥」, "止感調息禁觸 一意化行 返妄卽眞 發大神機 性通功完

고 하는 것은 쉽게 간취되나 '하늘 기운을 편다'는 공완에 대한 내용은 쉽게 파악되지 않는다. 다행히 발해시대 사람 임아상(任雅相)이 공완에 대해 주해를 달아 놓았다.

임아상은 국내 문헌 중에서 유득공(柳得恭, 1749~1807)이 지은 『발해고(渤海考)』에 등장한다. 『발해고』에 의하면 발해 무왕(武王)이 당(唐) 개원(開元) 10년(722년)에 그의 아우 대문예(大門藝)와 외숙 아아상(雅雅相; 임아상의 오기)을 시켜서 군대를 내어 흑수를 공격하게 했다는 내용이 있다. 임아상은 자수대부이면서 선조성의 좌평장사라는 고위 관직과 문적원감을 겸직하고 있었다. 문적원은 책과 문서 등을 관리하고, 비문·묘지·축문·제문 및 외교문서 등을 작성하는 업무를 담당하는 기관이다. 이 기관은 주로 학식 있고 문장이 뛰어난 사람들이 복무하는 곳으로 기관의 장은 지금의 장관에 해당하는 직책이다. 따라서 임아상이 문적원감이라는 직책을 맡고 있었다는 것으로 보아 당시 발해 최고 지식인 중 한 명이었음을 추측할 수 있다.[26]

> 성통은 진성과 통하는 것이요 공완은 366가지 선행을 쌓고 366가지 음덕을 쌓고 366가지 좋은 일을 짓는 것이다.[27]

임아상의 주해로써 이해하면 공완은 무조건적인 베풂이나 이타(利他)의 의미로 보인다. 따라서 백봉교단(白峰敎團)이 전수한 『삼일신고』가 대종교 중

是" 임아상은 공완에 해당하는 '발대신기'를 見·聞·知·行에서 신과 같은 큰 조화를 부릴 수 있는 것으로도 주해하였으나, 필자는 각주 27) 공완에 대한 임아상의 주해와 『천지인』(㈜한문화, 1998.)의 "하늘 기운을 펴는"이라는 해석을 받아들여 공완을 '뭇 생명과 공생하라'로 해석한다.

26 이승호, 「임아상(任雅相)의 삼일신고(三一神誥) 주해(注解)에 관한 연구」, 『고조선단군학』 29, 2013, 450~451쪽. 대종교총본사에서 발행한 『역해종경사부합편』 「三一神誥」에는 '御製三一神誥贊'이 천통 16년인 서기 713년 10월에 쓰여 졌다고 하니 임아상의 주해는 그 전에 행해진 것으로 보인다.

27 『譯解倧經四部合編』, 「三一神誥」, "性通은 通眞性也오 功完은 持三百六十六善行하며 積三百六十六陰德하며 做三百六十六好事也라"

광 이후 1912년에 처음 발행되었을 즈음 당대 대종교인들은 이타적으로 베푸는 삶을 공완으로 이해했을 법하다. 그러나 한국선도에서 공완은 수행을 통해 자기 안의 완전성을 깨달은 개개인이 다른 사람들도 스스로의 완전성을 깨달을 수 있도록 자신의 깨달음을 사회적으로 실천하는 것이다. 그럼으로써 양심이 살아있고 조화롭게 살아가는 밝은 세상을 만들어가는 것이다. 개개인의 헌신이나 봉사에 국한되지 않고 깨달은 개개인이 사회적으로 실천하여 남들도 함께 깨닫고 실천하게 도와준다는 의미로서의 공생이다. 하늘 기운을 편다는 것은 하늘의 생명 질서를 땅에서 펼치는 것이니 곧 나와 남이 둘이 아닌 하나임을 깨달은 개개인들이 사회적으로 실천하여 더 나은 공동체를 함께 만든다는 공생을 의미한다. 그러므로 공완이란 '베풂'에 국한되지 않고 깨달음의 사회적 실천인 '공생'으로까지 나아가는 것이다.

국가를 잃고 그 회복에만 전념하던 1910~1920년대 대종교인들은 홍익인간사상에 크게 주목하지 못했다.[28] 풍찬노숙하면서도 일제의 압제를 끝장내고 자주독립국가를 만들어내야 한다는 시대적 과제에 부응해야 했기에 선도의 본령인 홍익인간사상의 공생 가치를 인식했지만 관심을 집중할 겨를이 없었을 것이다. 갈수록 심화되는 계급모순과 민족모순을 함께 해결하는 것이 시대적 과제가 된 1930년대 접어들어 정인보는 민족사 개창기 개국정신으로 홍익인간에 주목하였고, 안재홍은 성통·공완의 궁극적 목표를 홍익인간으로 바라보았다. 시간의 흐름에 따른 시대적 과제의 변화 속에서 공완의 의미가 크고 깊게 확장되어 공생에까지 이르게 된 것이다.

> 阿斯達 創基의 初에 이미 "弘益人間"으로써 最高의 精神을 세우니만큼 이내 全民族 共通의 敎義로 되어 널리 또 길게 퍼지며 내려온지라 廣開土朝碑文에 東明聖帝의 일

---

[28] 정영훈, 『'단군민족주의'와 그 정치사상적 성격에 관한 연구』, 건국대학교 정치외교학과 박사학위논문, 1993, 60쪽, 122~123쪽.

을 記하면서 "顧命世子儒留王以道興治"라 하고 羅季의 人 崔致遠은 그 所撰 鸞郞碑序에 "國有玄妙之道, 曰風流, 設敎之源, 備詳仙史, 實乃包含三敎, 接化群生"이라 한 것이 있으니 弘益人間의 敎가 곧 接化群生의 道요, 以道興治의 道가 곧 玄妙之道의 道다. 다만 鸞郞碑序는 말하기를 玄妙라 하여 한편으로 道敎에 近하고 或 釋門에 似한 것같이도 보이나 이는 대개 衰代華詞의 累요 그 實인즉 古聖入敎의 宗旨와 後哲繼述의 大義가 오직 人間을 弘益함에 있어 平易한 대로 確固하여 高句麗人이 聖帝의 垂訓을 約하되 "以道興治"라 하였으니 <u>治를 興하지 못할진대 何等의 玄妙함이 있을지라도 이는 이 民族의 이르는바 道가 아니라</u>.[29](밑줄은 필자)

정인보는 시조 단군이 아사달에서 조선의 기틀을 닦으면서 '홍익인간'을 최고 정신으로 내세운 이래 홍익인간은 우리민족 공통의 가르침으로서 널리 전파되고 오랫동안 계승되어 왔다고 보았다. 홍익인간은 '이도흥치'요 '접화군생'으로 표현되었는데, "나라를 부흥시키고 다스리지 못한다면 아무리 현묘해도 그것은 우리민족이 말하는 도가 아니라"는 설명에 주의를 기울일 필요가 있다. 비록 억지로 행하지도 않고 말을 앞세우지 않고 행하는 도교의 가르침이나, 악을 행하지 말고 선을 행하라는 불교의 가르침은 이치가 깊고 미묘하더라도 개인의 깨달음에 그치는 것이다. 그러므로 홍익인간의 공생가치를 깨달은 개개인이 다른 사람들을 깨우쳐 함께 공동체를 위한 기여함에까지 이르지 못하면 홍익인간의 도에 미치지 못하는 것으로 보는 것이다. 따라서 대종교 경전『삼일신고』에서 임아상 주해로 이해되는 공완, 즉 이타적으로 베푸는 삶은 공생에 가치를 두는 홍익인간의 도에 이르는 도정(道程)에 있다고 보아야 하는 것이다.

그런데 초기 대종교인들이 실천한 성통·공완은『삼일신고』를 주해한 임아상의 수준을 뛰어넘는 것이었다. 이는 대종교인들의 실천 강령이라 할 수 있는 단군교 '오대종지' 영향으로 보인다. 백봉교단에서 전해진[30] 단군교 오

---

29 정인보,「전고갑」,『담원정인보전집』4, 연세대학교출판부, 1983, 182~183쪽.
30 「檀君敎五大宗旨佈明書」(한국학중앙연구원 소장본), "四千二百四十二年 十月三日 開極慶

대종지는 1909년 12월 30일 공포된 이후 1910년『대한매일신보』와『황성신문』이 보도하여 널리 전파되었다.[31]

> 단군교에는 5종지(宗旨)와 5임원(五任員)이 있는데, 5종지는 경봉조신(敬奉祖神), 감통영성(感通靈誠), 애합족우(愛合族友), 안고기토(安固基土), 근무산업(勤務産業)이요, 5임원은 사교(司敎), 참교(參敎), 찬교(贊敎), 시교사(施敎師), 순교원(巡敎員)이라더라[32]

그중 세 번째 애합족우, 네 번째 안고기토, 다섯 번째 근무산업은 대사회적 실천인 공완으로 볼 수 있다. 애합족우는 생사고락을 같이하는 민족 단결을 촉구하는 것, 안고기토는 단군이 물려준 땅에 원래 주인인 배달족을 정착시키는 것,[33] 근무산업은 경제적 역량을 키우기 위해 적극적으로 노력할 것을 요구한 것이니 1910년대 대종교인의 대사회적 실천인 공완론의 강령이었던 것이다. 비록 조화·공생에 가치를 두는 홍익인간사상에는 이르지 못하였으나 망한 나라를 다시 일으켜 공생 가치가 실현되는 국가·사회의 토대를 마련하고자 하는 것이었으니, 홍익인간사상을 실천했다고 볼 수 있는 것이다.

이 대목에서 신채호의 〈동국고대선교고(東國古代仙敎考)〉를 주목할 필요가 있다. 신채호는 1910년 3월 〈동국고대선교고〉에서 우리민족 고유 사유체계와 차이나 도교를 비교하면서 선교의 사회적 실천인 공완을 설명했다.

節白峰大宗師神兄親閱"백봉 신형이 단기 4242년(1909년) 10월 3일 교열했다는 내용으로 보아 백봉이 짓고 나철에게 전해진 것임을 알 수 있다.
31 김봉곤, 「대종교의 종교성과 공공성 연구」, 『원불교사상과 종교문화』 72, 2017, 45쪽.
32 『대한매일신보』 1910.01.27.
33 「단군교오대종지포명서」에는 안고기토를 "대황조께서 물려주신 근본 땅을 시대가 거듭 변천해 나감에 따라 잘 다스려, 범위를 수정 정리하고 원래의 근본을 심어주고 영원히 변하지 않은 것으로 한다"고 주석하였다. 『社寺宗敎』를 교정·교열·감수한 삿사 미츠아키(佐佐充昭)는 '원래의 근본을 심어주고'에 주를 달아 "근본 땅의 원래 주인인 배달족을 정착시키는 것"이라 하였다. (조준희, 「조선총독부 문서철 『社寺宗敎』, 「大倧敎·檀君敎ノ件(1911)」」, 『숭실사학』 35, 2015, 395쪽.)

1909년 대종교계 비밀결사인 대동청년당(大東靑年黨) 활동을 시작한 이후 집필한 것을 염두에 두면 신채호의 선교 연구는 대종교 공완과 밀접하게 관련된 것으로 여겨진다.[34]

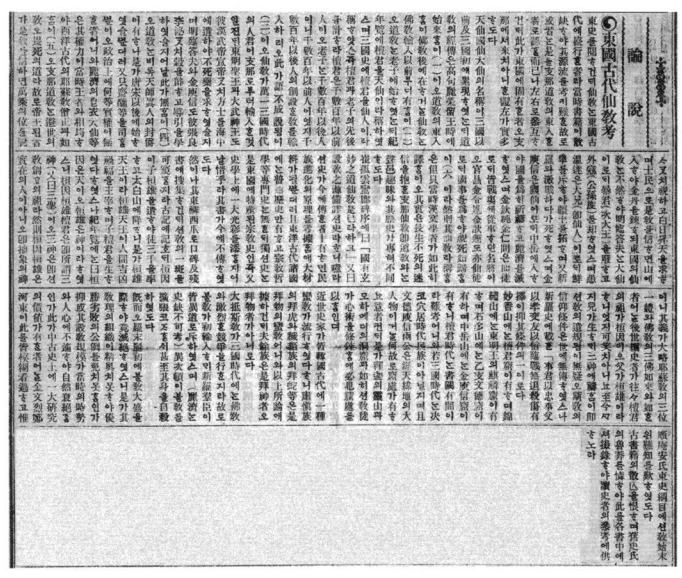

1910.3.11 『대한매일신보』에 실린 〈동국고대선교고〉

개인의 피세(避世)와 외사(畏死)에 관심을 두는 도교와 달리 선교 선인들은 현세에서 죽음을 두려워하지 않고 '나라를 위해 헌신'하였다. 폭군 차대왕을 폐(廢)하고 외구(外寇) 공손도(公孫度)를 물리친 대선(大仙) 명림답부, 선비를 물리쳐 강토를 개척하고 신라와 격전하다 죽은 선인(仙人) 온달, 중악(中岳; 斷石山)에 들어가 나라를 위해 기도하고 고구리·백제를 멸망시킨 국선(國仙) 김유신, 나라를 위해 목숨 바친 선도(仙徒) 관창(화랑) 등이 그 사례였다.[35]

---

34 김동환, 『대종교 항일투쟁 인물사전』, 선인, 2024, 555쪽.
35 신채호, 「동국고대선교고」, 『대한매일신보』 1910.03.11.

신채호가 본 선교는 개인의 깨달음에 치중하고 공동체를 위한 실천이 없는 도교와 달리 국가·사회 공동체를 위해 목숨까지 바칠 정도로 사회적 실천(공완)을 중시했다. 을사늑약 이후 식민지 처지로 전락한 나라를 되찾겠다는 대종교인들의 독립투쟁이 우선적으로 제국주의에 대항하는 '저항적 민족주의'에 집중되는 것은 당연한 귀결이었다. 박은식이 만주를 누볐던 고대 영웅 동명왕·연개소문·대조영·금태조 전기를 연이어 발표했던 것도 같은 맥락에서 보아야 한다. 단군 자손으로서 민족정체성을 우선 정립하고 결집된 민족의 힘으로 자주독립 국가를 되찾는 시대적 과제에 집중했기에 홍익인간사상의 본령인 '공생'을 인식하였지만 아직은 관심을 집중하고 실천할 단계는 아니었던 것이다.

2) 대종교의 항일무장투쟁과 민족문화복원

1910~1920년대 대종교 공완의 일환으로 실천한 항일투쟁은 세 가지로 구분하여 논할 수 있다. 첫째는 항일무장투쟁, 둘째는 국사 연구·교육과 국어 연구·보급 등 국학운동, 셋째는 식산(殖産)자강운동이다. 항일무장투쟁은 주로 만주에서 활발했고 식산자강운동과 국학운동은 만주와 국내에서 실행되었다.[36]

첫째, 항일무장투쟁이다. 1911년 3월 만주 최초 독립투쟁 단체 중광단(重光團)은 대종교인 중심으로 조직되었고 1919년 5월 대한정의단으로 발전했다. 10월 서일을 총재, 김좌진을 사령관으로 한 대한군정부로 발전하였고 12월 임시정부 요청으로 대한군정서로 개명했다. 대한군정서는 북만주를 중심으로 활동하였기에 북로군정서라는 별칭이 붙었다. 북로군정서가 여러 단체와 통합하여 1925년 3월 조직된 단체가 신민부(新民府)다. 신민부는 삼

---

36 우대석, 『韓國仙道 수행 전통에서 바라본 대종교의 선도수행론』, 국제뇌교육종합대학원 대학교 박사학위논문, 2015, 103~104쪽.

권분립을 기초로 행정기관인 중앙집행위원회(위원장 김혁), 입법기관인 참의원(위원장 이범윤), 사법기관인 검사원(위원장 현천묵)을 갖추었다. 이는 신민부가 무장투쟁만이 아니라 북만주지역 한인사회를 관할하는 준정부 위상을 지향했음을 보여준다.

만주지역 삼부(三府) 위치

1919년 7월 봉천성 무송현에서 후일 대종교 3대 교주가 되는 윤세복은 김호, 김혁 등 대종교인과 함께 독립투쟁단체 흥업단(興業團)을 조직했다. 1922년 4월 광정단(光正團)으로 발전하고, 1924년 11월 여러 단체가 통합, 정의부(正義府)가 결성되었다. 남만주를 중심으로 활동한 정의부는 군사행동은 물론, 만주로 이주한 조선인을 위한 경제기관·문화기관을 설립하고 초등학교를 설립하여 초등교육을 의무적으로 실시하였다. 1910~1920년대 대종교인들은 만주지역 항일무장투쟁사에서 주요한 역할을 하였다.

서간도지역에서는 전국 팔도의 민족지도자들과 가족 300여 명이 요녕성 유하현 삼원보 추가가로 이주해 경학사(耕學社)를 조직하였다. 비밀 항일운동 단체 신민회가 해외 독립운동 기지와 무관학교 설립을 목적으로 한 만주 이주계획을 실행한 것이다. 1911년 4월 이철영, 이동녕, 이회영, 이상룡 등이 항일투쟁단체 경학사를 조직하였고, 인재 양성에 목표를 둔 신흥강습소를 부설기관으로 두었다. 경학사의 이념과 사업은 부민단(1912년), 한족회(1919년)로 이어졌고, 한족회는 군사기관인 서로군정서(西路軍政署)를 설립했다. 서로군정서는 1924년 5월 대한민국임시정부 육군주만참의부(陸軍駐滿參議府)로 통합되었다.

영욕(榮辱)과 부침(浮沈)이 교차하는 가운데서 불굴의 의지로 투쟁과 승리의 길을 개척해온 항일무장투쟁은 민족운동사에 남은 고귀한 발자취였지만 10만여 명이 희생을 치른 비극의 역사요 피의 역사였다.[37]

대일항쟁기 항일무장투쟁의 정신적 동력은 대종교 1대 교주 나철이 제공했다. 항일무장투쟁의 금자탑 창산리전투(1920.10)는 북로군정서가 주도하였다. 북로군정서 총재 서일과 총사령관 김좌진을 위시한 중심인물 대부분은 대종교인이었다. 또한, 1919년 상해임시정부가 조직되기 전까지 상해 독립투쟁 중심조직 역할을 한 동제사(同濟社)를 나철의 밀명을 받은 대종교 지교(知敎) 신규식이 조직하고 운영했던 것[38]으로 보아 1910~1920년대 항일독립투쟁에서 나철의 비중이 막중했음을 알 수 있다.

동제사는 동주공제(同舟共濟)의 의미를 담은 조직으로, 1912년 7월 4일 상해에서 설립되었다. 별칭은 재상해한인공제회(在上海韓人共濟會)다. 표면상으

---

37 김동환, 「일제하 항일운동 배경으로서의 단군의 위상」, 『선도문화』 10, 2011, 138쪽.
38 신규식 저·김동환 옮김, 「연보」, 『한국혼』, 범우사, 2009, 101~105쪽.

로는 유학생 상조기관을 내세웠지만 실질적으로는 독립투쟁단체였다. 초기에는 남경·상해지역 한인 유학생들의 집단 숙식지로 유학 알선과 편의 제공이라는 상호부조에 초점을 두었다. 점차 조직화되면서 상호부조 조직에서 반일 민족운동단체로서의 성격이 강화되었다. 총재에 박은식(朴殷植)이 선출되었고 신규식(申圭植)은 이사장으로 운영을 담당했다. 중견 간부로는 김규식(金奎植)·신채호(申采浩)·홍명희(洪命熹)·조소앙(趙素昻)·문일평(文一平)·박찬익(朴贊翊)·신석우(申錫雨) 등이 있었다. 간부들은 대부분 대종교인이었다.

물적 토대가 일제와 비교할 수 없을 정도로 열악하였음에도 목숨을 버릴지언정 항복하지 않고 항일무장투쟁을 지속했던 것은 오로지 사상적·정신적 힘이 그 바탕에 있어야만 설명 가능하다. 항일무장투쟁의 원천적 동력은 현실의 물질적 토대가 아니라 유구(悠久)하고 찬란한 역사에서 얻어지는 정신적 힘에서 기인했던 것이다. 나철이 대종교 중광 명분으로 내세운 "나라는 망했어도 정신은 가히 존재한다(國雖亡而道可存)"는 시대적 명제는 항일무장투쟁의 정신적 배경으로 보기에 조금도 부족함이 없을 것이다.

1914년 5월 대종교는 조선총독부 탄압을 피해 총본사를 백두산 기슭 화룡현 청파호로 옮기고 만주지역에서 본격적인 무장항일투쟁 근거를 마련하게 된다.[39] 나철이 금과옥조로 지키라고 유언한 단군 가르침인 구서(九誓)[40]에서도 투쟁 정신이 보인다. 구서란, "효도하지 않는 자는 내치며, 우애가 없는 자는 내치며, 미덥지 않는 자는 내치며, 충성하지 않는 자는 내치며, 겸손하지 않는 자는 내치며, 정사(政事)에 밝도록 하고, 싸움터에서 용감하고, 몸가짐에 청렴하고, 맡은 직분과 업에 의롭도록 하라"이다. '충성하지 않는 자는 내치라', '싸움터에서 용감하라'는 구서 중의 맹세는 세속오계에

---

39 김동환, 「일제하 항일운동 배경으로서의 단군의 위상」, 『선도문화』 10, 2011, 140쪽.
40 대종교총본사, 「密諭」, 『大倧敎重光六十年史』, 1971. 구서의 구체적인 내용은 『태백일사』 「소도경전본훈」에 자세히 실려 있다.

나오는 사군이충, 임전무퇴 정신과 통하는 것으로 조국이 위기에 처했을 때 국가구성원 개개인의 실천 자세다.

특히 1916년 나철의 구월산 순교는 우리민족혁명사상 최대 결정(結晶)이다. 나라와 겨레를 위해 정신과 육체를 다 바친 대종교인의 투쟁은 모두 나철 순교라는 위대한 힘의 영향으로 볼 수 있다.[41] 최남선은 나철 순교를 육신제(肉身祭)라고까지 표현하면서 다음과 같이 평가했다.

> 併合 이래로 朝鮮의 固有信仰인 大倧敎에 대하여 日本官憲의 彈壓이 날로 苛烈함을 더하매, 敎主 羅喆(본명 寅永)이 肉身祭의 뜻으로서 九月山에 들어가서 自靖하고 … 무릇 國外에 있는 모든 光復運動이 洽然히 이리로 歸一하여 敎勢隆盛을 極하고, 從來의 支離滅裂하던 民族 戰線이 비로소 統一된 精神的 支柱, 또 求心點을 가졌다.[42]

나철의 순교이후 지리멸렬하던 민족전선에 구심점이 형성되었다는 최남선의 평가는 나철의 순교가 본격적인 항일투쟁의 도화선이었음을 의미한다.[43]

대종교 2대 교주 김헌[44]은 여러 사서에 기록된 단군 및 배달겨레 기록을 인용하여 『신단실기(神檀實記)』와 『신단민사(神檀民史)』를 지어 독립군 정신교육의 중요한 도구로 제공함으로써 독립투쟁정신을 북돋는 데 크게 기여했다. 또한 김헌이 주도하고 대종교인들이 중심이 되어 발표한 〈대한독립선언서(일명 무오독립선언서)〉는 무장혈전주의를 주창했다. 〈대한독립선언서〉는 평화적 협상이나 외교적 노력이 아닌, '육탄혈전(肉彈血戰)의 무장투쟁'으로 일제와 싸워 독립을 쟁취하겠다는 항일무장독립전쟁 방략을 담고 있었다.[45]

조소앙은 1930년 4월 〈한국의 현황과 혁명의 추세〉에서 무장독립군이

---

41 이현익, 「대종교인과 독립운동연원」, 『대종교보』 288, 2000, 45쪽.
42 최남선, 「조선독립운동사」, 『육당최남선전집』 2, 2008, 638쪽.
43 김동환, 「홍암 나철의 사상과 독립운동방략」, 『한국독립운동사연구』 19, 2002, 118쪽.
44 김교헌이 1910년 대종교에 입교하면서 개명한 이름이다.
45 김동환, 「일제하 항일운동 배경으로서의 단군의 위상」, 『선도문화』 10, 2011, 142~143쪽.

투먼(圖們)과 압록 연안에서 일제와 교전 중이지 않은 날이 없다고 썼다. 독립군이 10년간 출전한 횟수는 3000여회로 연 평균 300회이며, 출동한 군인 수는 모두 15,000여 명[46]이었으니 '독립전쟁'이라고 명명할 충분한 근거가 된다.

둘째, 국학운동이다. 대종교 독립투쟁으로서 국학운동의 큰 중심축은 역사와 언어다. 그 구체적인 내용은 국사 연구·교육과 국어국문 연구·보급운동이었다. 민족 집단에 있어 역사와 언어는 그 집단의 철학·사상과 더불어 정체성을 지탱하는 핵심요소가 되기 때문이다.[47]

김헌은 『신단실기』와 『신단민사』를 지어 민족 고유 사상을 정리하고 민족사를 체계화하여 독립사상을 고취시키는데 지대한 역할을 하였다.

> 이 어른은 우리나라의 역사에 관한 공부 발견이 제일 많다. 그러므로 … 오늘날의 우리가 이만치라도 역사에 대한 생각을 가진 것은 모다 이 어른의 공이라 할지니 그 공의 큰 것은 중국의 사마천이 세운 공보담 더 큰 것이다.[48]

우리 역사를 바로세우고 알리는 공이 『사기』를 지어 차이나 역사계통을 세운 사마천보다 오히려 더 크다고 당대에 평가받은 그의 저서는 대종교 관련 학교는 물론 독립투쟁 관련 모든 학교에서 교과서로 사용되었다.

『한국통사(韓國痛史)』(1915년)를 지은 박은식은 대종교를 경험하고 "존화양이의 대의를 고집한다면, 만일 한나라의 순체·양복, 당나라의 소정방·이세적이 다시 쳐 들어와도 앞장서서 그들의 앞잡이가 되어 그 군사를 환영하고 노래를 부르지 않겠는가?"라고 질타당하면서[49] 유교의 틀에서 벗어나 민족

---

46 조소앙, 『소앙집』, 한국고전번역연구원, 2019, 43쪽.
47 김동환, 「한국종교사 속에서의 단군민족주의」, 『선도문화』 15, 2013, 165쪽.
48 『동아일보』, 1924.01.13.
49 박은식, 「夢拜金太祖」, 『대통령이 들려주는 우리역사』, 박문사, 2011, 245~252쪽. 소중화 정신으로 오랑캐를 물리치려던 無恥生(=박은식)에게 금태조 아골타가 민족을 만나라

을 만나게 되었다. 『한국통사』는 조선총독부가 100만 엔의 거액을 투자하여 『조선사』 37권을 편찬하는 계기가 되었을 만큼 항일투쟁의 일대 정신적 지주가 되었다.[50]

1909년 대종교계 비밀결사인 대동청년당 활동을 시작한 후 1910년 3월 〈동국고대선교고(東國古代仙敎考)〉를 쓴[51] 신채호는 근대 역사학으로서의 우리 역사학 이론체계를 체계화했다고 평가받는다.[52] 한국 근대사학은 단재의 민족사학을 통해서 비로소 성립될 수 있는 정신적 시초를 얻었다.[53] 근대 민족주의사관에 입각한 근대사학 확립의 영예는 「독사신론(讀史新論)」(1908년)에 돌아가는데,[54] 단재는 역사를 편협한 의리론·정통론적인 이데올로기성에서 해방시켜 역사적 사실을 객관적으로 밝히는 '역사과학'의 위치로 끌어 올렸으며 그리하여 유교적 중세사학을 완전히 청산하고 근세사학을 성립시켰다.[55]

의리론·정통론적인 유교적 중세사학을 청산하고 역사적 사실을 객관적으로 밝혀 근대사학으로서 민족사학의 기초를 놓았다고 평가받는 신채호는 〈동국고대선교고〉에서 민족 고유 선교(仙敎)가 차이나 도교와는 전혀 다름을 밝혔다. 『조선상고사』에서는 만주와 한반도에서 펼쳐진 단군조선 역사 정통이 부여로 이어진다고 서술하여 기자 중심으로 서술된 유교적 역사 인식 체계를 완전히 뒤집었다.[56] 우리 역사의 정통 계승에 기자조선은 없었다는 인식은 환국 출신 환웅이 세운 신시배달국에서 시작하여 단군조선-부여-열

고 질타하는 내용이다.
50 한영우, 『한국민족주의역사학』, 일조각, 1994, 124~125쪽.
51 김동환, 『대종교 항일투쟁 인물사전』, 선인, 2024, 555쪽.
52 김용섭, 「우리나라 근대 역사학의 성립」, 『한국의 역사인식』 하, 1976, 437쪽.
53 김철준, 「단재 사학의 위치」, 『한국사학사연구』, 1990, 410~411쪽.
54 신용하, 「박은식의 역사관(上)」, 『역사학보』 90, 1981, 165쪽.
55 이만열, 『단재 신채호의 역사학 연구』, 문학과지성사, 1990, 101~102쪽.
56 신채호, 『조선상고사』, 비봉출판사, 2006, 112~119쪽.

국으로 이어진다는 선도사학의 역사인식과 다르지 않은 것이었다. 환웅의 신시배달국을 이은 단군조선의 문화적 수준이 높았음을 긍정한 선도사학은 한말·일제 초기의 민족주의사학에 지대한 영향을 미쳐 독립지사들의 저항적 민족주의의 사상적 토대가 되었다.[57]

국학운동의 다른 축은 한글보급운동이다. 사대모화사상과 맞물린 한문숭상으로 언문(諺文, 상놈의 글)으로 폄하되었던 한글을 민족문화로 내세우는 것은 인식 틀과 사회구조를 근본적으로 바꾸는 것이었다. 정신적으로는 유교적 사대모화사상을 벗어난다는 의미이며, 한편으로는 기득권 지식층이 유교적 소양을 쌓고 과거에 응시하여 사회적 입지를 다지기 위해 사용하는 한문어(漢文語)를 청산하고 일반 민중들이 쉽게 사용할 수 있는 우리글 확립을 도모하는 것이었다.[58]

은(殷)대 갑골문이 주(周)대 금문(金文), 진(秦)대 소전(小篆)을 거쳐 현재의 한자로 발전했다는 것은 사계의 통설이다. 한문어를 청산한다는 것은 지배계층이 전유했던 한문 대신 누구나 쉽게 익히는 한글을 보편적으로 사용하자는 것을 말하는 것일 뿐, 한문이 차이나 문자이므로 청산한다는 의미가 아니다. 동이족이 세운 은나라 갑골문은 동이족이 만든 글자다.

'한글'이라는 명칭을 처음 사용한 주시경과 지석영·김두봉·이극로·최현배·신명균 등 한글 개척 선구자들은 모두 대종교인이었다. 신분제 사회에서 사대부 중심으로 사용되었던 한문(漢文)이 아닌 누구나 쉽게 익힐 수 있는 한글을 보급하는 것은 평등지향의 홍익인간사상이 발현된 것이다. 주시경은 한글을 통한 언어 민족주의와 한글 대중화를 위해 1914년 임종 시까지 헌신했다. 주시경의 『국어문법』을 바탕으로 『조선말본』을 저술한 김두봉, 베

---

57 소대봉, 「한국 민족사학의 원형, '선도사학'」, 『선도문화』 31, 2021, 335쪽.
58 김동환, 「일제하 항일운동 배경으로서의 단군의 위상」, 『선도문화』 10, 2011, 154쪽.

를린대학에서 경제학 박사를 받고 파리대학과 런던대학에서 음성학을 연구하고 귀국하여 조선어학회 전신인 조선어연구회에서 활동했던 이극로, 조선어학회를 활성화시킨 최현배 등은 모두 한글 연구와 보급운동을 통하여 민족혼을 불어넣고자 하였다.

셋째, 식산자강운동이다. 대종교 총전리(總典理)로 교단 행정업무를 관장했던 강우는 우리나라가 스스로 독립하려면 우선 국민들의 경제 자립과 청년들의 의식화 교육을 통해 순수한 애국심을 함양함이 선행되어야 한다고 보았다. 그는 현실구제책으로 교육·유통·식재·양잠·개간 등 다섯 가지의 자강론을 제시했다. 다섯 가지 자강론은 다음과 같다. 첫째, 학교를 많이 설립하여 청년을 교육시킬 것. 둘째, 각지의 도회지에 식산은행을 설치할 것. 셋째, 강이나 바닷가에 미루나무를 심을 것. 넷째, 노상(魯桑) 종자를 사서 공한지에 심어 양잠업을 일으킬 것. 다섯째, 바닷가 황무지에 제방을 쌓고 논으로 만들 것.[59]

대종교 3대 교주 윤세복과 안희제의 식산자강운동도 두드러진다. 윤세복은 사재를 털어 만주 환인현 성내에 동창학교를 세우고 교학일여(敎學一如)를 실천한 것을 시작으로 무송현에 백산학교를 설립하고 운영에도 관여했다. 만주 길림성 몽강현, 무송현, 안도현 등에 20여 개 소학교를 설립하여 민족교육을 폈고, 백산학교에서는 백두산 순례와 함께 사격연습도 하여 독립군 양성소 역할을 했다.[60]

안희제는 윤세복과 긴밀한 협의 하에 1914년 부산에서 백산상회(白山商會)를 경영해 무역업에 종사하면서 국내외 독립투쟁 단체를 지원했다. 1919년 5월 백산무역주식회사로 확대 개편했으나 1927년 일제 탄압으로 문을 닫았

---

59 박걸순, 「호석 강석기 부자의 대종교 신앙과 민족운동」, 『한국사연구』 167, 2014, 89쪽.
60 선도문화연구원편, 『한국선도의 역사와 문화』, 국제평화대학원대학교출판부, 2006, 666쪽.

다. 1930년대 초 발해 상경용천부가 있는 흑룡강성 영안현에서 농토를 개간하여 발해농장을 운영하며 1942년 11월 임오교변으로 발해농장이 중단될 때까지 독립투쟁 자금을 지원했다. 조선어연구회를 실질적으로 이끌었던 이극로를 지원했던 것도 그 운동의 일환이었다.[61]

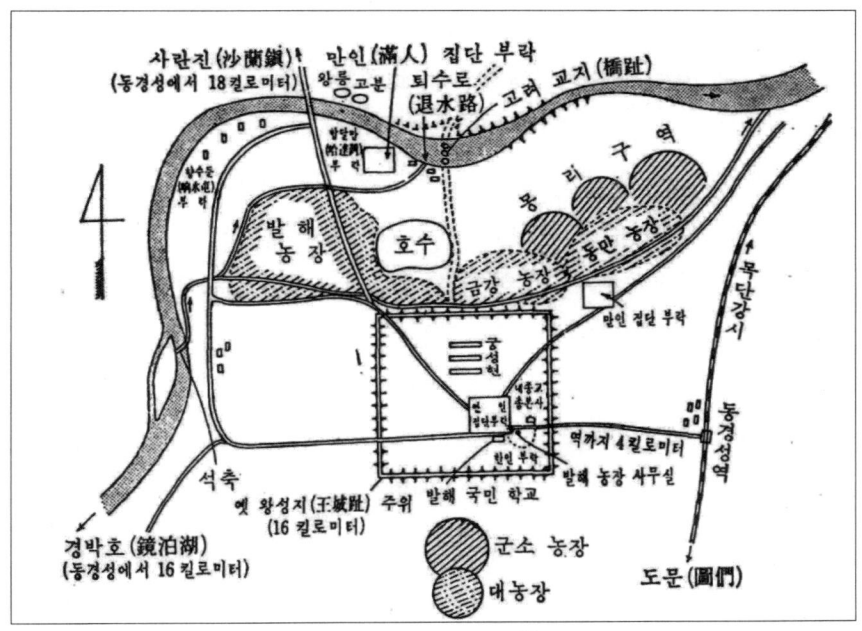

〈백산농장과 주변 약도〉[62]

백산이 만주로 건너간 한국 농민들에게 경제적 자립과 국권회복운동 전초기지로 삼기 위해 만주 동경성에 건립한 발해농장과 주변 약도. 발해농장 사무실과 동경성역까지가 4km이니 발해농장 직경은 4km가 넘는다. 1932~1935년까지 목단강 상류를 석축으로 막고 농지에 수도(水道)를 내어 개간·확장한 발해농장은 남한의 실농민 300여 호 가족이 개간하였다.

---

61 우대석, 『韓國仙道 수행 전통에서 바라본 대종교의 선도수행론』, 국제뇌교육종합대학원 대학교 박사학위논문, 2015, 111쪽.
62 안상두, 「발해 농장 시절의 백산: 만주를 거점으로 한 구국 독립 운동」, 『나라사랑』 19, 1975, 135쪽.

성리학이 망국 사상으로 전락된 20세기 초, 대종교 독립지사들은 일제 침탈에서 벗어날 희망의 빛을 대종교로 중광된 고유의 사상문화 전통인 선도문화에서 찾았고 그것을 독립투쟁의 사상적 배경으로 삼았다. 그 사상을 배경으로 한 실천방향은 크게 무장투쟁, 국학운동, 식산자강운동이었다. 단군(大倧)의 가르침(敎)에서 찾은 사대(事大)가 아닌 자주독립의 역사, 2000년 단군조선의 유구하고 찬란한 역사의 자긍심은 독립투쟁의 든든한 버팀목이었다. 신시배달국~단군조선에서 유래한 고유 사상문화에 기반하여 수행하고 실천한다면 일제의 폭압에서 벗어날 수 있다는 희망을 본 것이다.

이상에서 대종교의 성통·공완 실천이 홍익정치론의 토대 마련으로 연결됨을 살펴보았다. 나철은 대종교 중광 이전에는 한·일·청 삼국의 친선동맹을 통한 동양평화론을 주장하였고, 대종교 중광 이후에는 '애합종족(愛合種族)'으로 대표되는 사랑으로 하나 되는 인류평화, 세계평화를 주창하였다. 자주독립과 민족정체성 정립에 집중해야 하는 시기였기에 홍익인간사상의 공생 가치에까지는 관심을 집중할 겨를이 없었으나 타민족과 타종교를 침략하거나 배척하지 않고 포용하는 세계평화에 대한 관점을 대종교인들에게 꾸준히 가르치고 실천하도록 요구하였다. 나철이 중광한 대종교가 1910~1920년대 항일무장투쟁을 주도하고 국학운동과 식산자강운동을 한 것이나 나철의 세계평화에 대한 가르침은 모두 공완으로서의 홍익인간사상을 실천한 것이다. 구체적으로 '홍익'을 표방하지는 않았고 '공생'에 대한 관심으로까지는 이어지지 못했지만, 1930년대 홍익정치론과 내용적으로 크게 다르지 않으므로 이 시기 홍익정치론 토대가 마련된 것으로 보기에 무리는 없다고 여겨진다. 대종교의 성통·공완론적 실천은 1930년~1940년대 대종교 사상가들의 홍익정치론으로 이어졌다.

IV.

1930~1940년대 대종교계 선가들의 홍익정치론 모색과 전개

1. 홍익정치론 등장의 시대적 배경

 1920년대 후반기 독립운동전선은 무장투쟁, 실력양성운동, 사회주의운동과 개별적인 폭력운동 등으로 나뉘어서 구심점을 찾지 못하고 있었다. 일제의 탄압이 고도화하는 반면 독립운동전선이 사상·방법론적으로 분열되어 가는 조건에서 전선통일을 이루기 위한 방법론이 민족유일당운동이었고 신간회운동도 그 일환이었다.[1] 1920년대 10년 동안 독립군이 출전한 횟수가 모두 3000여 회로 매년 평균 300회이고 출동한 군인수가 모두 15,000여 명이라는, 조소앙의 〈한국의 현황과 혁명의 추세〉(1930년)에 근거하면 1920년대 후반기 무장투쟁도 당연히 독립운동전선에 포함된다. 이 장에서는 1930년대 홍익정치론의 등장과 전개를 고찰한다. 홍익정치론으로서의 삼균주의와 신민주주의가 배태된 무대인 차이나 관내(산해관 안쪽 지역)와 국내 유일당운동에 대해서 다루되 먼저 국내 상황부터 간략히 살펴보겠다.

 안재홍은 금권정치로 추락한 자본적 민주주의에 대립할 만민공생의 민주주의를 '신민주주의'라 하였다. 부의 균등에까지 이르지 못한 정치·법률상의 평등은 껍데기의 평등에 지나지 못하는 것이기에, 혹심한 빈부 차별이 존재하면 법제상 평등이 실질적인 공영(共榮)을 보장하지 못한다. 균등·공영의 실천수단으로 권리로서의 권력(權力, 정치)·부력(富力, 경제)·지력(智力, 교육)의 균등이라는 조소앙의 삼균제도를 인정한 안재홍은 의무로서의 근로균등까지 포함하여 '신민주주의'로 개념화하였다.[2]

---

1 강만길, 「신간회운동연구론」, 『한국민족운동사론』, 한길사, 1985, 301쪽.
2 안재홍, 「역사와 과학과의 신민족주의」, 『민세안재홍선집』 2, 1983, 228~232쪽.

1927년 2월 15일 비타협적 민족주의들과 사회주의자들이 연합하여 민족협동전선 신간회(新幹會)를 창립하였다. 신간회는 처음 '신한회(新韓會)'라 지었으나 신석우가 총독부에 등록하러 갔다가 한(韓)자를 거절당하여 옛날에는 한(韓)자와 간(幹)자가 같은 뜻으로 쓰였고, 또 고목신간(古木新幹, 더 크지 않을 정도로 오래된 나무도 새로운 가지가 난다)이란 말도 있고 해서 한을 '간'으로 고쳤다 한다.[3] 합법투쟁 표면화를 유도하여 독립투쟁을 효과적으로 통제하고자 한 일제 고등경찰 정책[4]이라는 배경과는 별개로 신간회 창립에는 두 가지 직접적인 요인이 있었다.

첫째는 조선 독립을 포기하는 합법적·타협적 민족운동, 곧 자치운동론 대두에 대한 대응이었다. 1924년 1월 이광수는 〈민족적 경륜(經綸)〉이라는 논설에서 "조선에 있어서 전민족적 정치운동을 할 수 있도록 신생면(新生面)을 타개할 필요가 있으므로 조선 내에서 허(許)하는 범위 안에서 일대 정치적 결사를 조직"[5]하자고 주장하였다. 이후 타협적 민족주의, 즉 민족개량주의 세력과 비타협적 민족주의 세력의 대립이 표면화되었다. 1923년 가을부터 동아일보사와 일부 천도교 간부들이 주동이 된 민족개량주의는 아베 미쓰이에(阿部充家)와 조선총독부의 정책적 지원을 등에 업고 자치운동 단체인 연정회(研政會)를 조직하고자 하였다.[6] 1914년부터 1918년까지 경성일보와 매일신보 사장을 지낸 아베 미쓰이에는 1920년대 문화통치가 시작되자 이광수, 최남선, 최린 등 수많은 독립지사를 회유하여 친일파로 만든 것으로 유명한데, 1919년 9월부터 조선총독으로 부임한 사이토 마코토(齊藤實)의 정책 참모로 활동했던 자이다. 1925년 이래 송진우, 최린, 김성수, 최남선 등

---

3 이관구, 「回顧談」, 『조선일보』 1964.05.03.
4 조지훈, 『한국민족운동사』, 나남출판, 1996, 271쪽.
5 이광수, 「민족적 경륜」, 『동아일보』 1924.01.02.~06.
6 안건호, 「Ⅱ. 6·10만세운동과 신간회운동」, 『신편한국사』 49, 국사편찬위원회, 2001, 142쪽.

은 누차 회합하여 독립투쟁을 자치운동으로 방향 전환하는 문제에 대해 논의했다.[7] 추후 대부분 친일파로 변절한 민족개량주의자들의 자치운동에 대항한 비타협적 민족주의자들은 사회주의자들과 합작하여 민족단일당, 민족협동전선을 지향하면서 신간회를 발족시켰다.

둘째는 1925년 5월부터 일제가 치안유지법을 시행한 후 제1·2차 조선공산당 사건으로 당이 와해 상태가 될 정도로 약화된 국내 사회주의운동 세력이 국면 타개를 원했던 정황이다. 제1차 조선공산당사건은 1925년 11월 22일 신의주 당원 독고전이 술을 먹고 친일 변호사를 구타하는 등 싸움 끝에 '내가 공산당원'이라고 대성 질타함으로써 발각되고 서울에 있는 조선공산당 간부가 전부 신의주로 검거 압송되어 '신의주사건'으로도 불린다. 제2차 조선공산당사건은 1926년 6월 10일 융희황제 장례식을 계기로 민중봉기를 준비하던 계획이 사전에 발각되어 권오설을 중심으로 한 100여 명의 조선공산당원이 체포된 사건이다. 1·2차 조선공산당사건은 사실상 화요파 조선공산당을 와해시켰다.

국내운동의 파쟁을 비판하고 민족협동전선을 표방하였던 재동경 일월회(日月會) 안광천·하필원은 1926년 8월 귀국 후 조선공산당과 밀접한 관계를 맺고 있던 정우회(正友會)에 가입, 정우회를 장악하고 11월 15일 〈정우회선언〉을 발표하였다. 정우회는 기존 사상단체(思想團體)가 가진 분열적 대립을 극복하고 운동 통일을 촉진하기 위해 1926년 4월 새롭게 결성된 사상단체였다. 1925년 4월 화요회, 북풍회, 조선노동당, 무산자동맹 4개 사상단체는 사무를 공동으로 처리하기로 결정하고 '4단체합동위원회'를 만들었다. 1926년 4월 4일 '4단체합동위원회'에 속했던 인물들을 중심으로 서울 돈의동에 있는 청요리집에서 새로운 사상단체인 '정우회' 결성을 위한 발기총

---

7   조지훈, 『한국민족운동사』, 나남출판, 1996, 269쪽.

회와 창립총회가 열렸다. 4월 10일 시천교당에서 열린 정우회 임시총회는 148명의 참석자와 50여 명의 방청객이 모인 가운데 성황리에 진행되었다. 사상운동의 방향전환을 선언한 정우회선언은 "사상단체를 통일하고, 종래에 국한되었던 경제적 투쟁에서 계급적·대중적·의식적 정치 투쟁 형태로 전환하여야 한다. 이 과정에서 비타협적 민족주의자와 일시적인 공동전선이 필요하다"[8]고 주장하였다. 정우회선언은 후일 조선 사회주의자들이 신간회에 참여하는 이론적 배경이었다.[9]

신간회는 민족적 각성 촉진과 우경 사상 배척을 통해 '민족주의 중의 좌익전선 형성'을 목적으로 했다. 신간회 강령은 '기회주의를 일체 부인하고 단결을 공고히 하여 정치적·경제적 각성을 촉진함'[10]이었다. 안재홍이 단일정당의 매개형태라고 표현했던 신간회[11]는 합법운동이면서도 매우 비타협적이고 투쟁적이며 급진적인 정책을 실천하는 민족 공동전선이었다.[12]

1927년 2월 15일 종로기독교청년회관에서 신간회가 창립된 후 전국에 산재되어 있던 청년·사상·노동·농민단체 등은 신간회에 대해 지지·후원을 표명하거나 신간회 창립을 위해 자진 해체 또는 통합하였다. 신간회 지회 수는 1927년 12월 말까지 104개, 1928년 2월 15일까지 123개, 1929년 2월 15일까지 144개에 달했다. 그 회원 수는 1928년 2월 15일 현재 2만여 명, 1929년 3만여 명, 1931년 5월 해산 당시에는 4만여 명에 육박할 정도로 폭발적으로 증가했다. 이러한 현상은 당시 신간회에 거는 민족적 기대를 반영하는 것이었다.[13]

---

8 『조선일보』 1926.11.17.
9 안건호, 「Ⅱ. 6·10만세운동과 신간회운동」, 『신편한국사』 49, 국사편찬위원회, 2001년, 144쪽.
10 「획시기적 회합이 될 신간회 창립 준비」, 『조선일보』 1927.01.20.
11 안재홍, 「신간회의 경성대회」, 『민세안재홍선집』 1, 1981, 243쪽.
12 조지훈, 『한국민족운동사』, 나남출판, 1996, 279쪽.
13 안건호, 「Ⅱ. 6·10만세운동과 신간회운동」, 『신편한국사』 49, 국사편찬위원회, 2001년,

1929년 말 광주학생운동을 격려·지원하려던 민중대회 사건으로 신간회 중앙 지도부가 다수 검거되자 1930년 중반 이후 신간회 지도노선은 합법화·온건화로 기울었다. 신간회를 개량주의단체로 규정한 좌익 노동조합 국제조직 프로핀테른[14]의 1930년 '9월 테제' 이후 신간회 해소문제를 논의하던 좌익계열은 1931년에 들어서 돌연히 '신간회 해소론'을 제기했다. 이 과정에서 "현재 조선의 공산주의운동 진영에서는 즉시 해체론이 일부 일어나고 있는 등 신간회가 많은 결함을 띤 것은 사실이지만, 그것은 당의 조직역량이 대단히 미약한 현재 대중적·전투적 협동전선의 결성을 위해서 노동자·농민의 대중적·정치적 동원을 위해서, 또 지역적으로 합법적 대중조직의 협동통일을 위해서 당면에 있어서는 유력한 투쟁기관이 될 수 있다"고 평가한 한위건[15] 등의 합리적인 정세판단은 배제되었다.

1931년 5월 15일 경성중앙기독교청년회관에서 신간회 제2회 전체대회가 열렸다. 1927년 신간회 창립대회 후 처음 열리는 전체대회이자 동시에 해소대회였다. 신간회는 창립 후 4년 만에 막을 내렸다. 소부르주아 소시민 등 노동 농민에 속하지 않은 계층, 특히 경성지회에만 오륙백 인에 달하는 현존 무소속 소부르주아지 혹은 무산시민에 대한 아무런 정책적 대응이 없이 신간회는 해산하고 말았다.[16] 구체적 대안도 없고 충분한 지지 여론도 확보하지 않은 상황에서 수개 월 만에 조급하게 이루어진 신간회 '해소' 주장은 일제 공작에 이용당하여 신간회가 '해체'되는 결과로 귀결되었다.[17]

158~162쪽.
14 1921년 7월 모스크바에서 코민테른 제창으로 결성되었다.
15 안건호, 「Ⅱ. 6·10만세운동과 신간회운동」, 『신편한국사』 49, 국사편찬위원회, 2001년, 168쪽.
16 안재홍, 「해소론과 오류-신간회 경성지회 소견」, 『민세안재홍선집』 1, 지식산업사, 1981, 397~399쪽.
17 김기승, 「언론에 나타난 신간회 해체 논쟁의 전개과정」, 『한국독립운동사연구』 63, 2018, 130쪽. 신간회 해소 결의 이후, 사후대책을 논의하고자 했으나 일제의 금지로 진척되

신간회가 해체된 일차 원인은 일제의 탄압이었다. 조선총독부는 항일독립지사들의 동태와 경향을 파악하고자 하는 본래의 목적 아래 문화통치 일환으로 결사의 자유가 있다는 것을 보여주기 위해 신간회 조직을 허가했다. 그러나 그 활동이 노동운동 및 농민운동과 연결되면서 크게 확대되어 나가자 당황하여 탄압했다. 신간회는 창립 이래 한 번도 전국대회를 가질 수 없었고, 그 결과 신간회의 통일적 운영에 결정적 타격을 입었다.[18]

또 하나의 원인은 사회주의 세력이 국제공산주의 운동 노선에 따라 민족주의 세력과 합작운동을 청산하고 독자적인 운동을 펼치려 한 데 있었다. 1928년 코민테른 정치서기국에서 결의한 〈조선의 농민 및 노동자의 임무에 관한 결의〉(〈12월 테제〉)는 민족부르주아지와 결별을 요구하였다. 〈12월 테제〉가 발표될 당시 코민테른은 신간회를 포기하지 않았지만,[19] 민족유일당운동에 부정적인 영향을 끼치지 않을 수 없었다. 게다가 〈12월 테제〉가 파벌 싸움을 이유로 조선공산당에 대한 승인을 취소하자[20] 국내 공산주의 운동은 중국 공산주의 운동의 영향을 크게 받았다. 중국 공산주의 운동은 1930년 이후부터 소위 이립삼(李立三) 노선에 의해 극좌주의 방향으로 나아가게 되었고, 그 영향으로 조선 공산주의 운동도 민족주의 세력과 협동전선인 신간회 운동을 청산하는 방향으로 나아가게 되었다.[21]

신간회 창립을 전후한 1927년에는 만주지역 민족운동에서도 민족유일당 결성 움직임이 나타났다. 정의부·참의부·신민부 등으로 분립된 민족주의

지 못하여 결국 '해체'되는 결과가 되었다(김기림, 『삼천리』 1931년 6월호)는 주장도 있다.(김기승, 같은 글, 2018, 121쪽).

18 강만길, 「신간회운동연구론」, 『한국민족운동사론』, 한길사, 1985, 298쪽.
19 李鐵岳, 「大衆的戰鬪的協同戰線の結成と新幹會及獨立促成會の任務」; 이균영, 『신간회연구』, 한양대학교박사학위논문, 1990, 198쪽에서 재인용.
20 전명혁, 「Ⅰ. 국내민족주의와 사회주의 운동」, 『신편한국사』 49, 국사편찬위원회, 2001, 104쪽.
21 강만길, 「신간회운동연구론」, 『한국민족운동사론』, 한길사, 1985, 298~299쪽.

세력을 통합하려는 3부 통합운동이 그것이다. 또한 이 시기 관내에서도 민족유일당 건설을 위한 움직임이 본격화되었다.

1919년 3월 1일 전 민족적 독립 열망이 폭발한 이후 상해에서 4월 11일 수립된 대한민국임시정부는 3·1혁명[22] 주체가 된 한성정부(1919.04.23, 서울)를 정통으로 하고 노령 대한국민의회(1919.03.17, 블라디보스토크)와 통합하여 9월 11일 대한민국임시정부로 개편 발전되었다. 그러나 상해임시정부는 1920년대 초에 들어서 대내외로 많은 어려움에 직면하였다. 상해파는 정치활동 중심으로서의 지리적 장점은 있었으나, 국내에 가깝고 교포가 많아 무력항쟁 지반이었던 노령과 독립투쟁자금 조달에 강점이 있던 미주파와 달리 자립이 불가능한 것이 약점이었다. 노령과 미주가 이탈하면 자연히 무력화될 운명에 놓여 있었던 것이다.[23]

1921년 후반 국내와 연결되었던 비밀 조직망인 연통제(聯通制)와 교통국(交通局) 파괴로 인한 재정 곤란, 제1차 세계대전 이후 국제질서인 베르사유체제에서 민족자결주의가 승전국 식민지에는 적용되지 않음에 따른 외교우선주의 독립투쟁노선의 한계, 사회주의 유입으로 인한 이념적인 갈등과 분열, 초대 대통령 이승만의 국제연맹 위임통치 청원문제 등이 임시정부가 겪은 어려움의 원인으로 지적된다.[24] 무장투쟁의 실질적 기반을 전혀 갖추지 못한 외교제일주의로 만주·노령 지역 무장독립군을 통일적으로 지휘할 수 없었던 한계도 빠트릴 수는 없다.

이승만은 위임통치 문제에 대해 공개적인 사과나 철회를 하지 않았고,

---

22 민족주의의 입장에서 근대사를 이해하는 데 크게 기여한 박은식은 『한국독립운동지혈사(韓國獨立運動之血史)』(1920)에서 3·1 독립운동을 "혁명", "혁명운동", "徒手(맨손)혁명", "혁명의 신기원"이라고 보았다.(신용하, 「박은식의 역사관(下)」, 『역사학보』 91, 1981, 178~180쪽.)
23 조지훈, 『한국민족운동사』, 나남출판, 1996, 285~287쪽.
24 조범래, 『한국독립당연구(1930~1945)』, 도서출판 선인, 2011, 35쪽.

이는 임시정부 분열의 가장 큰 원인이 되었다.[25] 국제연맹에 위임통치를 청원한 이승만 퇴거 요구와 더불어 임시정부 개조와 개혁을 요구하는 국민대표회의 소집론이 거세게 일었다. 1921년 2월 박은식·김창숙·원세훈 등 14명 이름으로 국민대표회의 소집을 요구한 〈아 동포에게 고함〉 선언, 4월 북경 군사통일촉성회를 이은 군사통일주비회의 군사지휘권 요구, 5월 만주 액목현 회의의 임시정부 개조 요구, 1922년 2월 극동인민대표회의의 임시정부 개혁 결의 등이 그것이다.[26] 상해에 위치한 임시정부가 추구하는 외교노선은 무장투쟁의 실질적 기반을 전혀 갖추지 못한 '외교제일주의'였기에 만주·노령 지역 무장독립군을 통일적으로 지휘할 수 없었다.

임시정부가 정부로서 역할과 기능을 수행하지 못하자 민족해방운동전선의 광범한 요구에 의해 1923년 1월 상해에서 국민대표회의가 열렸다.[27] 국민대표회의를 열자는 안창호의 노력에 여운형이 가세하고, 때마침 레닌의 2차 자금이 도착한 데 힘입어 1월 3일 개최될 수 있었다.[28] 그러나 국민대표회의도 임시정부 존속 여부를 두고 개조파, 창조파, 유지파로 분열되어 별다른 성과를 내지 못하고 결렬되었다. 개조파는 임시정부를 개조하여 지속하자는 파로 안창호 등 임시정부 옹호계 참가인사와 제안자 윤자영 등 고려공산당 상해파가 이에 속했다. 창조파는 임시정부를 부정하고 새로운 정부를 세우자는 파로 신숙 등 임시정부를 부인하는 북경파와 윤해 등 고려공산당 이르쿠츠크파가 이에 속했다. 임시정부를 현상대로 유지하자는 임시정부의 김구, 이시영, 손정도 등과 미주의 이승만 지지자들은 유지파에 속했다.[29] 임시정

---

25 정병준, 『우남 이승만 연구』, 역사비평사, 2005, 160쪽.
26 김희곤, 『대한민국임시정부 연구』, 지식산업사, 2004, 67쪽.
27 노경채, 『한국독립당연구』, 신서원, 1996, 93~96쪽.
28 김희곤, 『대한민국임시정부 연구』, 지식산업사, 2004, 324쪽.
29 조지훈, 『한국민족운동사』, 나남출판, 1996, 291쪽.

부가 독립투쟁을 주도하지 못하게 되자 독립투쟁을 주도할 새로운 기구로 민족유일당 필요성이 대두되었다. 효율적인 항일투쟁을 위해 민족주의 세력은 사회주의 세력과 연합전선을 고민하지 않을 수 없었다.[30]

1925년 3월 이승만 탄핵 이후 2대 대통령이 된 박은식은 1925년 11월 유언(遺言)에서 '독립투쟁을 하려면 개인 사이의 교분이나 감정을 떠나서 전민족의 통일이 요구된다'고 강조했다. 한편 여운형이 중심이 된 사회주의 세력의 '주의자동맹(主義者同盟)' 역시 1926년 2월 상해에서 "무산(無産)동맹과 독립운동과의 연합을 촉성하기에 노력"한다는 결의안을 채택했다.[31] 1922년 1월 코민테른에서 반제민족해방을 위해 민족부르주아지와 민족연합전선 결성을 촉구한 것이나 1924년 중국국민당과 공산당의 제1차 국공합작은 민족연합전선을 추동하는 외적 요인이었다.[32] 1926년 11월 정우회의 방향전환과 연동된 1927년 2월 신간회 결성 또한 민족연합전선을 견인한 한 요인이었다.

민족유일당 운동은 1926년 7월 8일 상해 임시정부 삼일당에서 안창호가 독립운동진영 통합을 위해 대독립당 조직의 목적과 방향을 분명히 한 연설에서부터 촉발되었다. 안창호는 〈우리의 혁명운동과 임시정부 문제〉라는 주제 연설에서 '각자의 주의와 종교에 따라 분열하지 말고 민족혁명이라는 단일한 목표아래 전 민족이 단결하여 대혁명당을 조직할 것'을 강조하였다. 같은 날 임시정부 국무령에 취임한 홍진도 '일치한 주의와 정강(政綱) 아래 일대(一大) 조직을 건설하여 독립운동을 혁명적 원리에 근거한 올바른 궤도로 나아갈 수 있도록 노력하자'고 역설하였다.[33]

안창호와 사회주의 세력 유력자인 원세훈의 8월 논의 이후 1926년 10

---

30 조범래, 『한국독립당연구(1930~1945)』, 도서출판 선인, 2011, 35~36쪽.
31 조범래, 앞의 책, 2011, 38~39쪽.
32 조범래, 앞의 책, 2011, 40~41쪽.
33 조범래, 앞의 책, 2011, 42~45쪽.

월 28일 '대독립당조직북경촉성회' 창립 선언서가 발표되었다.[34] 1927년 3월 '한국유일독립당상해촉성회'가 창립되었고 이어서 광동, 무한, 남경에서도 대독립당 결성을 위한 촉성회가 조직되었다. 대독립당을 결성하려는 움직임이 구체화되자 임시정부에서도 대독립당 결성운동을 적극 수용하였다. 1926년 12월 10일 국무령에 취임한 김구는 윤기섭 등 5명을 개헌기초위원으로 선출하여 헌법 개정에 착수하였고, 1927년 3월 5일 신헌법인 임시약헌을 반포하였다. "대한민국의 최고권력은 임시의정원에 있음"을 밝힌 임시약헌 제1장 총강 제2조에 "광복운동자의 대단결인 당(黨)이 완성된 때에는 국가의 최고 권력이 당에 있음"을 단서조항으로 넣었다.[35] 독립지사들이 단결하여 하나의 대독립당이 건설된다면 임시의정원이 가진 대한민국 최고권력을 '당'에 넘긴다고 명시한 것이다.

1927년 11월에는 상해에서 '한국독립당관내촉성회연합회' 결성을 위한 회의가 개최되었다. 상해에서 개최된 한국독립당관내촉성회연합회에 참석한 각지 촉성회의 대표자와 상황은 아래 표와 같다.

〈표 1〉 한국독립당관내촉성연합회 참석 대표 및 촉성회 현황표[36]

각지의촉성회	대표	창립일자	회원수	비고
대독립당조직**북경**촉성회	조성환	1926.10.28	40	기관지 『促成報』발간
한국유일독립당**상해**촉성회	이동녕 홍진 김두봉 홍남표 조소앙	1927.03.21	160	창립선언문 발표

---

34 『독립신문』 1926.11.18.
35 『대한민국임시정부자료집』, 大韓民國臨時約憲(1927.04.11)
36 조범래, 『한국독립당연구(1930~1945)』, 도서출판 선인, 2011, 62쪽.

대독립당조직**광동**촉성회	정유린 (정학빈)	1927.05.08	170	
한국유일독립당**무한**촉성회	박건웅 백덕림	1927.7초(?)	150	
한국유일독립당**남경**촉성회	김영호 김일주	1927.09.27	30	「敬告中國同胞書」 발표

그런데 민족유일당운동이 막 달아오르던 1927년 7월, 찬물을 끼얹는 사건이 발생했다. 중국국민당과 중국공산당이 1924년 1월 체결한 제1차 국공합작이 1927년 4월 상해에서 장개석이 쿠데타를 일으켜 공산당을 배척하면서 7월에 완전히 붕괴한 것이다. 1928년 12월에는 코민테른이 〈12월 테제〉를 통해 민족부르주아지(민족주의자)와 결별을 요구함으로써, 민족유일당운동에 결정적인 충격을 주었다. 국제주의 노선을 강하게 표방하던 ML[마르크스 레닌]파 주도 아래 분리노선이 증폭되었고 결국 1929년 10월 한국유일독립당상해촉성회가 해체되었다. 우파와의 결합을 우선시하여 좌파 헤게모니 전략의 즉각적인 적용을 유보한 화요파[중국본부한인청년동맹]와 달리 ML파[재중국한인청년동맹]는 우파와의 분리와 헤게모니 전략의 상시적이고 즉각적인 적용을 강조하였다. 민족유일당운동은 사실상 이 지점에서 중단되고 실패로 돌아갔다.[37]

1910~1920년대 대종교인들의 독립투쟁은 민족 정체성확립과 저항적 민족주의라는 시대적 과제에 집중하였기에, 홍익인간사상의 공생 가치에까지는 관심을 기울일 겨를이 없었다. 환웅사화 속 홍익인간이 본격적으로 주목되게 된 것은 1920년대 이후 사회주의 이념이 독립투쟁의 한 축을 이루면서 좌우합작이 조국광복에 필요조건으로 등장한 이후다. 국내 신간회 운동과 관내 유일당운동은 비타협적 민족주의 세력과 사회주의 세력이 일제에

---

[37] 김희곤, 『대한민국임시정부 연구』, 지식산업사, 2004, 75쪽.

효율적으로 투쟁하기 위한 노력의 일환이었으나, 실패했다.

조소앙이 언급한 바와 같이, "한국 민족은 일제에게 무장을 해제당한 뒤로 일종의 특수한 무기를 얻어서 일제와 투쟁하였으니, 바로 민족의식과 계급의식이다. 전자는 5000년 역사의 산물이고 후자는 세계의 새로운 사상에서 격동한 것이다."[38] 무장투쟁과 직접행동을 특징으로 하는 민족의식 운동과 조직 선전과 부문 운동을 특징으로 하는 계급의식 운동은 민족의 독립을 해결하는 데 있어 상호 표리관계로 그 역량을 증대하여 서로 분리될 수 없었다.[39]

시대는 민족주의 세력과 사회주의 세력 간의 갈등 문제를 해결할 수 있는 이념을 요구하였고, 그것은 일정한 철학적 기초 위에 확립된 주의와 정책을 기본적 토대로 해야만 했다.[40] 조소앙은 독립혁명 운동 이론 창안에 매진하였고 그 결과가 삼균주의로 나타났다.

이민족 지배 아래의 한국 현황이 정치, 교육, 경제 영역에서 민족말살 지경에 이르렀다고 분석한 조소앙은, 삼국시대 이래의 역사에서 인민의 기본 권리·생활 권리·배울 권리가 불평등으로 일관되었고 따라서 세 영역에서의 균등만이 각종 계급을 공동으로 연대하고 한국 민족 전체의 분투와 노력을 불러일으켜 한국 혁명을 성공시킬 수 있을 것으로 보았다.[41] 권(權)·부(富)·지(智)를 골고루 향유하자는 삼균제도는 그 역사적 근거를 〈신지비사(神誌祕詞)〉의 '수미균평위 흥방보태평'에서 찾아 홍익인간이라는 건국이념과 융합됨으로써[42] 삼균주의로 완성되었다. 일제 강점하 한국의 상황과 삼국 이

---

38 조소앙, 「한국의 현황과 혁명의 추세」, 『소앙집』, 한국고전번역연구원, 2019, 41쪽.
39 조소앙, 「한국의 현황과 혁명의 추세」, 앞의 책, 2019, 143쪽.
40 조소앙, 「대당조직문제」, 『조소앙선집』 상, 삼균학회, 2021, 188쪽.
41 조소앙, 「한국의 현황과 혁명의 추세」, 『소앙집』, 한국고전번역원, 2019, 101쪽.
42 조소앙, 「대한민국건국강령」, 『소앙선생문집』, 삼균학회, 1979, 148쪽.

래 역사에서 찾아낸 정치·경제·교육 영역의 불평등을 균평(均平)하게 하여 나라를 진흥하고 태평을 유지하는 것이 홍익인간이며 우리민족이 지킬 최고 공리(公理)라고 선언하여 삼균주의를 완성한 것이다. 삼균주의는 홍익인간사상을 실현하려는 정치론, 곧 홍익정치론이었다.

그런데 '수미균평위 흥방보태평'을 명령한 옛 현인은 누구인가?

『고리사(高麗史)』〈김위제열전〉에는 '수미균평위 흥방보태평'이 〈신지비사〉에서 전해졌다고 한다.

> 〈신지비사〉에 이르기를, 저울대와 저울추(錘)와 저울접시(極器)와 같은데, 저울대는 부소이며, 저울추는 오덕지요, 저울접시는 백아강이다. 70개 나라가 항복하여 조공을 바칠 것이며 덕에 힘입어 삼신의 정기를 보호할 것이다. 저울의 머리와 꼬리가 균형을 이루니 나라가 융성하고 태평성대를 보장받을 것이다. 만약 비유로 들은 세 곳의 땅을 버린다면 왕업은 쇠퇴할 것이다.'라고 하였습니다.[43]

『용비어천가』와 조선 초 권람이 지은 『응제시주(應製詩註)』는 신지가 단군 시대 사람이라고 했다.[44] 고리 공민왕 때 수문하시중을 지낸 행촌 이암은 『단군세기』에서 신지라는 관직을 지녔던 귀기(貴己), 고계(高契), 발리(發理)를 기록했다.[45] 한편, 신지가 단군 시대에 앞선 환웅 시대 사람이라는 기록도 전한다.[46]

〈신지비사〉는 신지발리가 썼다는 비록(祕錄)이다. 단군조선 6세 단군 달

---

43 『高麗史』열전35 김위제, "神誌秘詞曰 如秤錘極器 秤幹扶疎 樑錘者五德地 極器百牙岡 朝降七十國 賴德護神精 首尾均平位 興邦保太平 若廢三諭地 王業有衰傾"

44 『龍飛御天歌』제16장, "<u>神誌檀君時人</u> 世號神誌仙人";『應製詩註』, "傳於世 <u>神誌檀君時人</u> 世號神誌仙人"

45 『檀君世紀』, "二世檀君夫婁 壬子十二年 <u>神誌貴己</u> 製獻七回曆邱井圖; 三世檀君嘉勒 辛丑三年 命神誌高契 編修倍達留記; 六世檀君達門 使<u>神誌發理</u> 作誓效詞"

46 『太白逸史』「神市本紀」, "桓雄天皇 又復命神誌赫德 作書契";『太白逸史』「蘇塗經典本訓」, "桓雄大聖尊 天降後 命神誌赫德 以鹿圖文記之";『揆園史話』「太始記」, "神市氏 … 又使神誌氏作書契 盖神誌氏 世掌主王命之職 專管出納獻替之務"

문(達門) 때 신지발리가 지었다고 전하는 〈서효사(誓效詞)〉를 보면, 『고리사』에 인용된 〈신지비사〉는 인용문에서 보는 것처럼 국중대회(國中大會)의 제천행사에서 사용된 〈서효사〉의 일부로 보인다.

재위 35년 임자(단기 285, BCE 2049)년에 여러 왕(諸汗)을 상춘(常春)에 모아 구월산에서 삼신께 제사지내고 신지발리 하여금 서효사를 짓게 하시니 그 가사는 이러하다.(壬子三十五年 會諸汗于常春 祭三神于九月山 使神誌發理作誓效詞 其詞曰)

아침 햇빛 먼저 받는 이 땅에 삼신께서 세상 밝혀 강림하시네. 환인께서 법제가 있기 전에 세상에 나와 크고도 깊은 덕 심으셨도다. 여러 신이 의논하여 환웅을 보내시니 환인천제의 조칙 받들어 새 세상 여셨네.(朝光先受地 三神赫世臨 桓因出象先 樹德宏且深 諸神議遣雄 承桓始開天)

치우께서 청구에서 일어나 만고에 무용 떨치셨네. 회수와 태산 일대가 모두 천황께 귀순하니 천하에 쳐들어오는 자 아무도 없었도다. 단군왕검께서 하늘의 명을 받으시니 기쁜 소리 구환에 울려 퍼지네.(蚩尤起靑邱 萬古振武聲 淮岱皆歸王 天下莫能侵 王儉受大命 懽聲動九桓)

물고기 물을 만난 듯 백성들 소생하고 풀잎 위를 부는 바람처럼 덕화는 날로 새로워졌도다. 원한 맺힌 자 먼저 한을 풀어 주고 병든 자 먼저 병을 없애 주셨네. 일심으로 인효를 행하시니 사해에 광명이 넘치도다.(魚水民其蘇 草風德化新 怨者先解怨 病者先去病 一心存仁孝 四海盡光明)

진한이 나라 가운데 자리 잡으니 다스리는 도(道) 모두 새로워지도다. 모한은 왼쪽에서 보전하고 번한은 남쪽을 억제했다. 드높은 바위로 사방을 둘러싸니 단군께서 새 도읍지에 행차하시네.(眞韓鎭國中 治道咸維新 慕韓保其左 番韓控其南 巉岩圍四壁 聖主幸新京)

삼한의 모습이 저울대 · 저울추 · 저울판과 같으니 저울판은 백아강이요 저울대는 소밀랑이요 저울추는 안덕향이로다. 수미(首尾)가 균형을 이루니 그 덕에 힘입어 삼신의 정기를 보호하네.(如秤錘極器 極器白牙岡 秤幹蘇密郞 錘者安德鄕 首尾均平位 賴德護神精)

나라는 흥하여 태평세월 보전하니 70국 조공 바쳐 항복하였네. 영원히 삼한관경제(三韓管境制) 보전하여야 왕업이 흥륭(興隆)하리로다. 흥폐(興廢)를 함부로 말하지 말지니라. 정성 다하여 천신을 섬기는 데 있느니라.(興邦保太平 朝降七十國 永保三韓義 王業有興隆 興廢莫爲說 誠在事天神)[47]

---

47 『檀君世紀』六世檀君達門

안재홍은 해방 정국 당면 과제인 통일민족국가 건설 방안 단초를 고유 문화와 사상 속에서 찾아 '다사리'[다 사뢰다(和白), 다 살리다]로 이름 지었다. 고래의 민주주의였던 다사리는 만민공생의 '홍익인간' 사상이다. 이를 전민족·전민중에로 확장한 것을 안재홍은 '신민주주의'라 하였다. 신민주주의는 상대(上代)사회에서 귀족 계급에 국한되었던 권력·부력·지력을 전민족·전민중이 균등하게 향유하는 삼균주의를 토대로 하는 것이고, 신민주주의를 토대로 한 민족 동일운명의 민족주의가 신민족주의다.[48] 신민주주의라는 안재홍의 정치사상도 홍익인간사상을 바탕에 깔고 있는 것이다.

홍익인간이념으로 나라를 세운 이래 반드시 지켜야 할 하늘의 법은 '남을 아프게 하지 말며 지극히 만물을 사랑하라. 위태로운 사람을 도와주고 약한 이를 얕보지 말며 가난한 사람을 돕고 낮은 이를 업신여기지 말라'는 가르침이었다.[49] 하늘을 대신하여 천하를 다스리는 정치의 본질은 '도를 넓히고 대중을 이롭게 하여 한 사람도 본성을 잃지 않도록 하는 것이었다.[50] 바로 두루 세상을 이롭게 하는 이상적인 공동체를 현세에 구현하는 것이었다. 일제가 우리 국토를 강점하던 시기 정치의 본질인 '홍도익중'을 실천하는 것, 즉 홍익정치는 빼앗긴 나라를 되찾고 민족국가를 건설하는 것이었다.

1930~1940년대 홍익인간을 표방하고 정치사상으로 발전시킨 대표적인 대종교계 선가들이 정인보, 조소앙, 안재홍이다. 필자는 홍익정치를 논의한 시발이 정인보에서 출발한다고 보았다. 정인보가 단군조선 개국정신으로 주목한 홍익인간의 대도(大道)는 조소앙·안재홍 같은 홍익정치론자들에 의해 민주·평등·평화·공생 같은 현대적 이념을 함축하는 고유한 이상으로

---

48 안재홍, 「역사와 과학과의 신민족주의」, 『민세안재홍선집』 2, 지식산업사, 1983, 234~242쪽.
49 『단군세기』, "始祖檀君王儉 詔曰 … 無傷人 恒遵天範 克愛物 爾扶傾 無陵弱 濟恤 無侮卑"
50 『단군세기』 3세 단군 가륵, "代天神而王天下 弘道益衆 無一人失性"

해석되었고, 새로운 국가 건설을 주도할 기본이념으로 채택되었다.[51] 대종교인이었던 이들은 홍익인간사상을 계급갈등을 해소할 수 있는 대안적 원리로 간주하였으며, 자본주의와 공산주의라는 대립적 세계관을 지양·종합하는 제3의 이데올로기[52]로 바라보았다.

대종교 입교 기록이 남아있는 안재홍이나 정인보와는 달리 조소앙이 대종교인이라고 기록된 1차 자료는 남아있지 않다. 그런데 1964년 대종교 교무(教務)를 총괄적으로 맡고 있던 박명진의 구술을 당시 대종교 선도사 박천이 옮긴 「대종교독립운동사」에는 1917년 조소앙이 대종교 동일도본사(東一道本司, 동만주에서 함경도 포교를 관장함) 주요 교도였다고 기록되어 있다.[53] 현규환도 『한국유이민사』에서 조소앙이 동일도본사 주요 교도라고 기록하였다.[54] V장에서 살피게 될 삼균주의의 사상적 기반이 대종교로 중광된 한국선도인 점도 조소앙을 대종교인으로 보게 하는 주요한 이유다.

조소앙은 정치·경제·교육에서의 균등인 삼균제도를 홍익인간이라는 민족 최고 공리를 현실화하는 내용적 실체이자 구체적인 실천 지침 자리에 위치시켰다. 삼국 정립기 세속오계가 신라 화랑에게 주어진 홍익인간사상 실천 지침이었던 것처럼, 이민족 지배에서 벗어나 건국 할 시기에 삼균제도 역시 홍익인간사상 실천 지침이었다.

여기에 더하여 해방 정국에서 안재홍이 통일민족국가 건설 방안으로 제시한 〈신민족주의와 신민주주의〉에서 고래의 민주주의인 만민공생의 '다사리주의'를 전민중적인 신민주주의로 발전시키고,[55] 삼균주의를 신민주주의

---

51 정영훈, 『'단군민족주의'와 그 정치사상적 성격에 대한 연구-한말~정부수립기를 중심으로』, 단국대학교 정치외교학과 박사학위논문, 1993, 60쪽.
52 정영훈, 『'단군민족주의'와 그 정치사상적 성격에 대한 연구-한말~정부수립기를 중심으로』, 단국대학교 정치외교학과 박사학위논문, 1993, 73쪽.
53 박명진, 「대종교독립운동사」, 『국학연구』 8집, 2003.
54 현규환, 『韓國流移民史』 上, 語文閣, 1967, 569~570쪽.
55 안재홍, 「신민족주의와 신민주주의」, 『민세안재홍선집』 2, 지식산업사, 1983, 37쪽.

의 주요한 요소로 받아들인 것[56]은 삼균주의가 근대 홍익정치론의 정점임을 의미한다. 조소앙의 삼균주의는 사상 형성 기반까지 포함하여 장을 나누어 별도로 다루고, 아래에서는 정인보의 홍익인간사상과 안재홍의 홍익정치론인 신민주주의에 대해 살펴보겠다.

---

[56] 안재홍, 「역사와 과학과의 신민족주의」, 『민세안재홍선집』 2, 지식산업사, 1983, 228~235쪽; 소대봉, 「안재홍의 신민족주의와 '홍익민족주의'」, 『유라시아문화』 4, 2021, 159쪽.

2. 정인보의 '홍익인간사상'과 홍익정치론의 모색

정인보는 1935년 1월 1일~1936년 8월 28일까지 총 282회에 걸쳐 〈오천년간 조선의 얼〉이란 제목으로 『동아일보』에 연재한 글에서 '홍익인간'을 구체적으로 서술하여[1] 홍익인간사상을 대중에게 전파하였다.

1983년 6월 연세대출판부에서 간행한 정인보의 『조선사연구』

정인보는 조선 역사를 조선 민족의 자심(自心, 주체성)인 '얼(정신)'이 발현·전개되는 역사로 보았고 조선 얼의 기원과 내용을 단군조선 건국이념인 홍익인간에서 찾았다.[2] 자기 한 몸의 이해(利害)나 한 집안의 원만한 보전(保全)보다 세상의 홍익을 주로 하는 홍익인간은 조선이 조선으로 되게 하는 근본 연원으로 5000년 역사 속에서 중추적인 역할을 하였던 조선의 얼이었다.[3]

대종교인이었지만, 정인보는 대종교 초기 경전인 『신리대전(神理大全)』이나 『회삼경(會三經)』에서 단군을 신위(神位)에 모시는 것과는 달리 단군왕검을 역

---

[1] 홍익인간에 대한 자세한 서술은 연세대학교출판부에서 1983년 간행한 『담원정인보전집』 3, 「典故甲」에 실려 있다. 전고갑은 문헌상의 출처나 고사(故事) 중 첫 번째 항목을 말한다.
[2] 권상우, 「정인보의 한국적 유학」, 『한국학논집』 73, 2018, 142~147쪽.
[3] 정인보, 「丙子와 朝鮮」, 『담원정인보전집』 2, 연세대학교출판부, 1983, 366쪽.

사상 실재했던 인물로 보았으니, "조선의 시조는 단군이시니 단군은 신이 아니요 사람이시라"[4]는 언급이 그러하다. 시조 단군이 아사달에서 조선의 기틀을 닦으면서 홍익인간사상을 최고 정신으로 내세운 이래 이는 우리민족 공통의 근본적인 가르침으로서 널리 전파되고 오랫동안 계승되어 왔다. 단군왕검의 가르침인 홍익인간을, 고구리를 세운 추모왕은 유류왕에게 '나라를 일으키고 다스리는 법도'[5]라는 유훈(遺訓)으로 남겼다. 최치원은 〈난랑비서〉에서 뭇 생명에 접하여 감화시키는 법도이자 풍류라고도 불린 현묘한 도[6]로 표현하였다. 진흥왕이 풍월도라고 일컬은 풍류 역시 나라를 부흥케 하는 법도였다.[7]

홍익인간의 대도는 차이나에서 전래된 유교·불교·도교라는 3교의 으뜸되는 가르침을 모두 포함하는 것이지만 단순한 종교의 법도가 아니었다. 개개인에게 삶의 지침이 되는 것에 그치지 않고 나라를 일으켜 다스리는 건국이념으로서 공동체에 기여하는 국가·사회 운영원리이었기에 민족 전체의 법도가 될 수 있었다. 정인보는 환인·환웅·단군 삼위(三位)의 한마음이 한 곳에 있음이 도장 찍듯이 똑같은데 그 심인(心印) 있는 곳이 홍익인간이라 하여, 홍익인간의 가르침이 환인에서 유래한다는 선도사서 내용[8]을 긍정했다. 또한 홍익인간의 홍(弘)을 '빠짐없이 골고루'라는 '두루'로 해석하여 홍익인간사상이 공생 가치를 핵심으로 하고 있음을 보여주었다.

정인보는 단군의 조선개국에서 비로소 출현하는 홍익인간사상은 어떤

---

4   정인보, 『담원정인보전집』3, 연세대학교출판부, 1983, 32쪽.
5   『匡開土太王陵碑』, "顧命世子儒留王 以道興治"
6   『三國史記』新羅本紀4 眞興王, "崔致遠鸞郎碑序曰 國有玄妙之道 曰風流 設敎之源 備詳仙史 實乃包含三敎 接化羣生"
7   『三國遺事』권3 塔像第四 弥勒仙花·未尸郞·眞慈師, "累年王又念欲興邦國 湏先風月道 更下令選良家男子有德行者 改爲花娘"
8   『太白逸史』, 蘇塗經典本訓 "夫弘益人間者 天帝之所以授桓雄也 一神降衷 性通光明 在世理化 弘益人間者 神市之所以傳檀君朝鮮也"

개인이 인위적으로 만들어 낸 것이 아니라 인간의 삶의 과정에서 자연스럽게 부여된 것으로 보았다. 따라서 조선개국 기원을 천상의 왕계(王系)에까지 소급하면서 환웅천왕이 인간 세상에 강림한 것은 홍익인간 사명을 실천하기 위해 설파되어 온 것으로 보았다. 하늘의 뜻을 지상세계에 펼치는 것이 홍익인간이라고 바라보았던 것이다. 상고시대는 간략하여 문화가 축적되기에는 이른 단계라 큰 법도만 등장하였다고 한다. 시간이 흐르면서 조리(條理)가 치밀해져 홍익인간사상이 구체화되었다. 임금을 충성으로 섬긴다(事君以忠), 부모를 효성으로 섬긴다(事親以孝), 벗을 믿음으로 사귄다(交友以信), 싸움에 나서면 후퇴는 없다(臨戰無退), 죽이고 살릴 때에는 가림이 있어야 한다(殺生有擇)는 세속오계(世俗五戒)[9]가 그것이다.

사군이충에 해당되는 항목을 최치원은 〈난랑비서〉에서 '출즉충어국(出則忠於國)'으로 표현하였다. 한국선도는 깨달은 개인이 이상적인 공동체를 현세에서 구현하기 위한 사회적 실천을 중시한다. 이른바 '성통·공완'으로 그 추구하는 목표는 홍익인간이다. 특정 개인을 위한 헌신에 의미를 두지 않으므로 세속오계의 군(君)은 개인이라기보다는 공동체 대표로서의 임금을 말하는 것으로 보아야 할 것이다. 그렇다면 '사군이충'보다는 '충어국'이 한국선도의 공동체관을 드러내는 보다 정확한 표현일 것이다.

섬기는 대상에 있어 공동체 대표로서의 임금을 부모보다 먼저 꼽는 것은 겨레[族]를 집안[家]보다 위에 놓았던 당시의 보편적인 의식이었다. 임전무퇴를 윤리적으로 중요한 덕목으로 꼽는 것은 개인보다는 공동체인 겨레를 소중히 여기던 당시 사회정서를 반영하는 것이었다. 살생유택에서는 심성이 너그럽고 만물을 사랑하여 선한 사람으로 알려졌던 단군조선 사람들[10]의 옛

---

9 『三國遺事』卷4 義解 圓光西學, "今有世俗五戒 一日事君以忠 二日事親以孝 三日交友有信 四日臨戰無退 五日殺生有擇"
10 『山海經』海外東經, "君子國 在其北 衣冠帶劍 食獸使二大虎 其人好讓不爭 有薰華草 朝生

정신을 그대로 이어받았다는 것을 알 수 있다.

그런데 홍익인간의 그 법도는 선도경전『천부경』의 '인중천지일(人中天地 一)'에서 선명하게 드러나는 것처럼 오로지 (생명체 대표로서의) 인간을 근본으로 삼는 인간 중심의 세계관일 뿐 불가의 정토(淨土)나 도교의 자부(紫府)[11]처럼 인간을 초월한 세상을 선망하는 일은 없었다. 개인적인 수행을 하되 그 지향점은 개인의 평안이나 해탈, 불로장생에 그치는 것이 아니라 이상적인 공동체를 현세에 구현하는 데 두고 있음을 말하고 있는 것이다. 그러면서도 하늘과 인간이 하나가 된다는 천인합일의 굳은 신조로 일상생활에서도 늘 겨레를 위해 힘쓰겠다는 공동체 의식을 지니는 동시에 그 작은 마음으로부터 우주와 연결되는 진리가 존재한다는 확신도 가지고 있었다.

단군조선으로부터 전해져 온 전적(典籍)들이 여러 차례 전란을 거치면서 대부분 사라지고, '새 발자국의 현묘한 글'[12]로 된 문헌이나 '용 그림이 그려진 상서로운 서첩'같은 자료들도 대부분 불타 버리고 진흙탕에 내버려져[13] 망실되었으나, 미미하지만 한두 점 남은 흔적은 의도적으로 남긴 흔적이 아니기에 오히려 확실한 증거가 된다고 정인보는 보았다. 최치원은 〈난랑비서〉에 풍류라고 부르는 법도의 유래가 『선사(仙史)』에 상세하게 기술되었다

夕死";『山海經』海內經, "東海之內 北海之隅 有國名曰朝鮮 天毒其人水居 偎人愛之";『說文解字』夷, "夷 東方之人也 從大從弓 惟東夷從大大人也 夷俗仁仁者壽 有君子不死之國"

[11] 자부는 도교에서 신선이 거주하는 곳(仙人所居)을 말한다. 자부선인은 도가 경전『抱朴子』에 나오지만 배달국 청구지역에 거주하던 한국선도의 선인이다.『抱朴子』內篇 地眞, "昔黃帝東到青丘 過風山 見紫府先生 受三皇內文 以劾召萬神" 선도사서에도 같은 내용의 기록이 전한다.『太白逸史』蘇塗經典本訓, "三皇內文經 紫府先生 授軒轅 使之洗心歸義者 也 先生 嘗居三淸之宮 宮在靑邱國大風山之陽" 황제가 자부선인에게 삼황내문경을 받았다는 기록에서 차이나 도가가 한국선도에서 유래했음을 알 수 있다.

[12] 한글 창제 이전에도 고유 문자가 있었음을 시사하는 내용이다. 947년에 발행되었으나 서문만 전해지는 진주 소씨 최초의 대동보인『동근보(東槿譜)』서문에는『남도가승(南塗家乘)』이라는 옛 족보(舊譜)를 현문(玄文)으로 적었다고 한다.

[13] 『高麗史』世家 成宗 9년, "國家草創之始 羅代喪亡之餘 鳥跡玄文 燼乎原燎 龍圖瑞牒 委於泥途"

고 흔적을 남겼다. 유교적 세계관 속에 선도문화를 욱여넣거나 유교사관에 배치되는 고대문화를 전부 삭제했던[14] 김부식은 고구리 동천왕 평양 천도를 기록하면서 평양을 '선인 왕검'이 살던 곳이라는 흔적을 남겼다.[15] 이승휴도 『제왕운기』에서 비류왕 송양이 선인의 후예라는 『동명본기』를 인용하고 선인 단군의 후예로 보았다.[16] 이승휴는 도교적으로 꾸민 표현인 단군이 '아사달산으로 들어가 신이 되었다'는 부분을 '죽지 않았기 때문'으로 풀이하였다.[17] 정인보는 비록 후대로 내려오면서 이러저러한 사연이 쌓여 허구화된다 하더라도 분명한 것은, 단군조선 개국이 '홍익인간' 이념에서 비롯되었다는 것과 '세 종교를 아우르고 뭇 생명에 접하여 감화시킨다'는 민족 고유의 큰 법도가 그 뿌리를 단군왕검에게 두고 있다고 인식했다.

비록 선인(仙人)이란 용어를 사용한 것이 미화되었다고 하더라도 홍익인간사상은 도교의 비승(飛昇)이나 불교의 적조(寂照, 모든 번뇌를 남김없이 소멸한 상태에서 청정한 지혜의 광명을 드러냄) 같은 개념과 혼동해서는 안 될 일이다. 왜냐하면 불교와 도교에서 수행을 통한 깨달음은 개인의 깨달음에 그치는 것으로 깨달음의 사회적 실천인 공완이 없기 때문이다. 정인보는 개인의 깨달음은 공동체를 위한 사회적 실천으로 연결되어야 한다는 것을 누차 강조하고 있는 바, 이것이 홍익인간사상이라는 것이다.

국가·사회 운영원리이자 삶의 지침인 홍익인간의 대도는 환웅천왕의 배

---

14 김철준,「고려중기의 문화의식과 사학의 성격 : 『삼국사기』의 성격에 대한 재인식」,『한국사연구』9, 1973, 83~84쪽.

15 『三國史記』東川王 21년, "王以丸都城經亂 不可復都 築平壤城 移民及廟社 <u>平壤者 夲仙人王儉之宅也</u>"

16 『帝王韻紀』下, "東明本紀曰 "沸流王松讓謂曰 <u>予以仙人之後</u> 累世爲王 今君造國 日淺 爲我附庸 可乎"則此亦疑檀君之後也"

17 『帝王韻紀』下, "本紀曰 上帝桓因 有庶子 曰雄云云 謂曰 下至三危太白 弘益人間歟 故雄受天符印三箇 率鬼三千 而降太白山頂神檀樹下 是謂檀雄天王也云云 令孫女飮藥 成人身 與檀樹神婚而生男 名檀君 據朝鮮之域 爲王 故尸羅高禮南北沃沮東北扶餘穢與貊 皆檀君之壽也 理一千三十八年 <u>入阿斯達山爲神 不死故也</u>"

달국에서 이어진 단군조선 건국이념이므로, 국가·사회 차원에서 가르쳐졌을 것이다. 소수림왕이 태학을 세운 시점(372년)에 앞서 사학의 발전이 이미 왕성하게 이루어 졌다. 경당(扃堂)에서는 혼인하기 전 자제들에게 책을 읽고 활쏘기를 연마하게 하였다.[18] 고구리가 건국된 지 얼마 지나지 않아 100권으로 편찬되었던 국사[19]는 고유의 학문을 교과목으로 삼은 태학에서 학습되었을 것으로 여겨졌다. 소도 옆에 세워진 경당에서 문무를 연마했다고 하니 이는 이미 단군조선 때의 풍속[20]으로 전해진 것이다. 백제에서도 문무를 아울러서 연마하였다.[21] 홍익인간사상을 구체화한 신라 원광의 세속오계는 소도에서 지켜야 하는 계율인 오상과 다르지 않은 것이었다. 무예를 숭상했던 삼국시대에는 학문이라는 것이 단순히 서책을 읽는 글공부에만 치우치지 않았던 것이다.[22]

본질적으로 개인적인 영달을 추구하는 학문인 유학[23]과 달리, 한국선도는 무예를 연마하고 전장에서는 선봉을 맡는 등 국난 극복을 달게 여겼고, 홍익인간의 대의를 몸소 실천함으로써 나라를 위해 헌신하는 선풍(仙風)을 보였다. 외적의 침략에 맞서 겨레를 지키는 것은 '두루 세상을 이롭게 하는' 실천이었다.[24] 외적으로부터 겨레를 지키지 못하면 노예상태로 떨어져 홍익인간은 애초에 불가능하기 때문이다. 대일항쟁기 대종교인들의 항일무장독

---

18 『舊唐書』東夷列傳 高句麗, "俗愛書籍 至於衡門廝養之家 各於街衢造大屋 謂之扃堂 子弟未婚之前 晝夜於此讀書習射"
19 『三國史記』嬰陽王 11년, "詔大學博士李文眞 約古史爲新集五卷 國初始用文字時 有人記事一百卷 名曰留記 至是刪修"
20 『太白逸史』三神五帝本紀, "三韓古俗 皆十月上日 國中大會 築圓壇而祭天 ... 而蘇塗祭天 ... 蘇塗之立 皆有戒 忠孝信勇仁 五常之道也 蘇塗之側 必立扃堂 使未婚子弟講習事物 蓋讀書習射馳馬禮節歌樂拳搏並術釖 六藝之類也"
21 『周書』異域列傳 百濟, "俗重騎射 兼愛墳史 其秀異者 頗解屬文"
22 정인보, 「典故甲」, 『담원정인보전집』 4, 연세대학교출판부, 1983, 188~189쪽.
23 정인보, 「典故甲」, 앞의 책, 1983, 194쪽.
24 정인보, 「典故甲」, 앞의 책, 1983, 201쪽.

립투쟁, 국사·국어 연구·교육·보급 등 국학운동, 식산자강운동은 홍익주의라는 선도적 세계관에 기반한 사회적 실천(공완)으로 단군조선 시기의 선풍에서 그 뿌리를 찾을 수 있는 것이다.

정인보는 홍익인간사상을 단군조선 이래의 역사적 무대를 배경으로 설명하였으나 민족에 국한하지 않고 전 인류와 세계만물에 이르러야 한다고 보았다. 홍익인간은 민족적인 개념이 아니라 인류 보편적인 개념으로[25] 포용성이 있다고 보는 것이다. 최치원은 이미 〈난랑비서〉에서 선도사상이 유교·불교·도교의 종지를 포함하는 포용성을 가진다고 하였는데, 정인보 역시 조선불교의 핵심을 언급하면서 불교의 주체적 수용이 홍익인간의 포용성이 있기에 가능하다고 보았다.

> 貝多ㅣ 처음 이 땅에 들어올 적이 正히 三國의 盛際라 이쪽의 依自하는 氣槪와 저네 獨尊하는 證悟ㅣ 서로 應合하매 그 華는 비록 菩提로 되었으나 神檀故根이 依然히 하였나니 佛敎ㅣ 본디 捨身利他를 宗旨로 하는 것이지만 宗國의 弘益을 專圖함이 朝鮮佛敎에 있어서는 더 한층 出類타 할 수 있다. 所遇와 所向을 따라서 隱顯 語默의 參差함이 없지 아니하되 昇平하면 枯寂을 自甘하여 證省하는 標的을 나타내고, 喪亂한 즉 危難에 勇赴하여 利濟하는 風槩를 일으키니 宴坐와 赴難이 한가지다. "大心衆生"으로써 함이요, 이 "大心"은 곧 朝鮮으로써 發根함일새 이 곧 朝鮮佛敎의 核心이다.[26]

불교(貝多)가 처음 들어올 때는 삼국의 전성기라 주체적 기상이 있었기에 중원지역에서 전래된 불교를 수용하였으나 홍익인간이라는 환웅과 단군의 가르침(神檀故根)이 뿌리 깊이 있었다. 불교라는 외피는 썼으나 선도문화는 계속 이어진 것이다. 불교가 본래 자신보다는 남을 이롭게 하는 것을 종지(宗旨)로 하지만 환웅에서 비롯한 홍익인간의 뿌리 때문에 조선불교는 중생구제에 더 뛰어나게 되었다. 선도문화의 홍익인간사상이 불교의 종지를 끌

---

25 권상우, 「정인보의 한국적 유학」, 『한국학논집』 73, 2018, 147쪽.
26 정인보, 「조선불교의 정신문제」, 『담원정인보전집』 2, 연세대학교출판부, 1983, 315쪽.

어안을 정도로 포용성이 있으면서 공생을 핵심가치로 삼고 있기에 조선불교의 핵심은 중생구제에 더 뛰어난 '대심(大心)'이 된다는 것이다.

이상에서 살펴본 것처럼 정인보는 5000년 역사에 흐르는 조선 얼의 근본 연원을 홍익인간이라 하였다. 환웅천왕의 배달국에서 단군조선으로 이어진 홍익인간의 가르침은 고구리에서는 이도흥치의 도로, 신라에서는 현묘지도의 도로 이어졌다. 홍익인간의 법도는 원광이 화랑 추항과 귀산에게 전한 가르침인 세속오계로 구체화되어 전해졌는데, 이는 단군조선 소도에 세워진 경당에서 가르쳤던 오상과 같은 것이라고 하였다.

정인보가 누차 강조한 것처럼, 홍익인간의 법도는 수행이 개인적인 평안과 해탈, 불로장생을 희구하는 것에 그치는 것이 아니라, 수행을 통한 깨달음을 사회적으로 실천하여 이상적인 공동체를 현실에서 구현하는 데 있었다. 자기 한 몸 제 한 집의 사사로운 이익을 추구하는 것이 아니라 '우리'를 돌아보는[27] 데, 즉 공생하는 데 홍익의 대의가 있다는 것이다. 후일 안재홍이 개인적인 깨달음과 사회적 실천인 '성통·공완'이 끝까지 추구하는 목표는 홍익인간에 있다고 설파한[28] 것과 다르지 않은 한국선도 사상적 전통의 핵심이었다.

---

27 정인보, 「丙子와 朝鮮」, 『담원정인보전집』 2, 연세대학교출판부, 1983, 368~369쪽.
28 안재홍, 「三一神誥註」, 『민세안재홍선집』 4, 지식산업사, 1992, 118~119쪽.

3. 안재홍의 '신민주주의'와 홍익정치론의 전개

1983년 발행된 『민세안재홍선집』 2권
1945년 9월 22일 발표한
〈신민족주의와 신민주주의〉가 실려있다

안재홍은 광복 후 당면한 최우선 과제인 통일민족국가 건설을 모색하는 방안으로 〈신민족주의와 신민주주의〉를 제시하였다. 광복 한 달여 후인 1945년 9월 22일 발표되었지만 대일항쟁기 7년 3개월에 걸친 9차례의 철창생활 체험과 사색의 결과물이었다. 안재홍은 고유 사상과 문화 속에서 민족의 미래를 열어 나아갈 사상과 이념의 지침을 찾고자 했다.

　　眞理는 영원히 묵었고 또 영원히 새롭다. 吾人은 이제 새로운 社會科學의 칼로, 古朝鮮의 文化의 陳莽을 헤치고 久遠한 生命을 담고 있는 先民 創成의 生活理念을 뒤져내어, 써 新時代 建造의 指針을 삼고자 한다.[1]

1　안재홍, 「新民族主義와 新民主主義」, 『민세안재홍선집』 2, 지식산업사, 1983, 29쪽.

안재홍은 국조 단군이 조선을 처음 건국하던 시절, 온 백성들의 의사를 모아서 그들의 정치를 대표하고 지도하는 국가원수가 되었던 단군에 의해 백성들은 정치·경제·교육의 권리를 골고루 누렸다고 보았다. 단군조선의 "백성들은 골고루 또 평등하게 먹고 입고 집 지니고 살고, 골고루 배우며 평등하게 정치에도 참가하는 권리가 마련되었다"고 보는 것이다.[2] 이 내용으로 보면 안재홍은 조소앙의 삼균주의를 받아들여 신민주주의 내용을 구체화하였으나 삼균제도의 '균등'이 이미 단군조선에서 시행되고 있었다고 인식하였음을 알 수 있다.

Ⅱ장에서 살펴본 것처럼 한국선도는 '사람은 모두 하늘의 기(생명)를 받고 태어났으니 개개인의 생명은 소중하며, 모두가 동일한 기를 받고 태어났으니 사람은 모두 서로에게도 소중하며 본질적으로 하나의 존재'로 바라본다. 사람들이 모두 하늘의 기를 동등하게 받은 존재라면 모든 사람들이 '균등'하다는 것은 당위론적인 진리다. 즉, 균등의식은 기일원론적 세계관에서 자연스럽게 도출되는 것이기에 선도문화가 융성했던 단군조선에서는 사람들이 '균등'한 권리를 누렸다고 볼 수 있는 것이다.

다만, 안재홍은 고래의 민주주의인 '만민총언(萬民總言)·대중공생(大衆共生)'의 '다사리'는 상대(上代)에 하층계급은 무시하고 공민(公民)인 특수 계급(귀족)에게만 독점되었던 민주주의였다고 보았으므로 현대에서는 마땅히 그 향유 대상을 전민족·전민중에까지 확대하고 보편화하여 '신민주주의'로 되어야 했다.[3] 안재홍은 현세에서 이상적인 공동체를 만들고 공동체에 헌신하는 홍익인간사상의 역사적 근거를 중광된 대종교 이전의 단군고교(檀君古敎)에서 찾았다.

---

2 안재홍,「檀君聖蹟維護會 事業에 대하여」,『민세안재홍선집』4, 지식산업사, 1992, 126쪽. 이 글은 1949년 10월 3일에 발표되었다.
3 안재홍,「新民族主義와 新民主主義」,『민세안재홍선집』2, 지식산업사, 1983, 37, 48~49쪽.

대종교(大倧敎)는 단군고교(檀君古敎)이니 이미 사천 수백 년 전 옛적에 동북아시아 대륙부에서 멀리 한민족의 조상이 된 태백(太白)민족이 단군을 받들어 제왕으로 삼고, 이신설교(以神設敎)하는 홍익인간의 대도(大道)를 세워 정치 그대로 교화인 소박한 문화사회를 건설한 사상의 근원을 이루었던 것이다. 이것이 부여조선(夫餘朝鮮)의 제천의식이나 마한의 천군경배(天君敬拜) 등 국민적 의식과 민속적 신앙을 통하여 역사상에 잘 나타난 바이며, 부여국은 혹 태평국(太平國)으로도 한토문헌(漢土文獻)에 나타서 '太平之人仁'하는 인의(仁義)의 덕이 멀리 해외에까지 광피(光被)되었던 점에서도 그 본질을 알 수 있다. 고구려·백제·신라 등 삼국병립 하던 시대에도 이 도(道) 자못 홍통(弘通)되어 고구려의 '선비', 신라의 '화랑' 모두 이 교화(敎化)의 체현자(體現者)로 단단히 국운을 담당하였던 것이니, 이는 한민족 몇 천 년 반항투쟁·독립자존의 역사와 함께 숭려(崇麗)한 도의이념(道義理念)의 주축을 이룬 것이다.[4]

홍익인간의 대도를 펼친다는 이신설교는 밝음으로써 가르침을 베푼다는 의미이다.[5] 홍익인간의 큰 법도는 단군조선 이래 문화 사회를 건설하는 사상의 근원으로, 나라에서 크게 모여 선도제천 형식으로 치러진 제천의식을 통해 역사상 드러났다고 하였다. 안재홍은 고구리의 선비(조의선인)와 신라의 화랑을 홍익인간 체현자로 보았는데, 화랑에게 전해진 세속오계는 홍익인간 실천 지침으로 정명대일(正明大一), 즉 광명정대의 실천과목으로 보았다.[6] 안재홍도 정인보와 마찬가지로 항일 독립투사들의 독립투쟁을, 국운을 담당했던 선비와 화랑이 공동체를 위해 헌신했던 홍익인간사상을 잇는, '공완'으로 바라보았다. 이러한 역사적·정신적 배경이 대일항쟁기 대종교 항일무장투쟁에 나타나는 군교일치(軍敎一致)·수전병행(修戰竝行) 정신으로 연결되면서, 철학이 있는 싸움·정사(正邪)를 구별하는 싸움·살신성인하는 싸움이 가능했던 것이다.[7]

---

4 안재홍, 「大倧敎 重光의 意義」, 『민세안재홍선집』 4, 지식산업사, 1992, 136쪽.
5 발해시대 서적과 각종 문서를 정리하고 비문·축문·제문 등을 찬술하는 업무를 담당하였던 文籍院監 임아상은 『삼일신고』에서 禋을 明(밝음)으로 풀이하였다.(대종교본사, 『역해종경사부합편』)
6 안재홍, 「우리 국민생활에 나타난 대종교의 교훈」, 『민세안재홍선집』 4, 1992, 132~135쪽.
7 김동환, 「대종교 항일운동의 정신적 배경」, 『국학연구』 6집, 국학연구소, 2001, 179쪽.

그런데 홍익인간사상이 공동체를 위해 헌신하는 것이라면 개인과 공동체의 관계는 어떠한가? 안재홍은 개인과 공동체의 관계를 어떠한 시각으로 바라보았는가? 안재홍의 국가철학으로 살펴보자.

"나라(國)는 자아(自我)인 '나'의 생활의식을 토대로 이루어진 한 민족의 생활협동체로서의 정신적 집결체다. 나의 이념이 나라의 내포(內包)에서 존속, 흥성하므로 나는 나라인 국가의사에 종속되고, 나라는 나의 개성으로서의 자유와 참여가 보장되고 나의 의사와 합치하는 법과 제도를 갖춘 나의 확장된 외연(外延)이다. 나와 나라는 내포와 외연의 관계로서 합일불가분(合一不可分)의 것이다. 국가를 계약관계로 바라보는 기업적 국가관이나 개인을 국가의 부속으로 보는 전체주의적 국가관과는 다른 조선에 고유한 국가관이다. 법과 제도는 소속 국민의 하나요 핵심체인 나의 의사(意思)의 일부분이어야 하는데, 국민 다수인 '나'의 의사와 배치되는 법과 제도는 개폐(改廢)되어야 한다. 아니라면 혁명이 있을 수 있다."[8]

이로써 유추되는 개인과 공동체의 관계는, 개인의 자유와 참여가 보장되고 개인들의 의사에 합치하는 공동체 규범을 전제한다면 개인은 공동체를 위해 헌신해야 한다. 공동체는 나와 분리된 무엇이 아니라 나의 확장된 외연이기 때문이다. 나는 스스로를 개인에 국한시키지 않는 홍익인간사상을 실천하는 나이고 나의 확장된 외연인 공동체는 이화세계가 실현되는 공동체다. 나와 공동체는 내포와 외연의 관계로서, 안재홍은 이를 개즉전(個卽全) 혹은 일즉다(一卽多)라고 설명했다. 현대 한국선도에서 개인과 전체의 관계에 대한 조화로운 사고와 행동의 법칙이라고 표현하는 '공전과 자전, 구심력과 원심력, 공평과 평등'[9]의 원리와 다르지 않은 것이다.

---

8 안재홍, 「新民族主義와 新民主主義」, 『민세안재홍선집』 2, 지식산업사, 1983, 34~36쪽.
9 이승헌, 『숨쉬는 평화학』, 한문화, 2002, 102~103쪽.

역사 연구를 통해 안재홍이 찾아낸 고래의 민주주의는 '다사리'이다. '다사리'는 한자로는 함(咸), 이두(吏讀)로는 화백(和白)으로 만민에게 모두 발언권이 있으니(함언咸言, 모두 말하다) 만민이 '모여서 사뢰어(和白)' 국정에 그 총의(總意)를 표명하고 국민 총원을 다 살리는 만민공생을 이룬다는 '만민총언(萬民總言)·대중공생(大衆共生)'의 민주주의다. 공생에 가치를 두는 '다사리'주의 기본이념은 재세이화·홍익인간의 대도에서 연원한 것[10]으로 만민이 공생하는 다사리의 도(道)가 바로 홍익인간의 도인 것이다.

그 방법에서 전 인민 각 계층의 총의를 골고루 밝히게(表白) 하고 그 목적에서 전 인민 각 계층의 '나'를 다 살리어 빠뜨림과 차등을 없게 하는 '다사리'[11]는 단군조선에서도 실천되었다. 단군왕검 당대부터 백성들의 뜻을 들어 공법으로 삼고 이를 천부라고 천명한 것이다.[12] 하늘의 뜻에 부합(天符)하는 것이 바로 백성들의 뜻을 들어 '공생'하는 것이었다. 안재홍은 일제 강점이라는 어둠이 물러나고 민족중흥의 신 새벽이 열리는 해방공간에서 상고·고대 역사에서 실천되었던 홍익인간사상을 현대 민주주의 개념으로 되살려 내었던 것이다.[13]

그런데 본질적으로 모든 사람을 대상으로 펼쳐져야 하는 '다사리' 사상은 상대(上代)에 하층계급은 무시하고 특수 계급인 귀족에게만 독점되었던 민주주의였으므로, 현대에는 마땅히 그 향유 대상을 전민족·전민중에까지 확대하여 보편화해야 한다. 이것이 신(新)민주주의다. 선진 국가에서 발전해 온 '자본적 민주주의'는 금융자본가·산업자본가·대지주 등 소수의 지배집단에

---

10 안재홍,「新民族主義와 新民主主義」,『민세안재홍선집』2, 지식산업사, 1983, 37, 48~49쪽; 안재홍,「國民黨 政綱·政策 解說」, 같은 책, 67쪽; 안재홍,「建國救民의 大使命」, 같은 책, 98쪽; 안재홍,「歷史와 科學과의 新民族主義」, 같은 책, 233~235쪽.
11 안재홍,「국민당선언」,『민세안재홍선집』2, 지식산업사, 1983, 62쪽.
12 『太白逸史』삼한관경본기, "統九桓爲一是爲檀君王儉也 乃召國人立約日 自今以後 聽民爲公法 是謂天符也 夫天符者萬世之綱典 至尊所在 不可犯也"
13 소대봉,「안재홍의 신민족주의와 '홍익민족주의'」,『유라시아문화』4, 2021, 157쪽.

의해 금권정치로 추락해 버렸지만, 삼균주의를 그 내용으로 삼는 신민주주의는 자본적 민주주의나 공산주의와는 달리 권(權)·부(富)·지(智)를 전유(專有)하고 독단하는 것을 방지하여 균등사회·공영국가를 완성할 수 있다.[14] 신민주주의는 전민족·전민중을 다 살리는 만민공생으로 '두루[빠짐없이 골고루]' 민주주의를 시행하는 것이므로, 홍익인간이라는 정치철학에 기초한 민주주의라는 의미에서 '홍익민주주의'라 명명해야 이름과 실제가 부합할 것이다. 더 쉽게 표현하여 '공생민주주의'라고 부를 수도 있겠다.

안재홍은 동서고금 인간세상 모든 갈등의 원인이 인간 생활의 기본 요건인 권력(權力), 부력(富力), 지력(智力)의 불평등에서 기인하는 것이므로 권·부·지를 고르게 하는 삼균주의가 균등사회·공영국가를 이루는 방법이라고 보았다. 조소앙의 삼균주의를 '신민주주의'의 핵심 내용으로 받아들인 것이다. 그러나 부의 평등에까지 이르지 못하면 그 평등은 다만 껍데기 평등에 지나지 못하는 것이고, 혹심한 빈부 차별은 모처럼의 법제상 평등이 아무런 실질적 공영생활을 보장할 수 없으므로 부의 균등을 가장 중요하게 여겼다.[15] 정치적·법률적 평등에 그치고 경제적 평등을 이루지 못해 금권정치로 타락해 버린 서구 민주주의와 달리 경제적 평등까지 아우르는 삼균주의를 서구 자본적 민주주의를 대체할 수 있는 만민공생의 신민주주의로 본 것이다.

안재홍이 주창한 신민주주의를 '건강한' 자유민주주의로 이해하는 견해가 있다. 서양의 자유민주주의가 개인의 존재와 자유를 중시하며 출발했지만 근·현대에 이르러 그것이 자본가계급이 전횡(專橫)하고 독점하는 소위 자본적 민주주의 혹은 금권정치(金權政治)로 타락했기에, 해방조선에서는 타락한 서구 자유민주주의를 그대로 본받거나 흉내 내지 않고, '다사리' 이념을

---

14 안재홍, 「歷史와 科學과의 新民族主義」, 앞의 책, 232~235쪽.
15 안재홍, 「歷史와 科學과의 新民族主義」, 앞의 책, 228~229쪽.

바탕으로 한 건강한 자유민주주의 정치를 실천할 수 있으리라고 안재홍이 확신했다는 주장이다.[16]

그런데 자유민주주의는 자본가 계급의 이해가 직접적으로 위협받지 않을 때만 유지되고, 자유민주주의는 체제 내에서 정치적 평등과 사회·경제적 불평등간에 긴장이 항존하는 끊임없이 불안하게 동요하는 체제이다.[17] 따라서 안재홍이 실천하고자 했던 신민주주의와 자유민주주의는 부합하지 않는다. 신민주주의는 자유민주주의가 아닌 홍익민주주의 혹은 공생민주주의로 보아야 할 것이다.

다만, 안재홍은 신민주주의를 권리에서의 삼균은 물론 의무로서의 근로균등을 포함해야 한다고 하였다.[18] 삼균주의를 신민주주의의 구체적인 내용으로 받아들이면서 삼균주의의 한계도 지적하였다. 삼균주의가 독자적인 정치사상으로 완성되기 위해서는 삼균이라는 권리 뿐 아니라 근로균등이라는 의무도 포함되어야 한다고 본 것이다. 작금의 대한민국이 처한 노동 없는 불로소득의 망국적인 폐해(弊害)를 미리 경계한 선견지명이 놀랍다. 국민개병제(國民皆兵制)에 의한 국방군 편성의 논리도 의무로서의 국민개로에서 도출된 것이다.[19]

삼균주의와 만민개로(萬民皆勞)라는 신민주주의를 기초로 만들어질 민족국가는 안으로는 민족자존을 위한 생활협동체요 밖으로는 국제협동의 선의의 분담자다. 따라서 배타·독선적인 침략적 민족주의와는 엄밀한 구별을 요하는 '신민족주의'다.[20] 안재홍이 신민족주의를 침략적 민족주의와 명확히 구

---

16 정윤재, 「민세 안재홍의 다사리이념 분석」, 『동양정치사상사』 11-2, 2012, 118쪽.
17 강정인, 『민주주의의 이해』, 문학과지성사, 1997, 164~165쪽.
18 안재홍, 「歷史와 科學과의 新民族主義」, 『민세안재홍선집』 2, 지식산업사, 1983, 228~235쪽.
19 안재홍, 「국민당 정강·정책 해설」, 『민세안재홍선집』 2, 지식산업사, 1983, 69쪽.
20 안재홍, 「新民族主義와 新民主主義」, 『민세안재홍선집』 2, 지식산업사, 1983, 49~50쪽.

분지은 것은, 마치 제국주의에 침탈당하여 생존 차원에서 저항했던 저항적 민족주의를 제국주의와 표리로 보고 사시(斜視)로 경계하는 작금의 민족주의 수난을 미리 예견한 듯하다.

이민족에게 강점당한 식민지 처지에서 벗어나 자주독립 국가를 건설하기 위한 독립투쟁은 당연히 제국주의에 대항하는 '저항적 민족주의'에 바탕을 두게 마련이다. 일제 식민사학자들의 정체사관(停滯史觀)에서 벗어나지 못해 일제 식민사학자의 학설을 거의 비판하지 않았고[21] 일제강점기에 단 한 번도 민족주의자로서의 면모를 보이지 않았음에도 안재홍과 같은 신민족주의자로 평가받는 손진태(孫晉泰)는[22] 저항적 민족주의를 군국주의적이며 제국주의적인 것이었다고 비난했다.

필자는 해방 전까지 민족주의자로서 어떠한 면모도 보이지 않았고, 이승만 정권에서 반민주적인 교육자 행태를 보였으며, 통일민족국가 수립보다는 단독정부 수립을 지지한 손진태는 안재홍과 전혀 다른 길을 걸었다고 보기에 손진태를 안재홍과 같은 신민족주의자로 평가하는 학계의 시각에 동의하지 않는다.[23]

손진태는 1920년대까지의 민족주의를 애국적이지만 '군국주의적·제국주의적'이며 이성적이지도 현실적이지도 않은 센티멘탈리즘에 빠져 있는 것으로 보았다. 청일전쟁 이후 1920년대까지의 민족운동은 교육운동·신문운동·문예운동·역사운동·언어문자운동 등이 모두 애국적이고 군국주의적이며 제국주의적인 것이었다고 보고, 그 밑에는 공통적으로 센티멘탈리즘이 깔려 있어서 감정적 해방운동의 성격을 띠었다고 해석했다. 그리고 이

---

[21] 한영우, 「1940년대 손진태의 신민족주의 사학」, 『한국민족주의역사학』, 일조각, 1994, 249쪽.
[22] 소대봉, 「안재홍의 신민족주의와 '홍익민족주의'」, 『유라시아문화』 4, 2021, 141~142쪽.
[23] 소대봉, 앞의 글, 『유라시아문화』 4, 2021, 143쪽.

러한 센티멘탈리즘은 그때까지는 필요하고 필연적인 과정으로 이해하면서, 미래의 과제는 보다 이성적이고 현실적인 것으로 나아가야 한다고 내다보았다.[24]

한영우는 손진태의 신민족주의를 국수주의적(國粹主義的) 민족주의를 반대하는 것[25]으로 읽었고, 이로써 1920년대까지의 민족주의는 국수주의로 변개되었다. 한영우에 의해 주관적으로 제시된 근거[26]에서 증폭된 민족주의 비판은 민족주의를 제국주의와 동일시하는 시각을 만들어 냈다.

> "한말~일제초기의 … 민족주의와 제국주의는 표리관계에 있었고, 저항과 팽창의 양면성을 띠고 있었다."(259쪽). "1910~1920년대의 민족주의가 만주 수복을 실천 목표로 하여 다분히 팽창주의적·제국주의적 경향까지 띠었던 데 이유가 있었다."(246쪽) "손진태는 바로 이러한 (청일전쟁 이후 1920년대까지의) 구(舊) 민족주의를 애국적·군국주의적·제국주의적·센티멘탈리즘적인 것으로 보았으며, … 국수주의적 민족주의를 반대한 손진태의 신민족주의는"(246, 247쪽)[27]

지금도 역사학계에서 비롯되어 지속적으로 유포되는 '저항적 민족주의를 국수주의로 매도'하는 비난은, 안재홍이 명명한 신(新)민족주의의 내용처럼 다른 민족·국가와도 조화롭게 공생하며 인류 평화에 이바지한다는 의미가 부각되면 자연스럽게 사라질 것이다. 안재홍의 신민족주의는 다른 민족 다른 국가와 조화·평화·공생을 추구하므로, 홍익민주주의라는 정치사상에 기초한 민족주의라는 의미에서 '홍익민족주의'라고 부르는 것이 명실상부할 것이다. 더 쉽게 표현하여 '공생민족주의'로 부를 수도 있겠다.

---

24 손진태, 「최근 한국사회상의 변천」, 1928; 한영우, 「1940년대 손진태의 신민족주의 사학」, 『한국민족주의역사학』, 일조각, 1994, 246쪽에서 재인용.
25 한영우, 「1940년대 손진태의 신민족주의 사학」, 『한국민족주의역사학』, 일조각, 1994, 247쪽.
26 한영우의 민족주의 비판이 근거 없고 주관적이라는 내용은 소대봉, 「선도 홍익사관의 전승 과정 연구」, 국제뇌교육종합대학원 석사학위논문, 2022, 76~79쪽 참조.
27 한영우, 「1940년대 孫晉泰의 新民族主義 史學」, 韓國民族主義歷史學, 일조각, 1994.

이 대목에서 '단군민족주의'란 용어를 다시 살펴볼 필요가 있다. 단군민족주의란, 단군을 민족공동 조상으로 간주하고 그 이름 밑에서 민족적 자기확인과 결속을 도모하며, 그를 토대로 하여 민족의 자주독립과 통일, 발전을 추구하는 사상 또는 정치적 문화적 운동을 가리킨다.[28]

정영훈은 조소앙·안재홍 등 후기 '단군민족주의자'들이 삼균주의나 신민족주의 같은 정치 이론을 전개함에 있어 홍익인간이나 재세이화·삼균제도·다사리이념을 단군시대의 고유적 이념으로부터 이끌어내고 있다고 한다.[29] 신민족주의나 삼균주의를 '단군민족주의'의 한 양상이자 산물로 이해하고 있는 것이다.

단군민족주의의 특징과 전개양상을 살펴 본 정영훈은 "단군민족주의의 가장 중요한 본질은 그것이 '특정의' 인적 공동체를 형성·수호·강화해 가려던 정치운동 내지 이데올로기였다는 데서 찾아야 한다"고 한다. "단군민족주의는 한민족을 구성원으로 하는 자주적이고 통일된, 그리고 번영된 민족국가를 건설하고 지키는 것을 목표로 하는 이데올로기적 속성을 가지고 있었다"고 보았다. "민족적 단결과 주체성이 요구되었던 현장에서 외쳐졌던 '단군의 자손'이란 구호 역시, 부강한 자주독립국가 건설에 대한 염원"을 수반하고 있었다고 보았다.[30]

요컨대 정영훈은 단군민족주의에서 단군이 아닌 '민족'에 초점을 맞추었고, 단군은 민족정체성을 수립하기 위해 사용된 매개체(?) 정도로 보고 있는 것이다. 단군으로 상징되는 건국이념 홍익인간에 대해서는 천착하지 못했다. 비록 국가를 잃고 그 회복에만 전념하던 시기인 1910~1920년대에

---

28 정영훈, 『'단군민족주의'와 그 정치사상적 성격에 관한 연구』, 단국대학교대학원 박사학위논문, 1993, 1쪽.
29 정영훈, 앞의 글, 1993, 12쪽.
30 정영훈, 앞의 글, 1993, 12~13쪽.

는 크게 주목받지 못했던 홍익인간사상이 후기 민족주의 사상가에게 와서 재음미 되었다고 보았지만, '민족' 사회가 지향해야 할 목표요 '민족' 국가의 구성 원리를 암시하는 "통일민족국가 건설을 위한 이념적 기초로 재음미되었다"[31]고 보는데 그쳤다. 홍익인간사상을 민족의 틀 안에 가둬놓고 보는 것이다. 조소앙, 안재홍에 이르러 단군민족주의가 정치사상적으로 구체화되었지만 "이들 사상은 계급주의적 공산주의로부터 민족가치를 수호하고 민주·평등·복지의 정책원리에 의해 민족사회를 결속시켜 통일된 민족국가를 건설하려던 '단군민족주의적' 정치이론"[32]이었던 것으로만 본 것이다.

그런데 정영훈이 '후기' 단군민족주의자라고 한 조소앙과 안재홍의 정치사상은 '민족'에 갇혀 있지 않았다. 안재홍의 신민족주의나 조소앙의 삼균주의는 국내 차원의 국가조직 원리나 정책 뿐 아니라 세계적 차원의 평화·공존을 이미 말하고 있기 때문이다. 안재홍은 신민족주의를 "나라 안에서는 민족자존의 생활협동체이고 나라 밖으로는 국제협동의 선의의 분담자"[33]라고 하였으며, 조소앙은 '사람과 사람, 국가와 국가, 민족과 민족'의 세 차원에서도 균등이 실천되어야 한다는 광의의 삼균론까지 거론[34]하고 있기 때문이다.[35] 앞에서 살펴본 것처럼 기일원론의 존재론적 세계관에서 홍익인간이 도출되었다는 것을 상기한다면 홍익인간을 한(一) 민족에 '국한(局限)'시켜 생각하는 것은 철학적으로 불가능한 일이다.

정영훈은 단군민족주의의 협소한 개념 틀을 인지한 것처럼, 그 개념 틀을 확장하여 "자주독립이나 민족통일·번영 등과 같은 민족적 차원의 관심

31　정영훈, 앞의 글, 1993, 122~123쪽.
32　정영훈, 앞의 글, 1993, 219쪽.
33　안재홍, 「新民族主義와 新民主主義」, 『민세안재홍선집』2, 지식산업사, 1983, 49~50쪽.
34　조소앙, 「한국독립당 당의해석」, 『소앙선생문집』상, 206~207쪽.
35　소대봉, 「안재홍의 신민족주의와 '홍익민족주의'」, 『유라시아문화』4, 2021, 168쪽.

사에 머물지 않고 세계평화와 인류대동·인류공영 등과 같은 보편적 비전을 제시하였다"고 하면서 단군민족주의를 '통일민족주의'라고 개명(改名)한다.[36] 그러나 '통일민족주의'라는 이름만으로는 '세계평화와 인류대동·인류공영 등과 같은 보편적 비전'도 '조화·평화·공생'의 의미도 담아내지 못한다. 따라서 안재홍이 '신민족주의'로 이름하고 정영훈이 '단군민족주의'로 개명한 용어를, 다른 민족·국가와도 조화를 이루며 평화롭게 공생하여 인류공영에 이바지한다는 내용성과 홍익인간사상이 신시배달국 건립과 함께 시작되었다는 그 역사성을 동시에 고려하고 또 용어 자체에서도 '조화·평화·공생'의 의미가 그대로 살아나는 '홍익민족주의'로 바꾸어 보게 되는 것이다.[37]

안재홍은 '비타협적 민족주의 입장에서 민족적 정치투쟁을 사명으로 하는 단일정당 매개형태로서의 신간회'[38] 활동 시기에도 친일파와 타협적 민족주의를 배제한 위에서 민족적 좌익 전선[39]을 형성하여 민족문제와 계급문제를 대중과 함께 풀어가고자 하였다. 허헌이 중앙집행위원장에 선출되어 사회주의 인사들이 주도권을 잡자 민족진영 인사들이 대거 탈락하는 1929년 7월 1일 전후로도 안재홍은 "계급적 종파적 견지를 떠나서 정략적인 협동만이 가장 필요하다"고 호소하고 있었다.[40] 계급운동자들에 의해 신간회가 해소되는 쓰라린 아픔을 겪은 안재홍은 해방공간에서 통일민족국가 건설이라는 시대적 요청만큼은 계급적 분열·대립에 의해 좌절되어서는 안 된다고 보았다. 을사늑약 이후 40년 예속과 36년 질곡 밑에 전 민족이 굴욕과 초계급적으로 착취의 대상이 되었고, 전민족이 초계급적으로 해방되었으니

---

36 정영훈, 「민족고유사상에서 도출된 통일민족주의」, 『단군학연구』 40, 2019, 167쪽.
37 소대봉, 「안재홍의 신민족주의와 '홍익민족주의'」, 『유라시아문화』 4, 2021, 168쪽.
38 안재홍, 「신간회의 경성대회」, 『민세안재홍선집』 1, 1981, 243쪽.
39 안재홍, 「신간회의 창립준비」, 앞의 책, 1981, 204~206쪽.
40 안재홍, 「統一難과 統一의 要求-現下情勢에 鑑하여」, 『민세안재홍선집』 1, 1981, 297~302쪽.

마땅히 초계급적인 통일민족국가를 건설해야 한다고 보았다.[41] 정치권력은 일본인의 손에 독점되어 있었고, 토지는 전답의 약 30% 임야까지 합치면 80% 이상이 일본인 소유가 되었고, 산업시설은 90% 이상이 일본인에게 독점된 현실[42]에서 초계급적 착취와 초계급적 해방을 인식한 것이었다.

안재홍이 사용하는 1920년대 좌우 개념은 해방정국에서의 좌우 개념과는 달랐다. 사회운동자를 最좌익, 친일자류를 最우익으로 분류할 때는 민족운동자를 중앙당으로 말하였고,[43] 대일타협노선을 우경적 계통이라고 할 때는 대일비타협노선을 좌익 운동이라고 하였다.[44] 비타협적 민족운동 내에서의 좌우를 구분할 경우에는 사회운동자를 좌익, 민족운동자를 우익으로 말하기도 하였다.[45] 천관우는 1920년대에는 ① 친일파를 〈最우익〉 ② 자치론 등 타협적 민족운동을 〈우익〉 ③ 비타협적 민족운동을 〈좌익〉 ④ 사회주의 운동을 〈最좌익〉으로 구분하여 사용하였다고 한다.[46] 이 책에서 민족적 좌익 전선이란 비타협적 민족주의운동(左翼)과 사회주의 운동(最左翼)을 아우르는 뜻으로 사용된 것이다.

안재홍은 〈신민족주의와 신민주주의〉 전편에 걸쳐 계급을 뛰어넘어 통일민족국가를 건설하자고 호소했다. "소련에서도 나치 독일과 전쟁 시기에는 '조국과 소비에트 민족주의를 앙양시켰다 … 역사와 국제정세를 무시하고 현실에서 유리(遊離)된 민족 부인·조국 말살의 태도는 있을 수 없다"[47]라며 어느 주의(主義)나 선입견을 지양한 초계급적·초당파적 민족국가 건설을

---

41 안재홍, 「신민족주의와 신민주주의」, 『민세안재홍선집』 2, 지식산업사, 1983, 49쪽.
42 안재홍, 「建國救民運動의 고조」, 『민세안재홍선집』 2, 지식산업사, 1983, 88쪽.
43 안재홍, 「조선인의 정치적 분야」, 『민세안재홍선집』 1, 1981.
44 안재홍, 「조선 금후의 정치적 추세」, 앞의 책, 1981.
45 안재홍, 「조선인의 정치적 분야」, 앞의 책, 1981.
46 천관우, 「해제」, 앞의 책, 1981.
47 안재홍, 「신민족주의와 신민주주의」, 『민세안재홍선집』 2, 지식산업사, 1983, 24쪽.

절절하게 호소하였다.

 안재홍은 인간세상에서의 성공 여부는 지양(止揚)과 변통(變通)을 제대로 감당해내느냐 못하느냐에 달려 있다고 보았다. 내적으로 다양한 사상 분파(分派)의 대립과 경쟁, 외적으로 미·소 이해관계가 착종(錯綜)된 해방 정국은 개합회통(開闔會通)의 실천이 요구되는 때이니, 통일민족국가 건설을 위해 좌우 진영 지도자들이 엄정하게 사태를 파악하여 양보·협력해야 한다고 강조했다.[48] 그러나 미·소 냉전 구도 속에서 분단을 이용해 자신들의 정치적 목적을 달성하려는 세력들이 남·북에서 대세가 되면서 1948년 두 개의 정부가 탄생하였고, 그가 염원하던 통일민족국가 성립은 수포로 돌아가고 말았다.[49]

 1930~1940년대 대종교계 선가들은 그전 시기와는 달리 환웅사화에 나타나는 '홍익인간사상'에 관심을 기울이기 시작하였다. 정인보가 5000년 역사 속에서 중추적 역할을 한 단군조선 건국이념인 홍익인간을 재조명한 이후 조소앙은 광복된 조국의 건국 기본지침으로 창안하였던 삼균제도가 홍익인간의 내용적 실체를 이룬다고 하였다. 안재홍은 해방공간에서 홍익인간의 대도이자 만민공생의 '신민족주의와 신민주주의'를 통일민족국가 건설을 모색하는 방안으로 제시하였다. 저항적 민족주의 단계에서는 단군을 중심으로 민족 정체성을 정립하고 민족사에 대한 자긍심을 고취하여 자주독립 의지를 제고하는데 초점을 맞췄다면,[50] 이 시기에는 단군조선의 역사에서 (민족문제와 계급문제 해결을 포함하여) 미래를 전망하는 지침을 찾아낼 수 있는지[51]까지 보고자 하였다. 그리하여 대종교계 선가인 정인보, 조소앙, 안재홍은 홍익인간사상을 바탕으로 삼균주의와 신민주주의에게로 홍익정치론을 확장하여 조화·평화·공생에 가치를 두는 정치사상을 체계화하였다.

---

48 안재홍, 「신민족주의와 신민주주의」, 앞의 책, 1983, 40쪽.
49 소대봉, 「안재홍의 신민족주의와 '홍익민족주의'」, 『유라시아문화』 4, 2021, 134쪽.
50 정영훈, 「민족고유사상에서 도출된 통일민족주의」, 『단군학연구』 40, 2019, 173쪽.
51 안재홍, 「신민족주의와 신민주주의」, 앞의 책, 1983, 29쪽.

# V.

1930~1940년대
조소앙의 '삼균주의'와
홍익정치론의 구체화

1. 삼균주의의 사상 기반에 대한 선행연구의 한계
: 한국선도 전통의 몰이해

민족운동[1]과 사회주의운동은 대일항쟁기 독립투쟁의 대별되는 두 흐름으로, 대결 국면도 있었으나 줄기차게 좌우익 진영 간의 합작이 추진되었다. 마침내 1940년대에는 임시정부 자체가 좌우합작의 통일전선체가 되기에 이른다.[2] 물론, 자치론과 실력양성론을 주창하고 결국은 친일파로 귀결되었던 '민족개량주의' 세력은 민족운동에도 민족주의에도 포함시키기 어렵다. 삼균주의는 1941년 11월 28일 대한민국임시정부에서 '건국강령'으로 제시된 독립된 조국의 건국지침이기에 그 사상 연원은 매우 중요하다.

삼균주의는 대한민국이 법통을 이어받았다고 헌법에 명시한 대한민국임시정부에 참여했던 좌우를 막론한 독립투사들과 그들을 지지하고 후원한 민중들의 합의된 건국지침이므로, 그 배경이 되는 사상은 대한민국 정체성과 관계되어 여전히 유효하며 널리 알리고 교육하는 것은 당연하다. 이에

---

[1] 일제강점기 민족운동전선의 양대 계열은 민족주의와 사회주의로 구분하는 것이 통상적이다. 박찬승은 단순 이분법에 이의를 제기하여 민족주의 계열 내부의 사상적·정치적 분화 상을 지적하고 그것을 부르주아 민족주의 우파와 좌파, 여운형 홍명희 허헌 김원봉 등으로 대표되는 '진보적' 민족주의 세 부분으로 나누어 보았다.(박찬승, 『한국근대정치사상사연구』, 역사비평사, 1992.) 이러한 분류법은 민족주의 계열 내부에 사회주의 이념에 대한 지향성이 강했던 '진보적' 부분이 있었음을 사실로 인정하여, '민족주의는 보수 우익과 동격'이라는 통념을 허물어뜨리는 효과를 낳는다는 점에서 의미 있는 시도이다.(김영범, 『한국 근대민족운동과 의열단』, 창작과비평사, 1997, 20~21쪽.)

[2] 김영범, 『한국 근대민족운동과 의열단』, 창작과비평사, 1997, 22쪽.

필자는 선행연구 중 삼균주의의 사상적 기반에 대한 논의를 면밀하게 고찰하게 되었다.

조소앙이 어떤 사상 기반 위에 삼균주의를 구상하고 구체화하였는지에 대해서는 다양한 논의가 있어왔다. 삼균주의를 창안한 조소앙의 주장을 인정하여 고유의 전통사상인 선도사상이 기반이라는 의견도 있지만, 균등에 초점을 두고 서구의 사회주의 사상을 기반으로 보는 주장, 유교의 대동사상을 모태로 한다는 주장, 심지어는 망국의 철학이었던 성리학을 사상적 기반으로 보는 주장 등 다양하다. 다양한 주장들에 대해서는 주장별로 아래에서 살펴보겠다.

다양한 주장의 배경에는 선도문화에 대한 무지(無知)가 자리하고 있다. 조소앙이 우리민족이 지켜야 할 최고 공리인 '홍익인간 이화세계'가 삼균주의와 다르지 않다고 천명하였으나 연구자들은 자신만의 안경을 쓰고 그 틀 안에서 해석하고 있었다. 조선 유학자들은 '중화주의·사대주의'라는 유교 이데올로기에 갇혀 있었기에 "천손의식에 바탕한 고대의 역사경험"을 기록하고 전달한 선도사서 계통 고기류(古記類)를 불신하여 그 내용을 대부분 삭제하고 기록하지 않았다.[3] 삼균주의를 연구하는 많은 연구자들도 외래 사상에 편향되어 우리 고유 사상과 문화에 대해 무지하고, 설사 알고 있더라도 부정한다는 면에서는 조선 유학자들 행태와 다르지 않은 것이다.

1) 한국선도의 홍익인간사상

먼저 조소앙이 천명한 주장을 긍정하여, 단군신선사상, 대종교, 한국 고유전통, 단군민족주의 등 여러 가지 표현에도 불구하고 홍익인간사상을 삼균주의의 사상적 기반으로 보는 견해다.

---

3   한영우, 『조선전기사학사연구』, 서울대학교출판부, 1981, 10~11쪽.

먼저 한승조는 조소앙이 민족종교와 사상을 정통으로 이해하고 그 뿌리 위에 정치사상을 구성했다고 보았다.[4] 즉, 조소앙의 사상은 단군신앙을 중심으로 하는 한국전통사상의 근간에다 20세기 초반 세계의 정치·경제·사회 사조를 접목시켜 항일운동 실천과정에서 집대성한 것[5]으로 보았다. 한승조는 〈일신교령(一神敎令)〉 내용을 분석하여 〈일신교령〉의 골자가 어느 종교와 상합(相合) 결부되는지 살핀 결과 대종교, 도교, 불교, 유교, 기독교 교리와 유사할 뿐 아니라 천도교, 증산도 등 신흥종교의 흔적도 보인다고 했다.[6] 그런데, 조소앙 사상의 연원은 동서고금의 정신사와 결부되어 있으나 동서의 전통종교는 물론 현대 정치사상까지도 포용하고 통합할 수 있었고, 조소앙의 민족주의는 한 민족만을 위한 민족주의가 아닌 세계주의적인 민족주의란 면에서 단군사상의 뿌리 없이는 생각할 수 없고 세계만방을 위한 홍익인간의 정신적 뿌리에서만 연유할 수 있는 것으로 보았다.[7] 단군사상은 『천부경』, 『삼일신고』 그리고 〈신지비사〉에서 찾아볼 수 있는데, 『천부경』은 천지창조와 우주 삼라만상 변화의 원리를 일즉삼(一卽三) 삼즉일(三卽一)의 체용(體用) 관계로 설명하며, 『삼일신고』에서는 삼신(三神), 삼진(三眞, 性·命·精), 삼망(三妄, 心·氣·身), 삼도(三途, 感·息·觸) 등 3의 숫자로서 보다 자세히 설명한다는 것이다. 또한 삼균은 〈신지비사〉의 '수미균평위(首尾均平位) 흥방보태평(興邦保泰平)'에서 따왔다고 하였다.[8]

김동환은 삼균주의가 대종교 사상에 기반하였다고 보았다. 삼균주의의 유일한 역사·사상적 근거가 〈신지비사〉에 나오는 '수미균평위 흥방보태평'

---

4   한승조, 「한국 정신사적 맥락에서 본 소앙사상」, 『삼균주의론선』, 삼성출판사, 1990, 118쪽.
5   한승조, 「단군신앙과 소앙사상」, 『한국의 정치사상』, 일념, 1989, 171쪽.
6   한승조, 「한국 정신사적 맥락에서 본 소앙사상」, 『삼균주의론선』, 삼성출판사, 1990, 121~124쪽.
7   한승조, 앞의 글, 1990, 128~129쪽.
8   한승조, 앞의 글, 1990, 126~127쪽.

인데 이는 사회 각 계층·계급이 정치·경제·교육의 향유를 균평하게 하여 우리민족이 지켜야 할 최고 공리인 홍익인간 이화세계 하자는 것인바, 대종교 교의(敎義)인 홍익인간과 부합된다는 것이다. 더하여 〈신지비사〉를 전하는 인물인 신지가 대종교 경전인 『신사기』에 등장하는 신지(神誌)이며, 단군교를 중광한 홍암 나철이 〈중광가〉에서 홍익인간과 〈신지비사〉를 동시에 언급하는 것에도 주목하였다.[9]

> 天嶽神記보아라 宗人道 弘益弘濟
> 黑鷄赤鷄 云云과 普和統帝 뉘알고
> 神公秘詞 풀어라 秤錘極器한 天下
> 白牙岡 均平位에 萬邦世世 保太平[10]

김동환은 〈중광가〉의 '홍익홍제'는 홍익인간과 통하는 가치이며 '신공비사'는 〈신지비사〉를 가리키는 것으로 보았다. 김동환은 조소앙 사상의 핵심적 뿌리는 단군사상인데, 조소앙의 육성교(=일신교)나 대동종교 구상에 깔린 배경도 대종교라는 종교적 영향을 접어두고는 접근이 힘들 것이라고 보아[11] 삼균주의의 배태기인 1919년경 조소앙은 이미 대종교와 깊은 관계에 있었음을 시사했다.

최충식은 삼균주의의 근거를 한국민족의 고유전통에서 찾았다. 그 이념 근거를 단군의 홍익인간과 〈신지비사〉의 '수미균평위 흥방보태평'에 둔 것은 대표적이다. 동서양 기성종교 여섯 중에서 단군을 제일 첫 번째로 놓은 것이나 신라시대 '화랑'을 사상의 체(體)로 삼은 것에서도 조소앙 사상의 근저에 고유전통이 있음을 알 수 있다. 삼균주의는 한국의 고유전통사상을 근

---

9 김동환, 「조소앙과 대종교」, 『국학연구』 23, 2019, 6~9쪽.
10 대종교총본사, 「중광가」 41, 『대종교중광육십년사』, 1971, 239쪽.
11 김동환, 앞의 글, 2019, 10쪽.

간으로 하여 동서양의 진제(眞諦, 진실하여 잘못이 없음)가 되는 사상을 종합적으로 수용했던 것이다.[12]

신용하는 단군 가르침 요지가 '홍익인간'과 〈신지비사〉의 '수미균평위 흥방보태평'에 잘 나타나 있고, 삼균주의의 기원은 단군의 균평사상에서 배운 것이라는 조소앙의 주장을 그대로 인정하였다.[13] 삼균주의에는 경제 부문에 혼합경제체제[14]와 토지개혁이라는 사회민주주의적 요소가 도입되었는데, 이는 민족주의 독립운동 세력과 사회주의 독립운동 세력의 '통일과 연합' 형성의 동인(動因)이라고 보기도 하였다.[15]

정영훈은 조소앙의 사상은 그가 섭렵한 다양한 동서양의 지식, 종교, 사회운동들로부터 자극받았을 것이고, 거기에 소앙의 지적 상상력과 실천적 지식인으로의 통찰력이 작용하여 체계화되었을 것으로 보았다. 그러나 민주사회주의나 아나키즘, 삼민주의나 대동사상 같은 차이나 사상의 영향만 거론해서는 안 되며, 조소앙의 사상에 영향을 미친 사조에는 단군민족주의와 대종교도 포함되어야 한다고 주장한다. 삼균주의를 단군민족주의의 영향 속에서 생산된 독창적인 정치이론으로 바라보는 것이다.[16] 유교적인 배경에서 성장하여 유교를 국교로[17] 생각하기도 하였지만 대종교적 역사인식과 단군시대의 고유문화인 홍익문화론과 〈신지비사〉에 나오는 균평흥방론에서 삼균주의를 도출하였다고 보았다.[18]

---

12 최충식, 「삼균주의와 삼민주의」, 『삼균주의론선』, 삼성출판사, 1990, 183, 191쪽.
13 신용하, 「조소앙의 사회사상과 삼균주의」, 『한국학보』 104, 2001, 13~14쪽.
14 혼합 경제는 사회주의와 자본주의의 요소를 결합한 경제 체제의 한 유형인데, 조소앙은 중소기업에는 자본주의 원칙을 적용하고 대생산기관이나 대기업에는 사회민주주의 원칙을 적용하자고 하였다.
15 신용하, 앞의 글, 2001, 37쪽.
16 정영훈, 「조소앙의 단군민족주의와 삼균사상」, 『단군학연구』 38, 2018, 262~263쪽.
17 조소앙, 「信敎論」, "我國은 由來 四千年 孔敎之國也"
18 정영훈, 「민족고유사상에서 도출된 통일민족주의」, 『단군학연구』 40, 2019, 145~150쪽.

그런데 정영훈은 대종교인들이 환인·환웅·단군을 일신(一神)의 3기능인 조화주·교화주·치화주의 측면을 각각 일컫는 칭호로 받아들이는데, 조화·교화·치화를 정치·교육·경제 영역의 사무로 해석한다고 한다.[19] 물론 이는 정영훈의 말처럼 단정하기도 어렵고 이의가 제기될 수 있는 주장이다.[20] 삼·일사상을 기반으로 하는 대종교에서 조화·교화·치화의 삼(三)이 정치·교육·경제의 세 영역을 의미한다는 것은 근거도 없고 내용적으로도 통하지 않는다. 조화·교화·치화를 굳이 내용적으로 정치·경제·교육 영역과 연관시킨다면, 조화주인 환인은 신석기시대 열악한 삶의 제반 조건을 향상시켰으므로[21] 경제영역, 교화주인 환웅은 『천부경』과 『삼일신고』를 가르치고 백성들을 교화하였으므로[22] 교육영역, 치화주인 단군은 북방민족을 묶어 연맹체로 통치했으므로[23] 정치영역에 치중하여 다스렸다는 정도로 유추해 볼 수는 있을 것이다.

그런데 조소앙은 삼균제도의 세 영역인 정치·경제·교육을 대종교의 조화·교화·치화가 아니라 삼국 이래 일제강점기에 이르는 불평등의 역사 연구에서 찾은 것이다. 반제(反帝)가 아닌 일제로의 종속·편입·동화에서 민족문제 해결 방향을 찾은 민족개량주의 주창자 이광수도 자치운동을 주장하는 〈민족적 경륜〉[24]이라는 논설에서 "민족 백년의 대계로서는 정치·산업·교육의 3대 결사를 조직하여"라고 말했다. 여기서 산업은 경제의 다른 표현

---

19 정영훈,「조소앙의 단군민족주의와 삼균사상」,『단군학연구』38, 2018, 253쪽.
20 정영훈, 앞의 글, 2018, 254쪽.
21 大倧敎本司,『譯解倧經四部合編 全』「檀事記」造化紀, "桓因 開天國造群世界 大德化育甡甡物 … 九民居異俗人異業 或斥荒主種樹 或在原野主牧畜 或逐水草主漁獵"
22 『단군세기』, "惟我神市 實自桓雄 開天納衆 <u>以佺設戒而化之</u> <u>天經神誥 詔述於上</u> 衣冠帶劍 樂效於下"
23 『단군세기』, "戊辰唐堯時 來自檀國 至阿斯達檀木之墟 國人 推爲天帝子 <u>混一九桓</u> 神化遠曁 是謂檀君王儉"
24 『동아일보』1924.01.02.~06.

으로 쓰인 것이다. 이러하다면 삼균제도의 세 영역인 정치·교육·경제를 대종교의 조화·교화·치화로 연결시킬 근거는 없어 보인다.

지금까지 살펴본 것처럼 전통사상 혹은 민족 고유 전통에서 삼균주의가 연유한다는 연구는 적지 않으나 삼균주의에 이르는 사상적 흐름을 구체적으로 천착한 연구는 드물었다. 더욱이 선도사상에서 홍익인간은 당위론적으로 갑자기 등장하는 것이 아니라, 수행을 통해 천지인이 하나임을 깨닫는 성통에 이어지는 대사회적 실천인 공완으로 등장한다. 개인적 수행을 통해 나의 양심이 밝아지는 성통[신인합일]과 사회적 실천을 통해 양심이 깨어 있는 밝은 세상을 만드는 공완[홍익인간·재세이화]은 불가분리의 관계에 있는 것이다. 삼균주의의 사상적 기반을 홍익인간사상으로 설명하면서 한국선도 수행론을 누락하고 실천론인 홍익인간사상만을 언급하는 것은 한국선도에 대한 기왕의 인식이 미진하기 때문이라고 이해된다.

2) 차이나 유교 일반

조일문은 삼균주의의 민족적 정체성 자체를 의문시한다. 〈대한민국건국강령〉 총강 제2절에서 삼균주의가 〈신지비사〉의 '수미균평위 흥방보태평'에 역사적 근거를 두었다는 명문(明文)을 조소앙의 변명, 즉 삼균주의가 외래사상의 복사나 모방이 아님을 애써 변명한 것으로 취급했다. 소앙의 비범한 착상과 고심의 흔적을 역력히 볼 수 있으나 삼균주의의 사상적 연원으로 삼기에는 너무도 빈약하다고 평가했다. 차라리 한유(韓愈)의 '범물부득기평즉명(凡物不得其平則鳴, 무릇 만물은 고름을 얻지 못하면 소리를 낸다)'이나 공자의 '불환과이환불균(不患寡而患不均, 적음을 걱정하지 말고 고르지 않음을 걱정하라)'과 같은 수준의 참고자료로 제시하는 게 더 낫다고까지 했다.[25] 아무런 근거도 제시하지 않고

---

25 조일문, 「조소앙의 삼균주의」, 『삼균주의론선』, 삼성출판사, 1990, 55~56쪽.

조소앙과 삼균주의를 비하함이 이보다 더할 수 있을까?

김용호는 조소앙이 자본주의와 공산주의의 장점과 단점을 심층적으로 분석한 후 우리의 전통적인 고유 사상에서 출발한 이데올로기를 창출하기 위해 노력했다고 보았다. 외래사상으로 무장해서는 민족의 통일과 단결이 어렵기 때문에 우리민족의 고유 사상인 단군사상을 중심으로 단결해야 한다고 보고, 삼균주의의 궁극적인 목표는 홍익인간 이화세계에 있다고 보았다.[26] 김용호는 삼균주의가 우리의 전통사상에 기반을 둔 정치 이념이라고 하였는데, 고유한 전통사상에서 국가 건설에 필요한 이론, 즉 삼균주의를 개발할 수 있었던 것은 한학자인 조부로부터 전통적인 한문 교육을 받았고 성균관에 입학하여 사서삼경을 모두 익혔기 때문이라고 한다.[27]

조소앙이 일본 유학 이전까지 받은 교육은 유교 성리학임에 틀림없다. 그렇지만 김용호는 조소앙이 유교 성리학을 교육받았는데 어떻게 거기에서 단군사상을 중심으로 한 삼균주의 창출이 가능했는지에 대해서는 아무런 설명도 하지 않는다. 유학자들은 중화주의적 세계관의 가치 기준에서 벗어나는 배달겨레의 고대 역사경험을 황탄불경(荒誕不經, 말도 안 되게 터무니없고 도리에 맞지 않는다)하다고 배척하였고, 유교 문화가 도입되기 이전의 역사까지도 중화주의적 시각으로 재단하여 서술하였다. 선도사서인 고기류에 기록된 '고대의 역사경험'은 삭제하였고 배달겨레 상고·고대사는 유교적 기준으로 왜곡했다.[28] 태종·세조·예종·성종 4대에 걸친 선도서 소각령과 수서령이 입증하는 사실이다. 따라서 유교 성리학에서 단군사상을 도출하는 것은 역사적 경험에 부합하지 않는다.

---

26 김용호, 「조소앙의 삼균주의에 대한 재조명」, 『한국정치연구』 15, 2006, 50~51쪽.
27 김용호, 앞의 글, 2006, 52쪽.
28 소대봉, 「선도 홍익사관의 전승 과정 연구」, 국제뇌교육종합대학원 석사학위논문, 2022, 22쪽.

김용호는 조소앙이 손문의 삼민주의와 대동사상, 기독교 평등사상, 서구의 사회진화론과 사회주의 사상, 무정부주의 등 많은 사상들을 섭렵하였고 이들이 나중에 삼균주의에 반영되었다고 한다. 조소앙이 우리의 전통사상에만 집착하지 않고 폭넓게 외래사상을 섭렵한 결과 배달겨레에게만 적용되는 것이 아니라 인류의 발전에 필요한 보편적인 정치이데올로기인 삼균주의를 개발[29]할 수 있었다는 주장이다. 삼균주의는 민족 평등, 국가 평등, 인류 평등의 대의를 선언[30]한 것으로 조소앙은 그 역사적 근거를 〈신지비사〉의 '수미균평위 흥방보태평'에서 찾았다.[31] 삼균주의를 창안한 조소앙은 고유의 전통사상·문화에서 민족·국가·인류의 평등과 세계일가(一家) 이상을 찾아냈는데, 김용호는 전통사상은 편협하므로 조소앙이 외래사상을 폭넓게 섭렵하여 인류발전에 보편적인 정치이데올로기인 삼균주의를 개발했다고 보고 있으니 고유의 전통사상·문화에 대한 이해가 부족했다고 볼 수밖에 없다.

정태욱은 조소앙이 삼균주의의 유래를 우리 고유의 민족사상에서 찾는 점을 주목한다고 하였다. 그런데 조소앙이 평등의 원조로서 단군조선의 수미균평위 사상을 꼽고 있지만 조소앙이 단군신앙, 대종교에 의지하는 것은 아니라고 보았다. 조소앙이 우리민족 최고의 공리라고 말한, 삼균제도를 내용으로 한 홍익인간은 스쳐 지나가면서, 평등에 대해 보충 설명으로 덧붙인 사례인 한유[凡物不得其平則鳴]와 공자[不患寡而患不均]에만 초점을 두었다. 따라서 "조소앙은 균형의 이념이 단지 단군 사상에 고유한 것이 아니라 동양 사상 전체를 관류하는 것이며, 동서고금의 진리임을 말하고 있다"[32]고 오독(誤讀)

---

29 김용호, 앞의 글, 2006, 52~54쪽.
30 김용호, 앞의 글, 2006, 59쪽.
31 조소앙, 「대한민국건국강령」, 『조소앙선집』 상, 2021, 227쪽.
32 정태욱, 「조소앙의 〈대한독립선언서〉의 법사상」, 『법철학연구』 14, 2011, 20~23쪽.

한다. 주(主)와 부(副)를 가리지 못하는 시각도 아쉽지만 홍익인간을 '균형' 정도로만 이해하는 협소한 이해력도 매우 아쉽다.

3) 차이나 유교 특히 주희성리학

의외로 많은 연구자들이 삼균주의의 사상적 기반으로 차이나 유교, 특히 조선의 국시(國是)였다가 망국의 사상으로 전락한 성리학을 꼽았다. 이상익이 대표적이다.

이상익은 조소앙 삼균주의의 사상적 토대는 전통사상과 서구사상으로 대별된다고 보았다. 전통사상으로는 단군의 가르침인 고유사상[홍익인간]과 유교사상이 영향을 끼쳤고, 서구사상으로는 민족주의, 민권사상, 기독교, 사회주의·공산주의, 무정부주의가 영향을 끼쳤다고 했다. 다양한 사상들이 조소앙의 사상 형성에 영향을 끼쳤고, 지대한 영향을 끼친 전통적 요소는 유학 특히 성리학적 세계관이라고 했다. 조소앙이 전통 성리학의 이기론(理氣論)에 토대를 두고 동서고금의 여러 사상들을 융합하여 자신의 세계관을 정립했다고 보는 이상익은 "삼균주의의 기본 골격은 전통 성리학의 이일분수론(理一分殊論)으로부터 도출된 것이 분명하다"고 썼다.[33] 성리학이 국시였던 조선이 망했음에도 불구하고 조소앙이 그 성리학에서 〈대한민국건국강령〉의 뼈대가 되는 삼균주의를 도출했다는 것이다.

'이일분수'는 성리학 비조인 주희철학에서 가장 중요한 개념이다.[34] 이치는 하나(理一)이나 그 나뉨은 다양하다(分殊)는, 즉 세계를 관철하는 보편 원리와 개별 현상에 내재하는 특수 원리 사이에는 일치성이 있다고 설명하는 성

---

33 이상익, 「조소앙 삼균주의의 사상적 토대와 이념적 성격」, 『한국철학논집』 30, 2010, 91~98쪽.
34 방경훈, 「주희의 이일분수의 원리개념과 자아전개에 관한 연구」, 『원불교사상과 종교문화』 76, 2018, 455쪽.

리학 이론이다. 이상익은 조소앙이 〈소앙기설(素昂氣說)〉에서 "(만물은) 모두 일기(一氣)가 낳았으니, 그러므로 만물은 모두 겨레이다 … 사람과 만물은 같은 종(種)으로서 뿌리가 하나"라고 한 말은 '만물이 동류(同類)임'을 나타내는 말로 성리학의 개념으로는 '이일(理一)'에 해당한다고 보고 조소앙 삼균주의의 기본 골격은 성리학의 '이일분수'에서 도출되었다고 보는 것이다. 조소앙이 〈일신교령〉에서 '일신을 만물의 주재자요 온갖 종교의 근원'으로 설정하고 일신에는 수많은 양상이 있어서 다양한 모습으로 현현(顯現)하는 것도 성리학의 이일분수론에 근거한 것으로 본다.[35]

그런데 이상익은 모든 존재가 거기에서 비롯된 존재의 근원인 일기(一氣, 밝음·생명력)를 성리학의 근본원리(仁)로 환치시키고 동일시한 것으로 보인다. 존재론적 영역에서의 일기를 윤리영역에 해당하는 이일(理一)[36]로 등치시키는 오류를 범하고 있는 것이다. 주희 역학을 관통하는 '이일분수'의 최종 목적지는 가치지향의 인간상을 제시하는 데 있는 것[37]이지 존재의 근원에 대한 존재론적 설명에 있는 것이 아니다. 사회를 통일시키는 도덕 원리[仁]는 자연을 통일시키는 존재 원리로부터 도출되어 인간과 인간관계에 적용시킨 것이기에 윤리론적 의미에서 이일과 하나이지만,[38] 존재의 근원인 일기와 존재론적 의미에서 등치될 수는 없다.

세계관의 문제도 있다. 주희는 천지만물 이치(理)의 총화를 태극이라 보았고[39], 그 태극이 마치 하늘에 있는 달이 강과 호수에 반사되어 가는 곳마다 보이듯이 만물의 각각에 품수되었다(分殊)고 보았다.[40] 사물이 없을 때에

---

35 이상익, 앞의 글, 2010, 93~95쪽.
36 김정각, 「주희역학에서의 '理一分殊'에 관한 연구」, 『철학』 134, 2018, 3~4쪽.
37 김정각, 앞의 글, 2018, 28쪽.
38 김흥경, 「주희 이일분수설의 총체적 이해」, 『현상과인식』 14, 1990, 112~113쪽.
39 『朱子語類』 94, "事事物物皆有個極 是道極至 … 總天地萬物之理 便是太極"
40 『朱子語類』 94, "如此 則是太極有分裂乎 日本只是一太極 而萬物各有禀受 又自各全具一

도 그 이치(理)가 존재한다고 보는[41] 주희 철학체계에서 태극의 위치는 플라톤 철학체계에서 선(善)의 이데아와 아리스토텔레스 철학체계에서 신(神, 순수 형상)에 해당한다고 볼 수 있는데,[42] 주희는 실재를 두 세계인 이치(理, abstract)와 기운(氣, concrete)으로 되어 있다고 보는 이원론적 세계관을 가지고 있었다.[43] 주희의 이일분수설에서는 본체와 현상이 계속적으로 구별되는데, 주희는 세계의 시원이자 본원으로 설명되는 '이일(理一)'을 관념적으로나마 물질적 세계와 분리되어 독자적으로 존재하는 것으로 보았다. 이는 도덕적 인격성을 가진 인격신적 존재가 자연을 지배한다는 종교적 세계관의 이론적 변형에 불과한 것이다.[44]

그런데 조소앙은 '만물의 본체를 오직 기로 바라보고 하나의 기에서 생겨났기에 만물은 모두 일족이며 동종의 지파로 바라보는',[45] 즉 기 일원론적 세계관을 가지고 있었다. 이원론과 일원론은 전혀 다른 세계관인데, 이원론적 세계관에서 일원론적 세계관이 나왔다는 것을 어떻게 납득시킬 것인가?

윤리론적인 의미에서 '분수(分殊)'는 군주는 인(仁), 신하는 경(敬), 자식은 효(孝), 부모는 자애(慈愛)처럼 개개의 인간에게 주어져 있는 도덕적 당위[46]인 의(義), 즉 명분(名分)은 각각 다르다는 뜻을 담고 있으나[47] 궁극적인 조화(仁)의 세계를 이루는데 기여한다고 본다. 그러나 현실적으로는 인간관계를 계

太極爾 如月在天 只一而已 及散在江湖 則隨處而見 不可謂月已分也"

41 『朱熹集』「答劉叔文」, "若在理上看 則雖未有物而已有物之理 然亦但有其理而已 未嘗實有是物也"
42 풍우란저, 정인재 역, 『중국철학사』, 형설출판사, 1999, 364쪽.
43 풍우란저, 정인재 역, 앞의 책, 1999, 378쪽.
44 김흥경, 「주희 이일분수설의 총체적 이해」, 『현상과인식』 14, 1990, 97쪽, 117~118쪽.
45 조소앙, 「소앙기설」, "故通萬有 爲物之本體者 其惟氣乎 … 一氣所生 故物皆族也 萬物非同宗之支乎 … 氣無始終 亦無能所 徧一切處 亘一切時 含一切理耳"
46 『朱子語類』 18, "所居之位不同 則其理之用不一 如爲君須仁 爲臣須敬 爲子須孝 爲父須慈"
47 김흥경, 앞의 글, 1990, 115쪽.

제(階梯)적으로 질서 지우는 것이었기에 균등과는 거리가 멀다. 더욱이 주희 성리학이 이루고자 한 것은 관료지배기구의 보조를 받아 국가권력이 정상 적으로 행사되고, 향촌질서의 안정 위에 중소지주의 봉건적 착취 관계가 지속적으로 유지되는 사회였다.[48]

주희는 명분을 자연적인 것이라고 주장하여[49] 절대화시키고 그 명분의 실천을 유도함으로써 신분적 상하관계를 유지·강화하려고 하였다.[50] 즉, 주희성리학은 신분적 상하관계가 분명한 현실의 사회 질서를 자연적인 질서라고 선언함으로써 그 절대성과 합리성을 보증하려는 것이었다. 신분제가 초래하는 불평등을 해소하고 정치·경제·교육의 권리를 균등하게 누리는 새로운 사회를 건설하자는 조소앙의 삼균주의가 봉건적 신분제 유지를 골간(骨幹), 불평등을 전제로 한 성리학에서 도출되었다는 견해는 도무지 납득하기 어렵다.

조소앙은 1907년 〈신교론(信敎論)〉에서 한국이 지난 4천 년간 '유학의 나라(孔敎之國)'였다고 규정하고 유학을 문화의 중심으로 삼아야 한다고 규정한 바 있다. 이상익이 조소앙의 사상적 골격을 전통 유학에 토대를 두었다고 보는[51] 이유로 여겨진다. 그러나 조소앙은 1910년 나라가 망한 이후 기독교와 단군에 관심을 기울였고, 1913년 상해로 망명하여 동제사와 박달학원에서 활동하면서 대종교와 깊은 관계를 맺게 된다. 유교[52]의 근대화를 통한 국교(國敎)로의 정착에 힘을 쏟던 박은식[53]이 1910년 나라가 망한 후 유

---

48 김홍경, 앞의 글, 1990, 107~108쪽.
49 『朱子語類』 22, "君君臣臣 父父子子 兄兄弟弟 夫婦朋友各得其位 自然和"
50 김홍경, 앞의 글, 1990, 120쪽.
51 이상익, 앞의 글, 2010, 98쪽.
52 유학(儒學)은 '학문적 철학 체계'로 공자, 맹자, 주희 같은 사상가들이 세운 인간관·도덕·정치철학으로, 유교(儒敎)는 '사회적·윤리적 실천 체계', 즉 효(孝)·예(禮)·충(忠) 등 실천 윤리를 강조하는 일종의 도덕 종교 또는 생활 규범으로 구분할 수 있다. 조선은 유교를 국교로 삼았다.
53 한영우, 「1910년대 박은식의 민족주의 사학」, 『한국민족주의역사학』, 일조각, 1994, 124쪽.

교의 틀을 벗었던[54] 것처럼 조소앙도 유교의 틀 속에 구속되지 않았던 것이다. 1914년 집필한 〈일신교령〉에는 선도사상의 일신·신인합일(성통)·홍익인간(공완)이 조소앙만의 언어로 표현되고 있으며, 〈대동종교신창립〉에서 영향을 받은 경전으로 대종교 경전인 『삼일신고』를 거론했다. 대종교도 박명진에 의하면 조소앙은 1917년 이미 대종교 간부였다.[55]

조소앙이 초안을 잡은 〈대한민국건국강령〉은 우리민족이 지켜야 할 최고 공리를 홍익인간·이화세계라 하였고 홍익인간의 내용적 실체를 삼균제도라고 하였다. 홍익인간은 선도사상의 핵심이다. 조소앙의 이러한 사상 변천을 보지 못하고 내용적으로 선도사상과 대척점에 있는 성리학을 삼균주의의 토대라고 보는 관점은 이해하기 어렵다. 선도사상은 홍익주의적 세계관과 자주적 역사인식을 가진데 반해 유교 성리학은 중화주의적 세계관과 사대주의 역사인식을 가지고 있었고, 인간 평등에 기초한 홍익인간사상과 성리학 신분제와는 상극이었기에 병립할 수 없기 때문이다.

성리학은 조선의 국시(國是)였다. 구한말 그 성리학은 시의성을 잃으면서 망국의 철학이 되었다. 심하게 말하면 성리학은 망국의 원인이 된 철학이었다. 〈대한민국건국강령〉에서 광복이후 건국지침으로 삼은 삼균주의가 성리학에 토대를 둔 것이라는 이상익의 관점은 자주적인 민주공화국을 건설하고자 하는 독립투사의 사상이 사실은 사대하는 봉건왕조를 유지했던 망국의 사상에 토대를 둔 것이라는 주장이다. 이러한 주장은 실상 삼균주의를 모독하는 것과 다르지 않다. 광복된 조국에서 삼균주의를 뼈대로 홍익인간

---

54 "존화양이의 대의를 고집한다면, 만일 한(漢)나라의 순체·양복, 당(唐)나라의 소정방·이세적이 다시 쳐들어와도 앞장서서 그들의 앞잡이가 되어 그 군사를 환영하고 노래를 부르지 않겠는가?"(박은식, 「몽배금태조」, 『대통령이 들려주는 우리역사』, 박문사, 2011, 252쪽.)라는 금태조의 질타는 실상 유교의 사대주의와 존화양이 세계관에서 벗어나야만 민족이 보인다는 박은식의 뼈아픈 자각이다.

55 박명진, 「대종교독립운동사」, 『국학연구』 8, 2003.

사상을 구현하여 신(新)⁵⁶민주국을 건설하고자 했던 조소앙의 사상은 주희성리학이 아니라 한국선도의 맥(脈)을 잇는 것이었다.

4) 차이나 근대의 대동사상 및 삼민주의

조소앙 삼균주의의 사상적 기반이 강유위(康有爲)의 대동사상이라는 연구도 있다. 조동걸은 강유위·양계초 등 차이나 근대개혁론자들이 주장한 대동적 평등사상이 조소앙에게 삼균주의 이념이나 민주사회주의 사상을 낳게 한 모태가 된다고 보았다. 비록 조소앙이 대종교를 기반으로 한 일성교(一聖敎)를 제창하기도 했으나 삼균주의는 유교의 대동사상에 바탕한 것⁵⁷으로 본 것이다. 한시준도 강유위의 대동사상은 불평등을 완전 해소한 대동 세상을 주장하는 것인데 이러한 대동사상이 조소앙에게 수용되어 삼균주의를 낳게 한 모태가 되었다고 보았다. 삼균주의의 사상적 기저에는 대동사상이 있다는 것이다.⁵⁸ 그런데 강유위의 대동사상에는 균권론이나 균부론과 연결될 수 있는 다양한 정책적 상상들이 개진되고 있지만 균지·균학론은 보이지 않는다.⁵⁹ 정치와 경제의 균등이 영향을 받았다고는 주장할 수 있으나 교육의 균등에 대해서는 근거가 없다.

이는 손문의 삼민주의 영향이라는 주장에도 그대로 적용된다. 손문의 삼민주의는 민족·민권·민생을 말한다. 삼민주의는 1920년대 당시 세계 3대 주류 사조인 민족주의·민주주의·사회주의를 종합 절충한 것이다. 그런데

---

56 조소앙은 '신'자를 붙인 이유를 다음과 같이 설명했다. "'신'자를 더한 본뜻은 현대세계 70여 개 나라 중 최대다수의 나라가 민주정치를 채용하고 있으나 민주정치의 실익을 얻지 못하고 형식적으로 진행하고 있기 때문에, 우리는 진부한 민주의 찌꺼기를 먹지 말고 민주정치의 진수 혹은 민치(民治)의 본질을 실행하자는 뜻에서 '신'자를 더한 것입니다."(조소앙, 「당강해석 초안」, 『조소앙선집』, 삼균학회, 2021, 353쪽.)

57 조동걸, 「임시정부 수립을 위한 1917년의 「대동단결선언」」, 『한국학논총』 9, 1987, 130~132쪽.

58 한시준, 「조소앙의 삼균주의」, 『한국사 시민강좌』 10, 일조각, 1992, 103쪽.

59 정영훈, 「민족고유사상에서 도출된 통일민족주의」, 『단군학연구』 40, 2019, 151쪽.

여기에는 교육 방면의 평등이나 지식의 균점이 중시되고 있지는 않다. 민권은 주권재민과 정치 평등의 민주체제를 지향하는 이념이며, 민생은 부의 편재를 시정하고 국민 전체의 복지를 증진시키는 것을 지향하는 이념이다.[60] 정치에서의 균등이나 경제에서의 균등을 삼민주의와 연결시킬 수 있으나 교육 균등이 누락되었다는 면에서 삼민주의가 삼균주의의 사상적 기반으로 거론되는 것은 적절치 않다.

정치를 바라보는 관점은 다양하지만 우리 시대의 지배적인 자유주의적 정치관에 따르면, 시민 사회 내에서의 정치 역시 자연 상태에서와 마찬가지로 희소한 재화를 배분하는 규칙을 누가 제정할 것인가를 둘러싸고 자기 이익을 추구하는 개인들이 벌이는 경쟁적인 투쟁의 장으로 인식된다. 따라서 정치는 누가 지배하는가 곧 '누가 언제, 무엇을, 어떻게 얻는가'라는 문제로 집약된다.[61] 정치문제의 중심도 경제에 있는 것이다.

경제문제의 집중된 표현인 정치문제를 풀어 나아가는 것은 국민들의 의식변화와 함께하므로 교육에서 출발할 수밖에 없다. 관심만 있다면 누구나 볼 수 있는 정치, 경제에 더하여 그 해결의 출발점으로서의 교육을 넣어 삼균을 주장한 데에서 조소앙의 독창성을 보게 된다. 김기승도 서구 자유주의와 공산주의 이념과 전략전술 수립에서 당연시되는 정치와 경제 외에 '교육'을 이념과 전략의 중심개념으로 포착한 것이 삼균주의적 관점의 주요한 특징이라고 본다.[62] 이민족 지배로 민족이 말살당할 지경에 이른 정치적 유린(蹂躪)과 경제적 파멸이라는 현실을 타개하는 수단, 미래를 열어 나아갈 수단으로 교육 영역을 선택한 것으로 보인다. 민족과 국가의 백년대계를 좌우하는 의식 변화는 교육에서 출발하기 때문이다. 그럼에도 교육의 기본원칙이

---

60 정영훈, 앞의 글, 2019, 151쪽.
61 강정인, 『민주주의의 이해』, 문학과지성사, 1997, 179쪽.
62 김기승, 『조소앙이 꿈꾼 세계』, 지영사, 2003, 221쪽.

'과학적 지식의 보편화'에 머물러 교육을 통한 '인성회복'으로 홍익인간으로 가는 길을 열지 못한 것은 삼균주의의 작지 않은 흠결이다.

신우철은 건국강령에 들어있는 삼균주의의 사상적 연원을 '모방·융합·창조'라 하였다. 건국강령의 작성에는 다양한 사상의 궤적이 집약되어 있으나 강유위의 대동사상과 손문의 삼민주의 영향이 가장 컸다고 보았다. 대종교는 총강 제2절에 흔적은 남기고 있으나 그 실질적인 의미는 유지되지 못하고 있다고 한다.[63] 건국강령이 홍익인간 이화세계의 내용적 실체로서 정치·경제·교육의 삼균제도를 들고 있고, 총강 제6절과 제7절은 물론 제3장 건국 시기를 다룬 내용이 모두 홍익인간의 실천 지침인 삼균주의의 강령과 정책에 대한 구체적 설명임에도, 대종교는 흔적만 남아있다는 그의 주장은 도무지 납득하기 어렵다.

나종석은 대한민국 헌법에 큰 영향을 행사한 조소앙의 삼균주의는 우리 민족의 전통이념 및 유교적 이념에서 전개되어 나온 것으로 이해한다. 그 유교적 이념은 조선사회에서 지속적인 관심의 대상인 대동사상이며, 조소앙은 『논어』 '계씨(季氏)' 편에 나오는 '불환과이환불균'이라는 공자의 주장이 삼균주의의 중요한 사상적 기원이라고 강조했다고 한다.[64] 서구 세계로부터 받은 영향보다는 유교적 대동정신의 영향 속에서 보아야 삼균주의의 역사적 근원을 제대로 이해할 수 있다고도 하였다.[65] 그러나 조소앙은 〈한국독립당 당의해석〉에서도 삼균제도의 역사적 근거를 〈신지비사〉의 '수미균평위 흥방보태평'에서 찾고 있었고, 삼균제도는 우리민족이 지켜야 할 최고의 공리인 홍익인간이라 하였을 뿐이다. 조소앙은 평등의 의미에 대해 보충

---

63 신우철, 「건국강령(1941.10.28.) 연구 '조소앙 헌법사상'의 헌법사적 의미를 되새기며」, 『중앙법학』 10, 2008, 69~72쪽.
64 나종석, 「한국 민주공화국 헌법 이념의 탄생과 유교 전통」, 『철학연구』 147, 2018, 166~174쪽.
65 나종석, 앞의 글, 2018, 148쪽.

설명하면서 '불환과이환불균'이라는 공자의 말을 인용하였을 뿐 삼균주의의 사상적 기원이라고는 말하지 않았다. 홍선희의 주장처럼 논거를 보강하기 위하여 덧붙인 정도로 보아야 한다.[66]

공자는 주나라 종법(宗法) 제도로의 회귀를 노래하며 예(禮)를 강조했다. 애초에 유교에서 예는 불균등함을 전제한 것으로서[67] 사람들에게 차등을 둔 뒤에 각자의 분수를 지키게 해야 사회가 안정된다고 본다.[68] 공자는 전통을 고집한 보수적인 인물로서 예악에 있어서 전통적인 관례나 기준에서 일탈된 것은 무엇이나 다 바로잡으려고 애썼다.[69] 유교에서 예는 이렇게 주어진 신분에 따른 사회적 질서의 규범과 행동의 표준적 절차를 따르게 하는 것이므로 유교 이념에서는 수미(首尾)의 위상이 균등할 수 없다. 신분에 따른 질서를 주장했던 공자에게서 삼균주의 평등의 사상적 기원을 찾는 것은 어불성설이다.

5) 서구의 사회주의

정용대는 조소앙의 삼균주의가 민주주의와 사회주의 성격을 동시에 포함하는데, 삼균주의가 국민 생활의 균등에 가장 기본적인 관심을 두었으므로 정치적인 측면에서 사회주의를 가장 바람직한 것으로 보았다고 한다. 조소앙이 모든 분쟁의 원인이 불평등에 있다고 보았으므로 조소앙 사상의 핵심은 평등으로 균등의 가치를 절대화하였다고도 했다.[70] 명시적으로 삼균주

---

66 홍선희, 『조소앙의 삼균주의 연구』, 부코, 2014, 71~72쪽.
67 『禮記』樂記, "天尊地卑 君臣定矣 卑高以陳 貴賤位矣 動靜有常 大小殊矣 方以類聚 物以群分 則性命不同矣 在天成象 在地成形 如此則禮者天地別也"; 『禮記』郊特牲, "帝牛必在滌三月 稷牛有具 所以別天神與人鬼也 萬物本乎天 人本乎祖"
68 이기동, 『유학 오천 년』1, 성균관대학출판부, 2022, 121쪽.
69 풍우란 저, 정인재 역, 『중국철학사』, 형설출판사, 1989, 61쪽.
70 정용대, 「조소앙의 삼균주의와 민족통일노선」, 『정신문화연구』 27, 2004, 76~77쪽.

의의 사상적 배경을 언급하지는 않았지만 삼균주의의 사상적 배경을 사회주의로 본 것으로 읽힌다. 1919~1921년까지 2년여에 걸친 유럽 순방에서 영국노동당 인사들과 접촉이 조소앙의 사상 형성에 큰 영향을 미쳤다는 주장[71]은 이를 뒷받침한다. 삼균주의의 사상적 연원은 단군의 홍익인간의 개국정신을 비롯한 한국의 전통정신이지만 학자들의 공통된 견해를 빌려 그것이 사회주의 성격을 가지고 있다고 주장하는 것[72]에서도 알 수 있다. 정용대는 정권참여 기회의 균등화, 경제적 조건의 균등화, 교육 기회의 균등화는 민족주의, 민주주의, 사회주의를 종합 체계화한 것이라 보았다. 그런데 정치는 민주주의, 경제는 사회주의와 대응하나 교육은 민족주의와 대응하지 않는다는 점에 대해서는 아무런 설명이 없다. 서구사상의 이데올로기로만 해석할 경우 논지가 막혀버리는 지점이다.

여경수는 조소앙이 주장한 정치에서의 균권, 경제에서의 균부, 교육에서의 균지라는 삼균은 복지국가와 그 맥락을 같이 한다고 보았다. 삼균주의에 입각한 〈대한민국건국강령〉을 수정자본주의 또는 사회민주주의를 실현하려는 계산 하에 만든 것으로 이해하여 삼균주의의 사상적 배경을 사회민주주의로 파악[73]하는 것으로 보인다. 논자의 주관적 맥락에서 삼균주의가 사회민주주의를 실현하려는 정치사상으로 이해된다고 하여 사회민주주의가 삼균주의의 사상적 기반이라고 주장하는 것은 입증해야 할 사실을 입증하지 않고 단정하는 순환논법과 다르지 않은 것으로 보인다.

6) 조소앙이 섭렵한 사상의 총합

홍선희는 '조소앙의 삼균주의' 연구에 대한 물꼬를 텄으나 삼균주의 사상

---

71 정용대, 앞의 글, 2004, 81쪽.
72 정용대, 앞의 글, 2004, 82쪽.
73 여경수, 「조소앙의 삼균주의와 헌법사상」, 『민주법학』 48, 2012, 284, 298쪽.

의 본질을 다루기보다는 곁가지를 다루는데 치중한 느낌이 있다. 홍선희는 〈신지비사〉에 나오는 '수미균평위 홍방보태평'에서 삼균주의 균등론의 역사적 근거를 찾은 조소앙이 기존의 도참(圖讖)적인 해석 대신 사회사상적인 해석을 붙여 원용하였다고 한다. 여기에 홍익인간 이화세계의 건국이념을 연결시켜 민족주의적 이데올로기의 중심 개념으로 삼았다고 보았다. 또한 공자의 '불환과이환불균' 등은 삼균주의 논거를 보강하기 위해 덧붙인 것으로 보았다.[74] 공자의 '불환과이환불균'을 삼균주의의 주요한 사상적 기원으로 보는 나종석 등과는 전혀 다른 해석이다.

홍선희는 조소앙의 기본사상이 "신라 시대 가장 역량이 있었던 '화랑'을 체(體)로 삼고 역학과 변증법을 방법"으로 삼았음[75]을 인정한다. 그의 핵심 사상은 화랑도를 비롯한 민족사상이고 철학적 방법으로는 역경에 나오는 태극설과 변증법을 취했으며, 유물론과 유심론, 동양사상을 새로운 단계에서 종합하려 시도했다고 평가했다. 조소앙의 '당의도설내방도(黨義圖說內方圖)'가 전통적인 태음·태양·소음·소양의 사상론 대신 '우(宇, 공간적 세계)-양(陽)-주(宙, 시간적 세계)-음(陰)'의 새로운 사상론으로 새로운 태극도설을 구상했다고도 보았다. 조소앙이 〈한국독립당 당의연구방법〉에서 그린 '당의도설내방도'는 '우-양-주-음' 순서의 끊임없는 유전 반복이 삼상(三相, 時(시간)·故(논리적 추론)·空(공간))으로 종합된다[76]고 보았다.

---

74 홍선희, 『조소앙의 삼균주의 연구』, 부코, 2014, 69~72쪽.
75 조소앙, 「자전」, 『조소앙선집』 하, 삼균학회, 2021, 364쪽.
76 홍선희, 앞의 책, 2014, 95~97쪽.

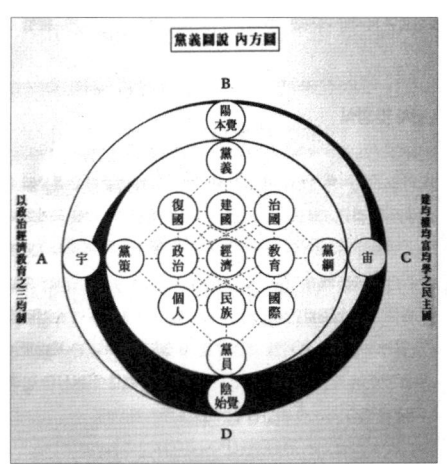 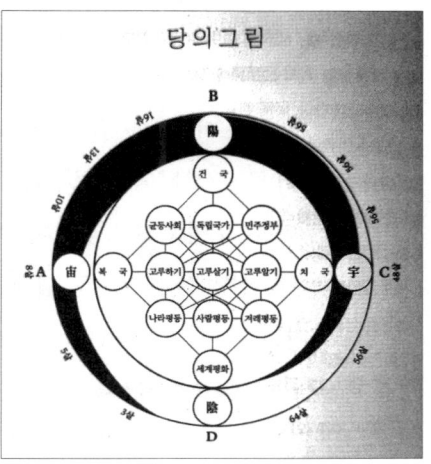

〈그림 1〉 당의도설내방도와 당의그림 비교
1932~1933년 당의도설내방도, 1946년 당의 그림

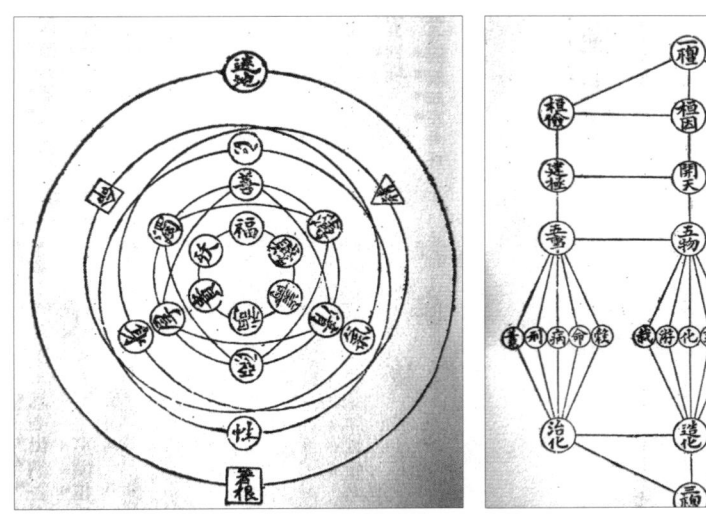

〈그림 2〉 진리훈도와 삼신개화도
『三一神誥』眞理訓圖, 『神事記』三眞開化圖

그런데 조소앙의 '당의도설내방도'가 "동양의 전통적인 태극도설로 표현"된 것인지는 의문이다. '당의도설내방도'의 외원이 태극처럼 보이는 것 외

에는 '당의'를 표현한 그림은 주돈이 등 송대 유학자들의 태극도와 유사성이 전혀 없기 때문이다. 〈한국독립당 당의연구방법〉에서 설명하는 것은 모두 '당의도설내방도'에 있는 단계별[건국·복국·치국], 영역별[정치·경제·교육], 주체별 [개인·민족·국가]로 구분된 9개 범주와 그 상호 연관 관계에 대한 것이다. 조소앙이 그림으로 보여주고자 한 것은 정치·경제·교육의 삼균제도로서 균권·균부·균지의 신민주국 건설을 쉽게 이해시키는 데에 초점이 맞춰져 있다고 보인다. 이는 〈그림 2〉에서 보는 것처럼, 대종교 총본사에서 간행한 『역해종경사부합편(譯解倧經四部合編)』에서 독자의 이해를 돕기 위해 많은 도해를 그려놓은 것과 같은 맥락이다. 따라서 한국독립당의 당의를 이해하기 쉽게 그림으로 그렸다는 이상의 의미 부여는 과한 것으로 보인다. 물론 조소앙은 '태극도설' 혹은 '태극도해'라는 용어를 사용하지도 않았다.

또한 조소앙이 1946년에 작성한 '당의 그림'에서는 사상(四象)의 순서를 '주(宙)-양(陽)-우(宇)-음(陰)'의 순으로 바꾸어 놓았다. 시간과 공간의 순서를 중요하게 여기지 않은 때문으로 보인다. 그렇다면 굳이 사상'론(論)'이라고 의미부여를 할 필요가 있는지도 궁금해진다. 1946년 당의 그림에서는 9개 범주에서 '복국-건국-치국'이 빠지고 '균등사회-독립국가-민주정부'로 대체되는데 이는 광복이 되고 건국을 준비하는 시기이기에 달성해야할 목표가 달라진 때문으로 이해된다.

실제로 〈한국독립당 당의연구방법〉에서 조소앙이 보여주고자 한 것은 '복국·건국·치국' 단계에서 '정치·경제·교육'이 균등해야 하고, 당의 집행 주체이자 대상은 '개인·민족·국제'라는 사실과 그 상호 연관 관계에 대한 설명이었다. 조소앙이 '당의도설내방도'를 그려 강조하고자 한 것은 홍선희가 주장한 것처럼 "철학적 기초를 밝히는 것을 목적으로 하여" 태극도해를 남겼[77]다기 보다는 '복국·건국·치국·정치·경제·교육·개인·민족·국제'의 9

---

77 홍선희, 앞의 책, 2014, 95쪽.

개 범주와 그 상호 연관 관계로 보여진다.

더구나 조소앙 기본사상의 체가 화랑이었음을 인정한다면 초점은 화랑(사상)에 두었어야 할 것이다. 화랑의 사상에 대해 다루고 있는 최치원의 난랑(鸞郞) 비 서문에서 말하는 배달겨레 고유 사상은 유교·도교·불교의 종지(宗旨)를 아우르는 접화군생(接化群生)의 풍류,[78] 즉 선도사상이다. '화랑을 사상의 몸체로 하였다'는 말은 바로 조소앙의 기본사상이 선도사상임을 말하고 있는 것이다. 홍선희가 조소앙의 기본사상인 선도사상은 구체적으로 다루지 않으면서 삼민주의·대동사상·무정부주의·사회주의·동서양의 기성종교·성리학의 이기설 등이 조소앙의 사상적 배경이라고 장황하게 나열한 것[79]은 고갱이는 제쳐두고 곁가지만 다룬 것에 불과하다.

강만길은 조소앙 삼균주의의 사상적 배경에 대해 홍선희의 주장을 그대로 인정했다. 즉 손문의 삼민주의, 강유위를 통한 대동사상, 민족운동 전선에 큰 영향을 준 무정부주의와 사회주의, 그리고 대종교와 성리학의 이기설 등을 삼균주의의 사상적 기반으로 인정한 것이다. 이 역시 고갱이는 다루지 못한 것이다. 다만, 강만길은 무엇보다도 조소앙이 삼균주의의 이론적 근거를 모두 민족사 흐름 속에서 구하고 있는 것에 주목했다.[80] 조소앙이 정치 균등·경제 균등·교육 균등이라는 삼균제도의 근거를 역사적인 맥락 속에서 찾아내고 있는 것에 주목했던 것이다.

김기승은 조소앙이 18세까지의 전통적인 한학 교육을 통해 쌓은 '풍부한 한학(漢學)적 지식과 유교적 소양', '한국사에 대한 지식'이 삼균주의 형성의 모태라고 보았다.[81] 조소앙이 1910년대 여러 종교와 사상을 혼재하여 통

---

78 『삼국사기』 신라본기4 진흥왕 37년.
79 홍선희, 앞의 책, 2014, 41~57쪽.
80 강만길, 「민족운동·삼균주의·조소앙」, 『조소앙』, 한길사, 1982, 312~313쪽.
81 김기승, 『조소앙이 꿈꾼 세계』, 지영사, 2003, 50쪽.

합종교로 구상한 육성교는 1920년대 무정부주의 사상을 거쳐 1930년대 삼균주의 정립으로 나타났다고 했다.[82] 삼균주의가 자립하기까지는 육성교(六聖敎)적 사유가 현실세계에 나오면서 무정부주의 사상을 통해 숙성되는 과정을 겪어야만 했다는 것이다.[83] 김기승은 삼균주의를 '민족주의나 사회주의를 대신하거나 포괄하는 이념'으로 바라보면서[84] 조소앙의 사상이 다양한 사상을 망라한 것이라고 보지만, 조소앙의 삼균주의에 가장 중요하게 영향을 미친 핵심이 무엇인지는 슬그머니 피하고 있다.

그런데 김기승의 주장과 달리 다양한 사상을 학습하고 경험한 조소앙은 〈대한민국건국강령〉에서 삼균제도의 역사적 근거를 〈신지비사〉의 '수미균평위 홍방보태평'에서 찾았고, 삼균제도는 우리민족이 지켜야 할 최고 공리인 '홍익인간 이화세계'라 하였다. 홍익인간이 선도서인 『고기(古記)』를 인용한 『삼국유사』에 명기되어 있음은 공지의 사실이다.

게다가 유교적 소양을 사상적 포용성이 있는 삼균주의의 모태로 보는 것은 사상적 내용은 물론, 역사적 사실에도 반한다. 조선의 국시였던 성리학적 가치체계를 받아들이는 것은 사대·모화 중화주의 세계관에 포섭되는 것을 의미했기에 자주적인 역사인식을 지니는 선도적 세계관과는 대척점에 있었다.[85] 또한 신분제도를 천경지의(天經地義)로 여겼던 성리학은 인간 평등에 기초한 홍익인간사상과 병립할 수 없었다. 태종 때의 분서(焚書) 사건[86]과 세조·예종·성종 3대에 걸쳐 자행된 수서령[87]이 이를 입증한다.

---

82 김기승, 앞의 책, 2003, 238쪽.
83 김기승, 앞의 책, 2003, 210쪽.
84 김기승, 앞의 책, 2003, 248쪽.
85 소대봉, 「선도 홍익사관의 전승 과정 연구」, 국제뇌교육대학원 석사학위논문, 2022, 18~21쪽 참조.
86 『태종실록』 12년 8월 7일, 17년 12월 15일.
87 『세조실록』 3년 5월 26일; 『예종실록』 1년 9월 18일; 『성종실록』 즉위년 12월 9일.

김기승은 또한 삼균주의에 나타나는 사상의 포용성과 국제주의적 성격이 청년기에 습득한 외국어 능력과 무관하지 않다는 주장도 한다. 삼균주의에 나타나는 사상의 포용성은 『삼국사기』에 기록된 최치원의 〈난랑비서〉에서 확인되듯이 유교·불교·도교의 종지를 아우르는 현묘지도인 풍류도, 즉 선도사상의 포용성에서 연유하는 것이다. 또한 국제주의적 성격이라면 환웅족이 웅족을 교화·개명(開明)했다는 환웅사화의 기록, 천웅도(天雄道)를 설립하여 사해에 전파했다는 환웅[88]과 부도를 건설하여 천부의 이치를 전하고 교역을 왕성하게 하여 천하를 넉넉하게 한 단군,[89] 하우(夏禹)에게 치수법을 전수해 준 단군왕검의 태자 부루[90]의 사례에서 이미 확인되는 것이다.[91] 외국 여행이 다양한 경험을 쌓는데 도움은 될 것이나 외국어 능력에서 사상의 포용성을 찾는 것은 인과관계는 물론이거니와 연관성도 찾기가 쉽지 않을 것이다.

김인식은 성균관에 입학 전까지 배운 한학 실력과 유교 소양이 삼균주의를 창안하는 밑거름이 되었다고 한다. 유교는 삼균주의의 바탕을 이루는 첫 번째 기저 사상이고 민족의식과 세계주의가 결합된 일신교의 구국(救國)과 구세(救世) 주의가 삼균주의의 두 번째 밑바탕을 이룬다고도 하였다.[92] 기

---

[88] 『要正澄心錄演義』「符都誌」, "桓因氏子桓雄氏 ... 立天雄之道 使人知其所由 ... 於是桓雄氏 始乘舟浮海巡訪四海 照證天符修身 疏通諸族之消息 訴言根本之不忘 教宮室舟車火食之法 ... 弘益人世"

[89] 『要正澄心錄演義』「符都誌」, "桓雄氏生壬儉氏 ... 照證天符修身 盟解惑復本之誓 定符都建設之約 ... 欲講天符之理於會同協和之席 而使明知也 ... 不講則忘失故也 ... 自此 四海興産 交易殷盛 天下裕足"

[90] 『太白逸史』三韓管境本紀, "及九年洪水 害及萬民 故檀君王儉 遣太子扶婁 約與虞舜招會于塗山 舜遣司空禹 受我五行治水之法 而功乃成也"; 『吳越春秋』越王無余外傳, "禹乃東巡登衡嶽 血白馬以祭 ... 因夢見赤繡衣男子 自稱玄夷蒼水使者 ... 禹退又齊三月 庚子登宛委山 發金簡之書 案金簡玉字 得通水之理 ... 吾獲覆釜之書 得以除天下之災 令民歸於裏閭 其德彰彰若斯 豈可忘乎"

[91] 소대봉, 「선도 홍익사관의 전승 과정 연구」, 국제뇌교육대학원 석사학위논문, 2022, 9~10쪽.

[92] 김인식, 『조소앙평전』, 민음사, 2022, 32, 35, 59쪽.

독교는 조소앙이 창안한 일신교의 구성 요소이면서 삼균주의의 구성 요소였다고 한다.[93] 유교의 대동사상도 삼균주의의 기저사상에 녹아들었다고 한다.[94] 일신교는 종교보편주의에서 출발하였으므로 대종교의 종교민족주의와는 다르다고도 하였다.[95] 일신교라는 종교의 틀은 사회주의도 수용하고 있었다고 한다.[96] 삼균주의의 귀결점은 세계일가의 보편주의·이상주의다.[97] 김인식은 자본민주주의와 소비에트민주주의 양자를 지양(止揚)한 인류의 보편이상으로서의 신민주주의는 삼균주의와 같은 동일한 실체라고 언명하였다.[98]

결국 김인식은 조소앙이 삼균주의에 이르기까지 섭렵한 모든 사상이 삼균주의의 사상적 배경이라는 말을 하고 있는 것이다. 조소앙이 언명한 일신교와 대동종교가 선도사상에 대한 조소앙식 표현임을 이해하지 못하고, 선도사상의 핵심이 홍익인간이라는 내용을 알지 못하니 삼균주의를 종교 보편주의에 근거하여 인류의 보편 이상이라고만 봄으로써 민족 고유의 사상·문화 전통에서 창출한 삼균주의를 그저 평범하고 단순한 정치사상으로 형해화 시켜버렸다.

7) 안창호의 대공주의

조소앙이 삼균주의를 창안했다는 대다수 연구자들의 견해와는 달리, 박만규는 삼균주의가 안창호의 대공주의(大公主義)를 계승·발전시킨 것으로 본다.[99]

---

[93] 김인식, 앞의 책, 2022, 99쪽.
[94] 김인식, 앞의 책, 2022, 121쪽.
[95] 김인식, 앞의 책, 2022, 132쪽.
[96] 김인식, 앞의 책, 2022, 223쪽.
[97] 김인식, 앞의 책, 2022, 171쪽.
[98] 김인식, 앞의 책, 2022, 365쪽.
[99] 박만규, 「안창호의 대공주의에 관한 두 가지 쟁점」, 『한국독립운동사연구』 61, 2018.

1930년 1월 25일 상해 한국독립당 강령으로 정착된 안창호의 대공주의가 1932년 윤봉길 의거 후 안창호가 체포되어 부재한 상황에서 조소앙이 삼균주의로 계승 발전시켰다는 것이다. 즉, 대공주의가 한국독립당의 강령과 삼균주의로 발전해 갔다고 보는 것이다.[100]

민족자본주의를 주장했던 안창호는 사회혁명사상에는 대공주의를 적극 주장했는데, 1935년 9월 5일 압록강 대안(對岸)의 안동청년회 초청 연설에서 주장한 민족 평등·정치 평등·경제 평등·교육 평등 등 4대 평등이 그것이다.[101] 좌파에 대해서도 항시 문호를 열어두었던 안창호를 위시한 중도적 노선의 창당 주도층은 사회주의적 '평등' 요구가 수렴된 삼균을 당의 주의(主義)로 내걸 것을 주장하여 강령에도 그대로 반영하였다. 비밀조직이어서 1930년 1월 25일 창당 당시에는 공개되지 않은 한국독립당의 당의·당강은 1931년 1월, 한국독립투사들의 활동상황을 소개한 글 〈한국독립당의 근황〉에서 확인할 수 있다.[102] 대공주의는 민족혁명전선 상의 중도적 민족주의세력이 민주공화주의 이념과 사회주의 이념을 접목시키고자 한 소중한 시도이자 통일 운동의 이론적 골간이었다.[103]

1925년 3월 11일 탄핵된 이승만이 임정에서 영향력을 잃은 후 1926년 7월 8일 안창호가 민족유일당 운동을 촉발하기 전까지 조소앙은 관내(산해관 안쪽) 독립운동계에서 소외된 채 정치적 입지가 없는 상태였다. 따라서 학계의 일반적인 인식처럼 조소앙이 1930년 초 한국독립당의 당의·당강을 주도한 것이 아니라 안창호가 한국독립당의 당의·당강을 수립했다고 보는 것

---

100 김희곤, 『대한민국임시정부 연구』, 지식산업사, 2004, 376쪽.
101 장석흥, 『한국 독립운동의 혁명 영수 안창호』, 역사공간, 2016, 188쪽.
102 조소앙, 「韓國獨立黨之近象」, 『소앙선생문집』 상, "獨立黨所標識的主義 果爲何物? 日『以人與人 族與族 國與國之均等生活爲主義』何以謀人與人之均等? 日政治均等化 日經濟均等化 日教育均等化是也"
103 김영범, 『한국 근대민족운동과 의열단』, 창작과비평사, 1997, 258~259쪽.

이다.[104] 이는 한국독립당의 당의·당강이 조소앙의 삼균주의에 토대를 두었다는 노경채와는 다른 의견이다. 노경채는 7인의 강령 기초위원(이동녕·안창호·이유필·김두봉·안공근·조완구·조소앙)이 채택한 당의·당강은 안창호의 반일사상과 민주사상 그리고 조소앙의 삼균주의에 토대를 두었다고 하지만, 안창호의 대공주의는 소사(小私)보다 민족이라는 대공(大公)에 봉사해야 한다는 태도로, 뚜렷한 체계나 구체성을 지니고 있는 것은 아니라고 보았다.[105] 박만규의 주장은 또한, 한국독립당 당의·당강은 조소앙이 문안 작성의 실무책임은 맡았으나 7인의 강령 기초위원이 민족주의 진영이 추구하는 공동의 정치 이념과 독립투쟁노선을 함축하여 공동으로 작업한 산물로 이해하는 김기승[106]이나 조범래[107]와도 결을 달리한다.

박만규는 ① 중국국민당에서도 한국독립당의 강령을 안창호가 만들었다고 평가한 점,[108] ② 안창호가 주창해서 삼균주의를 한국독립당의 사상으로 만들었는데 후에 조소앙이 이를 다시 말하고 나왔다는 김창숙의 회고, ③ 도산의 3평등주의가 한국독립당의 강령에 삽입되었고 후에 조소앙이 이를 발전시켜 3평균주의라고 칭했다는 구익균의 증언, ④ 무엇보다도 조소앙 스스로도 안창호가 한국독립당의 당의·당강을 수립했음을 인정했다는 사실[109]을 들어 대공주의라는 이름으로 정착되지는 못했지만 3평등주의라는

---

104 박만규, 「안창호의 대공주의에 관한 두 가지 쟁점」, 『한국독립운동사연구』 61, 2018, 204~206쪽.
105 노경채, 『한국독립당연구』, 신서원, 1996, 82쪽.
106 김기승, 「도산 안창호의 대공주의와 조소앙의 삼균주의 비교 연구」, 『도산학연구』 14, 2015, 31쪽.
107 조범래, 『한국독립당연구 1930~1945』, 선인, 2011, 203쪽.
108 "但此(한국독립당=박만규)綱領系由已故之安昌浩所手創 基本精神卽在反日與民主 現在韓國各民族主義團體所有鬪爭綱領 多半承其衣鉢."(추헌수 편, 『자료한국독립운동』, 2, 69쪽.); 박만규, 「안창호의 대공주의에 관한 두 가지 쟁점」, 『한국독립운동사연구』 61, 2018, 206쪽에서 재인용.
109 조소앙, 「悼 安島山」, 『소앙선생문집』 하, "獨立大業 非黨不彰 百日風雪 夙夜劘遑 樹我黨義 立我黨綱 基本確立 旗幟堂堂"

안창호의 생각이 독립운동계에 널리 수용되었다고 한다.[110]

그러나 1919년 조소앙이 초안을 잡은 〈대한독립선언서〉에 삼균주의의 핵심인 평등 이념[111]이 들어있다는 사실, 1927년경 삼균제도에 대한 문건을 작성했다는 조소앙의 회고,[112] 1930년 4월에 탈고하여 1932년 『소앙집』에 실린 〈한국의 현황과 혁명의 추세〉에서 정치·경제·교육의 균등을 한국 혁명의 무기로 찾아낸 사실, 안창호와 조소앙이 7인의 강령 기초위원에 속해 한국독립당의 당의·당강을 공동으로 작업했다는 사실을 박만규의 주장과 함께 고려하면, 안창호와 조소앙은 평등 이념에 대해 비슷한 견해를 가졌던 것으로 보인다.

1932년 안창호가 체포된 이후 다른 강령 기초위원 5인들은 삼균주의와 관련된 문건을 작성하지 않고 조소앙이 거의 초안을 잡았다는 사실까지 염두에 둔다면 1930년 한국독립당 당의·당강에 채택된 삼균은 안창호와 조소앙의 합작품으로 볼 수도 있다. 장석흥도 한국독립당의 당의·당강은 도산의 대공주의와 조소앙의 삼균주의가 공유되는 접점에서 채택된 것으로 보았다.[113]

1930년 한국독립당 창당 당시 조소앙의 협소한 정치적 입지를 고려한다면, 이념적으로 좌우로 나뉜 독립운동계를 조정 통합해야 한다는 안창호의 생각이 바탕에 있었기에 삼균주의가 독립운동계에 널리 퍼질 수 있었다는

---

110 박만규, 「안창호의 대공주의에 관한 두 가지 쟁점」, 『한국독립운동사연구』 61, 2018, 205~207쪽.
111 "삼균주의의 均은 평등을 말하는 것이다."(1942년 34차 임시의정원 회의 조소앙 발언 중) 조소앙은 삼균주의의 배태기라고 회고했던 1919년 〈대한독립선언서〉 초안을 작성했다. 선언서에는 "동등한 권리와 동일한 부유함을 모든 동포에게 베풀어 남자나 여자나 빈곤한 사람이나 부유한 사람을 가지런히 하며, 등현(等賢, 교육 관련)과 등수(等壽, 의료 관련)를 지식인이나 어리석은 사람이나 늙은 사람이나 어린이에게 평등하게 하여 사해인류를 건질 것이다"라는 평등 이념이 제시되어 있다.
112 조소앙, 「自傳」, 『조소앙선집』 하, 삼균학회, 2021, 363쪽.
113 장석흥, 『한국 독립운동의 혁명 영수 안창호』, 역사공간, 2016, 151쪽.

박만규의 주장은 충분히 경청할 만하다. 안창호의 생각과 주장이 바탕에 있었기에 상대적으로 보수적인 기호파 원로이자 중심이었던 이동녕이나 나름대로 기호파 이론가였던 조완구가 위원이었던 7인 강령 기초위원들 속에서 조소앙의 주장이 수용될 수 있었다는 것이다. 더욱이 1935년 민족혁명당 참가 문제로 조소앙과 심각한 갈등상태에 있던 김구가 1935년 11월 한국국민당을 창당할 때 한국독립당 강령을 거의 그대로 쓴 것은 조소앙이 아닌 안창호의 사상이었기에 가능했다는 것이다.[114]

그렇지만, 1932년 안창호가 체포된 이후 조소앙이 이론을 계속 발전시키고 정교하게 다듬어 삼균주의로 명명하고, 민족의 최고 공리인 홍익인간사상과 융합시켰으므로 조소앙의 삼균주의라 불러도 아무런 무리가 없을 것이다. '삼균주의'라는 용어는 1936년 8월 29일 〈韓亡26週年痛言〉에 처음 나타난다.[115] 당시는 삼균주의로 용어는 바뀌었으나 삼균제도와 내용적으로는 구별되지는 않았다. 1937년 8월 1일 〈박장군순국30년기념선언〉에서 "삼균주의를 표방한 지 지금 7년이 되었다(標榜三均主義 7年于茲)"고 말하는 것에서도 확인된다.

이상에서 살펴본 것처럼 조소앙 삼균주의의 사상적 기반에 대한 선행연구는 다양하다. 한국선도의 홍익인간사상에서 찾는 의견도 있었지만, 서구에서 들여온 사회주의, 사회민주주의에서 찾는 경우도 있었고, 유교 일반 또는 주희성리학이나 차이나 근대의 대동사상과 삼민주의 등에서 찾기도 했다. 조소앙이 섭렵한 모든 사상의 총합이 삼균주의의 사상적 기반이라는 주장도 있었다. 삼균주의의 사상 기반에 대한 여러 주장들이 있었으나 변하지 않는 사실은, 조소앙이 언명(言明)한대로 삼균제도가 〈신지비사〉의 '수미

---

114 박만규, 앞의 글, 2018, 206~207쪽.
115 조소앙, 『소앙선생문집』 상, 250쪽.

균평위 흥방보태평'에 역사적 근거를 두었으며 이는 배달겨레가 지켜야 할 최고 공리인 홍익인간 이화세계라는 사실이다.

2. 삼균주의의 사상 기반, 한국선도

1) 조소앙의 사상적 편력과 삼균주의의 완성

조소앙의 삼균주의는 대종교로 중광된 한국선도를 사상적 주춧돌로 삼고 있다. 아래에서는 먼저 조소앙의 사상 형성 배경을 중심으로 조소앙의 생애를 살펴보고자 한다.

소앙 조용은은 1887년 5월 2일(음력 4월 10일) 경기도 교하군(현 파주시) 월롱면에서 세조 때 생육신(生六臣) 함안 조씨 조려의 16대손 조정규와 모친 박필양의 6남 1녀 중 2남으로 태어났다. 본관은 함안(咸安)이고 본명은 용은(鏞殷), 자는 경중(敬仲)이며 소앙(素昻)은 아호(雅號)다. 1943년 4월 이후에 조소앙이 쓴 〈자전(自傳)〉에는 정해년(1887년) 4월 8일 교하에서 태어났다고 기록되어 있다. 그런데 동경 유학시절의 일기 『동유략초(東遊略抄)』(1904.10~1912.5) 1907년 2월 13일(음력 1월 1일)에는 조부 조성룡이 적어 보내준 7형제의 생일과 사주가 적혀있다. 조용은은 "字敬仲 號亞隱 丁亥四月十日午時生 二十一"로 기록되어 있다. 또한 1909년을 제외하고는 1905년부터 귀국하는 1912년까지 해마다 음력 4월 10일에 해당하는 날짜에 내 생일(己之生日, 我生日, 余之生日, 余之舊曆生日)이라고 적혀있다. 4월 8일 태어났다고 적힌 〈자전〉 기록은 착오로 보인다.

어계(漁溪) 조려(趙旅, 1420~1489)는 세조의 왕위 찬탈에 분개하여 성균관에서 통곡하고 함안으로 물러나 머물며 대대로 청렴한 덕행을 지켰다.[1] 부친

---

1 조소앙, 「自傳」, 『조소앙선집』 하, 삼균학회, 2021, 360쪽.

인 이화재 조정규는 소앙 형제들에게 어계 선조의 신령한 교훈을 받들어 "너희가 광복을 이루려고 십 수 년 분주한데 바라건대 부모에게 물질적인 봉양을 하지 말라. 조국 독립을 위해 분투하면서 사적인 일을 꾀하지 말고 공로를 다투지 말라. 큰 재난을 만나도 용기를 내어 전진하고, 의리를 올바르게 행하여 오로지 전진하며 극기하기를 전쟁터에 나아간 용사처럼 할 뿐"이라고 경계했다.[2]

조정규의 가르침은 깨끗하고 고아한 절개를 굳게 지키라는 함안 조씨 일문(一門)에 내려오는 유풍이었다.[3] 자신처럼 '부끄러움을 참고 구차하게 살지는 말라'는 부친의 가르침은 소앙 형제들에게 큰 울림이 되었다. 조소앙 일가는 총 14명이 독립운동 서훈을 받았는데, 여섯 남매인 백형 조용하, 동생 조용주, 조용한, 여동생 조경순, 막내 조시원은 물론, 조소앙의 아내 오영선과 최형록, 아들 시제와 인제, 딸 계림 등 조소앙 6남매

조소앙선생 존영(尊影)
『소앙선생문집』에서 가져옴

의 2세들도 임시정부와 광복군 등에서 활동하며 독립투쟁의 대를 이었다.[4]

조소앙은 6세(1892년) 때 경기도 양주군(현 양주시) 황방리에서 할아버지 조성룡(趙性龍, 정3품 통정대부)에게서 한문을 배우기 시작하여 16세까지 사서오경과 자사(子史, 유가법가 등 제자백가의 책과 역사 관련 서적) 등 중국 고전을 공부하고, 16세(1902년)에 성균관 경학과(經學科)에 입학하였다. 1894년 갑오개혁으로 과

---

2 조소앙, 「이화재공에 대한 서문」, 『조소앙선집』 하, 삼균학회, 2021, 377쪽.
3 조소앙, 「종족에게 보낸 편지」, 『조소앙선집』 하, 삼균학회, 2021, 380~382쪽.
4 국가보훈처, 「보도자료-건국강령으로 대한민국의 미래상을 제시한 임시정부 최고의 이론가 '조소앙'선생 서거 60주기 추모제 개최」, 2018.9.9.

거제가 폐지된 이후 성균관 경학과 졸업생은 판임관(判任官, 7~9품의 하급관료)으로 임용되었다.[5] 유학자 관료 양성기관 성격을 띤 성균관에서 조소앙은 2년 반 동안 사서삼경 등 유교 경전을 언해본과 병행하면서 자연스럽게 한글 교육을 병행하였다. 자국에 대한 인식의 중요성이 강조되는 본국사와 본국지리를 차이나 역사서와 별도로 배웠고, 세계사와 세계지리를 공부하면서 서양 신지식도 습득하였다.[6] 어린 시절과 성균관에서 배운 정통 유학은 조소앙이 한때 유교를 국교로 생각할 정도로 큰 영향을 미쳤다.[7]

성균관 거재생(居齋生) 조소앙은 1904년 대한제국 국토 1/3에 해당하는 산림·천택(川澤)·황무지를 일본인에게 매도하려는 이하영(李夏榮)[8]의 매국적 음모를 규탄하며 신채호가 기초한 〈항일성토문〉을 대한제국정부에 발송하는 데 함께 하였다.

일제는 1904년 6월 나가모리 토키치로(長森藤吉郎)를 통해 대한제국의 황무지 개간권을 요구하였다. 국토 1/3에 해당하는 황무지 개간권 요구는 일제의 대한제국에 대한 식민지화 계획 수행의 일환이었다. 일제가 대한제국정부에 제시한 황무지 개간권 내용은 대한제국의 토지 개간권과 토지 이용 수익권을 50년 기한으로 일본인에게 위임하라는 것이었다. 그들이 말하는 개간권은 대한제국 전체 황무지의 개간·정리·척식 등 일체의 경영을 통해

---

5 강명숙, 「갑오개혁 이후(1894~1910) 성균관의 변화」, 『교육사학연구』 10, 2006, 170쪽.
6 김기승, 『조소앙이 꿈꾼 세계』, 지영사, 2003, 23~24쪽.
7 조소앙, 「信敎論」, 『대한유학생보』, 1907.
8 이하영(1858~1929)은 대한제국기 외부대신, 법부대신, 중추원 고문 등을 역임한 관료로 친일반민족행위자다. 1904년 외부대신으로 일본 정부가 강요한 「한국 재정고문 및 외교고문 초빙에 관한 각서」에 조인함으로써 일제의 재정 및 외교권 침탈에 적극 협력하였다. 1906년 법부대신 겸 형법교정총재로 임명된 후 홍주의병 김상덕(金商德)·이세영(李世永)·이사성(李思聖) 등에 대한 처결을 지휘하였다. 1907년 중추원고문이 되었고, 국권 피탈 이후에는 1910년 10월 조선총독부 중추원 고문에 임명되어 죽을 때까지 역임하였다. 1910년 10월 7일 일본 정부로부터 '한일합병'의 공로로 자작 작위를 받았다.(『한국민족문화대백과사전』)

얻어지는 광범위한 수익권을 담고 있었다.[9]

신채호, 유인식, 변영만, 김연성 등 독립협회운동에 참여한 경험이 있거나 개화자강운동에 참여했던 성균관 선배 재학생들과 함께 하던 그 시기에 그의 민족의식이 싹튼 것으로 보인다.[10]

조소앙은 18세(1904년) 때 성균관을 그만두고 7월 황실특파유학생 50명에 선발되어 10월 일본으로 건너가서 11월 동경부립제일중학(東京府立第一中學)에 입학하였다. 조소앙은 〈자전〉에서 1904년 2월 망국조약인 〈한일의정서〉가 『황성신문』에 발표되자 분개하며 퇴학하였다고 하지만, 일제의 황무지 개간권 요구(1904.06.17)에 항의하는 시기에도 성균관 거재생(居齋生)이었다. 황실특파유학생 선발시험이 1904년 7월 28일 시행되었으니, 조소앙은 1904년 전기(前期) 학기가 시작되는 7월 21일 전후에 성균관을 그만둔 것으로 보인다.[11] 그해 독일 주재 공사관에서 근무하던 친형 조용하(趙鏞夏)가 베를린에서 편지를 보내 읽기를 권한 『손문전(孫文傳)』과 막심 고리끼(Maxim Gorky)의 작품에 자못 영향을 받았다.[12] 손문이 열강 침략에 대항하여 입헌공화국인 신중국 건설을 주장했고,[13] 막심 고리끼가 사회주의적 성향의 대표 작가였음을 고려하면 당시 조소앙은 유교적 세계관 밖 서양 사상 추세에 비교적 일찍 눈을 뜬 셈이다.

1905년 11월 17일 을사늑약이 체결되자 조소앙은 동경 우에노공원에서 을사늑약에 항의하여 순국한 7충신[14] 추모대회를 열고 적신(賊臣)들의 매국

---

9 윤병석, 「日本人의 荒蕪地開拓權 要求에 대하여」, 『歷史學報』 22, 1964, 42~44쪽.
10 신용하, 『신채호의 사회사상 연구』, 한길사, 1984, 13쪽.
11 김인식, 『조소앙평전』, 민음사, 2022, 56~57쪽.
12 조소앙, 「자전」, 『조소앙선집』 하, 삼균학회, 2021, 361쪽.
13 당시 조소앙은 삼민주의를 습득하지는 못하였다. 민족(民族), 민권(民權), 민생(民生)의 삼민주의는 『民報』 1905年 11月 26日 第1刊에 처음 발표되었다.
14 황현의 『매천야록(梅泉野錄)』에서 확인되는 7인은 전 참판 홍만식(洪萬植), 전 내부대신 민영환(閔泳煥), 특진관 조병세(趙秉世), 학부주사 이상철(李相哲), 평양징상대 상등병

행위를 성토하였다. 1906년에는 일본유학생 단체인 공수학회(共修學會) 조직에 참여하고 학보(學報)를 발간하여 배일사상과 민족의식을 고취하는 논설을 다수 발표하였다. 1907년(21세)에는 미국에서 귀국하는 도중 동경에 기착한 안창호를 만나 시국 문제를 토론하고, 본국의 국채보상운동에 호응하여 동경에서 단연동맹(斷煙同盟)을 조직하였다.

1908년(22세) 명치대학 법학부에 입학한 조소앙은 전명운, 장인환의사가 일제 앞잡이 스티븐슨을 사살한 것을 계기로 동경유학생들과 반일운동대회를 열고 일제와 매국 도당들을 성토했다. 1909년에는 일본유학생 통합단체인 대한흥학회(大韓興學會)를 창립하고, 기관지 『대한흥학보』 주필로 활동했다. 1910년(단기 4243년) 일제가 대한제국을 강제로 병탄하자 한일합방성토문을 작성했고, 비상대회 소집을 추진하다가 발각되어 연금당하는 등 혹독한 감시를 받았고 대한흥학회를 산회하라는 압박을 받았다.[15] 이때부터 철학을 연구하기 시작했다.[16]

학회 활동도 금지된 상태에서 기독교는 조소앙에게 또 다른 대안이자 활로였으며 나라가 망한 현실에서 상실감을 극복하는 데에도 도움을 주었다.[17] 1910년 11월 교리문답 시험을 보고 주기적으로 예배에 참석하던 조소앙은 1911년 10월 서원보 목사와 전덕기 목사에게 세례를 받았다.[18]

1911년 신민회사건이 일어나서 조소앙은 다시 일본 헌병에 구금되었다. 신민회사건은 신민회 회원 안명근이 군자금을 모집하다 검거된 사건을 일제가 데라우치 총독 암살모의사건으로 조작하여 105인의 애국지사를 투옥

　　김봉학(金奉學), 전 주사 이건석(李建奭), 민영환의 행랑채에 살았던 계동 인력거꾼 무명씨다.
15　조소앙, 「동유략초(1910.8.25)」, 『소앙선생문집』 하, 횃불사, 1979, 406쪽.
16　조소앙, 「自傳」, 『소앙선생문집』 하, 횃불사, 1979, 157쪽.
17　김인식, 『조소앙평전』, 민음사, 2022, 87쪽.
18　김기승, 『조소앙이 꿈꾼 세계』, 지영사 2003, 87쪽.

한 사건으로, 105인 사건으로도 불린다. 일제는 신민회 간부·회원은 물론이고 독립투쟁을 할 가능성이 있는 애국지사들을 일망타진하려 전국적으로 600여 명을 검거하고 122인을 기소, 105인을 유죄로 투옥했다. 그러나 고등법원에서의 치열한 투쟁으로 날조가 드러나 6명을 제외하고 모두 무죄로 석방되었다. 갑종 배일자(排日者) 신분이 된 조소앙은 잡지에 논문을 쓰거나 국내 정당과 사회를 위해 선전하고 격려하는 애국 운동도 할 수 없게 되었다.[19] 1912년(26세) 명치대학 법학부를 졸업한 조소앙은 귀국하였다.

명치대학 법학부는 프랑스 법학파처럼 개인의 자유와 권리를 중시하는 자유주의 경향이 있었는데, 조소앙의 민권의식은 일본의 민권주의 법학을 접하면서 강화되었다. 그 시기 조소앙은 세계 변화의 대세를 전제군주가 몰락하고 입헌체제가 발달하면서 민권이 신장하는 것으로 보기도 하였다.[20]

일본 유학 생활 8년 동안은 일본 제국주의자들이 조국을 침략·침탈하던 시기였기 때문에, 조소앙은 쉼 없는 반 일제침략 애국운동을 전개했으며 민권을 강조하는 신학문 학습과 일제 침략에 반대하는 애국운동이 하나로 융합된 생활을 하였다.[21]

귀국 후 경신학교와 양정의숙 등에서 학생들을 가르치고 상해 동제사 신규식과 연락하며 망명 기회를 노리던 조소앙은 이듬해인 1913년(27세) 북경을 거쳐 상해로 망명하였다.[22] 세계교통 요지로 국제정세를 파악하기 용이한 데다 제국주의 열강들의 조계지(租界地, 19c 후반 영·미·일 등 8개국이 청나라를 침략하는 근거지로 삼았던 개항 도시의 외국인 거주지)가 많아 활동이 자유로웠던 상해는, 손문의 '무창기의(武昌起義)'에 참가했던 신규식이 동제사라는 광복운동 중심

---

19 조소앙, 「회고」, 『소앙선생문집』 하, 횃불사, 1979, 167쪽.
20 조소앙, 「갑진 이후 열국 대세의 변동을 논함」, 『소앙선생문집』 하, 횃불사, 1979, 228~235쪽.
21 신용하, 「조소앙의 사회사상과 삼균주의」, 『한국학보』 104, 2001, 4쪽.
22 삼균학회, 「연보」, 『소앙선생문집』 하, 횃불사, 1979, 487쪽.

기구를 조직함으로써 독립투쟁 중심지로서의 기반이 일찍 닦아졌다.[23] 조소앙은 북경을 거쳐 상해로 가서 동제사의 신규식·박은식·김규식 등과 합류하여 동제사를 개조한 박달학원에서 장차 독립투쟁을 담당할 청년들을 가르쳤다. 1914년 1월에는 국내외 동포의 심리개혁과 각계의 단결을 강조하는 육성일체(六聖一體)의 일신교(一神敎)를 제창하였다.[24]

조선을 유교의 나라로 생각하던 조소앙은 나라가 일제에 강제로 병탄된 1910년 이후 기독교를 받아들였고, 단군에도 관심을 기울였다. 조소앙은 단군 이래의 역사를 인지하고 있었으나[25] 1911년(단기 4244년) 1월 1일 처음으로 단군기원을 사용하였다. 본래 기독교를 반대했던[26] 조소앙이 기독교를 받아들인 이후 예수기원을 기록한 것[27]을 염두에 둔다면 단군기원을 기록한 시점에는 적어도 단군에 상당한 관심을 기울인 것으로 보아야 할 것이다. 조소앙은 상해로 망명 후 간부들이 대부분 대종교인이었던 동제사와 박달학원에서 활동하면서 대종교와 깊은 관계를 맺게 된다. Ⅴ장 2절 (2)에서 확인되는 것처럼 조소앙이 일본 유학시절 경험했던 다양한 사상들은 대종교 형태로 역사무대에 재등장한 선도사상으로 귀일되었다.

조소앙은 1917년(31세, 단기 4250년) 7월 대종교 중심의 인사들과 〈대동단결선언〉을 작성하여 융희황제가 포기한 삼보(三寶, 국민·영토·주권)를 민권(民權)으로 이어받은 국민의 유일무이한 최고기관, 곧 임시정부 창설을 주장하고 이를 위한 해외 독립지사들의 대동단결을 제창(提唱)하였다. 당시에는 국내외 한 단체도 호응이 없었다.[28] 〈대동단결선언〉은 1910년대 광무황제를 옹립하여

---

23 조지훈, 『한국민족운동사』, 나남출판, 1996, 113~114쪽.
24 조소앙, 「회고」, 『소앙선생문집』 하, 횃불사, 1979, 167쪽.
25 『소앙선생문집』 하, 「동유략초(1905.11.19)」, "盖自檀君以來 民至于今 全無如此之大魂亡矣" 을사늑약 직후에 쓴 글이다.
26 조소앙, 「동유략초(1910.11.4)」, 『소앙선생문집』 하, 횃불사, 1979, 410쪽.
27 조소앙, 「동유략초(1911.1.1)」, 『소앙선생문집』 하, 횃불사, 1979, 417쪽.
28 조소앙, 「3·1운동과 나」, 『소앙선생문집』 하, 횃불사, 1979, 67쪽.

망명정부를 수립하려던 보황주의(保皇主義)에 종지부를 찍고 국민주권설에 의한 공화주의 정부를 지향하는 이론을 제시했다. 1910년 연해주에서는 유인석을 중심으로 한 13도 의군에서 광무황제를 해외로 탈출시켜 망명정부를 세우려는 계획이 있었다. 1915년에는 신한혁명당 인사가 광무황제를 옹립하여 망명정부를 세우려던 소위 '보안법위반사건'이 있었다.[29] 1918년에도 이회영과 민영달에 의한 광무황제 망명계획이 있었다.[30] 〈대동단결선언〉에서 제기한 임시정부 수립이론은 1919년(단기 4252년) 3·1혁명 이후 8개 임시정부[31]가 거의 동시에 탄생 또는 계획되는 바탕이 되었다. 비록 선언만으로 정부를 자임한 곳도 있었으나 8개 정부는 모두 민주공화정체를 표방하였다. 윌슨의 민족자결주의 제창이나 러시아 10월 혁명이 임시정부 수립을 '촉진'시켰으나 비롯된 것은 〈대동단결선언〉이었다.[32]

1918년 길림에서 김좌진·박남파(=박찬익)·황상규 등과 대한독립의군부를 창립하여 부령(副領)을 맡은 조소앙은 1919년(33세) 2월 대종교 2대 교주인 김헌을 필두로 독립지사 39명이 연명한 〈대한독립선언서〉 일명 〈무오독립선언서〉의 기초를 다듬고 발표하였다.[33] 〈대한독립선언서〉는 '육탄혈전(肉彈血戰)'의 무장투쟁으로 동아시아의 적(敵)이요 국제법규의 악마(惡魔)이며 인류의 적(賊)인 일제와 싸워 독립을 쟁취하겠다는 선언이다. 국제사회에 독립을 호소한 것이 아니라 '고유주권론'에 근거, 주권국 국민으로서 당위적으로 독립

---

29 조동걸, 「임시정부수립을 위한 1917년의 「대동단결선언」」, 『한국학논총』 9, 1987, 136, 148쪽.
30 이호룡, 『한국의 아나키즘』, 지식산업사, 2020, 92쪽.
31 8개 임시정부는 다음과 같다. ① 서울 漢城政府 ② 朝鮮民國 ③ 평안지방 新韓民國 ④ 만주 高麗共和國 ⑤ 간도 臨時政府 ⑥ 상해 大韓民國 ⑦ 노령 國民議會 ⑧ 천도교 京畿民間政府(조동걸, 「임시정부수립을 위한 1917년의 「대동단결선언」」, 『한국학논총』 9, 1987, 148~149쪽.)
32 조동걸, 「임시정부수립을 위한 1917년의 「대동단결선언」」, 『한국학논총』 9, 1987, 149~152쪽.
33 조소앙, 「자전」, 『소앙선생문집』 하, 횃불사, 1979, 157쪽.

을 선포하고 독립전쟁 실천을 선언한 점에서 〈2·8선언서〉나 〈3·1선언서〉와는 그 성격이 확연히 다른 것이었다.³⁴

1919년 5월 조소앙은 제1차 세계대전 후 전후(戰後) 질서를 재정립하기 위해 열린 국제회의, 파리 세계평화회의에서 활동하고 있는 김규식 신한청년단 대표 겸 임시정부 대표단을 지원하기 위해 파리로 갔다. 파리 평화회의가 아무런 성과 없이 끝난 후, 조소앙은 8월 스위스 루체른에서 개최된 만국사회당대회에 참가하여 한국 독립과 임시정부 승인 문제를 제출하였는데 25개국³⁵ 대표 만장일치 찬동을 얻어 통과되었다.³⁶ 이것은 당시 야당이었지만 25개국 사회당들이 한국 독립과 대한민국임시정부를 승인하고 지지한 획기적 성과였다. 각국 사회당들은 자국 국회를 통해 대한민국임시정부 수립과 국제연맹 가입을 지지 성원해 줄 것을 요청하는 결의안을 압도적 다수로 통과시킨 것이다.

여론 환기에 다소의 작용을 할 수 있었을 뿐 큰 효력은 없는 것으로 보는 시각도 있지만,³⁷ 만국사회당대회 이후 1919년 12월 미국 캘리포니아 주에서 이살음·김호·임일·이범영·김여식 등이 중심이 되어 노동사회개진당을 조직하고 조소앙을 세계인민연맹 한국대표로 선출함과 동시에 자금을 모으기 시작한 것을 보면, 단순한 여론 환기보다는 해외 동포들에게 큰 희망을 준 것으로 보인다.³⁸

조소앙은 9월 영국 국회에 한국문제를 제출하기 위해 노동당 당수 핸더

---

34 이숙화, 「『대한독립선언서』 쟁점의 재론과 대종교와의 관련성」, 『단군학연구』 41, 2019, 193~194쪽.
35 「연보」에는 36개국으로 되어 있으나, 『독립신문』 1919년 10월 28일자에는 25개국이라고 한다.
36 「루체른 한국독립승인서」, 『조소앙선집』 상, 2021, 101~103쪽.
37 한시준, 「조소앙연구-독립운동을 중심으로-」, 『사학지』 18, 1984, 155쪽.
38 신용하, 「조소앙의 사회사상과 삼균주의」, 『한국학보』 104, 2001, 6쪽.

슨과 협의했으며, 그 후 네덜란드, 프랑스, 에스토니아 등 6~7개국을 순방하면서 일본 제국주의를 규탄하고 한국 독립을 각국 국회가 승인해 주도록 외교활동을 전개하였다. 이듬해인 1920년 4월 런던으로 간 조소앙은 노동당 당수 맥도날드 등 인사와 회의하여 영국하원에 한국문제에 대한 4개조토의 안건을 제출해서 일본 제국주의에게 타격을 주기도 하였다.

조소앙은 1920년 5월~11월 동안 세계 각국 사회당 대표단 일원으로 상트페테르부르크에서 개최된 소련 혁명기념 대회에 참석했으며, 12월에는 약 3개월간 8개국 대표 25인 시찰단 일원이 되어 소련 각지를 아주 자세하게 살펴보면서 소련공산당 통치를 관찰하였다. 1921년(35세) 3월~5월에는 모스크바에서 개최된 소련 공산당대회를 참관한 후, 이르크추크·치타·만주리 등지를 거쳐 북경에 도착했다. 조소앙은 북경에 도착한 직후 〈만주리선언〉을 발표하여 공산주의 독재를 비판하였다. 유럽 사회당의 사상, 정책[39]과는 다른 소련 공산당 노선과 정책은 동의하지 않는다는 인식의 일단을 보여준 것이다. 그러나 조소앙은 독립당이나 공산당이 서로 다르나 궁극적인 목적은 나라의 독립에 있으므로 대동단결해야 한다는 생각을 가지고 있었다.[40]

---

39 사회민주주의(Social democracy)는 원래 기존의 정치 과정을 통해 자본주의에서 사회주의로의 평화적이고 점진적인 전환을 옹호하는 정치 이념이다. 20세기 후반에 들어서는 보다 온건한 형태의 사회민주주의가 등장하여, 생산 수단의 국가 소유보다는 국가 규제와 광범위한 사회 복지 프로그램을 지지하는 경향을 보였다. 19세기 사회주의와 칼 마르크스와 프리드리히 엥겔스의 원칙에 기반한 사회민주주의는 공산주의와 공통의 이념적 뿌리를 공유하지만, 그 과격성과 전체주의를 거부한다. 사회민주주의는 기본적인 마르크스주의 교리를 수정한 것이기 때문에 수정주의로 알려져 있다.(브리태니카 백과사전)

40 兩黨의 決勝點이 獨立戰爭에 잇으니. 先入關中이 곳 決勝點이 안인가. 獨立黨員이여. 正面의 賊이 日本이다. 共産黨員이여. 正面의 賊이 엇지 獨立黨이라 하나. 黑河事件에 前非를 悟할 勇斷이 無하냐. 噫라 四色戰地方熱보다는 據義聯黨하야 日 獨立이니 日 共産이니 함도 比較的進步된 思想이라 하야 獨立戰爭의 兩大武器로 보아 兩黨의 共助協進을 顯望한다. 此에 勉할 바는 獨立黨自體가 自覺하야 强有力한 同盟體를 創造하며 武力的 實力을 速히 集中하야 空文空言에 狂呼치 말고 系統의「더오리」와「탁틱」을 分明히 起草하야 海內外同志를 散渙缺裂치 안토록 努力하기를 雙手翹企한다 前途의 勝利는 京城에 先入할 者에 歸하리니 獨立黨이나 共産軍이나 建國英雄이 何黨에서 突出할가 眼을 拭하

1922년 상해로 돌아온 조소앙은 한중 아나키스트들과 교류를 바탕으로 '한살임(韓薩任)'이라는 아나키즘 성향 비밀결사를 조직했다.[41] 한살임은 일가(一家)·공생(共生)·공산(共産)을 번역한 우리말로, 파괴와 암살, 혼란의 선동자로 규정된 '무정부주의'가 아닌, 지배자가 없다는 의미의 '반강권주의'[42]이자 개인의 자유연합적 공동체를 의미한다. 조소앙에게 한살임은 아나키즘의 공생[43]을 실천하는 조직으로 독립전쟁→계급혁명→무치(無治)의 단계[44]에 이르는 혁명단체였다. 그런데 1930년대에 접어들어 조소앙은 서구 아나키즘을 비판하며, "한 민족 위에 군림하거나 혹은 한 계급 위에 있는 통치기관은 전복해야 할 것이지만, 자신들의 손으로 창조한 새로운 통치기관은 옹호하지 않으면 안 된다"고 하며 통치기관 재건설을 주장했다.[45] 봉건왕국과 제국주의와 같은 타율정부(他律政府)는 배격하지만, 이상의 실현과 자율국가를 수호하기 위한 방법으로서 민중에 의해 이끌어지는 새로운 자율적인 통치기관의 필요함을 인정한 것으로 대한민국임시정부에 참여했던 논리이기도 했다.[46] 아나키스트 유림이, 아나키즘은 무정부가 아닌 무 강권을 추구하는 사상이기에 '아나키스트는 강제 권력을 배격하는 것이지 자율정부를 배격하는 자가 아니'라며, '3.1운동에서 탄생한 전 민족의 자율적 기관'인 임시정부에 참여한 이유를 설명한 것[47]과 같은 논리다.

　　고 待한다(조소앙, 「독립당과 공산당의 전도(前途)」, 『독립신문』 1922.05.06.)
41　삿사 미츠아키, 「조소앙의 대동사상과 아나키즘-'육성교(六聖敎)'의 구상과 '한살임(韓薩任)'의 결성을 중심으로-」, 『한국종교』 40, 236~238쪽.
42　김명섭, 「조소앙의 아나키즘 수용과 반제 아시아 연대활동」, 『동양학』 84, 2021, 116쪽.
43　김명섭, 「조소앙의 한살임당과 김상옥 의거」, 『삼균주의연구논집』 45, 2022, 166쪽.
44　조소앙, 「韓薩任要領」, 『한국독립운동사자료집』 조소앙편1, 1995, 22쪽.
45　조소앙, 「각국 혁명운동사의 개요」, 『조소앙선집』 상, 162~163쪽. 이 글은 1934년에 창간된 『진광(震光)』 제1호에 실린 글이다.
46　김명섭, 「조소앙의 아나키즘 수용과 반제 아시아 연대활동」, 『동양학』 84, 2021, 124~125쪽.
47　『조선일보』 1945.12.07.

임시정부 개조·개혁 논의가 무위로 돌아간 1920년대 중반 이후 독립투쟁세력 통합은 정부 형태가 아니라 통합적인 독립투쟁 정당인 민족유일당을 만드는 방향으로 나아갔다. 1927년(단기 4260년, 41세) 3월 조소앙은 국내 민족합일전선 신간회가 결성된 후 임시정부 출신 인사들과 사회주의자들이 함께 참여한 한국유일독립당상해촉성회를 이동녕·안창호·김구·홍진·조완구·김두봉 등과 창립하고 집행위원으로 활동하였다. 그러나 독립지사 좌·우의 대립, 중국 국공합작 붕괴, 민족주의 세력과 협동을 부정하는 6차 코민테른 노선변경 등으로 1929년 10월 한국유일독립당상해촉성회가 해체되면서 민족유일당운동은 실패로 돌아갔다.

한국유일독립당상해촉성회가 해체되자 사회주의 세력은 바로 유호한국독립운동자동맹(留滬韓國獨立運動者同盟, 滬는 상해의 별칭)을 조직했다. 3개월 후 민족주의 세력도 결집하여 대한민국임시정부를 지지하는 이당치국(以黨治國)의 독립투쟁 정당을 결성했다. 조소앙은 상해에서 이동녕·안창호·김구·조성환 등 27명과 함께 1930년 1월 25일 한국독립당을 창당했다. 이동녕, 안창호, 이유필, 김두봉, 안공근, 조완규와 함께 강령 기초위원이 된 조소앙은 삼균제도에 입각한 당의(黨義)와 당강(黨綱)을 채택하였다.

조소앙의 삼균제도는 처음부터 한국 독립투쟁과 민족단일전선 형성의 사상·이념·정책으로 정립된 것이었다. 소비에트 사회주의혁명 이후 조소앙이 항상 고심했던 첫 번째 문제점은 '당시 독립지사들 간에 가장 큰 쟁점이었던 민족과 계급 간 문제를 피압박 민족으로서 어떻게 처리해야 할 것인가'였다.[48] 공통된 주의와 정책이 없어서 그간의 거대당 조직운동이 실패했다고 보았기에 조소앙은 거대당 조직운동에는 일정하고 공통된 주의·정책

---

48 조시원, 「간행사」, 『소앙선생문집』 상, 횃불사, 1979, 21쪽.

이 반드시 있어야 한다고 보았다.[49] 삼균제도에 대한 문서를 저술[50]한 이유였을 것이다.

당시에는 삼균제도를 민족 고유의 홍익인간사상과 연결시키지 못했다. 1941년 〈대한민국건국강령〉에서 지력·권력·부력 향유를 균평하게 하는 삼균제도로 국가를 진흥하고 태평하게 유지하는 것이 우리민족 최고 공리인 홍익인간 이화세계라 하여 정치·경제·교육의 균등, 즉 삼균제도가 홍익인간의 내용적 실체임을 표명하였다. 정인보에 의해 홍익인간이 대중적으로 널리 알려진 이후 조소앙은 홍익인간사상에까지 인식을 확장하고 체화하여 삼균제도와 융합한 것으로 보인다. 홍익인간사상이 삼균제도의 사상적 기반임을 명확히 한 이때 비로소 삼균주의가 완성되어 홍익정치론이 되었다.

조소앙은 1940년 4월 한국국민당(韓國國民黨)·조선혁명당(朝鮮革命黨)·한국독립당(韓國獨立黨) 재건파 등 3당이 통합되어 (중경)한국독립당을 창립할 때 중앙집행위원에 피선되고 창당 선언을 기초하였다. 1943년 6월과 7월 임시정부 외무부장 명의로 중화민국 국민정부 군사위원회 위원장 장개석(蔣介石) 총통에게 공한을 보내어 동년 7월 26일 김구 주석과 김규식 선전부장, 그리고 이청천 광복군사령관과 함께 회담하게 되었으며, 이 자리에서 한국의 독립지원을 요청한 결과 1943년 11월 카이로회담에서 한국독립문제가 논의되고 독립의 약속이 이루어지게 하는 기반을 마련하였다.

1948년 2월 26일 남한만의 단독선거가 유엔 소총회에서 결의된 후 조소앙은 3월 7일 삼균주의를 실천하는 선봉대로 삼균주의학생동맹을 결성했다. 1948년 4월 김구 등과 평양을 방문했으나 통일민족국가 건설을 위한

---

49 조소앙, 「大黨組織問題」, 『소앙선생문집』 상, 횃불사, 1979, 124~128쪽.
50 조소앙, 「自傳」, 『소앙선생문집』 하, 157쪽. 「자전」에 1926년에 한국유일독립당촉성회 조직과 '삼균제도' 문서 1건을 작성했다고 하였으나 한국유일독립당촉성회 조직은 1927년이다. 삼균제도 문서는 현재 전하지 않는다.

마지막 노력, 남북협상이 무위로 끝났다. 조소앙은 건국강령 삼균주의를 실천하려면 입법기관에 발언권을 사용하는 단계를 통해서만 가능하다고 인식하고 있었다.[51] 선거운동에 개인 자격으로 참가할 수 있다는 한독당 중앙집행위원회 결의안이 번복되자 삼균주의의 현실적인 실천을 위해 1948년 12월 1일 사회당을 결성하였다. 1950년 5월 30일 2대 국회의원 선거에 서울 성북구에 출마하여 조병옥을 누르고 전국최고득표로 당선되었다. 한국전쟁 초기인 9월 하순 납북되었고, 1958년 9월 향년 71세로 평양에서 타계했다.[52]

2) 삼균주의의 사상 기반, 한국선도

유교적 환경에서 자라면서 한학을 공부하고 성균관에 입학, 유교를 국교로 삼아야 한다고까지 생각했던 조소앙은 나라가 일제에 강제로 병탄된 후 단군을 새롭게 인식하게 된다. 조소앙의 단군에 대한 인식은 단군기년 의식에서도 확인된다. 기년(紀年)이란 일정한 기원으로부터 계산한 연수를 의미하는데, 단군기년의식이란 기년 문제를 통해 민족의 기원을 단군으로부터 세우려는 민족적 정서다.[53] 조소앙의 일제 유학 시기 일기『동유략초(東遊略抄)』(1904.10.~1912.5.)에는 나라가 망한 후인 1911년 처음으로 단군기원이 기록되었다. 예수기원과 공자기원 다음 순서다. 1907년〈신교론〉에서 유교를 국교로 생각하고 기독교 수용을 배척했던 조소앙은 기독교를 받아들인 이후 1911년 예수기원을 기록했다. 이로부터 조소앙이 단군기원을 기록한 것은 단군을 받아들인 것이라는 추론이 가능해진다. 1912년에는 단군기원, 공자기원, 조선기원, 예수기원으로 순서를 바꾸어 기록했다.[54] 단군기원을 가

---

51 조소앙,「성명서」,『소앙선생문집』하, 횃불사, 1979, 113쪽. 1948년 10월 11일 한국독립당과 분당 직전에 낸 성명서다.
52 「조소앙선생연보」,『조소앙선집』하, 삼균학회, 2021.
53 김동환,「조소앙과 대종교」,『국학연구』23, 2019, 4~5쪽.
54 조소앙,「東遊略抄」,『소앙선생문집』하, 횃불사, 1979, 417, 460쪽.

장 앞에 쓴 것을 조소앙이 기독교와 거리를 두기 시작하고 유교적 지식인에서 단군민족주의자로 전환한 증표로 보기도 한다.[55] 나라가 망한 이후 조소앙은 단군에 대한 인식을 새로이 한 것으로 보인다.

이후 단군에 대한 인식은 더 심화되는데 1913년 상해 망명은 대종교 핵심간부 신규식과 계획한 것이었고, 상해 망명 후에는 신규식, 박은식, 신채호 등 대종교 인사들과 동제사를 박달학원으로 개조하여 혁명청년들을 훈련시켰다.[56] 비록 유교적 배경에서 성장하고 한때 우리나라를 유교의 나라(孔敎之國)로 생각하였지만,[57] 성리학이 시의성을 잃고 망국의 사상으로 전락한 현실 앞에서 유교의 틀을 벗게 되었다. 이후 성리학의 대척점에 서있던 독립투쟁 전초기지 대종교[58]를 통해 민족을 만난 것은 자연스러운 수순이었다고 할 법하다. 마치 유교를 근대화하여 국교(國敎)로 정착시키려 애쓰던 박은식이 국망(國亡) 이후 유교의 틀에서 벗어나 대종교를 통해 민족과 만났던 것처럼 조소앙도 유교의 굴레에서 벗어난 후 민족과 만나게 된 것이다.

유교에는 가(家)-국(國)-인(人)-민(民)과 천하 관념만이 있을 뿐 민족이라는 관념은 없다. 또 '하늘에 두 개의 태양이 있을 수 없듯이 지상에는 두 임금이 존재할 수 없다(天無二日 地無二王)'는 단일 천하관과 '천자-제후-대부'로 이어지는 위계적 질서관[禮論]에 입각하여 논의를 전개하기 때문에 민족단위 자율성이나 자주독립 같은 관점이 들어서기 어렵다. 이러한 유교 보편주의에 차이나를 천하의 중심으로 상정하는 화이사상까지 수용된다면 '조선-배달겨레'가 차이나에서 독립하여 자존하는 논리를 세울 수 있는 근거가 없어진다.[59]

---

55 정영훈, 「조소앙의 단군민족주의와 삼균사상」, 『단군학연구』 38, 2018, 229~230쪽.
56 조소앙, 「연보」, 『조소앙선집』 하, 삼균학회, 2021, 455~456쪽.
57 조소앙, 「信敎論」, 『대한유학생보』, 1907.
58 김동환, 「일제하 항일운동 배경으로서의 단군의 위상」, 『선도문화』 10, 2011, 136쪽.
59 정영훈, 「대종교와 유교」, 『동양철학연구』 29, 2002, 80쪽.

민족을 보기 위해서는 유교의 틀에서 벗어나야 하는 이유가 바로 여기에 있다.

조소앙은 1914년 1월 15일 단군, 부처, 공자, 소크라테스, 예수, 마호메트를 가리키는 여섯 성인의 가르침을 통합하는 주장을 담은 〈일신교령(一神敎令)〉을 발표하였다.[60] 흔히 조소앙이 육성교라는 독자적인 종교를 구상했다[61]고 하지만 조소앙은 '육성교'라는 용어도 사용하지 않았다. 또한 종교체험을 공유하는 공동체를 구성하려는 시도를 하지도 않았다는 면에서, 종교를 구상했다기 보다는 다양하게 경험하고 학습한 사상을 정리한 것으로 보는 게 타당할 것이다.[62] '육성일체와 영 각성'을 체계적으로 다룬 〈일신교령〉을 살펴보면, 조소앙이 경험했던 다양한 사상들은 최종적으로 대종교 형태로 역사 무대에 재등장한 선도사상으로 귀일(歸一)되었음을 알 수 있다.

조소앙은 자서전에 '신라 시대 최고 유력한 '화랑'을 사상의 몸체로 삼았다'[63]고 썼다. 이는 조소앙 사상의 핵심이 풍류로 기록된 선도사상임을 뜻하는 것이다. 『삼국사기』에 기록된 화랑 난랑(鸞郎)의 비 서문은 고유 사상인 현묘지도, 풍류는 유교·도교·불교의 종지(宗旨)를 아우른다고 기록하였다.[64]

---

[60] 조소앙, 「회고」, 『소앙선생문집』 하, 해불사, 1979, 167쪽. 『소앙선생문집』 편집자 주에는 「일신교령」을 1920년경의 글로 추정했으나, 갑인년 정월 15일 육성일체를 크게 부르짖었다는 조소앙의 회고나 六聖子를 다루는 「학지광에 기함」이 1915년 2월에 발표된 것을 보면 「일신교령」은 1914년에 발표한 것으로 보인다. 서굉일, 김기승, 김인식도 1914년에 발표한 것으로 인정한다.

[61] 한시준, 「조소앙연구」, 『사학지』 18, 1984; 한승조, 「한국 정신사적 맥락에서 본 소앙사상」, 1990; 김기승, 「조소앙의 육성교 구상에 나타난 민족주의와 세계주의」, 『국사관 논총』 99, 2002; 삿사 미츠아키, 「조소앙의 대동사상과 아나키즘–'육성교(六聖敎)'의 구상과 '한살임(韓薩任)'의 결성을 중심으로–」, 『한국종교』 40, 2016; 정영훈, 「조소앙의 단군민족주의와 삼균사상」, 『단군학연구』 38, 2018, 243쪽.

[62] 삿사 미츠아키도 조소앙이 제창한 육성교는 그의 머리 안에서 구상한 관념적인 것으로 실제 종교교단으로 결실을 맺지 않았다고 한다.

[63] 조소앙, 「자전」, 『조소앙선집』 하, 삼균학회, 2021, 364쪽.

[64] 『삼국사기』 신라본기4 진흥왕 37년, "崔致遠鸞郎碑序日 國有玄妙之道 曰風流 設敎之源 備詳仙史 實乃包含三敎 接化羣生 且如入則孝於家 出則忠於國 魯司寇之旨也 處無爲之事 行不言之敎 周柱史之宗也 諸惡莫作 諸善奉行 竺乾太子之化也"

'화랑을 사상의 몸체로 하였다'는 말은 화랑들이 수련한 한국선도가 조소앙 사상의 핵심임을 말하는 것이다.

대종교인 박명진의 구술기록에 의하면 1917년 당시 조소앙은 대종교 동일도본사(東滿~咸鏡道 관할) 간부였다.[65] 현규환도 조소앙이 동일도본사 주요 교인이라고 기록했다.[66] 조소앙은 1917년 대종교 동지들 중심으로 〈대동단결선언서〉를 작성하여 배포하였고,[67] 1918년 만주로 들어가 많은 대종교 독립지사들과 접촉하면서 〈대한독립선언서〉를 작성·배포함으로써 그의 사상 형성 배경을 알게 한다.[68] 김석영은 〈대한독립선언서〉에 연명한 39인 중 29인이 대종교인이라 했다.[69] 1919년 〈기미독립선언〉을 기획했던 이종일은 1918년 11월 20일자 일기에 "중광단원(重光團圓) 39명이 오히려 우리보다 앞서서 〈무오독립선언서〉를 발표하겠다고 하니 우린 무얼 했느냐. 망설임으로 이같이 낭패 지경이 된 것이다."[70]라고 하여 〈무오독립선언서〉의 39인을 모두 대종교를 사상기반으로 하는 중광단원이라 하였다.

삼균주의가 고유 사유체계인 선도사상에서 연원한 것임은 많은 선행연구 이전에 이미 조소앙 스스로 언명하고 있다. 조소앙은 〈대한민국건국강령〉 제1장 제2절에서 사회 각 계층·계급이 지(智)·권(權)·부(富)력의 향유를 균평하게 하여 국가를 진흥하고 태평을 유지하는 것이 우리민족이 지켜야 최고 공리인 '홍익인간 이화세계'라고 천명하였다. 홍익인간은 깨달음의 사

---

65 박명진, 「대종교독립운동사」, 『국학연구』 8집, 2003.
66 현규환, 『韓國流移民史』 上, 語文閣, 1967, 569~570쪽.
67 「대동단결선언」에 참여한 14인 중 대종교인은 10명에 달한다. 신정(신규식), 조용은(조소앙), 신헌민(신석우), 홍위(홍명희), 박은식, 신채호, 윤세복, 조욱(조성환), 박기준(박찬익), 김성(김규식)이다.
68 김동환, 「조소앙과 대종교」, 『국학연구』 23, 2019, 3~4쪽.
69 김석영, 『선구자 이동녕일대기』, 을유문화사, 1979, 208쪽. 39인 중 김약연·손일민·안창호·이대위·이세영·이승만·임방·최병학·한흥·황상규를 제외한 29인이다.
70 이종일, 「沃坡備忘錄」, 『옥파이종일선생논설집』 3, 옥파기념사업회, 1984, 499쪽.

회적 실천인 공완(功完)을 의미하는 선도사상의 핵심이므로 삼균주의의 사상적 배경은 선도사상이 되는 것이다. 조소앙 스스로 〈대한독립선언서〉를 작성하고 선포한 1919년이 삼균주의의 배태기라고 회고했다. 1919년경에 조소앙은 이미 대종교로 중광된 선도사상 영향을 강하게 받고 있었던 것이다. 다만, 1910~1920년대의 대종교인들이 공생을 가치로 하는 홍익인간사상에까지 관심을 집중할 겨를이 없었던 것처럼 조소앙의 경우도 동일했을 것으로 보인다.

〈대한독립선언서〉의 "동등한 권리와 동일한 부유함을 모든 동포에게 베풀어 남자나 여자나 빈곤한 사람이나 부유한 사람을 가지런히 하며, 등현(等賢, 현명한 정도를 같게 하는 '교육') 등수(等壽, 목숨 유지를 같게 하는 '의료')를 지식인이나 어리석은 사람이나 늙은 사람이나 어린이에게 균등하게 하여 사해인류를 헤아릴 것이니, 이는 우리 건국의 기치이다."라는 내용에서 '균등'을 핵심 키워드로 삼은 삼균주의 배태기[71]임을 알 수 있다.

조소앙이 〈일신교령〉에서 다루는 내용들은 선도경전 『삼일신고』 내용을 풀어 그의 방식으로 설명한 것이다. 그런데 주목할 부분은 첫머리의 "일신(一神)이 참되고 성스러우니 만물의 주인이요 온갖 종교의 근원"이라는 구절이다.[72] 한승조[73]와 조동걸[74]은 여기에서 대종교 교리의 영향이 보인다고 추론했다. 대종교 교무를 총괄했던 박명진은 〈대종교독립운동사〉(1964년)에서 대종교는 일신(一神)을 신앙하는 유일한 신교(神敎)로서 일신교라는 뜻도 된다고 한다.[75] 그 일신은 조소앙의 전신(前身, 먼저 깨달았다는 의미에서)인 6성 곧, 단

---

71 조소앙, 「회고」, 『조소앙선집』 하, 삼균학회, 2021, 395쪽.
72 조소앙, 「일신교령」, 『소앙선생문집』 상, "蕩蕩一神이 惟眞惟聖하시니 萬物之主오 百敎之宗이라".
73 한승조, 「한국 정신사적 맥락에서 본 소앙사상」, 『삼균주의론선』, 삼성출판사, 1990, 121쪽.
74 조동걸, 「임시정부 수립을 위한 1917년의 「대동단결선언」」, 『한국학논총』 9, 1987, 132쪽.
75 박명진, 「대종교독립운동사」, 『국학연구』 8집, 2003, 415~416쪽.

군·부처·공자·소크라테스·예수·무함마드를 자식(子)으로 거느리고 있다.[76]

6성이 일신의 자식이라는 인식은 대종교 1대 교주 나철이 남긴 〈중광가〉 중의 내용과도 다르지 않다.

> 道淵源 찾아보라 가닭가닭 한배빛
> 仙家에 天仙宗祖 釋迦에 帝釋尊崇
> 儒家의 上帝臨汝 耶蘇의 耶和華와
> 回回의 天主信奉 실상은 한한배님"[77]

대종교 교리를 체계화한 서일이 〈삼문일답(三問一答)〉을 짓고 다음과 같이 종교 간 회통(會通)을 주장한 것과도 다르지 않은 것이다.

> 공자, 노자, 석가, 예수, 마호메트가 다 別 사람이 아니오 오직 그 마음을 괴롭게 하야 자기의 本 성품을 닦아서 우리 먼저 깨달았을 뿐이나 우리도 마음만 두고 보면 반드시 공자, 노자, 석가, 예수, 마호메트가 될 것이로되 우리가 먼저 求하지 못하였으며, 또 뒷세상에 나고 알음이 넓지 못한 까닭에 옛날 聖哲을 스승 할 따름이다. 그러면 나의 아는 바가 공자, 노자, 석가, 예수, 마호메트들만 못한 까닭에 그들의 道德, 知識을 본받아서 스승으로 섬기려니와 만일 그네들과 비슷하다면 그 도덕·지식을 비교하야 벗을 함도 옳고 또 그이들에게 지낸다면 그 도덕·지식을 더욱 넓히어서 새로운 세상을 만들지니, 이것은 한울께서 밝게 정하신 眞理이오, 한울나라(天國)에서 길이 쓰이는 公法이라.[78]

6성은 모두 일신의 자식이므로 일신을 기준으로 보면 단군의 홍익인간, 예수의 사랑, 부처의 자비, 공자의 인 등은 본질에 있어서는 전혀 다르지 않은 것이다. 그랬기에 조소앙은 여섯 개의 연못에 비친 달의 비유를 들어 일신과 육성을 체(體)와 용(用)의 관계로도 본 것이다. 6성이 일신의 자식이

---

76 조소앙, 「일신교령」, 『소앙선생문집』 상, "蕩蕩一神이 惟眞惟聖하시니 萬物之主오 百敎之宗이라 … 神子六聖이 卽子前身이라"
77 大倧敎總本司, 「중광가」 10, 『大倧敎重光六十年史』, 1971, 223쪽.
78 大倧敎總本司, 『大倧敎重光六十年史』, 1971, 135~136쪽.

라는 것은, 6성이 '우리는 하나'라는 진리를 깨달은 자들이면서 자신들의 깨달음을 현실 세계의 공동선을 위해 세상의 모든 이들과 나누고자 했던 사람임을 말하고 있는 것이다.[79] 그 신은 『삼일신고』의 신으로서 '위없는 첫 자리에 계시어 큰 덕과 큰 지혜와 큰 힘을 지니고 만물을 창조하고 우주를 주재하며 우리 뇌 속에 내려와 있는' 존재다.[80]

〈일신교령〉보다 후대의 조소앙 저술[81]로 일신교 이름으로 신종교를 선포한 이후 구체적 교명을 대동종교(大同宗敎)로, 다른 이름으로는 진선도법교라 칭한 〈대동종교신창립〉[82]이 있다. 여기에는 육성자의 주된 가르침이 들어있는 경전을 기록한 '육성자 주지표(主旨表)' 항목에 단군교황의 『삼일신고(三一禋誥)』가 명기되어 있어 〈일신교령〉의 그 신이 『삼일신고』의 신임을 확인할 수 있다.[83] 조소앙은 〈대동종교신창립〉에서 신(神)의 옛 글자인 신(禋)을 써서 '三一禋誥'라 하였다. 禋은 대종교총본사에서 펴낸 『譯解三一禋誥』에서만 확인되는데, 이 역시 조소앙이 대종교 교도였음을 방증하는 것이다. "국조 단군은 신교(神敎)로써 민을 교화한 군주이므로 자신(=조소앙)의 대동종교는 단군의 신교와 다름이 없다"[84]고 한 것에서도 역시 확인되는 사실이다. 또한, 조소앙은 대동종교 교리의 핵심을 진선[85]이라 하였는데 이 진선은 유교·불

---

79 이승헌, 『힐링소사이어티』, 한문화, 2001, 44~66쪽 참조.
80 『삼일신고』. "禋在無上一位 有大德大慧大力 生天主無數世界 造牲牲物纖塵無漏 昭昭靈靈 不敢名量 聲氣願禱絶親見 自性求子 降在爾腦"
81 김기승, 「조소앙의 육성교 구상에 나타난 민족주의와 세계주의」, 『국사관논총』 99, 2001, 175쪽.
82 서굉일, 「조소앙의 육성교와 21세기 문명」, 『삼균주의연구논집』 19, 1999, 18, 22쪽.
83 조소앙, 「대동종교신창립」, 『한국독립운동사자료집』 조소앙편(1)
84 조소앙, 「대동종교신창립」, 782쪽, "我國之祖檀君 以神敎化民之君 故惟我民族稱爲神族 此敎亦與神敎无異也" 흘림체로 기록된 「대동종교신창립」 내용을 서굉일이 복원한 자료(『조소앙의 육성교와 21세기 문명』, 『삼균주의연구논집』 19, 1999, 50~54쪽.)와 대조한 것이다.
85 조소앙은 其身眞實 无妄之眞體의 의미로 진(身+眞)을 善目善元 不然之善의 의미로 선(目+善)자를 만들어 사용했다.

교·선교의 삼도(三道)가 회일(會一)하는 정신이라 하여[86] 최치원이 〈난랑비서〉에서 언급한 현묘지도, 풍류와 같은 것임을 알게 한다. 대동종교는 한국선도에 대한 조소앙 식 표현이었던 것이다.

조소앙은 "올빼미같이 흉악한 무리가 우리 집(室)을 무너뜨린 지 10년 남짓에"[87] ... (온 나라의 남녀가) 본래 진실하고 순수한 본성을 가지고 도리어 금수만도 못하게" 되었고, "만민은 신성(神性)을 가지며 육체 속에 간직하나 완고한 마음이 이를 어지럽혀 신성이 발현되지 못한다"[88]고 하였다. 이는 삼진(三眞)을 받았으나 삼망(三妄)에 착근하여 삼도(三途)에 빠진 사람의 처지[89]를 사례로써 말하고 있는 것이다. 선도사상에는 부합하지만 사람에게 원죄가 있다고 가르치는 기독교 교리와는 전혀 부합하지 않는다.

조소앙은 "정성(誠)을 신(神)에게 온전히 하면 영(靈)이 정성에서 깨닫게 되니, 영이 깨달은 후에야 신과 영이 서로 비추고 감응하여 일치하는 신인합일을 경험하여 우주의 본체인 선(目+善), 즉 진선미를 징험"[90]하게 된다고 설명했다. 〈일신교령〉에서는 다양한 종교적 가르침으로도 해석할 수 있는 설명이 나오지만 신인합일에 이르면 대종교가 두드러져 보인다. 유일신이 피조물을 창조했다는 세계관에서 인식하는 '신-인간관'은 어떤 경우에도 피조물인 인간을 창조주 야훼와 같은 존재로 취급할 수 없으므로 기독교에서

---

86 조소앙, 「대동종교신창립」, 781쪽; 서굉일, 「조소앙의 육성교와 21세기 문명」 50쪽.
87 조소앙은 외교권을 강탈당한 1905년에 이미 나라가 망했다는 인식을 가지고 있었다.(조소앙, 「東遊略抄」 1905.11.24, "哀我5百年社稷, 一朝亡矣. 2千萬人, 一朝爲奴隷 矣")
88 조소앙, 「일신교령」, 『소앙선생문집』 상, "凶彼鴟梟ㅣ 旣毁我室하니 ... 十年內外에 擧國男女ㅣ天良이 湮滅하야 ... 本以質實純直之性으로 反弗及於禽獸ㅣ... 靈賦自神하야 潛在乎肉할ㅅㅣ 頑心이 包之하야 欲顯未顯"(해석은 한승조, 「한국 정신사적 맥락에서 본 소앙사상」을 참고하였다.)
89 『삼일신고』, "人物同受三眞 曰性命精 人全之物偏之...惟衆迷地 三妄着根 曰心氣身 ... 眞妄對作三途 曰感息觸"
90 조소앙, 「일신교령」, "誠全於神하며 靈覺於誠하나니 靈覺而後에야 神靈이 相照하고 相照而後에야 神靈이 感應하고 感應而後에야 神靈이 一致하고 一致而後에야 必證善果하나니 善(目+善)之爲言은 眞善美야오 眞善美난 宇宙本體ㅣ니라"

신인합일은 성립할 수 없다.

선진시대의 고례(古禮, 『주례(周禮)』・『의례(儀禮)』・『예기(禮記)』) 이래 후대에 이르기까지 유교 길례(吉禮)는 한결같이 천(天)은 가장 높고, 지(地)는 그 다음이며, 인(人)은 천・지에 끼지 못할 정도의 미미한 존재로 규정했다. 이에 따라 천신(天神)・지신(地神)・인귀(人鬼)에 대한 예가 엄격히 구별되었다.[91] 천・지・인을 서열적으로 이해하는 유교에서도 인간은 하늘의 도를 본받고 따르는 존재이므로 천인감응[92]은 가능하지만 존재론적 의미에서의 천인합일은 있을 수 없다. 유교에서 말하는 천인합일은 만물을 생성・변화토록 하는 원리인 천명(天命)을 탐구하여 그에 일치함[따름]으로써 인격적 완성을 이룰 수 있다[93]는 윤리적인 영역에서의 접근법이다. 따라서 수행을 통해 존재의 근원이자 궁극의 에너지를 회복한 개인이 세상 속에 그 에너지 법칙과 큰 사랑을 실천하여 존재계의 근원 에너지와 '기운과 기운'으로서 완전한 합일을 이루는 존재론적 의미에서의 신인합일[94]과는 전연 다른 것이다.

조소앙은 〈일신교령〉(1914년)에서 '우주의 본체인 진선미'라는 표현을 썼고, 〈대한독립선언서〉(1918년)에서는 우리 대한 민족이 시대에 호응하여 부활하는 최종 의의가 '우주의 진선미를 몸소 실현'함에 있다고 하였다. 〈대한민국건국강령〉(1941년)에 이르러서는 우주의 진선미는 우리민족이 지켜야 할 최고의 공리인 '홍익인간 이화세계'로 표현되었다. 사고의 흐름을 따라가면 진선미가 우주의 본체이며 홍익인간임을 추론할 수는 있으나, 조소앙은 우

---

91 정경희, 「朝鮮初期仙道祭天儀禮의 儒敎地祭化와 그 의미」, 『국사관논총』 108, 2006, 7~10쪽.
92 동중서가 체계화한 천인감응설에서 왕도는 하늘의 도를 바르게 잇고 행하는 방법이라고 한다. 그러나 동중서는 왕도보다는 하늘의 재앙을 피하는 방법에 초점을 맞추고 있었다.(소대봉, 「한국 고대의 진휼과 '공생정치'」, 『선도문화』 34, 2023, 49~51쪽.)
93 이기동, 『환단고기』, 도서출판행촌, 2019, 478~479쪽.
94 김윤숙, 「한국선도의 신인합일 전통에서 바라본 최수운의 시천주사상」, 『선도문화』 34, 2023, 265~266쪽.

주의 본체라는 진선미에 대해 더 이상 설명하지 않았다.

삼균주의를 받아들여 고래의 민주주의인 '다사리'를 신(新)민주주의로 새롭게 이론화한 안재홍이 '진선미'를 설명한 바 있다. 안재홍은 1944년 한국 선도 핵심 교의를 담고 있는 대종교 기본경전 『삼일신고』에 주석을 단 『삼일신고주(註)』를 집필할 정도로 대종교에 정통했다.

안재홍의 설명으로 들어보자. 안재홍은 조선의 철리(哲理)를 정명대일(正明大一)의 도(道)로 인식했다. 밝음(正明)을 숭상하는 그 도는 핵심·시원·출발을 일(一)로 하는 '한'이다. '한'은 대일균등(大一均等)하게 물아동영(物我同榮)하는 국가·국제의 최고선의 경지인 홍익인간이며 진선미라 한다. 일신이자 우주의 본체는 궁극의 생명이자 우주의 에너지인 하나(一)인데 국가적 전 세계적으로 최고선의 경지로 구현되는 것이 홍익인간이며 진선미다. 친소(親疏)와 귀천을 달리하지 않고, 지배층의 사사로운 이익에 따라 부(富)·권(權)·지(智)를 한 곳에 편중하여 근로대중의 생활을 어렵게 만들지 않는 것이 참(眞)이다. 또한 골고루 고른 곳에는 반드시 고흘(美)이 있고, 참이요 고흘인 곳에 반드시 잘(善)이 있다.[95]

대종교인 조소앙이 진선미로 표현한 것을 대종교에 정통한 안재홍의 설명으로 이해한다면, '진선미'는 '참(眞)되게 골고루(美) 잘(善)하는 것'이므로 두루 세상을 이롭게 한다는 '홍익인간'의 다른 표현으로 보아도 전혀 무리가 없어 보인다.

조소앙은 〈일신교령〉에서 "우주의 본체인 선(진선미)을 이루는 방법은 첫째도 둘째도 희생이고 정성스런 마음으로 헌신하는 것이다"라고 하였다. 한국선도 전통에서는 개인 차원에서 수행을 통하여 자신이 존재의 근원(우주의

---

95 안재홍, 「역사와 과학과의 신민족주의」, 『민세안재홍선집』 2, 1983, 236~238쪽. 안재홍은 진선미에 圓(온, 온전히 갖춤)을 더하여 만민공생의 홍익인간으로 보았다는 면에서 약간의 차이가 있다.

본체)인 밝음과 통하는 존재임을 깨닫는(신인합일·성통) 것에 그치지 않고, 다른 사람들의 깨달음에 도움을 주어 사회적인 밝음을 회복하는 대사회적 실천(홍익인간·공완)을 함께 한다. 〈일신교령〉이 집필된 1914년은 일제의 폭압적 무단정치가 극에 달한 시기였다. 목숨을 걸고 독립투쟁에 헌신했던 조소앙은 대사회적 실천인 참되게 골고루 잘하는 진선미, 즉 홍익인간을 대의를 위한 희생으로 받아들였던 것이다.

한국선도가 사상적 기반이었던 안재홍은 '홍익인간'을 사회협동의 영원 불변할 지도 원리이자 도덕적인 인생관이며 당위론적으로 추진되는 요약된 사회관으로 보았지만, 그 역시 홍익인간을 '자기희생'으로 보았다.[96] 1935년 일제 강점 하 조선에서 '민족인으로서 사회에 존립하는 의식'인 홍익인간은 자기희생을 수반하지 않을 수 없었던 것이다.

불교·유교·기독교·이슬람교를 비롯한 성인들의 가르침은 모두 선도사상의 핵심인 홍익인간으로 귀일하는 것이었기에 6성의 구성원으로 소크라테스와 무함마드가 빠지고 대신 노자와 최수운이 새롭게 들어갔어도[97] 큰 흐름은 별반 달라지지 않았다. 〈일신교령〉에서의 6성과 달리 〈대동종교신창립〉에서는 소크라테스와 마호메트 대신 노자와 최수운이 포함되었던 것이다. 유교·불교·도교를 아우르는 현묘지도인 한국선도의 사상적 포용력은 그만큼 넓었던 것이다. 유교·불교·도교 수행의 핵심 역시 한국선도에 포괄되는데, 대종교 3대 도사교 단애 윤세복은 불교의 명심(明心)은 대종교의 지감법(止感法)이고, 도교의 양기(養氣)는 대종교의 조식법(調息法)이며, 유교

---

96 안재홍, 「단군과 개천절」, 『민세안재홍선집』 4, 1992, 100쪽. 이 글은 1935년 10월 29일 조선일보에 실렸다.
97 김기승, 「조소앙의 육성교 구상에 나타난 민족주의와 세계주의」, 『국사관논총』 99, 2001, 175~178쪽. 김기승은 이를 서양적 요소의 축소와 동양적 전통의 강화라고 해석하였다.

의 수신(修身)은 대종교의 금촉법(禁觸法)에 해당한다고 설명하였다.[98]

선도경전『천부경』에서 시작도 끝도 없는 존재의 근원으로 표현된 일(一)이 그 해설서에 해당하는『삼일신고』에서는 인격화되어 신(禮, 일신·삼신)으로 표현되었다.『삼일신고』를 알기 쉽게 풀이한 발해사람 임아상은 신을 밝음(明)이라고 풀었다. 선도사서『태백일사』중 선도 경전 내용을 다룬〈소도경전본훈〉에서는 일(一)을 기(氣)이자, 신(神)이고, 밝음이라 하였다.[99]

조소앙은〈일신교령〉에서 "만물의 주인이요 온갖 종교의 근원(萬物之主 百敎之宗)"으로 표현한 일신(一神)이 실상은 기(氣)와 다르지 않은 존재임을〈소앙기설(素昻氣說)〉[100]에서 밝힘으로써 존재론에 있어서 선도사상의 기학적(氣學的) 세계관을 가지고 있음을 보여주었다. 조소앙은 기를 형이상학적인 사유의 반영으로서의 이(理)가 아니라 물질의 기본단위인 전자, 즉 소립자로 바라봄으로써, 기(氣, 에너지)를 존재의 근원이자 생명의 본질이며 우주 구성의 기본단위로 인식하는 한국선도 기론(氣論)의 맥을 잇고 있는 것이다.

> 기는 전자다. 생물이든 무생물이든 일관되게 만물은 각각 전자를 보유하고 있다. 대기 속에도 있는데, 대기는 호흡에 필요한 것이어서, 생명에 없어서는 안 된다. 그러므로 만유에 통하고 만물의 본체가 되는 것은 오직 기이다 … 하나의 기에서 생겨난 까닭으로 만물이 모두 일족이니 만물은 동종의 지파가 아니겠는가 … 기는 시작과 끝이 없고 능소(주체와 객체)도 없으니, 모든 곳에 두루 퍼져있고, 일체의 시간에 걸쳐 있고, 일체의 이치를 포함한다.[101]

조소앙의 삼균주의를 체계적으로 연구하고〈소앙기설〉을 다룬 거의 유

---

98 大倧敎總本司,『譯解倧經四部合編』,『會三經』, 三我, "佛之明心은 我의 止感法이오 仙之養氣는 我의 調息法이오 儒之修身은 我의 禁觸法이다."
99 『태백일사』「소도경전본훈」, "神卽氣也 氣卽虛也 虛卽一也," "大虛有光 是神之像"
100 「소앙기설」을 작성한 연대는 아직까지는 확인되지 않는다.
101 조소앙,「素昻氣說」, "氣也者電子也 貫有生無生 物各有電子 大氣中亦有之 大氣者呼吸之所需 而生命之所不可缺 故通萬有 爲物之本體者 其惟氣乎 … 一氣所生 故物皆族也 萬物非同宗之支乎 … 氣無始終 亦無能所 徧一切處 亘一切時 含一切理耳"

일한 연구자 홍선희는 소앙의 기설이 유기설(惟氣說)이되 유리·유물·유심을 모두 포함한 것으로, 학설로는 서화담의 주기론을 따른 것으로 보았다.[102] 화담 서경덕의 기론은 조선 성리학 교의와 불일치한다는 평가를 받고 있다.[103] 화담에게 있어 태허의 기는 줄지도 늘지도 않으며, 시작과 끝도 없이 우주에 선천적으로 전제되어 있는 불멸의 기이다.[104] 화담은 '담일청허(湛一淸虛)'의 기를 태허(太虛)의 '동이생양(動而生陽) 정이생음(靜而生陰)'하는 시초의 근원으로, 시작도 끝도 없는 하나의 기로 보았다.[105] 화담이 말하는 담일청허의 기는, 선도경전『천부경』중의 '일시무시(一始無始) 일종무종(一終無終)'과 절묘하게 일치하고 있다.[106] 『천부경』의 하나(一)가 화담에 와서 일기(一氣)로 바꾸어 표현되었을 뿐이다.

이정애도 조소앙이 전통적인 기철학자인 김시습, 서경덕, 홍대용, 이규경, 최한기, 최제우 등의 관점을 계승하여 기일원론의 기론을 정립, 기를 만물의 존재 근거이자 우주 운행의 본체로 바라본다고 하였다. 그런데 이정애는 조선의 전통적인 기철학자들의 관점이 중국 기론의 영향을 받은 것으로 인식하고 있다.[107] 이정애는 조소앙이 〈대동종교신창립〉에서 스스로 언명한 것처럼 단군의 신교와 그 경전인『삼일신고』의 가르침을 받아들였다는 것을 알지 못했기에, 조소앙이 차이나 기론의 영향을 받은 전통적인 기철학 관점을 계승했다고 보고 있는 것이다. 이정애는 차이나 고대 기의 유래를

---

102 홍선희,『조소앙의 삼균주의 연구』, 부코, 2014, 55~57쪽.
103 이창일,「기의 불멸과 귀신-화담 서경덕의 귀신 해석-」,『정신문화연구』31, 2008, 33~34쪽.
104 이창일, 앞의 글,『정신문화연구』31, 2008, 40, 51쪽.
105 『花潭先生文集』권2, 雜著「鬼神死生論」, "氣之湛一淸虛 原於太虛之動而生陽 靜而生陰之始 … 其氣終亦不散 何者 氣之湛一淸虛者 旣無其始 又無其終 此理氣所以極妙底 學者苟能做工 到此地頭 始得覷破千聖不盡傳之微旨矣"
106 이기동,『유학오천년, 한국의 유학(상)』, 성균관대학교출판부, 2022, 484쪽.
107 이정애,「조소앙 철학에 나타난 '기론'의 특징과 의의」,『인문학연구』67, 2024, 391~397쪽.

설명하면서 노자의 충기(冲氣) 이전 은(殷)~전국시대까지의 운기(雲氣)까지 거론한다. 그런데 은나라 건국은 단군보다 수백 년 후의 일이고 노자는 단군보다 천수백 년 이후 사람이다. 신채호의 말마따나 선대 인물이 어찌 후대의 영향을 받으며 어떻게 후대의 사상을 받아들일 수 있겠는가?

조소앙은 〈일신교령〉에서 만물의 주인으로 표현한 일신(一神)을 〈소앙기설〉에서는 만물의 본체인 기(氣)로 보아 '신'과 '기'가 다르지 않다고 인식하였다. 『삼일신고』에는 친근하게 인격화하여 일신(一神)으로 표현되었으나 『천부경』에서는 근원의 생명력·에너지를 일(一, 氣,밝음)로 표현한 것과 같은 이치다. 또한 사람만이 가장 온전한 기를 얻을 수 있다고 하여[108] 사람만이 기(三眞)를 온전히 받을 수 있다는 『삼일신고』 진리훈과 동일한 인식을 보여준다.[109] 더하여 조소앙은 온전히 기를 받은 사람 역시 맑음과 탁함, 순수함과 잡박함이 없을 수 없다고 인식하여,[110] 삼진(三眞, 性·命·精)을 받은 사람이 삼망(三妄, 心·氣·身)에 뿌리내려 삼도(三途, 感·息·觸)를 걷는다는 『삼일신고』 진리훈과 다르지 않은 인식을 보여 준다.[111] 〈일신교령〉과 〈소앙기설〉에서 확인되는 조소앙의 존재론적 세계관은 선도사상의 기학적 세계관과 일치한다. 이는 조소앙이 〈대동종교신창립〉에서 단군의 주된 가르침이 들어 있는 경전으로 『삼일신고(三一神誥)』를 적시하고 국조 단군은 신교(神敎)로써 민을 교화한 군주이며 대동종교는 단군의 신교와 다름이 없다[112]고 언명한 것에서도 명확하게 확인된다.

---

108 조소앙, 「소앙기설」, "唯人也得氣最全"
109 大倧敎總本司, 『譯解倧經四部合編』, 『三一神誥』, "人物同受三眞 日性命精 人全之物偏之"
110 조소앙, 「소앙기설」, "亦不能無淸濁粹駁"
111 물론 '진리훈'에서는 인간이 타락에만 머물지 않고 다시 본래의 인간성을 회복할 수 있음을 강조하고 있다. 그 방법이 삼수행법인 지감(止感)-조식(調息)-금촉(禁觸)이다.
112 조소앙, 「대동종교신창립」, 782쪽, "我國之祖檀君 以神敎化民之君 故惟我民族稱爲神族 此敎亦與神敎无異也"

조소앙이 '육성일체와 사해동포의 영 각성'을 다룬 다른 글이 〈학지광(學之光)에 기함〉이다. 이 글은 1914년 4월 10일 작성되어 다음해 2월 동경에서 결성된 조선유학생학우회 기관지 『학지광』에 발표된 것이다. 이 글에서는 '일(一)'을 '하나님', '영부 하나님'으로 표현했다.

> 同胞들아. 眞理의 生命水가 何에 在ᄒᆞ고. '一'을 悟ᄒᆞ며 '一'에 歸ᄒᆞ며 '一'에 生ᄒᆞ며 '一'에 死ᄒᆞ지라. '一'은 卽 하나님 '天'이니 … 우리 靈父 하나님의 眞正ᄒᆞᆫ 精神을 宣傳ᄒᆞ며 … 六聖子는 하나님의 거룩ᄒᆞᆫ 아들로 … 六聖子의 거룩ᄒᆞᆫ 일홈은 聖檀君 · 聖釋迦牟尼佛 · 聖孔夫子 · 聖素久羅泰西 · 聖耶蘇基督 · 聖慕何每道 … 聖權의 體는 一이라 道오 用은 六이라. 즉 獨立自強 慈悲濟罪 忠恕一貫 知德合致 愛人如己 信行必勇이라.[113]

그런데 조소앙이 〈학지광에 기함〉에서 말하는 '하나님'은 어떤 존재였는가? 흔히 오해하듯이 '하나님'은 기독교 전파로 비로소 조선에 알려진 유일신 이름이 아니다. 오히려 기독교를 전파하는 과정에서, 영어 사용권에서는 'God'로 명(明)~청(淸)에서는 '천주(天主)'로 불린 기독교 신 이름인 야훼(Yahweh)를 사용하는 대신 우리 고유어 '하나님', '하느님', '하ᄂᆞ님'을 빌려서 사용한 것이다.[114]

1886년 조선에 선교사로 와서 조선의 자주권회복 운동에 헌신했던 헐버트(Homer Bezaleel Hulbert, 1863~1949)는 '한국인들은 외국으로부터 수입된 종교들과는 아무런 관계가 없는 하나님 신앙이 있는데, 하나님이라는 단어는 하늘(Heaven)과 님(Master)이 합성된 단어로 한자로 천주(天主: Load of Heaven)에 해당한다'고 하였다.[115] 1885년 최초의 선교사로 조선에 왔던 언더우드의 부

---

113 조소앙, 「學之光에 寄함」, 『소앙선생문집』 하, 횃불사, 1979, 240~245쪽.
114 류대영 · 옥성득 · 이만열 공저, 『대한성서공회사 Ⅱ』, 대한성서공회, 1994, 104쪽.
115 Strange to say, the purest religious notion which the Korean today possesses is the belief in *Hananim*, a being entirely unconnected with either of the imported cults and as far removed from the crude nature worship. This word *Hananim* is compound of the words "heaven(sky)" and "master," and is the

인(Lillias Horton Underwood, 1851~1921)도 '한국인은 기독교가 한국에 들어오기 이전부터 하나님을 숭배해 왔다'고 증언한다.[116] 1880년대 이전부터 조선인들은 모두 하나님이 천지를 창조하고 자연현상을 주재하는 신으로서 부처보다 더 높은 지위에 있는 최고의 신으로 숭배하고 있었던 것이다.[117]

하나님이 기독교 전파와 관계없음을 잘 보여주는 또 다른 근거로 약 400여 년 전인 선조 때 박인로(朴仁老, 1561~1642)가 지은 시조를 들 수 있다. 박인로가 임진왜란 시기에 지은 『노계집(盧溪集)』은 하나님이란 용어를 한글로 적은 최초의 책이다.

> 時時로 머리 드러 北辰을 부라보고
> 눔모루난 눈물을 天一方의 디이누다
> 一生애 품은 뜻을 비옵누다, 하누님아

우리나라에 천주교가 전래된 것은 1784년 이승훈이 최초로 세례 받은 이후이고, 개신교의 경우 1884년 선교사 알렌(Horace Newton Allen, 1858~1932)이 입국하여 활동한 이후다. 박인로의 시조를 통해 알 수 있듯이 기독교가 전래되기 150여 년 전에 조선에서는 이미 하나님이란 용어를 사용했다.[118]

Ⅱ장에서 살펴본 것처럼, 한국선도는 존재의 근원이자 생명의 본질을 기

---

pure Korean counterpart of the Chinese word "Load of Heaven." The Koreans all consider this being to be the Supreme Ruler of the universe.(H.B. Hulbert, *The Passing of Korea*, William Heinemann Co., London, 1906. p404.); 김종서, 『신시·단군조선사 연구』, 한국학연구원, 2004, 116쪽에서 재인용.

116 Our people said: "The Koreans understand the word '*Hananim*'; they worship him already; we have only to teach them that he is the one and only God, to tell them what his attributes are, and it will all be easy."(L.H. Underwood, *Underwood of Korea*, New York, Fleming H. Revell company, 1918, p125.); 김종서, 『신시·단군조선사 연구』, 한국학연구원, 2004, 126~127쪽에서 재인용.

117 김종서, 『신시·단군조선사 연구』, 한국학연구원, 2004, 132쪽.

118 김광린, 「'한(하나, 一)'과 한민족의 정체성, 그리고 홍익인간」, 『평화학논총』 5, 2015, 22쪽.

(氣)로 인식한다. 우주는 기(생명)로 가득 차 있으므로 우주를 구성하는 기본 단위인 기는 분리되지 않는 하나(一)다. 존재의 근원이자 본질을 선도경전 『천부경』은 '일(一)'로, 그 해설서에 해당하는 선도경전 『삼일신고』는 '신(神)'으로, 선도사서 『태백일사』에서는 하늘(天)·밝음(光)·기(氣)로도 표현하였다. 친근하게 인격적으로 표현할 경우 '하느님(하늘+님)' 혹은 '하나님(하나+님)'으로 불렸던 것이다.

이상에서 조소앙의 삼균주의를 형성하는 사상적 기반은 근대의 한국선도, 곧 대종교 형태로 중광된 한국선도임을 자세히 살펴보았다. 조소앙이 자서전에서 '신라 시대 최고 유력한 화랑을 사상의 몸체로 삼았다'고 한 데에서도 알 수 있듯이 유교·불교·도교의 종지를 아우르는 현묘지도(풍류, 선도)가 조소앙 사상의 핵심이었다. 『동아일보』를 통해 정인보의 홍익인간사상이 널리 공표된 이후 조소앙은 홍익인간사상으로까지 인식을 확장하여 체화하고 삼균제도와 홍익인간사상을 융합하여 삼균주의를 완성하였다. 정치사상으로서 삼균주의가 완성된 모습을 보여주는 〈대한민국건국강령〉에서 조소앙은 삼균제도가 홍익인간의 내용적 실체임을 표명하였다.

조소상 삼균주의의 사상 기반이 대종교로 중광된 선도사상임을 자세히 살펴본 이유는 조소앙이 자신의 대동종교는 단군의 신교와 다름이 없다고 명시(明示)하고, 조소앙 자신의 사상 몸체가 '화랑'이라고 명언(明言)하고, 삼균제도의 역사적 근거가 우리나라 건국이념인 '홍익인간'임을 분명히 하였음에도 불구하고, 선행연구에서 이상과 같은 조소앙의 언명(言明)을 인정하지 않는 경향이 다대했기 때문이다.

3. 삼균주의와 홍익정치론의 구체화

성리학을 국시로 개창한 조선에서 선도문화가 공적 영역에서 사라지고 저류화되면서 그 핵심이념이었던 '홍익인간' 역시 대중들의 시야에서 멀어져 갔다. 홍익인간사상은 정인보가 『동아일보』에 연재한 〈오천년간 조선의 얼〉 '전고갑' 편에서 체계적으로 정리한 이후 대중 앞에 되살아났다.

조소앙이 일제강점기 한국의 현황과 삼국 이후 역사 연구에서 찾아낸 삼균제도는 정치·경제·교육에서의 불평등을 해소하고 각 민족과 국가가 평등과 대립의 균형을 향유하는 것[1]으로 홍익인간 이화세계라는 우리민족이 지켜야 할 최고 공리와 융합하여[2] 삼균주의라는 홍익정치론으로 완성되었다.

삼균제도는 1930년 1월 25일 창당한 한국독립당의 주의(主義)다. '사람과 사람, 민족과 민족, 국가와 국가의 균등한 생활을 주의로 삼는' 바, 사람과 사람의 균등은 정치·경제·교육의 균등화로 이룬다[3]는 것이다. 조소앙과 함께 독립투쟁을 했던 조시원[4]은 1930년에 정립된 삼균제도를 '반봉건, 반침략, 반차별에서 비롯한 민족혁명의 기치'였으며, '한국·한민족·한국혼에 뿌

1　조소앙, 「한국의 현황과 혁명의 추세」, 『소앙집』, 한국고전번역원, 141쪽.
2　조소앙, 「대한민국건국강령」, 『소앙선생문집』 상, 횃불사, 1979, 148쪽.
3　조소앙, 「한국독립당의 근황」, 『조소앙선집』 상, 삼균학회, 2021, 153쪽.
4　조소앙의 동생으로 개명 이전 이름은 조용원(趙鏞元)이며 1920년 중국으로 망명하여 상해에서 난팡대학교를 졸업한 후, 청년조직에서 독립투쟁을 전개하였다. 1930년 한국광복진선 결성과 한국독립당 기관지 〈진광〉 발행에 참여하였다. 1938년 임시정부 선무단장, 임시의정원 의원, 한국독립당 중앙집행위원을 역임하였고, 광복군 중령으로 지청천 광복군총사령관 부관을 역임하였다. 1949년 조소앙과 함께 사회당 결성에 참여하였고, 1950년 제2대 국회의원에 당선되었다. 부인 이순승, 딸 조순옥, 사위 안춘생과 함께 독립유공자 서훈을 받은 독립유공자다.

리박은 혁명이론으로 민족고유의 이론이요 한 나라 한 겨레로서의 완전 균등사회를 지향한 가장 완벽한 평등 이데올로기'[5]라고 평가한 바 있다.

그런데 당시에는 삼균제도를 홍익인간사상과 연결시키지 못했다. 1941년(단기 4274년) 11월 28일 공포된 〈대한민국건국강령〉에서 홍익인간사상과 융합된 삼균주의가 비로소 명확하게 등장한다. 삼균제도와 홍익인간사상의 융합은 1946년 4월 1일 재판(再版) 발행된 〈한국독립당 당의해석〉에서도 확인되는데, 주(註)에서는 〈한국독립당 당의해석〉이 1940년경에 집필한 것으로만 '추정'한다.[6] 〈대한민국임시정부건국강령초안〉에는 '우리나라의 건국정신'으로만 표현되고 명시되지 않았던[7] '홍익인간'은 1941년 11월 공포된 〈대한민국건국강령〉에 선명하게 보인다.

〈대한민국건국강령〉은 지력·권력·부력의 향유를 균평하게 하여 국가를 진흥하며 태평을 유지함이 우리민족이 지켜야 할 최고 공리인 홍익인간 이화세계라 하여 정치·경제·교육의 균등, 즉 삼균제도가 홍익인간의 내용적 실체임을 표명하고 있다. 삼균제도는 조소앙이 일제강점 이후 한국의 상황과 삼국 이후 역사 연구에서 불평등을 해소하는 혁명의 이론적 무기로 찾아낸 것이다. 정인보가 『동아일보』에 〈오천년간 조선의 얼〉을 연재하여 홍익인간사상이 대중적으로 널리 알려진 이후 조소앙도 홍익인간사상에까지 인식을 확장하고 체화(體化)한 것으로 여겨진다. 이미 1910년대 대종교 경전 『삼일신고』 내용을 체화하여 〈일신교령〉, 〈소앙기설〉 등을 집필한 사실과 대종교인 정인보와 교류했던[8] 사실을 염두에 두면 조소앙이 홍익인간사상을 받아들인 것은 자연스럽다고 추론할 수 있다. 조소앙은 홍익인간사상과

---

5 조소앙, 『소앙선생문집』, 횃불사, 1979, 20쪽.
6 조소앙, 「한국독립당 당의해석」, 『소앙선생문집』 상, 횃불사, 1979, 222쪽.
7 조소앙, 『소앙선생문집』 상, 횃불사, 1979, 154쪽.
8 227쪽 참조.

삼균제도를 하나로 융합했다. 홍익인간사상과 삼균제도가 융합된 이때 비로소 삼균주의라는 정치사상이 완성되어 홍익정치론이 되었다.

필자는 조소앙이 역사 연구에서 찾아낸 정치·경제·교육 세 영역에서의 균등과 각 민족과 국가의 균등을 삼균제도로, 삼균제도를 내용적 실체로 하여 홍익인간사상을 실현하려는 정치사상을 삼균주의로 구별해 보고자 한다. 따라서 삼균제도가 정립된 1930년이 아닌 삼균제도와 홍익인간이 융합된 1941년 〈대한민국건국강령〉에서 삼균주의가 완성되었다고 본다. 조소앙이 우리나라 건국정신인 홍익인간이 삼균제도의 사상적 기반임을 천명함으로써 홍익정치론인 '삼균주의'가 완성되었다고 보는 것이다.

조소앙은 광복이후 건국 시기에 정치·경제·교육의 균등인 삼균을 홍익인간사상을 현실화하는 구체적인 실천 지침으로 보았다. 이는 삼국 정립기 신라 화랑의 세속오계가 홍익인간사상의 실천 지침이었던 것과 다르지 않은 것이다. 더하여 해방 정국에서 안재홍이 통일민족국가 건설 방안으로 제시한 신민주주의에서 삼균주의를 신민주주의의 주요한 요소로 받아들였기에 삼균주의가 근대 홍익정치론의 정점이라고 평가할 수 있다.

삼균주의는 조소앙이 독립투쟁 기본 방략 및 광복된 조국 건설 지침으로 삼기 위해 체계화한 정치사상이다. 정치 균등·경제 균등·교육 균등이라는 삼균 원칙을 실현해야 개인과 개인, 민족과 민족, 국가와 국가에서 전 세계 인류의 행복까지 있을 수 있다는 인식에 근거하여, 우리민족의 행복에서부터 전 인류의 행복을 실현하는 유일하고 절대적인 기초가 되는 '균등'을 중심사상으로 한 것이다.[9]

이러한 균등사상은 기본적으로 선도사상의 기일원론 세계관에서 도출된다. 모든 사람이 하늘의 생명(기)을 받고 태어났으니 개개인에게 생명은 소

---

9   조소앙, 「한국독립당 당의해석」, 『소앙선생문집』 상, 횃불사, 1979, 207쪽.

중하며, 모두가 동일한 기를 받고 태어났으니 사람은 모두 서로에게도 소중하며 균등한 존재다. 사람들이 모두 하늘의 기를 동등하게 받은 존재라면 모든 사람들이 '균등'하다는 것은 당위론적인 진리다. 즉, 균등사상은 기일원론 세계관에서 자연스럽게 도출되는 것이다.

조소앙이 광복된 조국 건설 지침으로 삼기 위해 체계화한 정치사상인 삼균주의는 1930년 4월 탈고한 〈한국의 현황과 혁명의 추세〉에서 일제가 강점한 한국의 현황을 파악하고 분석하여 정치, 경제, 교육 영역에서 심각한 불평등을 찾아내면서 시작되었다.

첫째, 정치적 유린으로는 각종 악법을 동원한 체포·구금, 혁명사상의 단속, 언론·집회·결사·출판의 자유 압박 등으로 1929년 1년간 일제 경찰에 체포된 사람이 15만 8000여 명이었다. 둘째, 교육의 압박으로는 일본인 교사의 교육계 점령, 학교 수 부족으로 인한 입학 제한, 졸업생 진로의 암담함 등인데, 1927년 1,401개 관·공립보통학교 졸업생(남학생) 53,201명 중 상급학교 입학자는 11,868명으로 22%이고 취직자는 2,624명으로 4.9%에 불과했다.[10] 셋째, 경제적 파멸은 일본인 지주의 토지 겸병, 한인 지주의 몰락과 농노의 격증, 한인의 경제적 몰락으로, 국내 대부분의 토지와 대량생산 기관은 일본인 소유로 전락한 상태였다. 공업 자본은 일본인이 99%를 차지하고 한국인 자본은 1%였다. 1931년 기준 한국 토지는 국유(강제 점유)가 888만 정보(37%), 일본인 사유가 515만 정보(21%), 한국인 소유는 1000만 정보(42%)로 한국인 농가의 67%는 이미 농노로 변한 상태였다.[11]

불평등은 삼국 초기 이래 한국 역사 속에서도 존재했다. 인민이 평등한 기본 권리를 누릴 수 있었는지, 평등한 생활 권리를 누릴 수 있었는지, 평

---

10 조소앙, 「한국의 현황과 혁명의 추세」, 『소앙집』, 2019, 65쪽.
11 조소앙, 「제23주년 3·1절 선언」, 『조소앙선집』 상, 삼균학회, 2021, 482~484쪽.

등한 교육 권리를 누릴 수 있었는지 역사를 살펴본 조소앙은 불평등과 박탈과 유린만 있었다고 결론 내렸다. 한국 역사 속 불평등으로 첫째는 기본 권리의 불평등[양반-중인-상인-천인의 계급제도와 노예제도], 둘째는 생활 권리의 불평등[특히 토지소유의 불평등], 셋째는 배울 권리의 불평등 등을 지적했다. 고리 말기 이후 외세에 빌붙으면서 민족의식이 말살되었고, 특히 성리학을 숭상한 조선 500년 동안 인민의 권리 침탈이 옛 시대에 비해 더욱 심해져 오직 평민을 억압하고 그들의 권리를 박탈하기만 하였다. 토지를 겸병하고 강탈하며 재징수하고 사적으로 소유하는 풍조는 조선 말기가 고리 말기에 비해 도리어 더 심해졌다.[12]

이처럼 배달겨레가 삼국시대부터 겪어왔고 일제 강점 이후 더욱 악화된 3대 불평등을 해소하는 것, 즉 정치 권리의 균등, 생활 권리의 균등, 배울 권리의 균등이 조소앙이 역사 연구에서 찾아낸 삼균제도였다. 인류의 생존 요소는 의, 식, 주, 행(行, 교통) 4개인데 이 네 분야의 권리를 완전히 획득하려면 정치·경제·문화[국민의 교육 정도에 관계된다]의 자유로운 발전 권리가 필수적이므로[13] 정치·경제·교육에서의 균등이 요구되는 것이다.

이민족 지배 하 한국의 현황과 역사 연구에서 병폐로써의 불평등과 해결책으로써의 균등을 찾아낸 〈한국의 현황과 혁명의 추세〉(1930년)는 물론, 한국독립당의 주의와 정강, 정책을 처음으로 드러낸 〈한국독립당의 근황〉(1931년)에서도 정치·경제·교육의 삼균과 각 민족과 국가의 균등은 표방되었으나 홍익인간사상과의 관계는 구체적으로 거론되지 않았다.

필자는 정인보가 『동아일보』에 〈오천년간 조선의 얼〉을 연재하면서 '홍익인간'을 역사의 전면에 재등장시킨 것이 조소앙에게도 영향을 미친 것으로

12　조소앙, 「한국의 현황과 혁명의 추세」, 『소앙집』, 한국고전번역원, 2019, 103~104, 120쪽.
13　조소앙, 「한국독립당 당의해석」, 『조소앙선집』 상, 삼균학회, 2021, 327쪽.

본다. 1912년에 이미 단군기원을 공자기원, 조선기원, 예수기원 앞에 명기한[14] 조소앙은 정인보와 같이 단군을 숭앙하는 대종교인이었으므로 단군왕검의 건국이념인 홍익인간을 받아들이는 것은 전혀 문제가 되지 않았을 것이다. 1913년 동제사에 참가했던 조소앙과 정인보는 동제사에서 지도자로 활동하던 대종교인 김규식과도 친밀한 사이였다.[15] 1918년에 조직된 신한청년당에서 조소앙이 정인보와 함께 활동했다는 연구도 있다.[16]

국학자 정인보는 홍익인간에 대한 상세한 연구 결과를 1935~1936년 『동아일보』에 발표했다. 정치·경제·교육의 균등이라는 삼균을 한국 역사 연구에서 찾아낸 조소앙에게 '수미균평위 홍방보태평'이라는 삼균제도의 역사적 근거와 단군조선 건국이념인 '두루 세상을 이롭게 한다'는 홍익인간의 공생 가치는 삼균주의의 역사적 연원과 관련하여 조소앙에게 영감(靈感)을 주었을 것임에 틀림없다. 홍익인간사상은 선도문화의 핵심이기에 선도문화와 성쇠(盛衰)를 같이 했다. 단군조선 와해 이후 선도문화는 점점 약화되었고 홍익인간의 공생 가치 역시 현실에서 점점 힘을 잃게 되었다. 삼국 이래 불평등이 야기한 역사상 문제는 홍익인간의 공생 가치가 약화되면서 심화된 것이었다. 따라서 불평등을 해결할 수 있는 해결책은 단군조선 건국정신인 '홍익인간' 사상 전통을 회복하는 것이었다.

정영훈은 나철이 순교 직전 작성한 〈중광가〉[17]에서 〈신지비사〉의 해당 대목과 홍익인간에서 취한 말인 '홍익홍제(弘益弘濟)'를 함께 거론한 것이 조

---

14 조소앙, 「東遊略抄」, 『소앙선생문집』 하, 햇불사, 1979, 417, 460쪽.
15 정병준, 「중국 관내 신한청년당과 3·1운동」, 『한국독립운동사연구』 65, 2019, 30쪽; 민필호, 『石麟閔弼鎬傳』, 71, 304쪽.
16 신운용, 「신규식의 민족운동과 대종교」, 『국학연구』 23, 2019, 104쪽. 조소앙이 신한청년당 조직원이었음은 신한청년당 주요당원 이력을 정리한 정병준, 「중국 관내 신한청년당과 3·1운동」, 2019, 13~15쪽 참조.
17 天嶽神記 보아라 宗人道 弘益弘濟 / 黑鷄赤鷄 云云과 普和統旁 뉘알꼬 / 神公秘詞 풀어라 秤錘極器 한 天下 / 白牙岡 均平位에 萬邦世世 保太平

소앙의 삼균주의에 영향을 주었을 것이라고 한다.[18] 조소앙이 대종교인이라는 전제하에서 충분히 경청할 만한 주장이다. 그런데 1916년에 작성된 〈중광가〉가 조소앙에게 영향을 주었다면 1930년에 삼균제도를 정립했을 때는 왜 조소앙이 홍익인간과 연결하지 않았는지 궁금해진다. 1931년이 훨씬 지나서야 조소앙이 〈중광가〉를 보아서였을까?

조소앙은 우리나라 건국정신은 다른 어떤 사상적 전통도 아닌 삼균제도에 역사적 근거를 두었다고 〈대한민국건국강령〉 제1장 총강(總綱) 제2절에서 명시하였다. 〈신지비사〉 내용인 '머리와 꼬리가 균평하게 자리 잡아 나라를 흥기하고 태평을 보존하라(首尾均平位 興邦保泰平)'를 삼균제도의 역사적 근거로 삼은 것이다. 또한 '수미균평위'를 사회 각 계층·계급이 지(智)·권(權)·부(富)력의 향유를 균평하게 누리게 하는 것으로 해석했다. 이러한 삼균제도가 홍익인간 이화세계하자는 우리민족이 지켜야 할 최고의 공리, 즉 증명할 필요 없이 누구나 경험으로 알 수 있는 기본 명제라고도 하였다.

조소앙이 삼균의 역사적 근거를 〈신지비사〉의 '수미균평위 흥방보태평'에서 찾은 것은 "머리와 꼬리-상하(上下)-의 위치가 균등·평등하면 인간 세상을 널리 이롭게 할 뿐만 아니라 세계를 진리로써 변화시킬 수 있다"[19]고 보았기 때문이다. 통상 수도인 삼경(三京)의 균형적인 운영으로 해석해 오던 것을 역사 연구에 근거하여 불평등한 세 영역인 정치·경제·교육의 균등으로 해석한 데 조소앙의 천재적인 독창성이 있었다.

신채호는 삼경을 잘 지켜야 왕업(王業)이 기울어지지 않을 것이라 하여 삼경의 균형적인 운영으로 〈신지비사〉를 보았다.[20] 안재홍도 김위제가 '수미균평위 흥방보태평' 운운한 것은 송경(松京)과 한양, 평양을 합한 고리 당시

---

18 정영훈, 「조소앙의 단군민족주의와 삼균사상」, 『단군학연구』 38, 247~249쪽.
19 조소앙, 「한국독립당 당의 해석」, 『조소앙선집』 상, 삼균학회, 2021, 319~320쪽.
20 신채호, 『조선상고문화사』, 비봉출판사, 2007, 98쪽.

의 삼경(三京)을 이른 것이라고 보았다. 삼제왕(三帝王)을 상징하는 삼경, 즉 백아강인 평양과 부소량, 오덕지는 고대 단군의 삼도(三都)로서 단군 당년의 삼제왕(三帝王) 통치의 흔적으로 보았다.[21]

우리민족이라면 누구나 알고 있고 지켜야 하는 최고의 도리는 널리 인간세상을 이롭게 하는 홍익인간과 이치로 세상을 교화하는 이화세계인데, 이를 지력·권력·부력을 균평하게 향유하는 것으로써 이룰 수 있다고 보았으니, 곧 지력·권력·부력의 향유를 균평하게 하는 삼균제도가 홍익인간·이화세계의 내용적 실체이자 실천 지침으로 보는 것이다.

조소앙은 정치·경제·교육 삼균이 우리나라 건국정신이자 배달겨레 최고의 공리인 홍익인간의 내용적 실체임을 명시하고 그 역사적 근거 또한 〈신지비사〉에서 찾았다. 이는 삼균제도가 단군조선 건국정신인 홍익인간의 내용적 실체이자 실천 지침으로, 국가·사회 운영원리이자 공동체 구성원 모두의 삶의 철학이었던 선도문화에서 연유한 것임을 언명한 것이다.

삼균제도는 배태기인 1919년을 지나면서 형성되고 정립되어 1930년 1월 창당된 한국독립당 당의·당강에 채택되었다. 한국독립당을 근간으로 삼은 임시정부는 1931년 4월 발표한 대외선언에서도 이미 균등제도의 건국 원칙을 천명했다.

> 본 정부는 독립당으로 근간을 삼고 독립당은 국민전체로 기초를 삼아 균등주의를 고집한다. 균등주의는 일찍이 민족전체의 공동요구를 말미암아 발생하였으니, 본정부의 주의와 정책은 이것에 근거하여 비로소 결정된다. 요약하면 "민족균등주의"가 된다. 민족균등주의는 "국내에 있는 사람과 사람이 이권을 고르게 누림을 말한다."는 것이다. 무엇을 고르게 하는가! 보통선거로 정권(政權)을 고르게 하며 국가 소유로 이권(利權)을 고르게 하며 공용 비용으로 배울 권한(學權)을 고르게 한다. 국외에 대하여는 민족 자결권을 보장하여 민족과 민족 국가와 국가의 불평등을 제거한다. 그러므로 이것을 따라 국내에 실현

---

21 안재홍, 「三韓國과 그 法俗考」, 『민세안재홍선집』 3, 지식산업사, 1991, 175쪽.

하면 특권계급은 바로 소멸되고 소수민족은 그 침략을 벗어난다. 정치나 경제나 교육을 막론하고 그 이권을 균등히 하여 높낮이가 없는 것이다. 동족과 이민족에 대하여도 또한 이와 같다.[22]

    1935년 7월에는 관내 좌우합작 유일당인 민족혁명당의 당의에 삼균제도가 채택되었다. 1941년 11월에는 홍익인간사상과 융합된 삼균제도, 즉 삼균주의가 중경 대한민국임시정부에서 공포한 〈대한민국건국강령〉에도 채택되었다. 1941년 12월 태평양전쟁 발발이라는 국제정세의 급격한 변화와 장개석 정부의 대한민국임시정부 승인 가능성이 높아지면서 좌익진영은 1942년 10월 25일 제34회 임시의정원에 합류하였다. 이에 앞선 1942년 4월 20일 임정 국무회의는 대한민국임시정부 산하의 한국광복군에 민족혁명당의 조선의용대를 합편하는 결의를 하였고, 7월 조선의용대는 김원봉을 지대장으로 하여 광복군 제1지대로 개편되었다. 1944년 4월 좌익진영은 대한민국임시정부에도 합류하였다. 민족주의자들은 물론 사회주의자들도 삼균주의를 새롭게 건설될 광복된 조국의 건국강령으로 인정하여 삼균주의는 관내에서는 좌우를 망라하여 1940년대 독립투쟁의 주도 이념과 정책이 되었다.

    삼균주의의 강령과 정책은 광복군을 편성하고 혈전을 강화하고 대중투쟁, 무장투쟁, 외교·선전을 확대 강화하여 적의 통치기구를 국내에서 완전히 박멸하고 복국(復國)을 완성한 후 도래하는 건국 제1기에 들어 비로소 널리 시행된다고 하였다. 삼균주의를 골자로 한 헌법을 시행하여 정치와 경제와 교육에 관한 민주적인 시설로 실제 균형을 도모하며, 전국의 토지와 대량생산하는 기관의 국유화가 완성되고, 전국 취학연령 아동 모두가 고급교육을 무료로 수학하는 일이 완성되고, 보통선거 제도가 구애됨 없이 완전히

---

22 국사편찬위원회, 「1931년도 大韓民國臨時政府宣言」, 『대한민국임시정부자료집』

실시됨으로써 전국 각 리(里)·동(洞)·촌(村)과 면(面)·읍(邑)과 도(島)·군(郡)·부(府)와 도(道)의 자치조직·행정조직·민중단체·민중조직이 완비되어 삼균주의와 배합·시행되고, 경향(京鄕) 각층 극빈 계급의 물질·정신상 생활 정도와 문화 수준이 제고·보장되는 과정은 건국 제2기에 이루어진다고 하였다.[23]

그러면 〈대한민국건국강령〉에 들어있는 삼균주의의 구체적인 내용은 어떤 것이었을까? 〈대한민국건국강령〉은 제1장 총강(1~8절), 제2장 복국(1~9절)에 이어지는 제3장(1~7절)에서 건국을 다루고 있다.

정치의 균등은 제3장 건국 제4절과 제5절에서 다루고 있다. 제3장 제4절에서는 건국 시기 헌법에 이미 인민의 기본 권리와 의무를 규정하고 있다. 모든 인민이 가지는 기본권 관련 권리와 의무는 다음과 같다.

① 노동권, 휴식권, 피구제권, 피보험권(被保險權, 위험에서 보호받을 권리), 면비수학권(免費受學權, 무료로 배울 권리), 참정권, 선거권, 피선거권, 파면권(罷免權), 입법권과 각종 사회 조직에 가입할 권리가 있다. ② 여성들은 경제, 국가(정치), 문화, 사회생활상 남자와 평등할 권리가 있다. ③ 신체의 자유와 거주, 언론, 저작, 출판, 신앙, 집회, 결사, 여행, 시위, 운동, 통신, 비밀 등 자유가 있다. ④ 보통선거에는 만 18세 이상 남녀가 선거권을 행사하되 신앙, 교육, 거주연수, 사회출신, 재산상황과 과거 행동을 구분하지 않으며 개인마다 평등, 비밀, 직접 선거로 한다. 선거권을 가진 만 23세 이상 남녀는 피선거권이 있다. ⑤ 인민은 법을 지키고 세금을 납부하고 병역에 복무하고 조국을 건설·수호하며, 사회를 건설·지지하는 의무가 있다. ⑥ 적에 부화뇌동한 사람과 독립운동을 방해한 사람, 건국강령을 반대한 사람, 정신에 결함이 있는 사람, 범죄 판결을 받은 사람은 모두 선거권과 피선거권이 없다.

남녀평등을 천명하는 ② 항을 포함하여 ①~④ 항은 정치적인 권리를,

---

23 조소앙, 「대한민국건국강령」, 『조소앙선집』 상, 삼균학회, 2021, 230~232쪽.

⑤ 항은 의무를, ⑥ 항은 권리의 제한을 규정한 것이다.

프랑스가 1944년에 여성투표권을 인정하고 미국이 1966년에 들어서야 모든 흑인의 투표권을 인정한 사실을 고려하면, 〈대한민국건국강령〉에서 제시한 제한 없는 1인 1표의 보통선거제도는 정치 균등의 대표적인 표상이라 할 만하다.

1919년 4월 11일 수립된 대한민국임시정부 법통을 이어 1948년 8월 15일 수립된 대한민국정부는 건국강령에 명시된 것처럼 '독립운동을 방해'한 행위가 위중한 사람을 처벌하고자 '반민족행위특별조사위원회'를 구성했으나 친일파를 정권유지에 활용하고자 한 이승만에 의해 반민특위는 실패했고 반민족행위자에 대한 역사청산도 실패했다. 건국강령에 반대한 사람에게 선거권과 피선거권이 없다는 ⑥ 항의 내용이 유지되고 실행되었다면, 건국정신 '홍익인간'의 공생정신으로 우리 사회가 좀 더 건강하게 발전했을 것이다.

제3장 제5절에서는 헌법상 중앙과 지방의 정치기관에 대해 규정하고 있다. ① 중앙정부는 건국 제1기에 국내에서 총선거한 중앙의정원이 통과한 헌법에 의거하여 조직한 국무위원회 결의로 국무를 집행하는 전국 최고 행정기관이다. 분담할 부서는 내무부, 외무부, 군무부, 법무부, 재무부, 교통부, 실업부, 교육부, 사회부의 9개 부서로 한다. ② 지방에는 도(道)에 도 정부와 도 의정원을, 부(府)·군(郡)·도(島)·면(面)·읍(邑)에도 정부와 의정원을 둔다.

지방에도 정부와 의정원을 두고 지방자치제를 실시한다는 내용은 정치 균등을 위한 중요한 항목이다. 지방의회를 둔다고 규정한 것은 지방자치단체의 정책을 결정하고 지방 행정을 감시·견제하기 위함인데, 이를 통해 주민 참여를 활성화하여 민주주의를 발전시키고자 했다.

정치적 균등은 어떠한 계급의 전정(專政, 독재 정치)을 요구하는 것이 아니라 오직 진정한 '전 국민의 정치 균등'을 의미하는 것이었다. 영국과 미국이라는 자본주의 국가는 자본을 중심으로 자본가들이 권력을 마음대로 휘두르는 폐단이 보이고, 독일과 이탈리아 등 국가는 히틀러나 뭇솔리니 등의 나치스나 파쇼 독재를 감행하면서 침략을 일삼고, 사회주의 소련에서는 노동자와 농민의 전정(專政)을 실시하는 폐단이 너무 엄중했기에, 일제로부터 정권을 완전히 되찾은 후에는 되찾은 정권을 국민 전체에게 돌려 균등히 향유하게 하려는 것이었다.[24]

경제적 균등은 제3장 제6절에서 자세히 다루고 있다. 제6절에서 건국 시기 헌법상 경제체제는 국민 각 개인의 균등한 생활 확보와 민족 전체의 발전, 그리고 국가 보위를 마치 사슬처럼 상호 연결했다. 구체적인 내용은 다음과 같다.

① 대량생산기관의 도구와 수단을 국유로 하고, 토지·어업·광업·농업·임업(林業)·수리(水利)·소택(沼澤)과 수상·육상·공중의 운수사업과 은행·전신(電信)·교통 등과 대규모 농·공·상 기업과 도시 공업 구역의 주요한 공용 부동산은 국유로 하고, 소규모나 중등기업은 사영(私營)으로 한다. ② 적인(敵人, 일본인)이 침탈하거나 설치한 관·공·사유 토지와 어업·광업·농업·임업·은행·회사·공장·철도·학교·교회·사찰·병원·공원 등의 방산(房産, 부동산)과 기지(基地, 택지)와 기타 경제·정치·군사·문화·교육·종교·위생에 관한 일체의 사유재산과 적에 부역한 자의 일체 사유재산과 부동산을 몰수하여 국유로 한다. ③ 몰수한 재산은 가난한 농민·노동자와 일체 재산이 없는 사람의 이익을 위한 국영 혹은 공영 집단생산기관에 제공함을 원칙으로 한다. ④ 토지의 상속·매매·저당·양도·유증(遺贈, 유언으로 증여)·전조차(轉租借, 임차물을 남에게 재차 빌려주는 일)의 금지와 고리대금업과 개인의 고용 농업 금지를 원칙으로 하고, 두레농장과 국영농장의 생산·소비·무역의 합작기구를 조직·확충

---

24 조소앙, 「한국독립당 당의해석」, 『조소앙선집』 상, 삼균학회, 2021, 334쪽.

하여 농·공 대중의 물질 및 정신생활 정도와 문화수준을 제고한다. ⑤ 국제무역·전기·상수도와 대규모 인쇄·출판·영화·극장 등은 국유·국영으로 한다. ⑥ 나이 든 노동자, 어린 노동자, 여성 노동자의 야간노동과 연령·지대(地帶, 구역)·시간상 불합리한 노동을 금지한다. ⑦ 노동자와 농민과 대중의 무료 의료를 보편적으로 실시하여 질병을 없애고 건강을 보호하는 일을 장려한다. ⑧ 토지는 자신의 힘으로 직접 농사지을 수 있는 농민에게 나누어 줌을 원칙으로 하되, 고용농·소작농·자작농·소지주농·중지주농 등 원래 농촌에서의 지위를 보아 낮은 계층부터 우선권을 준다.

경제 균등과 관련해서는 특히 첫째로 토지와 대량생산기관의 국유화, 둘째로 주요 공공부문 사업이나 대규모 기업의 국영화, 셋째로 자경농민 위주의 토지 분배, 넷째로 일제의 재산과 일제에 부역한 자의 재산 몰수와 국유화 등을 주요 정책으로 하여 국민의 생활권을 균등화함에 요점이 있었다.

경제 균등은 개인 경제가 아니라 민족 전체를 대상으로 또는 주체로 한 것으로, 다른 나라를 강도처럼 침략하지 않으면서도 국민 전체의 총재산을 증가시키고 동시에 능력과 분수에 맞는 소비를 균등하게 하는 데 있었다.[25]

조소앙이 보는 자본주의의 모순은 생산의 무계획성과 분배의 불균등성에 있었던 만큼 '생산의 국가·사회적 지도 및 계획 조정과 분배의 민족적 합리성'을 추구하는 경제의 균등을 위해서 마땅히 토지와 대량생산 기관의 국유화를 주장했던 것이다.[26] 그러나 조소앙은 계획과 통제경제의 표본인 소비에트경제를 염두에 둔 것이 아니라 영국경제를 경제균등의 모범으로 삼아[27] 재산관계의 탈사회화가 아닌 재분배를 목표로 삼고 있었다.[28] 국

---

[25] 조소앙, 「한국독립당 당의 연구 방법」, 『조소앙선집』 상, 삼균학회, 2021, 312쪽.
[26] 조소앙, 「한국독립당 당의해석」, 『조소앙선집』 상, 삼균학회, 2021, 336쪽.
[27] 조소앙, 「삼균주의자가 본 세계」, 『조소앙선집』 하, 삼균학회, 2021, 288쪽.
[28] 윤홍근, 「소앙사상에 있어서 균등개념에 대한 연구」, 『삼균주의론선』, 삼성출판사, 1990, 158쪽.

내 대부분의 토지와 대량생산 기관이 일본인의 소유로 전락한 상태에서 광복 후에 수립될 민족국가가 토지와 중요 산업을 국유화해야 한다는 것은 이 시기 민족운동전선의 공통된 정책이었다.[29]

1930년대 초 통계수치에서도 한국에서 투자 자본은 일본인이 99%를 차지하고 한국인 자본은 1%였다. 1931년 기준 한국 토지는 국유(강제 점유)가 888만 정보(37%), 일본인 사유가 515만 정보(21%), 한국인 소유는 1000만 정보(42%)로 한국인 농가의 67%는 이미 농노로 변했다.[30] 따라서 광복 후에 사유제는 무의미하며 국가 건설 후 이를 국유화하는 것은 당연한 주장이었다.[31]

1946년 8월 재조선미육군사령부군정청(在朝鮮美陸軍司令部軍政廳) 여론국은 조선 인민이 어떤 종류의 정부를 요망하는지를 묻는 설문조사를 하였다. 8543명을 대상으로 한 조사에서 일반적인 정치형태는 85%인 7,221명이 대중정치(대의정치)를 선호했다. 찬성하는 정치체제는 자본주의 1189명(14%), 사회주의 6037명(70%), 공산주의 574명(7%), 모른다 653명(8%)으로 집계되었다.[32] 설문조사 결과에서 확인되는 것처럼 토지와 주요산업의 국유화는 당시 대다수 인민의 지지를 받는 가장 합리적인 방안이었던 것이다.

아래 표는 1946년 당시 미군정의 통치를 받던 38선 이남지역 조선 인민들이 원하는 정치 체제에 대한 설문조사 결과를 도표로 그린 것이다.

---

29 강만길, 「한국독립운동과 삼균주의」, 『삼균주의론선』, 삼성출판사, 1990, 174쪽.
30 조소앙, 「제23주년 3·1절 선언」, 『조소앙선집』 상, 삼균학회, 2021, 482~484쪽.
31 서희경·박명림, 「민주공화주의와 대한민국 헌법 이념의 형성」, 『정신문화연구』 30, 2007, 85쪽.
32 『동아일보』 1946.08.13.

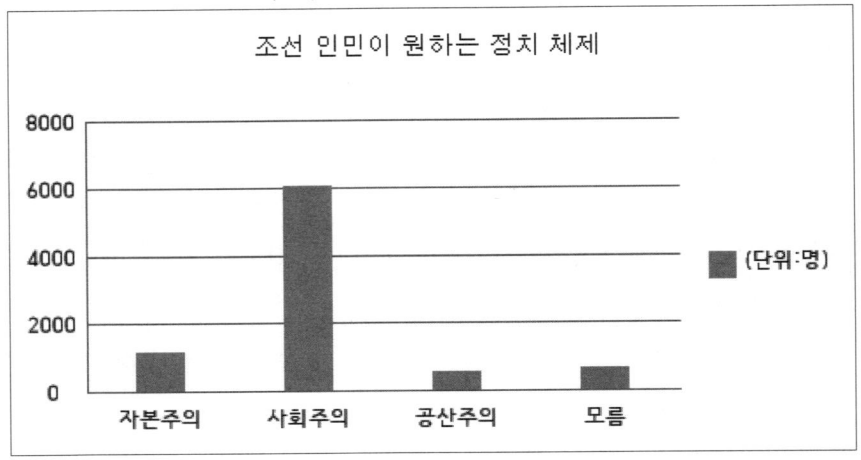

〈표 2〉 1946년 미 군정청 설문조사 결과

 교육 균등은 제3장 제7절에서 다루었다. 제7절은 건국 시기 헌법상 교육 기본 원칙은 국민 각 개인에게 과학적 지식을 보편으로 균등화한다고 천명했다.
 ① 교육의 종지(宗旨)는 삼균주의를 원칙을 삼아 민권의 바른 기운을 떨쳐 일으키며, 국민 도덕과 생활 지능과 자치 능력을 양성하여 완전한 국민을 조성함에 둔다. ② 6세부터 12세까지의 초등 기본교육과 12세 이상의 고등 기본교육에 관한 일체의 전칙(典則, 지켜야 할 규범)은 국가에서 부담하고 의무로 시행한다. ③ 취학 연령이 초과되고 초등 혹은 고등의 기본교육을 받지 못한 인민에게는 일률적으로 무료 강습 교육을 시행하고, 빈한한 자제로서 옷과 음식을 스스로 해결하지 못하는 사람은 국가에서 대신하여 제공한다. ④ 지방의 인구·교통·문화·경제 등 형편을 감안하여 일정한 비례로 교육기관을 설립하되 최저한도로 하나의 읍·면마다 5개 소학교와 2개 중학교를, 하나의 군·도·부마다 2개 전문학교를, 하나의 도마다 1개의 대학을 설치한다. ⑤ 교과서의 편집·인쇄·발행을 국영으로 하고 학생에게 무료로 나누어 준다. ⑥ 국민병과 상비병의 기본군사 지식에 관한 교육은 전문훈련으로 하

는 외에 매 중등·전문학교의 필수과목으로 한다. ⑦ 공·사립학교는 일률적으로 국가의 감독을 받고 국가에서 규정한 교육정책을 준수하게 하며, 해외에 살고 있는 동포의 교육에 대해서는 국가에서 교육정책을 세워 시행한다.

②항은 초·고등 기본교육을 국가에서 책임지는 의무교육 원칙을 천명한 것이다. ③항에서 다룬, 가난한 가정 학생들에게 국가가 옷과 음식을 제공하는 것은 가장 현실적이면서도 실질적인 교육 균등 필요조건이다. 2025년 대한민국 교육현실에서도 실행하지 못하고 있는 실질적인 교육 균등책이다.

한 국가의 문화는 그 국민의 정신이자 영혼이다. 그런데 그 국민의 정신을 공고히 하는 동시에 국가의 문화 수준을 전반적으로 높이는 것은 오직 국민의 교육 정도에 관계하므로 국가 정책 중에서 국민 교육 정책이 중요한 위치를 차지하게 되는 것이다.[33]

그런데 국가 정책에서 교육 정책이 중요하므로 개인마다 지식을 보편적으로 균등하게 제공한다는 인식은 있었지만 어떤 인재를 길러낼 것인지가 실질적인 항목으로 규정되지 못했다. 교육을 통해 우리민족 최고 공리 홍익인간을 가르치겠다는 내용은 빠져있다. 총강에서만 홍익인간을 거론하고 세부항목에서 홍익인간에 이르는 인성교육이 빠져 공생에 가치를 두는 홍익인간사상이 교육 현장에서 실천되지 못했다. 당연한 귀결로 홍익인간사상을 정치에서 실현하려는 홍익정치도 경제의 균등도 이루어지지 않았다.

홍익인간은 당위나 선언으로 실현되는 것이 아니라 지속적인 심신수련을 통해 '나-우리-세계'가 하나라는 인식에 기반한 실천으로 실현되는 것이다. 신시배달국 이래 국가 차원의 국중대회인 제천행사가 지속된 이유이며, 화랑들이 세속오계를 실천했던 이유다. 그런데 삼균주의 교육 분야에서 교육의 기본원칙을 홍익인간으로 이어지는 인성교육에 두지 않고 '과학적

---

[33] 조소앙, 「한국독립당 당의해석」, 『조소앙선집』 상, 삼균학회, 2021, 336쪽.

지식'을 보편적으로 균등화하는데 둔 것은 공생에 가치를 두는 홍익인간사상과는 상당히 거리가 있는 것이었다. Ⅵ장에서 삼균주의의 한계를 다루면서 이 문제를 부연하겠다.

이렇게 정치·경제·교육의 균등을 기초로 건설되는 새로운 민주 국가는 민중을 우롱하는 '자본주의 데모크라시'도 아니며, 무산계급 독재를 표방하는 '사회주의 데모크라시'도 아닌, 범 한국 민족을 기반으로 하고 범 한국 국민을 단위로 하는 '전 국민적 데모크라시'를 의미하는 것이다.[34] 현대 세계의 다수 국가가 비록 민주주의를 채용하고 있으나 민주정치의 실익을 얻지 못하고 형식적으로 진행하고 있기에, 민주정치의 진수(眞髓) 혹은 민치의 본질을 실행하는 삼균주의가 시행되는 민주제도는 '신(新)'자를 더해 신민주제도라고 이름 지었다.[35]

만약 정치·경제·교육 방면에 신민주주의를 실현한다면, 국민 모두는 반드시 하루하루 끼니를 걱정하지 않게 될 것이고, 청년 남녀는 모두 중등학교 졸업장을 얻을 수 있을 것이며, 모든 공민(公民)은 반드시 자유와 비밀이 보장된 합법적인 투표권을 얻을 수 있을 것이다. 그렇게 된 뒤에 모든 농민은 반드시 자기 소유의 토지와 집을 얻을 수 있게 될 것이고, 모든 노동자들은 공장에서 일자리를 얻을 수 있을 것이다. 또한 늙고 병에 걸려 전전하는 의지할 데 없는 자들이 각기 죽을 때까지 공공의료를 받을 수 있고, 모든 학생이 각자가 원하는 학교에서 공부할 수 있게 될 것이며, 모든 공무원은 각기 필요한 것을 얻고 능력을 발휘할 신분상의 안전을 보장받을 수 있을 것이다. 이와 같은 일을 전개하여 아시아 전체에 이르고, 다시 인류 전체에 이르게 하는 것이 한국민족이 부흥한 후 우리와 인류를 위해 해야 할 가장

---

34 조소앙, 「한국독립당 당의해석」, 『조소앙선집』 상, 삼균학회, 2021, 337~338쪽.
35 조소앙, 「당강해석 초안」, 『조소앙선집』 상, 삼균학회, 2021, 353쪽.

큰 임무였다.[36]

〈대한민국건국강령〉에 나타난 새로운 국가 건설에 대한 계획은 철저한 균등사회를 실현하기 위한 것이었고, 이에 대한 시책은 정치·경제·교육 부문에 집중되어 있었다. 이는 삼국시대 이후 역사적으로 민족 내부에 존재했던 정치·경제·교육의 불평등과 일제강점에 의해 민족 전체가 이민족의 노예 상태로 편입되어 민족을 말살할 지경에 이르게 하는 정치의 유린·경제의 파멸·문화의 말살[37]이라는 현실에서 불평등을 완전히 제거한 균등사회를 지향한 것이었다.[38]

조소앙은 영국·미국처럼 자본가들이 권력을 마음대로 휘두르는 폐단, 독일·이탈리아처럼 침략을 일삼는 파쇼 독재, 소련처럼 노동자와 농민이 실시하는 독재를 모두 거부하고 오직 진정한 '전 국민의 정치균등'을 추구했다.[39] 자본적 특권계급이나 무산계급의 독재를 용인하지 않았기에 조소앙이 주창한 경제적 균등은 개인이 얼마나 생산에 기여하는가로 평가하는 능력주의[40]나 개인적 노력과 선택을 완전히 무시하는 획일적 평등주의를 지향하는 것은 아니었다. 능력은 결정적으로 그의 유전적·천부적 특질과 초기 가족·사회적 환경에 의존하고 이 특질과 환경은 그에게 우연히 주어진 것이므로 그의 분배적 응분(應分, deserve)으로서는 합당하지 않다.[41] 조소앙은 개

---

36 조소앙, 「미래 한국의 세계적 지위」, 『조소앙선집』 상, 삼균학회, 2021, 266쪽.
37 1935년 취학연령 아동 296만9364명 중 입학한 학생은 76만6453명으로 26%에 불과하다. 소수의 취학 아동마저 노예화 교육을 받아 문화를 말살하고 민족정신을 소멸한 것이 이미 수십 년이다.(조소앙, 「제23주년 3·1절 선언」, 『조소앙선집』 상, 삼균학회, 2021, 482~484쪽.)
38 한시준, 「조소앙의 역사의식」, 『삼균주의론선』, 삼성출판사, 1990, 93~94쪽.
39 「한국독립당 당의해석」, 『조소앙선집』 상, 334쪽.
40 개인의 능력과 노력의 한계, 그리고 국가의 역할을 강조하면서 개인의 성취는 80% 이상이 국가공동체와 가족/사회적 환경 덕분이라는 의견을 개진하며 개인의 능력에 의한 성취는 20% 미만이라고 능력주의를 비판하는 글로는 김현철, 『경제학이 필요한 시간』, 김영사, 2023, 24~37쪽 참조.
41 주동률, 「평등과 응분(deserve)의 유기적 관계에 대한 변호」, 『철학』 85, 2005, 200쪽.

인들에게 균등하게 생산·분배·소비의 권리를 부여하고, 소비는 응능응분한(능력에 맞고 분수에 맞는) 균등을 주장했다.[42] 경제의 균등은 공정한 분배 기준에 근거한 구체적 보상(reward)을 전제한 균등일 것이므로, 필자는 마땅히 그래야 할 응분(deserve)에 따른 분배라는 전제를 수용하면서도 결과적으로 평등한 분배를 산출하는 방향을 지향하는 것이 합당하다고 본다. 임금조정이나 조세를 통한 소득 재분배 정책 이후에 사회보험 프로그램 등 복지차원에서도 국민 삶의 질을 전반적으로 제고하는 국가의 역할이 필요한 이유이기도 하다.[43]

건국 시기에 완전히 실시해야 하는 정치·경제·교육의 균등[44]은 각기 독립된 것이 아니라 상호 긴밀하게 연결되는데 조소앙은 경제 문제가 모든 것의 중심이며 원천이기에 경제가 중심이 된다고 보았다.[45] 정치 문제는 항상 경제의 집중적 표현이고, 교육 문제 또한 경제를 통하여 연결되어 있기 때문이다.[46] 이런 시각은 안재홍도 동일했다. 안재홍은 '혹심한 빈부의 차별은 모처럼의 법제상 평등이 아무런 실질적 공영생활을 보장할 수 없으므로 부의 균등에 이르지 못한 평등은 껍데기의 평등에 지나지 못하는 것'[47]으로까지 보았다.

---

42 조소앙, 「한국독립당 당의연구 방법」, 『조소앙선집』 상, 312쪽. 조소앙이 필요에 따라서도 분배되어야 하지만 동시에 능력에 따라서도 분배되어야 한다고 모호하게 주장했다는 견해(강정인·권도혁, 「조소앙의 삼균주의의 재해석; '균등' 개념의 분석 및 균등과 민주공화주의의 관계를 중심으로」, 『한국정치학회보』 52, 2018, 265쪽.)는 소비를 분배로 오독한 것에서 기인한 것으로 보인다.

43 응분이 감안된 평등주의 분배 방식에 대해서는 주동률, 「평등과 응분(deserve)의 유기적 관계에 대한 변호」, 『철학』 85, 2005, 212~215쪽 참조.

44 조소앙이 사용한 균등의 의미를 단지 기회의 평등이나 무차별한 완전 평등이 아닌 '기회의 평등+응분의 지원 보장'으로 보는 관점의 연구로는 강정인·권도혁, 「조소앙의 삼균주의의 재해석; '균등' 개념의 분석 및 균등과 민주공화주의의 관계를 중심으로」, 『한국정치학회보』 52, 2018을 참조.

45 조소앙, 「한국독립당 당의연구 방법」, 『조소앙선집』 상, 삼균학회, 2021, 312~313쪽.

46 조소앙, 「삼균의 대로」, 『조소앙선집』 하, 삼균학회, 2021, 201쪽.

47 안재홍, 「역사와 과학과의 신민족주의」, 『민세안재홍선집』 2, 지식산업사, 1983, 229쪽.

그런데 조소앙의 삼균주의는 정치·경제·교육을 기초로 한 새로운 민주 국가 건설에 그치는 것이 아니다. 건설될 신민주국 안에서는 정치·경제·교육의 삼균을 바탕으로 국민 각 개인의 균등한 생활을 확보하며, 밖으로는 민족과 민족, 국가와 국가의 평등을 실현하고 나아가 세계일가(一家)로 나아가는 것이다. 세계일가란 사적인 무력·침략을 반대하고 세계 각 민족의 독립 생존과 자유 발전을 존중하며, 또 상호 공격을 반대하는 동시에 상호 협조를 원칙으로 하여 세계 문화와 인류 행복을 공동으로 촉진하는 것을 의미한다.[48] 신민주국 안에서의 정치·경제·교육의 균등을 협의의 삼균이라 한다면, 개인과 개인·민족과 민족·국가와 국가 간의 평등은 광의의 삼균이라 할 것이다.[49]

세계평화가 파괴되는 것도 그 원인은 민족과 민족, 국가와 국가 사이의 이익과 지위의 불평등에 있다. 그러므로 어떤 민족이나 국가가 야욕을 채우기 위해 다른 민족이나 국가를 침략하는 행위는 타기(唾棄, 침 뱉고 버리듯이 혐오하며 내치는 것)의 대상이다. 삼균주의를 주창한 조소앙에게 있어, 일본 민족이 자국의 이익을 위하여 침략 전쟁을 일으켜 선량한 인민들을 여지없이 살육하고 동아시아 평화와 질서를 파괴하면서도 대동아공영(共榮)권을 부르짖는, 세계 정복을 꿈꾸면서도 팔굉일우(八紘一宇, 온 세상을 하나의 집처럼 만든다)라는 파렴치한 문구를 남발하는 일본 제국주의는 반드시 정의의 칼날에 소멸되고야 말 세계의 공적(公敵)이었다.[50]

이상에서 살펴본 것처럼 조소앙이 일제강점기 한국의 현황과 삼국 이후 역사 연구에서 찾아낸 삼균제도는 정치·경제·교육에서의 불평등을 해소하

---

48 조소앙, 「한국독립당 당의해석」, 앞의 책, 2021, 342쪽.
49 균등의 내용으로서 정치·경제·교육의 균등을, 균등의 주체로서 개인과 개인·민족과 민족·국가와 국가를 드는 견해도 있다.(윤홍근, 「소앙사상에 있어서 균등개념에 관한 연구」, 『삼균주의론선』, 삼성출판사, 1990, 145쪽.)
50 조소앙, 「한국독립당 당의해석」, 『조소앙선집』 상, 삼균학회, 2021, 341~342쪽.

고 각 민족과 국가가 평등과 대립의 균형을 향유하는 것으로 홍익인간 이화세계라는 우리민족이 지켜야 할 최고 공리와 융합하여 삼균주의라는 홍익정치론으로 완성되었다.

삼국 이래 불평등이 야기한 역사상 문제는 홍익인간의 공생 가치가 약화되면서 심화된 것이다. 따라서 불평등을 해결할 수 있는 해결책은 홍익인간사상 전통을 회복하는 것이었다. 조소앙은 정치·경제·교육의 삼균이 우리나라 건국정신이자 배달겨레 최고의 공리인 홍익인간의 내용적 실체임을 명시하고 그 역사적 근거 또한 〈신지비사〉에서 찾았다. 이는 삼균제도가 홍익인간의 내용적 실체이자 실천 지침으로, 국가·사회 운영원리이자 공동체 구성원 모두의 삶의 철학이었던 선도문화에서 연유한 것임을 분명히 나타낸 것이다.

조소앙은 〈대한민국건국강령〉에서 정치, 경제, 교육의 세부항목을 제시함으로써 홍익정치론을 구체화하였다. 정치 균등을 위해 의무 1항목, 권리제한 1항목, 권리 4항목과 지방자치제도 실시를 제시했다. 경제 균등을 위해 토지와 대량생산기관의 국유화를 포함한 8항목을 제시했다. 교육 균등을 위해 국비의무교육과 가난한 집 자제에게 옷과 음식을 제공하는 실질적인 교육기회 균등안을 포함하여 7항목을 제시했다.

1990년대 초 사회주의권 붕괴 이후 신자유주의가 득세하여 양극화 현상은 심화되었고 불평등은 갈수록 더 심해지고 있다. 부의 격차가 갈수록 벌어져 껍데기의 평등마저 위태로운 작금의 현실에서 경제적 균등을 가장 중요하게 여겼던 조소앙의 삼균주의를 재조명함으로써 시사점을 추출할 수 있을 것이다.

VI.

광복이후 삼균주의의 계승과 발전

1. 삼균주의 적용의 한계와 '홍익교육'의 중요성

Ⅱ장에서 살펴본 것처럼 한국선도의 홍익인간사상을 정치에 투영하여 실천하는 것이 홍익정치였고 그 핵심가치는 '공생'이었다. 한국 상고·고대에 실천했던 홍익정치는 근대에 한국선도를 대종교로 중광한 나철 이래 정인보·조소앙·안재홍 등 홍익정치론자들에 의해 전개되었다. Ⅵ장에서는 근대 이후 전개되었던 홍익정치론, 그 중에서도 근대 홍익정치론의 정점이었던 삼균주의의 관점에서 볼 때 현대 한국사회를 어떻게 바라볼 수 있을지, 근대의 삼균주의가 현대선도에 이르러 어떻게 계승·발전되고 있는지 살피고자 한다.

일제강점에서 벗어나 자주독립국가를 건설할 복국·건국 시기에 삼균주의는 좌우를 막론한 모두가 받아들였던, 우리나라 건국이념인 '홍익인간'의 실천 지침이었다. 비록 임시정부 건국강령을 올곧게 계승하지는 못하였으나 광복 80년이 된 지금 정치, 교육의 균등은 건국강령에서 적시한 항목들을 대부분 충족하고 있다.

변화된 현실에 걸맞게 더 발전해야겠지만 1인 1표의 보통선거제와 지방자치제를 핵심으로 한 '전 국민의 정치 균등'은 이미 이루어졌다. '국민 각 개인에게 과학적 지식을 보편적으로 균등화한다'는 교육 균등의 기본원칙도 이루어졌다. 다만, 옷과 음식을 스스로 해결하지 못하는 가난한 집안의 자녀에게는 국가에서 이를 제공한다고 했던 교육 균등을 위한 실질적인 조건은 아직도 실행되지 못하고 있다.

반면 정치, 교육 영역과는 달리 경제 영역의 경우 균등은 아직도 요원하다. 전체 인민의 70%가 사회주의 정치체제를 선호하던 1946년 당시[1] 합리적인 방안이었던 토지와 주요산업의 국유화가 이루어지지 않았던 것이 경제 균등이 이루어지지 않은 원인이 아님은 물론이다. 주지하듯이 국가 차원에서 강제된 무차별적 평등은 20세기 말 구소련을 시작으로 역사에 종언을 고하였다.

1980년 33%였던 대한민국 상위 10%의 총소득점유율은 2021년 46.5%로 증가했다. 1980년 23%였던 하위 50%의 총소득점유율은 2021년 16%로 감소했다. 2021년 상위 10%의 평균소득은 178,508,110원, 하위 50%의 평균소득은 12,326,845원이니, 갈수록 벌어지던 상위 10%와 하위 50%의 평균소득 차이는 2021년 14.45배로 벌어졌다.[2] 또한 2022년 자산 상위 20%(자산 5분위) 가구의 평균자산은 16억 5357만 원, 하위 20%(자산 1분위) 가구의 평균자산은 2584만 원이다. 상위 20%와 하위 20%의 평균자산 격차는 관련 통계 작성이 시작된 2012년 이후 최대치인 64배를 기록했다.[3] 조소앙이 모든 것의 중심이며 원천이기에 중심이 된다고 하였던 경제는 균등의 방향이 아니라 오히려 역방향으로 질주하여 왔던 셈이다.

더욱이 조소앙이 삼균주의를 창안하던 시대에는 상상도 할 수 없었던 과학기술 발전은 경제 균등에 대한 새로운 과제도 제시하고 있다. 현재 인공지능(AI, Artificial Intelligence) 기술은 비약적으로 발전하고 있으며, 인공지능은 지금 이 순간에도 수많은 창작물을 생산하고 있다. 빅 데이터는 인간 활동 전반으로부터 생산·구축된 거대한 정보체계로서 인공지능 기술에 의해 경

---

[1] 1946년 8월에 실시한 재조선미육군사령부군정청 여론국 설문조사 결과다. 『동아일보』 1946.08.13.
[2] 『World Inequality Report 2022』, WORLD INEQUALITY LAB, pp. 219~220.
[3] 통계청이 발표한 2022년 3월 말 기준 〈가계금융복지조사〉로 『경기일보』 2022년 12월 7일 기사다.

제적 부를 창출할 수 있는 새로운 자원, 어쩌면 석유나 천연가스보다도 경제적인 면에서 더 가치 있는 신(新)자원으로 인식되고 있다.[4] 빅 데이터는 이전에는 존재하지 않았던 새로운 형태의 자원인데, 작금의 추세라면 인공지능에 의해 창출될 막대한 부(잉여가치) 역시 경제의 균등과는 반대 방향으로 축적될 가능성이 아주 농후하다.

인공지능을 비롯해 새로운 테크놀로지가 저절로 모든 이에게 득을 가져다주리라는 비전은 환상이다. AI에 대한 열광은 테크 기업, AI연구자, 그리고 정부가 내린 '선택'에 의해 대규모 데이터 수집, 노동자와 시민의 역량 약화, 그리고 노동자 대체를 목적으로 하는 자동화로의 질주를 촉진한다. 자동화와 대규모 정보 수집은 디지털 테크놀로지를 좌지우지하는 사람들을 매우 부유하게 만들어 주는데, 이것은 우연이 아니다.[5] 길항(拮抗) 권력이 생겨나 제약하지 않으면 경영자와 사업가들은 자동화에 더 초점을 맞추고 사람들의 역량을 약화하려는 쪽으로 편향을 갖는 경향이 크다. 그리고 대규모 데이터 수집은 이 편향을 악화시킨다. 길항 권력은 민주주의 없이는 일구기 어렵다.[6]

잉여가치를 생산하는 모든 방법은 동시에 축적의 방법이며, 그리고 축적의 모든 확대는 다시 이 방법을 발전시키는 수단으로 된다. 따라서 자본이 축적됨에 따라 노동자의 상태는 그가 받는 임금이 많든 적든 악화되지 않을 수 없다는 결론이 나온다. 끝으로, 상대적 과잉인구 또는 산업예비군을 언제나 축적의 규모 및 활력에 알맞도록 유지한다는 법칙은 헤파이스토스의 쐐기가 프로메테우스를 바위에 결박시킨 것보다도 더 단단하게 노동자를

---

[4] 강정묵, 「빅 데이터 개념정립 및 활용사례」, 『서울행정학회 학술대회 발표논문집』, 2015, 180~181쪽.
[5] 대런 애쓰모글루·사이먼 존스 지음, 김승진 옮김, 『권력과 진보』, 생각의 힘, 2023, 429~430, 537쪽.
[6] 대런 애쓰모글루·사이먼 존스 지음, 김승진 옮김, 『권력과 진보』, 2023, 541쪽.

자본에 결박시킨다. 이 법칙은 자본의 축적에 대응한 빈곤의 축적을 필연적인 것으로 만든다. 따라서 한 쪽 끝의 부의 축적은 동시에 반대 편 끝, 즉 자기 자신의 생산물을 자본으로 생산하는 노동자계급 측의 빈곤·노동의 고통·노예상태·무지·잔인·도덕적 타락의 축적이다.[7]

기술은 인간 전체를 고양시키는 방향으로 발전해야 하며, 기술 발전으로 인한 혜택은 그 기술을 공유하는 사회 구성원들에게 예외 없이 보편적으로 돌아갈 필요가 있다[8]는 당위론이 아니더라도 인공지능이 생산한 부가가치나 이윤을 특정 개인이나 플랫폼 기업에게 온전히 귀속시키는 것은 정당하지 않다. 빅 데이터가 생산되는 곳은 네트워크상의 플랫폼이라는 불특정 공간이고, 가치증식 공간이 사회생활 공간으로 확대되었기에 그 불특정 공간에 참여하는 불특정 다수의 이용자가 빅 데이터를 생산하는 사람이기 때문이다.[9]

빅 데이터 기반 인공지능이 창출한 부는 특정 개인이나 기업만의 전유물이 아니다. 오히려 불특정 다수의 시민들이 빅 데이터 생산에 기여하고 있는 만큼 이 시민들은 인공지능에 의해 창출된 부에 대해서 '응분의 몫'을 받을 권리를 지닌다고 말할 수 있다. 따라서 인공지능에 의해 창출된 부는 공적(功績)을 인정하는 '합리성'과 최소 수혜자를 고려하는 '도덕성' 둘 다 충족시키는 방향으로 분배되어야 한다.[10]

---

[7] 카를 마르크스 지음, 김수행 옮김, 『자본론Ⅰ』, 비봉출판사, 2019, 879쪽.

[8] Folgieri, R., "Technology, Artificial Intelligence and Keynes' Utopia: A Realized Prediction?", in M. Bait, M. Brambilla & V. Crestani(Eds.), *Utopian Discourses Across Cultures: Scenarios in Effective Communication to Citizens and Corporations*, Frankfurt Am Main: Peter Lang AG., 2016, p74; 한찬희·박성진·이재호·한정윤, 「인공지능에 의해 창출된 부의 재분배에 관한 고찰: 인공지능윤리교육에 주는 시사」, 『초등도덕교육』 73, 2021, 109쪽에서 재인용.

[9] 백욱인, 「빅 데이터의 형성과 전유체제 비판」, 『동향과 전망』 87, 2013, 315쪽.

[10] 한찬희·박성진·이재호·한정윤, 「인공지능에 의해 창출된 부의 재분배에 관한 고찰: 인공지능윤리교육에 주는 시사」, 『초등도덕교육』 73, 2021, 127쪽.

빅 데이터가 다른 누군가가 아닌 일반 시민들의 공적 혹은 사적 활동에 의해 생산된 것이라면, '빅 데이터에 기반한 인공지능이 창출한 부가가치와 이익은 누구의 것인가, 그것은 어떠한 방식으로 분배되어야 하는가?' 라는 문제가 심각한 사회적 문제로 대두될 수 있다. 빅 데이터에 기반한 인공지능이 막대한 부를 창출했을 때 그 부를 어떤 원칙에 따라 분배해야 하는가[11] 하는 문제는 경제 균등 문제로서 정치가 풀어야할 과제가 된다.

조소앙은 〈삼균의 대로〉에서 경제의 집중적인 표현이 정치라고 갈파했다.[12] 사회적으로 가치 있는 재화의 권위적인 분배과정(a process of authoritative distribution of social values)이 정치이며,[13] 우리 시대의 지배적인 자유주의적 정치관에서도 '희소한 재화를 배분하는 규칙을 누가 정할 것인가'를 둘러싼 투쟁의 장을 정치로 인식하고 있으므로,[14] 경제 균등은 결국 정치를 통해서 이루어진다고 보아야 할 것이다.

2023년 현재 대한민국 경제규모에서 정부예산의 크기 역시 재화의 분배과정을 통한 경제 균등화에서 정치 역할의 중요성을 시사한다. 국가통계포럼인 KOSIS(Korean Statistical Information Service)에 의하면, 2022년 명목 GDP는 2161.7조 원이고 2023년 실질 GDP는 1995.5조 원이다. 2023년 정부예산이 638.7조 원이니 명목 GDP 대비 32%, 실질 GDP 대비 29.5%에 해당하는 막대한 금액이다. 국가 예산을 어떻게 분배하느냐가 경제 균등화에 큰 영향을 미친다는 것은 상식이다. 국가 예산을 경제 균등화 방향으로 사용할지를 결정하는 것은 정치 영역에 속한다.

---

11 한찬희 · 박성진 · 이재호 · 한정윤, 「인공지능에 의해 창출된 부의 재분배에 관한 고찰: 인공지능윤리교육에 주는 시사」, 『초등도덕교육』 73, 2021, 109쪽.
12 조소앙, 「삼균의 大路」, 『조소앙선집』 하, 삼균학회, 2021, 201쪽.
13 David Easton, *A Systems Analysis of Political Life*, New York, John Wiley, 1965.
14 강정인, 『민주주의의 이해』, 문학과지성사, 1997, 178~179쪽.

부(富)의 분배 역사는 언제나 매우 정치적이었기에 순전히 경제적인 매커니즘으로 환원될 수는 없다. 전 세계적으로도 1910년~1950년 사이에 줄어들었던 경제적 불평등이 1980년 이후 다시 커진 것은 정치적 변화, 특히 조세 및 금융과 관련한 변화에 따른 것이다.[15] 경제학자들이 고안하고 정부와 언론매체를 통해 전파되는 지속적인 긴축재정은 경제 균등이라는 문제의 해결에 있어 공정성과 효율성 측면에서는 최악의 해결책이다.[16] 정부와 전문가들에 의한 예산삭감[특히 공교육, 의료보험, 주거지원, 실업수당 등 복지지출], 역진세, 디플레이션, 민영화, 임금억제, 고용규제 완화 같은 긴축재정은 다수인 노동자에게서 소수의 저축자, 투자자에게로 자원을 이동시켜 기득권층의 부를 확고하게 보장하는 것으로 긴축재정의 승자는 언제나 소수의 부유층이다.[17] 부의 불평등을 줄이기 위해서는 소득세율과 상속세율을 누진적으로 더 강화해야 한다.[18] 과세(課稅)는 경제문제 이전에 철학적이며 정치적인 문제다. 경제 균등화에서 그에 선행하는 정치 역할이 필수적임을 보여주는 연구 결과다.

예산으로 쓸 재원은 세금으로 마련된다. 느리게 성장하는 경제에서는 당연히 과거의 부가 큰 중요성을 갖게 되므로 부의 불평등은 강화되는 추세가 되고 세습자본주의 도래가 예측된다.

피케티는 『21세기 자본』에서 근본적인 불평등을 r〉g라는 부등식으로 표현한다. 여기서 r은 연평균 자본수익률을 뜻하며, 자본에서 얻는 이윤, 배당금, 이자, 임대료, 기타 소득을 자본총액에 대한 비율로 나타낸 것이다. 그리고 g는 경제성장률, 즉 소득이나 생산의 연간 증가율을 의미한다. 피케

---

15 토마 피케티 지음, 장경덕 외 옮김, 『21세기 자본』, 글항아리, 2014, 32쪽.
16 토마 피케티 지음, 장경덕 외 옮김, 『21세기 자본』, 글항아리, 2014, 650쪽.
17 클라라 E 마테이 지음, 임경은 옮김, 『자본 질서; 긴축이 만든 불평등의 역사』, 21세기북스, 2024, 12~17쪽.
18 토마 피케티 지음, 장경덕 외 옮김, 『21세기 자본』, 글항아리, 2014, 594~604쪽.

티는 18세기 0.5%, 19세기 1.5%, 20세기 3%였던 경제성장율(g)이 21세기에 더 높아질 가능성은 거의 없다고 본다. 왜냐하면 경제성장을 뒷받침해온 두 가지 힘, 즉 인구 성장과 기술 진보가 한계에 이르렀기 때문이다. 그래서 21세기의 g는 1.5퍼센트를 넘기 어려울 것으로 예측된다. 그러면 어떻게 되는가? 피케티는 이것을 과거(r)가 미래(g)를 잡아먹는다고 표현한다. r은 대체로 4~5퍼센트로 일정한데, g는 1.5퍼센트라면 21세기에는 자본의 몫이 높아질 수밖에 없다. 19세기 이전의 역사에서 대부분 그랬고 21세기에 다시 그렇게 될 가능성이 크듯이 자본수익률이 경제성장률을 크게 웃돌 때는 논리적으로 상속재산이 생산이나 소득보다 더 빠르게 늘어난다. 피케티는 21세기에 자본이 자본을 낳는 소위 세습자본주의(patrimonial capitalism)가 도래할 것이라고 본다. 이런 암울한 시기는 과거에 벨 에포크(아름다운 시대)라고 불린 적이 있었는데, 1871년에서 1914년 사이의 시대로 소득과 부의 불평등이 사상 최고에 이르렀다.[19]

세습자본주의가 예측되기에 자본에 대한 민주주의적 통제는 불가피한 것이다. 한국 재벌 기업에서 확인되는 것처럼, 자본 권력에 대한 민주주의적 통제가 지켜지지 않을 경우 자본 권력은 시민의 자유를 위협할 것이다. 경제 권력이 압도적 자본을 무기로 행정 관료와 법조계는 물론 의회 권력까지 매수하여 조종할 위험이 있다. 또한 언론계를 완전히 장악하여 시민들의 눈을 멀게 하고, 더 나아가 학문과 예술까지도 자기들의 이익을 위해 배후에서 조종할 위험성이 존재한다."[20]

자본의 몫이 계속 늘어나고 소득불평등이 커지는 것을 막기 위해서는 피케티가 제안한 해법처럼 소득세율과 상속세율을 누진적으로 인상하여 예산

---

[19] 이정우, 「피케티 현상, 어떻게 볼 것인가?」, 『21세기 자본』 별책부록, 글항아리, 2014.
[20] 김상봉, 『영성 없는 진보』, 온뜰, 2024, 46쪽.

을 확장하고 부의 재분배 재원으로 충당해야 할 것이다. 누진적 소득세를 도입하고 뉴딜정책과 같은 각종 진보적인 공공정책을 채택하여 소득불평등을 크게 줄인 결과 제2차 세계대전 전후 30년 간 '자본주의의 황금기'를 구가했던 미국의 사례[21] 또한 경제 균등화에 선행하는 정치 역할의 중요성을 보여준다.

이상에서 살펴본 것처럼 경제 균등을 위해서는 그에 선행하는 정치의 역할이 중요하다. 소수의 가진 자에게 부의 축적을 강화시키는 방향이 아니라 경제 균등을 지향하며 두루 세상을 이롭게 하는 정치라면, 그 정치는 필히 '공생' 가치를 중심에 놓는 홍익정치가 되어야만 할 것이다. 홍익정치가 선행해야 공생경제가 이루어지는 것이다. 정치·경제에서의 공생은 이제 세계적 담론이다.

2024년 노벨경제학상을 받은, 포용적 정치·경제 제도와 번영의 관계를 다룬 대런 애쓰모글루(Daron Acemoglu, 1967~현재)의 이론도 같은 맥락의 논의다. 포용적 경제제도는 포용적 정치제도에서 힘을 얻으며, 결국 서로 지탱해준다. 포용적 정치제도는 다원주의적 정치권력을 고루 분배하고 법과 질서를 확립할 수 있도록 일정 수준 이상의 중앙집권화를 달성하며 안정적인 사유재산권의 토대를 마련하고 포용적 시장경제를 뿌리내리게 한다. 포용적 정치제도는 포용적 경제제도를 창출하는 경향이 있고, 그렇게 마련된 포용적 경제제도는 이어 포용적 정치제도가 지속될 수 있는 토대를 다져주는 선순환의 경향성을 갖는다.[22]

대런 애쓰모글루는 포용적 정치·경제 제도와 번영의 미래를 재구성하는

---

21 이정우, 「피케티 현상, 어떻게 볼 것인가?」, 『21세기 자본』 별책부록, 글항아리, 2014, 12쪽.
22 대런 애쓰모글루·제임스 A. 로빈슨 지음, 최완규 옮김, 『국가는 왜 실패하는가』, 시공사, 2012, 516, 607쪽.

길은, 시민사회 조직의 광범위한 연합을 통한 길항 권력을 창출하는 것으로, 결국 '제도와 규범'의 문제로 인식한다.[23] 이 지점에서 필자는 견해를 달리한다. 홍익정치가 펼쳐지기 위해서는 사람이 만드는 제도와 규범도 중요하지만 근본적으로는 인성교육이 전제되어야 한다고 보기 때문이다. 2024~2025년 대한민국에서도 목도되는 것처럼, 제도와 규범은 아무리 정교하고 세밀하게 설계되더라도 운영하는 '사람'에 의해 한순간에 허물어질 수 있다.

〈대한민국건국강령〉에서 조소앙이 정치 균등을 위해 제3장 건국 제4절과 제5절에서 제시한 내용들은 권리의 제한을 다룬 ⑥ 항 "적(일제)에 부화뇌동하고 독립운동을 방해한 사람과 건국강령을 반대한 사람은 선거권과 피선거권이 없다"는 내용을 제외하고는 모두 오래전부터 실행되고 있다.

국민에 의한 통치로서의 민주주의를 상징하는 1인 1표제가 실행되고 있는데도 경제적 불평등이 해소되지 않고 불평등 수준이 계속 높아지는 이유는 무엇인가? 왜 민주주의의 정치적 평등은 경제적 불평등을 덜어주지 못할까?

전 세계적으로도 민주주의의 최대 수혜자는 바로 부유한 이들이다. 민주주의 국가가 전제주의 국가보다 부자의 재산권과 자유로운 발언권을 더 효과적으로 보호해주기 때문이다.[24] 민주주의 국가는 1인 1표제를 기반으로 삼지만 정치에서 많은 부분은 불평등하게 이루어진다. 선거 자금 모금과 로비 활동 그리고 다양한 형태의 정치적 영향력은 1인 1표가 아닌 1달러 1표 원칙에 더 많이 의존[25]하므로, 1인 1표제가 실질적인 정치적 평등을 담보하지 못하기 때문이다.

---

23 대런 애쓰모글루·사이먼 존슨 지음, 김승진 옮김, 『권력과 진보』, 생각의 힘, 2023, 143쪽.
24 벤 앤셀 지음, 박세연 옮김, 『정치는 왜 실패하는가』, 한국경제신문, 2024, 122쪽.
25 벤 앤셀 지음, 박세연 옮김, 앞의 책, 2024, 151쪽.

윈스턴 처칠이 "민주주의는 최악의 통치 방식이다. 단, 우리가 그동안 시도했던 다른 통치 방식을 제외하면 말이다"라고 말했듯이 민주주의는 불완전한 정치체제다. 조지프 슘페터의 말처럼 민주주의는 "국민의 표를 차지하기 위한 경쟁적인 싸움을 통해 결정을 내리는 권력을 얻는 것"이므로 민주주의가 훌륭한 정치인의 선출을 보장하지는 않는다.[26] 극단적인 사례가 1인 1표 투표제도에 의한 히틀러의 탄생이다. "도덕적 바탕이 없는 다수결제도"라는 서구식 민주제도의 중대한 맹점에서 발생하는 '비도덕적 악당'에 의한 다수의 횡포를 막을 방안이 있느냐가 관건이다.[27]

헌법의 제한된 틀 내에서 다수가 권력을 행사하지만, 자유민주주의는 개인적 자유와 권리를 우선적으로 주장하는 반면 자신의 책임과 의무 그리고 남의 자유와 권리를 보다 존중하는 정치철학은 결여되어 있다. 자유민주주의의 자기중심적 자유와 권리를 우선하는 사유 행위는 사회의 화합과 안녕보다는 개인과 개인, 개인과 국가사회와의 대립 충돌과 분열 혼란을 가중시키는 부작용을 낳는다.[28] 민주주의는 근본적으로 정의롭지 않기 때문에 더 나은 대안을 찾아야 한다.[29]

그런데 버크 보수주의 주장처럼 '민주주의는 완전히 정의로운 체제는 아니지만 다른 것으로 대체하려는 시도는 너무 위태롭고 위험하다'면,[30] 결국 1인 1표 제도라는 형식의 문제가 아닌 내용의 문제에서 답을 찾아야 한다.

조소앙은 광복이후 건국 시기에 정치·경제·교육의 균등인 삼균을 실현하는 것을 홍익인간사상을 구현하는 것으로 보았다. 홍익인간사상의 내용

---

26 벤 앤셀 지음, 박세연 옮김, 앞의 책, 2024, 49~51쪽.
27 송호수, 「단군사상과 민족운동」, 『단군; 그 이해와 자료』, 서울대학교출판부, 1994, 363쪽.
28 이홍범, 『홍익민주주의』, 도서출판대성, 1993, 226~227쪽.
29 제이슨 브레넌 지음, 홍권희 옮김, 『민주주의에 반대한다』, 아라크네, 2023, 13쪽.
30 제이슨 브레넌 지음, 홍권희 옮김, 앞의 책, 2023, 362쪽.

적 실체이자 실천 지침을 삼균제도로 보는 조소앙의 인식을 되새기면, 홍익인간사상의 핵심가치는 공생이기에 정치·경제·교육의 삼균은 공생 정치, 공생 경제, 공생 교육을 의미함을 알게 된다. 1인 1표제의 형식성이 정치 균등을 담보하지 못하는 것은 공생이라는 내용성을 담지 못하고 있기 때문이다. 자유민주주의는 형식적 정치적 평등 보장에도 불구하고 생산수단의 사적 소유에서 비롯되는 사회 경제적 불평등이 정치적 평등을 끊임없이 잠식·훼손하기에[31] 결국 정치 균등은 '1인 1표제'라는 형식과 '공생'이라는 내용이 결합된 홍익정치가 펼쳐져야 현실화 될 수 있을 것이다.

현실에서 홍익정치가 펼쳐진다는 것은 정치인이 공생에 최고 가치를 두고 정치 행위를 함을 의미하며, 정치인을 투표로 선출하는 유권자 역시 공생에 최고 가치를 둔 정치인을 뽑아야 함을 의미한다. 선출직 정치인이 공생에 최고 가치를 둘 때에만 임명직 관료들도 그에 부합하는 행위를 할 것이다. 이는 공생에 가치를 두는 교육인 '홍익교육'이 전제되어야만 홍익정치가 실현될 가능성이 있음을 의미한다.

우리 정치현실에서 정치인들이 상생과 공생을 말하는 경우는 많았으나 실천은 거의 되지 않았다. 공생 정신을 확실히 인식하게 하는 제도적 장치로서의 교육이 필요하다. 먼저, 초·중·고등학교 도덕, 사회, 역사 교과서에는 공생을 가치로 하는 홍익인간사상과 홍익정치 전통이 커리큘럼 안에 포함되어야 할 것이다. 하늘의 뜻을 대신하여 정치를 하는 목적이 '공생'에 있음을 공교육에서 가르쳐야 한다. 또한 정치를 하고자 하는 청년들에게도 개별 정당 차원이 아니라 국가 차원에서 '청년정치학교'를 운영하면서 정치의 본질이 공생에 있음을 우리 역사와 전통에 기반하여 가르쳐야 할 것이다.

개인을 사회보다 우선시 하는 개인주의 세계관 속에서 자신을 세계와 분

---

[31] 강정인, 『민주주의의 이해』, 문학과지성사, 1997, 164~165쪽.

리된 고립된 자아로 인식하여 개인주의와 이기심에 빠져 대립과 경쟁, 승리에로만 내달리는 것이 아니라, '나-우리-인류-지구-우주'가 생명으로 하나로 연결된 존재임을 깨닫게 하려면 교육이 바뀌어야 한다. 지식을 가르치고 평가하는 성적위주 교육에서 가르쳐 착한 길로 인도하고 더불어함께 공생하는 인성교육으로 패러다임이 근본적으로 바뀌어야 한다. 이 대목에서 홍익인간사상의 뿌리인 한국선도 전통에 주목하게 된다.

한국선도에서는 삼라만상이 존재의 본질인 하나에서 출발한다고 인식하기에, 우주의 모든 현상은 개별적인 것처럼 보이지만 근본적으로는 모두 하나로 연결되어 있다고 바라본다. 우리 모두는 하나의 우주 에너지 안에 하나의 인간, 하나의 사회, 하나의 인류로 묶여 있는 것이다. 본질적으로 우리가 하나라는 사실을 깨닫기만 하면 조화와 평화를 실현할 수 있다. 하나에서 출발한 인간이기에 인간은 누구나 이기심과 자만심과 욕망보다 더 깊은 곳에 '홍익'하고자 하는 본성을 가지고 있기 때문이다.[32]

우리가 인류 역사를 통해 수없이 보아온 것처럼 근본적으로 사람이 달라지지 않으면 제도를 아무리 개선하고 시스템을 향상시키더라도 결과적으로 시간과 돈의 낭비로 끝나버리는 사례가 너무 많다. 그렇기에 수행을 통해 개개인의 양심이 깨어나고(성통) 양심이 깨어난 개인들이 대사회적인 실천(공완, 홍익인간)으로 양심이 깨어 있는 밝은 세상(이화세계)을 만든다는 한국선도의 '수행-실천론'에 주목해 보게 되는 것이다.

이원론적 세계관과 개인주의라는 서구사상에 기반했으므로 정치·경제의 균등이 현실화 되지 못했다고 바라보기에, 현대선도는 민족문화에 기반한 공생, 홍익교육에서부터 삼균주의를 다시 시작하자고 제언할 수 있는 것이다. 결국 현대선도가 제시하는 방법론의 중심에는 몸과 마음을 닦는 심신수

---

[32] 이승헌, 『힐링소사이어티』, 한문화, 2001, 42~43쪽.

련을 통한 성통, 즉 인성 회복을 위한 '교육'이 위치한다.

한국선도에서의 교육은 '가르쳐 착한 길로 인도한다'는 의미에서 교육보다는 교화(edufication, 德化, 建德)에 가깝다. 단군시대의 생활규범과 예의범절을 담고 있는 『참전계경(叅佺戒經)』[33]에서는 '사람이 마땅히 지켜야 할 떳떳한 도리와 자연의 이치를 가르치는 것(敎人以倫常道學)'을 교(敎)라 하고, '교화로써 사람을 기르는 것(以敎化育人)'을 육(育)이라 했다. 그러므로 선도문화에서 말하는 '교육'은, '나와 남(인류, 자연)이 본질적으로 둘이 아닌 하나이므로 사람은 뭇 생명과 공생해야 한다는 도리를 가르치고 기른다'는 의미다.

1270년 개경환도로 시작된 원 간섭기 이래 600여년 이상 선도문화가 저류화 하고 성리학이 득세하였기에 한국사회에서 인식하고 있는 전통시대의 인성교육은 대개 유교와 연결된다. 유교에서의 인성은 천품(天稟)으로 이야기되는 인의예지(仁義禮智) 본성을 회복하는 데 두고 있다. 그런데, 『대학』 팔조목(八條目), 격물(格物)·치지(致知)·성의(誠意)·정심(正心)·수신(修身)·제가(齊家)·치국(治國)·평천하(平天下)를 염두에 두면 유교적 인성교육인 '수신'의 최종목표는 '평천하'에 있음을 알 수 있다. 『효경』에서 효도의 최정점을 입신양명에 두는 것과 통한다.(立身行道 揚名於後世 以顯父母 孝之終也) 유교에서는 인성교육의 목표를 더불어함께 살아가는 '공생'이 아니라 '개인적인 영달을 추구함'에 두고 있는 것이다. 전통시대 유교적 인성교육의 결과가 중화(中華)적 인간상, 체제순응적 인간상, 공리공론적 인간상, 권위적 인간상, 남존여비적 인간상 등 부정적 측면이 훨씬 강하게 나타났던 까닭일 것이다.

기일원론의 새로운 세계관을 체험적으로 이해하고 받아들이게 하는 교육, 각 개인의 성품을 근원적으로 바꿀 수 있는 교육, 깨달음을 일반화하고 대중화하고 상식화할 수 있는 교육이 있을 때, 비로소 새로운 철학과 새로

---

[33] 단군시대의 8가지 이치에 따른 366가지 지혜를 담고 있는 대종교 계시경전의 하나로 팔리훈(八理訓)이라고도 한다.

운 세계관은 현실적인 힘을 갖는다.[34]

　이상에서 살펴본 것처럼 삼균주의의 관점에서 한국사회를 바라볼 때 경제 영역은 오히려 불평등이 심화되어 왔다. 부의 분배는 경제 영역이 아닌 정치 영역에서 풀어야 하는데 공생에 가치를 둔 홍익정치가 펼쳐지지 못했기 때문이다. 뭇 생명과 공생해야 한다는 홍익교육, 즉 한국선도의 인성교육이 전제되어야 공생을 핵심가치로 하는 홍익인간사상을 정치에서 실천하는 홍익정치가 펼쳐질 수 있고, 홍익정치가 펼쳐져야만 경제의 집중적인 표현인 정치가 경제의 균등화를 위한 제 역할을 하게 되는 것이다.

34　이승헌, 『숨쉬는 평화학』, 한문화, 2002, 27쪽.

2. 현대 한국사회의 선도와 홍익교육의 진전

1945년 8월 15일 광복이 되었으나 9월 9일 중앙청의 일장기는 태극기가 아닌 성조기로 교체되었다. 흥분과 환희의 도가니였던 광복의 해방공간이 채 한 달이 못 되어 38선 이남의 남조선은 미국이 통치하는 미군정기 3년으로 이어졌다. 임시정부 요인들이 개인 자격으로 귀국해야 했던 시대 상황은 〈대한민국건국강령〉의 뼈대인 홍익인간사상에 바탕한 삼균주의가 현실에서 펼쳐지기 어려웠음을 시사한다. 일제하 대종교 말살 정책으로 국내 기반을 잃었던 대종교의 처지는 미·소 냉전구도와 남북의 정치적 분단에 이은 대종교 지도자의 남북 분산으로 더 어려워졌다. 광복이 되었으나 독립투쟁의 사상적 배경이자 희망의 빛이었던 선도문화는 현실적인 힘을 갖지 못하였다.

남북 분단 이후의 냉전 체제 하에서 남북은 모두 선도의 민족주의 노선을 거부하였고 선도는 크게 쇠락하였다.[1] 한국전쟁 초기 정인보, 조소앙, 안재홍, 조완구, 명제세 같은 대종교계 인사 및 홍익정치론을 주창한 역사학자 납북은 남한에서 선도가 약화된 일차 원인이다. 냉전체제 하 금기시된 민족주의 정서와 미군정의 기독교 우위 종교정책은 선도가 약화된 또 다른 원인이다.

대한민국정부가 1961년 12월 2일 법률로써 단기(檀紀)를 폐지하고 1962년

---

1 정영훈, 「대종교와 단군민족주의」, 『단군학연구』 10, 2004, 300쪽.

1월 1일부터 서기(西紀)를 사용한 것은 민족사의 유구성과 자주성, 문화적 정체성을 부정하는 의미를 내포하는 것으로 국가 차원에서 선도의 의미가 그만큼 퇴색되었다는 것을 알려주는 전주곡이었다.[2] 국가적 차원의 시간의식인 역법에는 세계관 및 역사의식이 내포되어 있는데, 연호는 역사의식의 적극적인 표현이 국가적 표상의 설정으로 나타난 것이다. 단군 연호 제정은 바로 단군 및 단군사화에 내포된 세계관을 과거와의 연속성 속에서 현재와 미래에 구현한다는 적극적인 역사의식을 표현하고 있는 것이다. 따라서 군사정권에 의해 단기연호가 폐지되었다는 것은 그것이 표상하는 역사의식 자체의 폐기를 의미한다. 타 문명이나 타국의 연호만을 일방적으로 사용하는 것은 주체적인 역사의식의 포기 및 국가정체성 포기를 의미하기 때문에 단군연호 부활을 포함하여 한국인의 민족사적 삶 속에서 구현시켜야 할 이념을 표상할 수 있는 독자적인 연호 사용을 진지하게 모색해야 한다.[3]

홍익인간사상과 건국기원절인 개천절은 국가제도 속에 유지는 되었으나 개천절은 그 중요성과 규모가 약해져 국경일이기보다는 특정 종교와 관련된 날로 여겨질 정도로 그 위상에 큰 변화가 있었다.[4] 경제개발 5개년 계획으로 상징되는 근대화 정책으로 전통적인 삶의 방식과 가치는 무시되었고 격화된 남북대립으로 민족문제는 이념문제의 뒤편으로 물러나게 되었다. 1966년 정부보조와 민간성금으로 남산 조선신궁 자리에 15m 단군상을 건립하려 했으나 기독교와 학계 반대로 무산되었다. 당시 이병도, 정병조, 김원룡, 고영복 등 학자들은 단군이 설화적 인물이고 이런 인물상을 세우는 것은 당시 한국사회 목표인 조국 근대화에 역행한다는 반대논리를 폈다. 이

---

[2] 이용범, 「현대 한국의 단군 인식과 민족 문제」, 『동북아역사논총』 20, 2008, 64~65쪽.
[3] 양승태, 「연호와 국가정체성; 단기연호 해명을 위한 정치철학적 논구」, 『한국정치학회보』 35-4, 2001.
[4] 강돈구, 「동아시아의 종교와 민족주의」, 『종교연구』 22, 2001, 29쪽.

러한 반대 이유는 단군이 신화적 인물이기 때문에 단군상을 세우는 것에 반대하는 기독교 입장과 다르지 않은 것이었다.[5] 1968년에야 이숙정 3자매가 사직공원 내에 겨우 소규모 단군성전(檀君聖殿)을 건립하고 현정회(顯正會)[6]로 이관하였다.

국가적 제도적 차원의 애매함과 맞물려 선도의 중심 세력인 민족종교 또한 침체를 면치 못하였다. 광복 이후 민족종교로는 구래의 대종교나 단군교 외에도 개천교, 한얼교, 천화불교, 광명도, 용화불사, 단군마니숭조회, 단군교종무청, 단군성조수도원, 선불교 등이 끊이지 않고 등장하였고 1985년에는 한국민족종교협의회가 발족되기도 하였다. 그러나 통계에 의하면 1960년대 이후 선도 관련 종교단체의 수는 줄고 있지 않으나 이들 단체의 신앙 활동은 매우 침체된 것으로 보고되었다.[7] 민족종교의 수위에 자리한 대종교의 경우가 그러하듯이 민족종교는 계속 위축되어갔다.[8]

정인보, 안재홍 등의 납북 이후 민족사학 대신 실증사학이 우세해졌고 실증사학의 학문 태도와 방법론으로 인해 식민사학에 대한 극복이 제대로 이루어지지 못했다.[9] 조선총독부에서 식민지 조선인에게 주입·세뇌하고자 했던 식민사학 유산으로 비판받던 이병도의 역사인식으로 대표되는 문헌고증사학이 역사학계 주류로 자리를 잡게 되었다.[10] 조선사편수회 수사관 출신으로, 1946년 임시중등국사교원양성소를 설립하여 강사로 활동하고,

---

5 『조선일보』 1966.02.10.
6 현정회는 국조 단군과 사직 및 선열을 숭봉하여 국민정신 순화 및 계발을 목적으로 1969년 6월 27일 설립된 대한민국 문화체육관광부 소관의 사단법인이다.
7 조흥윤, 「한국단군신앙의 실태」, 『단군; 그 이해와 자료』, 서울대학교출판부, 1994, 342~347쪽.
8 정경희, 「현대 '선도 수련문화'의 확산과 '단학(丹學)'」, 『신종교연구』 32, 2015, 134쪽.
9 조동걸, 「해방 후 한국사연구의 발흥과 특징」, 『한국현대사학사연구』, 나남출판사, 1998, 392~393쪽.
10 김정인, 「식민사관 비판론의 등장과 내재적 발전론의 형성」, 『사학연구』 125, 2017, 19~22쪽.

1946년~1966년까지 고려대 교수를 역임하고, 1951년~1965년까지 국사 교과서를 만드는 국사편찬위원회 사무국장(편수관)을 역임한 신석호의 역할도 이병도 못지않게 중요하였다.[11]

국사학계 내에서 강단사학과 재야사학의 대립이 두드러졌던 반면 철학, 국문학, 종교학, 민속학계 등에서는 강단 학자들이 대종교계 민족주의 사학자들의 선도 연구를 계승, 발전시켜갔다. 그 결과 한국 고유의 윤리사상인 홍익인간사상을 오늘날 우리가 널리 반영해야 할 사상·철학으로 바라보게 되었다. 고대 배달겨레는 윤리도덕의 가치기준을 이기적인데 두지 않고 이타적인데 두었다. 홍익인간사상은 순수한 인간애로, 선타후아(先他後我)의 미덕이 있고, 평화와 자유를 애호하고, 인도주의로 만들어진 사상으로 비단 윤리뿐만 아니라 정치, 경제, 철학, 종교 등의 모든 면에서 뒷받침되어 있으므로 우리가 마련해야 할 새로운 윤리사상에는 홍익인간 정신이 널리 반영되어야 한다.[12] 선도사상이 새롭게 '한사상'으로 정립되는 성과도 있었다.[13] 그러나 국사 이외 분야의 선도사상 연구가 국사학계로 수렴되지 못하는 한편, 독립투쟁의 사상적 배경이었던 대종교계 민족사학이 제대로 계승되지 못하고 선도사상이 국민의 역사인식 속에 자리 잡지 못하게 되자 선도사상 약화는 계속되었다.

남북분단 이후 계속 약화되었던 선도는 1970년대 말~1980년대 초가 되자 새로운 변화를 맞게 된다. 이즈음 한국사회가 먹고 사는 문제의 굴레에서 조금 벗어나게 되자 과거를 돌아볼 여유가 생긴 것이다. 무분별한 서구화를 반성하는 분위기하에 동양명상법이 소개되었고 고유의 사상전통인 한국선도가 부각되면서 다양한 선도 수련단체 등장과 함께 선도 수련문화가

---

11 친일인명사전편찬위원회, 『친일인명사전』, 민족문제연구소, 2009, 376~377쪽.
12 최민홍, 『한국철학』, 성문사, 1976, 41~47쪽.
13 김상일 등, 『한사상의 이론과 실제』, 지식산업사, 1990.

대중화되었다. 민족종교 형태를 취했던 대종교 중심의 근대 선도와 달리 수련법을 중심으로 하는 현대선도가 등장하였으니 바로 한국선도의 본령이 발현되기 시작한 것이었다.

현대선도는 다기한 방식으로 존재한다. 현대선도를 대표하는 세력은 선도 수련문화를 대중화한 '단학(丹學)'이다. 많은 선도 수련단체들 중에서도 단학이 선도 수련문화의 대중화를 주도할 수 있었던 요인으로는 선도의 상품화, 대중들의 참여, 선도 현대화 등이 꼽히지만 그중 일차적 요인은 선도 현대화, 곧 고전적인 선도 전통을 현대인들에게 맞게끔 경신하였던 때문으로 분석된다.[14]

한국선도의 '수행-실천론'인 '성통-공완론'은 현대 단학에 이르러 변화된 시대상에 맞게 '인성회복-지구인운동'으로 구체화되었다. 지구인이란 지구를 하나의 공동체로 인식하고, 지구 공동체에 대한 자신의 책임과 역할을 다하는 사람을 말한다. 모든 것의 근원은 하나이고, 그것이 지구라는 사실을 앎으로써 민족과 사상과 종교와 문화라는 인식의 한계를 넘어선 사람이 지구인이다.[15]

단학은 인간의 생체 에너지인 기를 다루는 우리민족 고유 학문으로 기학(氣學)이며 생명학이다. 우리 몸 안의 생명 에너지와 우주의 에너지가 상호 유통하는 원리를 직접 체험함으로써 그 기운을 터득하고 조절하고 활용하여, 우주의 순환 법칙과 생명의 참모습을 온전하게 깨달아, 궁극적으로는 완전한 인간이 되도록 하는 인간 완성학이다.[16] 단학은 배달겨레 고유의 전통 심신수련법을 학문화, 과학화한 것으로 호흡과 명상을 통하여 생명(단학)

---

14 정경희, 「현대 '선도 수련문화'의 확산과 '단학(丹學)'」, 『신종교연구』 32, 2015, 140~141쪽.
15 이승헌, 『숨쉬는 평화학』, 한문화, 2002, 159~163쪽.
16 이승헌, 『丹學』, 한문화, 1992, 14~15쪽.

의 원리를 체험함으로써 모든 생명에 대한 순수한 사랑을 회복하고, 건강과 행복, 평화를 이룰 수 있게 하는 수련법이다.

필자가 현대 단학을 주목하는 이유는 수많은 선도 수련단체 중에서 가장 크게 세(勢)를 확장하여 현대선도를 대표하는 세력이 된 이유도 있지만, 본질적으로는 선도 전통의 현대화에 성공했기 때문이다. 현대 단학이 다양한 방면에서 선도전통을 현대화하였지만 이 글에서는 '선도 기학'을 현대화한 측면만 살펴본다. 선도 기학이 한국선도의 요체이기 때문이다.

한국선도 전통에서는 존재의 본질로서 '일(一), 한, 하느님(㆐)'을 제시하고 그 세 차원(三元)으로 '천·지·인 삼(三), 삼신(三㆐)'을 제시한다. '일·삼, 삼신 하느님'으로도 표현한다. 다양한 종래 해석법과 달리, 현대 단학에서는 이를 기학적 관점으로 접근했다. 곧 천·지·인 삼원을 기에너지 3대 요소로 설명하는데 '천기(天氣)=정보·의식[정보·의식의 속성은 무(無)·공(空)이기 때문에 무·공으로 표현함], 지기(地氣)=질료·물질, 인기(人氣)=기에너지'로 해석하거나 또는 '천기=빛(光), 지기=파동(波), 인기=소리(音)'로 설명한다.[17] '천기를 정보·의식인 빛으로, 지기를 질료인 파동으로, 인기를 기에너지인 소리'로 바라보는 기학적 관점은 기존 해석법과 차별화되는 독특하고 새로운 해석법으로, 특히 양자역학 등 물리학에 한국선도를 연동시키는 고리를 만든 이론으로 크게 주목된다.

흔히 기라고 하면 '눈에 보이지는 않지만 느껴지는 에너지' 정도로 생각하기 쉽지만 실제로는 '정보·의식'이나 '질료·물질'까지도 포함, 존재하는 모든 것을 기로 바라본 것이니, 천·지·인 삼원은 모두 기이며 단지 기의 형태만 다른 것으로 인식된다. 기는 '천기(정보·의식, 빛) ↔ 인기(기에너지, 소리) ↔ 지기(물질, 파동)' 순으로 밝고 가벼운 차원과 어둡고 무거운 차원 사이에서 끊

---

[17] 이승헌, 『힐링소사이어티를 위한 12가지 통찰』, 한문화, 2001, 114~122쪽; 『숨쉬는 평화학』, 한문화, 2002, 143쪽.

임없이 움직이는 것으로 설명한 것이다. 이처럼 현대 단학에서는 '일·삼, 삼신하느님'의 실체를 기, 곧 '일기·삼기'로 바라보는데, 보다 효과적이면서도 쉽게 의미를 전달하기 위해 '홀로 스스로 존재하는 영원한 생명', '천지기운', '생명전자' 등으로 표현하기도 한다.[18]

현대 단학에서는 '일기·삼기'의 속성에 대해서도 주목할 만한 해석을 내놓았다. 종래 일기·삼기의 속성에 대해서는 고전적인 해석으로 '무선악(無善惡)·무청탁(無淸濁)·무후박(無厚薄)'이라고 하였다. 현대 단학에서는 '일기·삼기'가 무심한 기 에너지일 뿐으로 치우침이 없다는 의미에서 이를 '무아(無我), 무, 공, 0점' 등으로도 해석한다. 더 나아가서는 어떠한 사(私)적인 치우침도 없는 '공(公), 전체(全體)'의 속성을 지닌다는 의미에서 '공전을 우선한 자전, 구심력을 우선한 원심력, 공평을 우선한 평등'으로도 해석하여 선도 기학의 심오한 깊이를 드러내었다.[19]

한국선도에 대한 현대 단학의 기학적 접근법은 한국사 연구에도 기폭제가 되었다. 먼저 '일기·삼기'적 인식은 한국 상고·고대사에서 널리 등장하는 '하늘(천)=밝음(빛)' 신앙에 대한 획기적인 시각의 전환을 이끌어 낼 수 있었다. 곧 현대 단학의 해석법에 의하면 '일·삼, 일기·삼기, 삼신하느님'은 형태상 '미세한 소리와 파동을 지닌 빛'이니 이로써 한국 상고·고대사에 널리 등장하는 '하늘(천)의 실체가 밝음(빛)'임을 밝힐 수 있게 된 것이다.[20]

한국의 구비설화나 민간전승, 또 선도서 등에 널리 등장하는 '마고(마고할미, 삼신할미, 마고여신)' 역시 선도 기학 관점으로 바라볼 때 우주의 근원적 생명

---

18 정경희, 「한국선도의 '일·삼·구론(삼원오행론)'에 나타난 존재의 생성·회귀론」, 『동서철학연구』 53, 2009, 280쪽.
19 정경희, 「한국선도의 '일·삼·구론(삼원오행론)'과 일본신도」, 『비교민속학』 44, 2011, 436쪽.
20 정경희, 「신라 '나얼(奈乙, 蘿井)' 제천 유적에 나타난 '얼(井)' 사상」, 『선도문화』 15, 2013, 58쪽.

력이자 법칙인 '일기·삼기'로 설명할 수 있게 된다.[21] 종래 한국사 속의 마고 전승들은 '하늘(천)=밝음(빛)' 사상과 분리된 채 별개의 지모신(대모신) 신앙 정도로 인식되어 왔는데 선도 기학 관점을 통해 마고사상은 '하늘(천)=밝음(빛)' 사상의 일종으로 수렴될 수 있었다. 또한 현대 단학에서는 우주의 근원적 생명력인 '일기·삼기'가 북두칠성 근방에서 시작된다고 봄으로써 한국 상고 이래의 오랜 북두칠성[칠성] 신앙 역시 선도 기학의 일종으로 조명하였다.[22]

이상에서 본 것처럼 현대 단학이 한국선도의 요체인 '일·삼, 삼신하느님'을 '일기·삼기'로 바라봄으로써 한국 상고·고대사나 민속·무속 등에 널리 등장하는 '하늘(천)=밝음(빛)' 사상, 마고사상, 북두칠성사상 등 다기한 계통의 선도 전통을 하나로 종합할 수 있었다. 현대 단학이 '일기·삼기'를 바라보는 관점은 한국 상고·고대사, 특히 사상·종교사 방면의 연구에 새로운 지평을 열었다.[23]

한국선도의 현대적 모습인 현대 단학에서도 수련을 통한 깨달음인 성통이란 나와 남이 둘이 아닌 '하나'라는 진리를 깨달음으로써 결국 개개인의 인성이 회복되는 것을 의미한다. 인성이 바로 세워지면 거기서부터 변화가 시작된다. 한 사람 한 사람이 자기 인성부터 찾아야 한다. 그렇지 않으면 말로는 평화와 공생, 환경을 앞세우더라도 개인이기주의, 집단이기주의로 빠질 수밖에 없다. 이기적 개인적 관심도만 높은 사회는 사랑과 정의, 평화를 주장하는 정치인·종교인·철학자·교육자들은 많을 수 있어도 실제로는 사회적 관심도가 낮은 사회이므로 오히려 사랑과 정의, 평화가 파괴되는 사

---

21 정경희, 「『부도지』에 나타난 한국선도의 '일·삼론'」, 『선도문화』 2, 2007; 「한국선도와 『징심록』」, 『선도문화』 14, 2013 참조.
22 정경희, 「동아시아 '北斗-日月' 표상의 원형 연구」, 『비교민속학』 46, 2011; 「동아시아 '천손강림사상'의 원형 연구 - 배달고국의 '北斗(삼신하느님) 신앙'과 천둥번개신(雷神) 환웅」, 『백산학보』 91, 2011 참조.
23 정경희, 「현대 '선도 수련문화'의 확산과 '단학(丹學)'」, 『신종교연구』 32, 2015, 140~143쪽.

회가 되기 십상이다.

　단군조선과 그 계후 국가들은 성통-공완을 실천하는 엘리트집단을 양성하여 홍익인간의 공생정신을 구현하려고 노력했다. 단군조선의 천지화랑(국자랑),[24] 고구리의 선비(조의선인), 신라의 화랑, 고리의 재가화상(在家和尙) 등이다. 국가·사회 차원에서 젊은이들에게 선도를 체계적으로 장려했던 역사적 사실은 인성을 회복한 개인들이 공생을 실천하는, 그리하여 양심이 깨어 있는 밝은 세상을 만들고자 했던 선도문화가 생활화된 문화였음을 잘 보여준다.

　인성이 회복되고 공생이 삶의 중요한 가치로 바로서면 사고와 행동이 달라지게 된다. 첫째, 삶의 목적이 성공에서 완성으로 달라진다. 둘째, 인간관계의 방식이 지배에서 존중으로 달라진다. 셋째, 거래 방식이 경쟁에서 화합으로 달라진다. 넷째, 재산 개념이 소유에서 관리로 달라진다. 다섯째, 이익개념이 사익에서 공익으로 달라진다. 깨달음이 상식이 되는 사회는 이러한 새로운 삶의 원칙이 당연시되는 사회다.[25] 세상을 두루 이롭게 하는 실천이 이루어지고, 각자도생(各自圖生)이 아니라 모두가 함께 공생하는 밝은 세상이 현실에서 구현되는 것이다.

　선도를 수련[26] 하면 인성이 회복되고 공생을 위한 공동체 의식이 함양된다는 것은 탁상 위의 희망 사항이 아니라 이미 현실에서 검증되고 있다. 현대화된 선도 수련의 하나가 국학기공(國學氣功)이다. 기공은 '생명 에너지인 기를 느끼고 순환시키는 동작, 호흡, 명상법'으로, 국학기공은 배달겨레 고

24　『단군세기』, "使未婚子弟 讀書習射 號爲國子郞 國子郞出行 頭揷天指花 故時人 稱爲天指花郞"
25　이승헌, 『숨쉬는 평화학』, 한문화, 2002, 28쪽.
26　한국선도 수련법은 선도경전 『삼일신고』에서 '지감-조식-금촉' 삼수행법으로 전해진다. 다음의 논문이 참조된다. 정경희, 「韓國仙道의 修行法과 祭天儀禮」, 『도교문화연구』 21, 2004; 정경희, 「한국 선도수행의 실제」, 『선도문화』 12, 2012; 박진규, 「한국선도(韓國仙道)의 지감(止感), 조식(調息), 금촉(禁觸)에 관한 소고(小考)」, 『선도문화』 13, 2012.

유 심신수련법인 '선도'를 현대인에게 맞게 체계화한 생활스포츠다.[27] 유동욱은 초·중·고 학생들을 대상으로 국학기공명상이 학생들의 신체적 자기개념과 인성에 미치는 영향을 연구했다.[28]

전국 19개 초·중·고등학교에서 354명 학생을 대상으로 주 1회, 회당 40~50분, 16주 동안 '국학기공명상 프로그램'을 실시했다. 프로그램은 국학기공 수련지도 전문자격증을 보유하고 평균 5~10년 국학기공 수련지도 경험을 가진 전문강사들이 진행했다. 그 결과, 국학기공명상 프로그램은 초·중·고등학생들의 신체적 자기개념과 인성 변화에 통계적으로 유의(有意)한 영향을 미치는 것으로 나타났다. 이는 인성의 4가지 하위요인인 자신감, 공동체의식, 자기희생, 긍정적 태도 모두에서 유의한 영향을 미치는 것에서 확인되었다.[29] 국학기공명상이 인성변화에 유의미한 영향을 미친다는 것은 선도 수련이 공생의식을 함양시킨다는 것을 의미한다.

연구에서는 프로그램 적용 최적의 시기는 초등저학년인데 최소한 초등고학년 때부터는 꾸준히 실시하는 것이 바람직하다고 한다. 본격적인 입시위주의 환경 변화로 신체활동 시간이 줄어들고 사춘기라는 심리적, 정신적 과도기를 겪는 중학생들에게는 신체활동량이 많은 수련들을 늘려주는 방향으로 프로그램을 개선 보완할 필요가 있다고 한다. 이 연구는 최초로 초·중·고등학생을 대상으로 국학기공명상 프로그램을 실험 연구했다는 점, 인성함양을 위한 교육방법의 새로운 대안을 명상[30]을 통해 제시했다는 점, 또

---

27 국학기공은 1999년부터 전국 16개 광역시와 183개 시군구 연합회가 결성되었다. 2024년 현재 대한체육회 정회원단체인 '사단법인 대한국학기공협회'는 국학기공을 연구, 개발, 보급하는 단체인데, 국내 5천여 개 공원과 관공서에서 20여 만 명의 동호인과 함께하고 있다.(사단법인 대한국학기공협회, http://www.sportskigong.org/main#)
28 유동욱,「국학기공명상 프로그램이 신체적 자기개념과 인성에 미치는 영향-초·중·고등학생을 중심으로-」, 국제뇌교육종합대학원대학교 박사학위논문, 2015.
29 유동욱, 앞의 글, 2015, 88쪽.
30 유동욱은 선행연구를 검토하여 명상이 자신감, 긍정적 태도, 성실함, 책임감 등 개인적 차원의 인성뿐 아니라 공감, 소통, 배려, 대인관계능력 등 관계적 차원의 인성 모두에 효

신체적 자기개념이 인성에 긍정적 영향을 미친다는 것을 밝혔다는 점에서 의의가 있다.[31]

공교육에서 실시되었던 기존의 인성교육은 학생들의 지적 능력 계발에 초점을 두면서 타인에 대한 배려 등 원만한 인간관계를 높이는 데는 등한시하고 있었다.[32] 교과 외 활동을 통한 인성교육도 형식적이고 단편적으로 운영되고 있으며,[33] 학교현장에는 인성교육 프로그램과 매뉴얼이 부족한 현실이다.[34] 학교교육 현장에서는 입시 위주의 교육과정 운영 및 지나친 경쟁의식 심화에 대한 반성과 심각해진 학교폭력 문제 등에 대한 해결 방안으로 그 어느 때보다 인성교육의 필요성이 중요하게 인식되고 있다.[35]

사람은 신성(禘性)을 발현함으로써 신(禘)과 하나가 될 수 있다. 현대 단학의 뇌수련법은 뇌를 개발하여 신성을 발현하려 한다는 면에서 한국선도의 '강재이뇌(降在爾腦)' 사상을 구체화했다고 할 수 있다. 뇌호흡, 뇌파진동 및 이들을 모두 포괄하는 뇌교육(Brain Education)은 모두 한국선도의 '강재이뇌' 사상을 계승하여 발전시킨 수련법이다. 뇌교육은 뇌 과학적 이론에 몸과 의식을 단련하는 기술과 철학을 접목해 뇌를 개발하고, 뇌가 가진 최고의 가치인 창조성을 실현하게 하여 뇌를 효과적으로 운영하고 활용할 수 있도록 하는 새로운 체험적 교육방법론이다.[36]

갈수록 인성교육의 필요성이 중요하게 인식되는 현실에서 한국선도 수

과가 있을 것임을 시사받았다고 한다.(유동욱, 앞의 글, 2015, 20쪽.)
[31] 유동욱, 앞의 글, 2015, 98쪽.
[32] 이인재 · 손경원 · 지준호 · 한성구, 「초등학생들의 사회 · 정서적 능력 함양을 위한 인성교육 통합 프로그램의 효과 분석」, 『도덕윤리과교육』 31, 2010, 49~82쪽.
[33] 김재춘 · 최필순, 「집중이수제 정책의 등장과 퇴장: 정책 실패가 주는 시사점 탐색을 중심으로」, 『교육과정연구』 30(3), 2012, 123~140쪽.
[34] 현주, 「학교 인성교육의 의의와 과제」, 『한국교육개발원 연구보고서』, 2012, 1~36쪽.
[35] 김수진, 「인성교육의 주요 접근 및 쟁점 분석」, 이화여자대학교 박사학위논문, 2015.
[36] 이승헌, 『뇌교육원론』, 한문화, 2010, 86~89쪽.

련을 뇌 과학 기반의 뇌교육과 접목시켜 체계화한 '국학기공명상 프로그램'에 대한 유동욱의 연구는 초·중·고 인성교육의 새로운 대안으로 검토되어야 할 것이다.

중학교 과학교사로 2011년부터 재직하는 학교에서 국학기공을 가르쳐온 최정임의 연구[37]도 주목할 만하다. 연구는 국학기공 방과 후 수업을 신청한 총32명을 대상으로 2018년 2학기(예비실행), 겨울방학(1차 실행), 2019년 1학기(2차 실행), 3회에 걸쳐 실행했다. 1회 수련은 90분인데 예비 실행과 2차 실행은 주 1회 수업으로, 방학 기간 동안 진행한 1차 실행은 연달아 6일을 수련했다. 국학기공의 내용은 '몸에 대한 관심 갖기', '몸 감각 회복하기', '몸 감각 깨우기'의 전체 흐름을 실행하였다.

연구 후 최정임은 동작과 호흡과 의식의 집중을 통해 몸과 마음의 능력을 극대화시키는 수련법인 국학기공은 몸 움직임(동작)에 마음(의식)을 집중하는 반복적 과정을 통해 체화된 지식을 획득하는 몸(몸+마음) 교육 활동으로 학생들의 전인적 성장에 대한 교육적 가치가 있다고 하였다. 국학기공을 통한 공동체 체험은 학생들로 하여금 나와 타인이 서로 연결되어 있어 나를 위한 것이 곧 타인을 위하는 것이며, 타인을 위한 것이 곧 자신을 위하는 것이라는 경험의 기회가 되었다고 연구 결과를 정리하였다.[38]

'두루 세상을 이롭게 한다'는 '홍익인간'의 첫걸음은 '나'이다. 국학기공은 동작과 호흡과 의식을 조화롭게 일체화시켜가면서 기 에너지를 활용하는 것이므로, 나의 몸의 에너지가 충만해지면 그 에너지를 사용하고 싶은 마음, 즉 나를 위하고 타인을 위하고 싶은 마음이 우러나온다. 그 마음을 전하다보면 '보다 많은 사람에게, 보다 의미있게'를 생각하게 된다. 또한, 국

---

[37] 최정임, 「중학생의 몸(몸+마음) 교육을 위한 국학기공 실행연구」, 국제뇌교육종합대학원대학교 박사학위논문, 2020.
[38] 최정임, 앞의 글, 2020, 140~144쪽.

학기공은 집단을 단위로 하는 공동 작업이기 때문에 서로 간의 배려와 소통, 즉 홍익을 실천할 수 있는 장이 이미 마련되어 있다고 할 수 있다.[39] 최정임의 연구를 통해서도 국학기공수련이 공생의식을 함양시킴을 알 수 있다.

수련한 사람들에게 나타난 효과를 평가한 2013년 이후 10년간 국내 연구 결과를 종합한 결과,[40] 심신수련 효과에 관한 7편의 실증연구[41]에서도 선도수련이 심신 건강 향상에 도움이 되며, 공동체 의식 함양에 유의한 효과를 미치는 것으로 확인되었다. 4편의 의학 분야 연구 논문[42]에서는 선도를 수련함으로써 환자의 스트레스가 완화되고, 심리 상태가 개선되며, 감성지능(emotional intelligence)이 통계적으로 유의하게 개선되는 것으로 나타났다.

---

[39] 최정임, 앞의 글, 2020, 105쪽.

[40] 허성관, 「한국선도와 ESG 경영의 공생 정신」, 『선도문화』 34, 2023, 12~15쪽.

[41] 이양희·오미경, 「뇌교육 프로그램이 초등학생의 학교 폭력 예방에 미치는 영향」, 『뇌교육연구』 11, 2013, 47~60쪽; 오미경, 「뇌교육이 청소년의 긍정정서와 정서조절에 미치는 영향」, 『청소년시설환경』, 13, 2015, 219~228쪽; 김일식·김홍걸·신혜숙·서호찬, 「국학기공 프로그램이 어르신들의 우울에 미치는 영향」, 『선도문화』 18, 2015, 213~243쪽; 김소영·오미경, 「뇌교육기반 실천중심 인성교육 프로그램이 아동의 사회적 관심에 미치는 영향」, 『뇌교육연구』 18, 2016, 67~92쪽; 이승호, 「국학기공명상 프로그램이 여고생의 주의 집중력과 문제 행동에 미치는 영향과 주의 집중력 과기강과의 상관관계」, 『선도문화』 20, 2016, 337~369쪽; 심준영·유성모·신재한·강윤정·연주헌, 「국학기공 프로그램이 여성 노인의 심박도 변화와 혈중 세로토닌 농도에 미치는 영향」, 『노인복지연구』 73, 2018, 165~186쪽; 오주원, "초등학생의 리더쉽 향상을 위한 뇌교육 프로그램의 효과", *Asia-Pacific Journal of Multimedia Service Convergent with Art, Humanities, and Sociology* Vol.9, No.1, 2019, pp. 79~86.

[42] Do-Hyeong Lee, Hye Yoon Park, UI Soon Lee, Kyung-Jun Lee, Eun Chung Noh, Joon Hwan Jang, Do-Hyung Kang, "The effects of brain wave vibration on oxidative stress response and psychological symptoms", *Comprehensive Psychiatry* 60, 2015, pp. 99~104; Ye-Ha Jung, Taw Min Ha, Chang Young Oh, UI Soon Lee, Joon Hwan Jang, Jungwon Kim, Jae-Oh Park, Do-Hyung Kang, "The Effects of an Online Mind-Body Training Program on Stress, Coping Strategies, Emotional Intelligence, Resilience and Psychological State", *PLOS ONE*, August 2016, pp. 1~20; Ye-Ha Jung, UI Soon Lee, Joon Hwan Jang, Do-Hyung Kang, "Effects of Mind-Body Training on Personality and Behavioral Activation and Inhibition System According to Val66Met Polymorphism", *Psychiatry Investigation*, 2016, pp. 333~340; Seung-Ho Lee, Sun-Mi Hwang, Do-Hyung Kang, Hyun-Jeong Yang, "Brain education-based meditation for patients with hypertension and/or type2 diabetes", *Medicine*, 2019, pp. 1~12.

공생정신 함양 가능성에 관한 미국의 실증연구 2편도 주목된다. 1편은 인도에서 개발된 초월 명상(TM, Transcendental Meditation) 수련이 공동체 범죄율 감소에 미치는 영향을 검증한 논문 15편 연구 결과를 종합한 논문이다.[43] TM은 인도에서 개발된 명상법으로 주한미군을 통해 1970년대 우리나라에 소개되었다. 구체적인 차이는 탐구해야 할 과제이지만, TM과 한국선도 수련은 상통하는 것으로 보인다. 15편 논문은 지역 인구 1% 이상이 TM을 수련한 전후 범죄율 변화를 분석했다. 분석한 지역은 미국 160개 시(city)와 8개 대도시(metropolitan city), 필리핀 마닐라, Washington D.C., 캐나다, 레바논, 인도 Delhi 등이다. 분석 결과 TM 수련 후 범죄율이 최저 4.1%(이스라엘)~최고 24%(미국 24개 시) 감소했을 뿐만 아니라 삶의 질도 향상된 것으로 나타났다. 다른 1편은 Orme-Johnson et el.[44]이다. 이 논문은 집단적 TM 수련이 테러와 국제적 갈등 방지에 효과가 있는지 검증했다. 1983~1985년 기간 중 미국 Iowa 주 Fairfield, 네덜란드 Hague, 미국 Washington D.C.에 대규모 참가자(5,500~8,000명)가 모여 8~11일 동안 TM을 수련했다. 수련 기간 중 테러와 국제적 갈등 횟수가 유의하게 감소하는지 시계열을 분석했다. 분석 결과 수련 기간 중 테러는 72%, 국제적 갈등은 32%가 통계적으로 유의한 수준에서 감소했다. 대규모 수련이 어떤 경로를 통해 테러와 국제적 갈등을 감소시키는지 설득력 있는 이론적 규명이 추가로 필요하지만, 이 연구 결과를 우연한 결과로 볼 수는 없다. 베이징에서 나비 한 마리 몸짓이 뉴욕에서 허리케인을 만든다는 혼돈이론(chaos theory) 관점을 응용하면 공동체에 선한 사람이 늘어나면 그만큼 공동체가 선해진다고 볼 수 있는

---

[43] David Orme-Johnson, "Preventing Crime through the Maharishi Effect", *Journal of Offender Rehabilitation*, October 2008, pp. 257~281.

[44] David W. Orme-Johnson, Michael C. Dillibeck, and Charles N. Alexander, "Preventing Terrorism and International Conflicts", *Journal of Offender Rehabilitation*, October 2008, pp. 283~302.

것이다.[45]

　선도 수련이 개인 심신 건강 증진, 공동체 의식 함양, 학생들의 자기 조절 능력 향상 등에 유의한 효과가 있다는 사실은 선도 수련이 공생의식을 함양시킨다는 것을 의미한다. 이는 적극적으로 선도 수련을 보급할 필요가 있음을 시사한다. 기업, 학교, 공무원, 군인, 일반 시민 등을 대상으로 체계적으로 선도 수련문화가 보급·확대되면 결국 인성이 회복되고 공생 가치가 생활 속에서 구현되어 지구촌 공생에 대한민국이 선도 국가가 될 가능성이 커질 것이다.

　선도 수련문화는 내전, 빈곤과 폭력 등 살인율 1위 나라인 엘살바도르에 뇌교육이란 이름으로 전파되어 절망적인 엘살바도로의 교육 환경을 희망적으로 바꾸기도 하였다. UN과 한국 교육부, 유엔경제사회이사회(UN-ECOSOC) 협의지위기관인 아이브레아파운데이션(IBREA Foundation, 선도 수련문화(뇌교육)의 국제사회보급을 위해 미국에 설립한 비영리국제단체)가 협력하여 엘살바도르 공립학교에 뇌교육을 보급하였고, 교사와 학생이 수련문화(뇌교육)를 체험하여 심신의 건강을 증진하고, 학교에 평화의 문화가 조성되었다. 2011년 4개 학교에서 시범사업으로 시행된 선도 수련문화 보급은 2018년 현재 1800여 학교에 보급되고 있다.[46]

　이상에서 현대선도를 대표하는 단학과 선도 수련의 실증적 효과에 대한 연구를 살펴보았다. 선도 수련은 학생들의 자기 조절능력 향상, 개인 심신 건강 증진과 공동체 의식 함양에 유의한 효과가 있었다. 자본주의가 전 지구를 지배하는 현대 사회의 지속가능성을 위해 공생이 필수적인 조건이 된 상황에서 선도 수련이 공생의식을 함양시킨다는 사실은 더없이 중요하다.

---

45 허성관, 앞의 글, 2023, 16~17쪽.
46 『아태경제저널』 2018.09.18; 국제뇌교육협회, 「엘살바도르 뇌교육 프로젝트」

1980년대 이후 40여 년 이상을 현대선도가 자율적이고 적극적으로 학교·공원·관공서·기업체·사회복지기관·군부대 등에서 수련문화 보급에 치중하여 인성회복에 가치를 둔 홍익교육을 펼쳐온 것은 향후 공생사회를 만드는데 크게 기여할 것으로 보여 진다. 앞으로 선도 수련을 통해 인성을 회복하는, 공생에 가치를 두는 홍익교육이 공교육에서 학생들을 대상으로 본격적으로 이루어지면 홍익정치를 통해 공생경제에 이르는 변화의 기반이 마련될 수 있을 것이다.

3. 홍익교육에 기반한 삼균주의의 미래

Ⅵ장 1, 2절에서는 삼균주의의 관점에서 바라볼 때 경제 영역은 오히려 역방향으로 진행되었는데 이는 홍익정치가 펼쳐지지 않은 이유 때문이었고 따라서 공생에 가치를 두는 홍익교육이 필요함을 살펴보았다. 공생에 가치를 두는 홍익교육은 뇌의 인식작용으로 이루어지나 이는 선도의 심신수련을 통한 기(氣)체험에 토대한다. 나와 남이 서로 고립되고 분리된 존재가 아니라 기로서 하나로 연결된 존재임을 체험함으로써 공생 가치를 자연스럽게 받아들이게 되는 것이다. 본 절에서는 홍익교육에 기반한 홍익정치와 공생경제에 대해 소견을 밝히고자 한다.

조소앙이 신민주국 건국 시기 실천 지침으로 주창했던 삼균주의를 현 시점에서 살펴보면 경제 영역은 균등과는 역방향으로 질주해 온 것이 확인된다. Ⅵ장 1절에서 살펴본 것처럼 경제 균등은 결국 정치를 통해서 이루어진다. 그런데, 건국강령에서 제시한 정치 균등을 위한 기본권리가 모두 실행되었으나 경제 균등은 달성되지 않았다. 경제적 불평등이 형식적인 정치적 평등을 끊임없이 잠식하고 훼손하는 자유민주주의 자체의 한계로 인해 정치 균등도 이루어지지 않았다. 정치와 경제의 균등은 불완전한 서구 자유민주주의의 1인 1표제라는 형식만으로는 달성할 수 없는 이상이었다. Ⅵ장 1절에서 살펴본 것처럼 경제 균등을 위해서는 공생에 가치를 두는 홍익정치가 펼쳐져야 하고 홍익정치는 공생이라는 가치관이 전제되어야 하는 것이다. 결국 개개인은 물론 사회공동체가 공생에 가치를 두는 삶을 유지해야

정치와 경제의 균등이 가능해 질 것이다.[1]

조소앙이 주창했던 삼균제도는 홍익인간사상의 내용적 실체이자 실천 지침이었으니 정치·경제·교육의 균등은 공생에 기초한 정치·경제·교육을 말하는 것이다. 곧 공생 정치, 공생 경제, 공생 교육을 이르는 것이다. 홍익인간사상의 핵심가치 공생은 '나-민족-인류', '나-자연-지구'가 하나로부터 연유하고 하나로 연결된 존재이므로 서로 소중하고 대등한 존재임을 깨우치는 데에서 출발한다. 모든 것의 근원은 하나라는 깨달음을 삶의 현장에서 공생으로 실천하여 더불어함께 살아가는 양심이 깨어 있는 밝은 세상을 현세에서 구현하는 것이다.

선도문화 쇠퇴로 인하여 더불어함께 살아가는 공생 가치가 약화되는 한편으로 서구문화로 받아들인 개인주의가 이기주의로 폭주해 온 것이 삼균주의가 실현되지 못한 근본 원인일 것이다. 공생에 가치를 두는 홍익인간사상이 교육 현장에서 실천되지 못하여 '나와 세계와 자연이 본질적으로 모두 하나이므로 공생한다'는 인간 본성을 깨우치지 못하였기 때문이다. 우리민족 최고 공리인 홍익인간 이화세계의 내용적 실체를 삼균제도로 천명하였음에도 교육의 기본원칙을 '과학적 지식의 보편화'에 국한시켜 수행을 통한 '인성회복'이라는 홍익교육 실천이 빠져있는 삼균주의의 한계가 뼈아프게 다가온다.

현대선도는 공생사회 기초가 될 홍익교육에 초점을 맞춤에 그치지 않고 '공생을 위한 사회적 토대로서의 복지'라는 표현으로 삼균주의 계승을 언명한다. 복지는 사회적 약자만이 아니라 모두를 위한 것으로, 공동체 모든 구

---

1 홍선희는 조소앙이 교육적 평등론을 주장한 것은 "망국의 원인이 교육 불평등에 있고, 교육 불평등이 시정되지 않는 한 정치적·경제적 평등의 실현은 좀체로 기대할 수 없다고 믿었기 때문"으로 보았다.(홍선희, 『조소앙의 삼균주의 연구』, 부코, 2014, 120쪽.) 그런데 홍선희도 정치·경제 균등 실현을 위해서 교육 균등이 선행되어야 함을 짚고 있으나 교육을 통해 무엇을 이룰 것인가, 어떤 인간상을 만들어 낼지에 대해서는 언급이 없다.

성원이 인간의 존엄을 유지하고 자신의 가치를 실현할 수 있게 도와주는 공적인 보살핌이다. 그런 의미에서 복지는 홍익문화이고 홍익정신으로, 사회적 차원의 공생을 실천하기 위한 기본 토대다.

복지의 필수조건은 공동체 모든 구성원이 인성을 회복하여 공생 감각을 키우고, 사회 전체가 공생 가치를 우선하는 문화를 만드는 것이다. 아무리 제도와 규칙이 훌륭하더라도 운영하는 사람들과 국민의 양심, 공생 감각이 뒷받침되지 않으면 태만, 비효율, 불공정 같은 부작용을 낳는다. 인성 회복에 기초한 공생 가치 대신 개인주의와 이기심이 마음을 지배하여 선출된 권력이 폭주하여 인류를 파국 직전까지 몰아갔던 극단적인 히틀러 사례에서 얻을 수 있는 교훈이기도 하다. 진정한 복지 기반은 제도와 규칙의 제정에 그치지 않고 모든 인간과 생명체를 존중하는 개개인의 마음, 즉 회복된 인성과 그 마음을 사회의 중요 자산으로 여기고 키워나가는 성숙한 공동체다.[2]

조소앙이 삼균주의에서 주창했던 정치·경제·교육의 균등을 현대선도에서는 복지의 세 가지 토대인 균등한 교육 기회, 균등한 사회참여 기회, 균등한 기본 소득으로 그 맥을 잇는다. 물론 정치와 경제, 교육 분야에 대한 구체적인 정책과 실천 지침은 사계 전문가들이 심도 깊게 연구하고 시민, 정책결정자들과 함께 치열하게 숙론하면서 방안을 만들어 내야 할 것이다. 현대선도의 제언[3]은 그 중 하나다.

균등한 교육 기회는 전 생애에 걸친 교육 기회와 교육에 필요한 경제적 지원이다. 교육에 필요한 경제적 지원은 1941년 〈대한민국건국강령〉에서 이미 천명한 기본 조건이었다. 모든 청소년을 지금처럼 대학준비 과정에 묶어두지 않고 본인이 희망하고 준비가 되었을 때, 교육받을 기회를 항상 열

---

2   이승헌·스티브 김, 『공생의 기술』, 한문화, 2023, 197~204쪽.
3   이승헌·스티브 김, 앞의 책, 2023, 205~221쪽 참조.

어주고, 성실성을 조건으로 교육비를 지원해 주는 것이다. 성실성을 보이지 않는다면 지원을 중단하고, 그래도 본인이 원한다면 자비로 교육을 계속 받게 할 수 있다. 나이에 상관없이 공동체 구성원이 자신의 지식을 넓히고 기술을 향상시킬 기회를 갖는 것은 국가적으로도 유익한 일이다.

균등한 사회참여 기회는 지역공동체에서 국가까지 크고 작은 의사 결정에 참여할 기회를 기본 요건을 갖춘 모든 국민에게 균등하게 부여하는 것이다. 기술발전으로 시·공간적 제약을 해소할 수 있으므로 공동체 구성원들은 온라인 투표 등으로 대의제 한계를 극복하고 공동체의 다양한 의사 결정에 직접 참여할 수 있을 것이다.

정치 참여를 통해 사람들은 각 사안이 서로 분리되어 있고, 한 개인이 직면한 문제는 다른 개인의 문제와 분리·독립되어 있다는 분절화된 사고를 극복하기 시작한다. 사람들은 상이한 사안들 간의 상호 연관성, 고립된 개인들 간의 상호 연결성을 발견하고 그들의 개인적인 이익과 사안들이 함께 얽혀 있으며 공동선(共同善)과 분리할 수 없음을 깨닫게 된다. 정치참여 과정을 통해 공생 가치를 체득하게 되는 것이다.

다양한 선거 제도를 고안하여 민주적으로 선출된 시민의 대표자들이 정부의 의사 결정 기관 또는 자문 기관에 참여하도록 하는 방안을 강구할 필요도 있다. 대의 제도를 입법부에 국한하지 않고 정치·행정·사법의 여러 영역으로 확대 적용하는 것은 시민의 참여를 확대하는 결과를 가져온다. 더 나아가 중앙 정부 차원에서건 지방 정부 차원에서건, 국민(주민) 발안, 국민(주민) 소환, 국민(주민) 투표 등을 제도화해야 한다. 시민들의 직접적인 정치 참여로 공동체의 공동선을 강화해 나아가는 것은 두루 세상을 밝히는 홍익 정치가 활성화되는 하나의 방안이 될 것이다.

각종 시민운동 단체나 노동 운동·빈민 운동·여성 운동·환경 운동 등은 좁게는 특정 집단이나 지역 사회를 대상으로 한 활동이지만 넓게는 국가적 차원의 탈제도적 참여 활동이다. 시민 사회의 다양성과 자율성을 전제로 한 이러한 운동들은 투표나 선거처럼 제도화된 참여는 아니지만, 국가의 외곽에서 국가를 민주적으로 압박하고 견인하는 참여민주주의를 구성하는데 중요한 역할을 할 것이다.[4]

참여민주주의와 함께 배심 재판 제도의 도입도 적극 추진할 필요가 있다. 프랑스 철학자 니콜라 드 콩도르세(Nicolas de Condorcet, 1743~1794)는 '배심원 정리'를 통해 민주제의 장점을 주장했다. 그에 따르면 배심원단(가령, 서로 다른 견해를 가진 열두 명으로 구성된 배심원단)은 한 명이 결정할 때보다 더 나은 결정을 내릴 가능성이 크다. 사람들은 저마다 관점과 편향이 있고 또 사안마다 관점과 편향이 다를 것이다. 그 중 한 명이 의사결정자나 통치자가 되면 안 좋은 결정을 내릴 수 있지만 서로 다른 관점을 가진 사람들이 모이면 결국에는 그들의 견해가 조정되고 통합되어서, 충분히 있을 법한 조건하에서 더 나은 결정을 내리게 될 것이다. 잘 돌아갈 경우, 민주적 체제는 커다란 배심원단처럼 작동한다.[5]

민주주의의 본질과 시민사회의 중요성을 분석한 프랑스 정치사상가이자 역사학자인 토크빌(Alexis de Tocqueville, 1805~1859)은 『미국의 민주주의(Democracy in America)』에서 시민의 자유를 보존하기 위해서 배심 재판 제도를 적극 활용할 것을 권장하고 있다. 배심 재판 제도는 보통선거권과 마찬가지로 인민주권론의 직접적인 표현이며 다수의 지배를 확보하는 수단이다. 배심 재판 제도는 일반 시민으로 하여금 자신의 이익과 직접적으로 상관이 없는 사안에 관해 공동체 전체의 입장에서 정의의 원리에 따라 사건을 무사공평하게 심리하도록 함으로써 개인주의적 경향을 억제하고, 정의에 대한

---

[4] 강정인, 『민주주의의 이해』, 문학과지성사, 1997, 195~197쪽.
[5] 대런 애쓰모글루·사이먼 존슨 지음, 김승진 옮김, 『권력과 진보』, 생각의 힘, 2023, 145쪽.

관심을 고양시키며, 법치주의 의식을 주입시킬 것이다.[6] 이 역시 홍익정치가 활성화되는 또 하나의 방안이 될 것이다.

자신이 속한 공동체나 국가경영에 참여한다는 것은 사람들에게 무엇으로도 대체할 수 없는 높은 자긍심과 책임감을 갖게 한다. 이러한 제도를 공공 행정에 일반화하면 누가 요구하지 않아도 모든 사람이 자발적으로 애국자가 될 것이고, 건강한 공동체 정신이 공동체 모든 곳에 살아 숨 쉬게 될 것이다.

균등한 기본 소득은 지속적으로 수입을 만들어 낼 수 있는 기본 소득원을 국민의 기본 권리로 균등하게 부여하는 것이다. 복지 대상자에게 단순히 시혜 차원의 도움을 주는 것이 아니라 지속적으로 소득을 만들어 낼 수 있는 수단을 제공하는 것이다.

미래세대를 위해서는 예를 들어 신생아 출생과 동시에 2천만 원이 예입된 투자 계좌를 만들어줄 수 있을 것이다. 연평균 주식 투자 수익률을 8%로 가정하고 20년간 수익금 전액을 재투자한다면 이 아기가 성년이 되는 20세에는 1억에 가까운 금액이 만들어진다. 이는 자녀의 미래에 대한 불안감을 덜어주어 저출생으로 인한 인구절벽 예방에도 도움이 될 것이다.

재원 마련, 지급 방식 등 여러 과제가 있지만 기성세대에게도 기본소득의 필요성과 가능성은 점점 더 강조되고 있다. 기본소득은 모든 개인에게 일정 금액을 정기적으로 지급함으로써 기본적인 생계유지를 보장한다. 4차 산업혁명과 자동화로 인한 일자리 감소는 기본소득의 필요성을 더욱 높이고 있는데, 조건 없이 일괄적으로 제공되는 기본소득은 복지 사각지대도 해소할 수 있다. 소득이 낮은 사람일수록 추가적인 수입은 소비로 이어지는 경향이 높기 때문에 기본소득 지급은 소비 여력을 높여 경제 전반에 활력을

---

6 강정인, 앞의 책, 1997, 206쪽.

불어넣는다. 무엇보다도, 기본소득은 모든 사람에게 동일한 권리로 지급되므로, 사회적 연대와 평등 의식을 높이는 데 기여할 수 있다. 사회적 불평등을 해소하고 공생경제로 가는 한 방안이 되는 것이다.

기본 소득 정책은 기존의 공공부조와 사회보험, 다양한 복지서비스를 결합시킨 전통적 복지국가 정책들과 결합되어 연령·계층·지역별로 시작해 보편적으로 확대되어 가는 촘촘한 설계가 필요할 것이다. 이는 물론 기본소득을 감당할 수 있는 재정 확보와 조세제도를 정비하는 문제와 병행되어야 할 것이다.[7]

ESG 경영도 공생경제로 가는 한 방안이다. 자본의 끊임없는 이윤 추구는 양극화와 부정부패는 물론, 지구적 환경위기를 일으켜 기업 이해관계자와 기업, 그리고 전 지구적 지속가능성이 위협받고 있다. 2000년 국제연합 UNGC가 제시한 '지속가능성을 위한 기업행동 10대 원칙'이라는 인식에 기초하여 환경보호(Environment)와 사회적 책임 실천(Social)과 지배구조개선(Governance)을 통해 자본주의의 핵심 경제 주체중 하나인 기업이 지구적 지속가능성을 높이자는 담론이 ESG 경영이다.

ESG 경영의 지향점이 인간과 생태계 전체 지구촌 공생이므로 한국선도와 ESG 경영 지향점은 공생 정신으로 같다. 그러나 한국선도의 홍익인간사상은 사람이 주체적으로 공생을 구현할 수 있는 실천이 가능한 사상인 반면 ESG 경영은 강제 규제로 경영자가 공생에 접근하게 한다는 점에서 차이가 있다.[8] 한국 경영학자 다수는 최고 경영자의 공생 정신 함양을 ESG 경영 성공에 가장 중요한 요소로 보고 있다. 세계적으로 존경받는 기업 대부분은 경영자가 적극적으로 공생 정신을 실천한 기업들이다. 이런 사례는 홍익인

---

7 윤영상, 『다시 진보의 길을 묻다』, 나무와 숲, 2023, 204~205쪽.
8 허성관, 「한국선도와 ESG 경영의 공생 정신」, 『선도문화』 34, 2023, 22쪽.

간사상이 ESG 경영을 구현하는데 확고한 사상적 배경이 될 수 있음을 시사한다. 홍익인간사상은 신시배달국 건국이념으로 6000년 전 사상이지만 지금 자본주의 위기를 극복할 수 있는 담론이 되었다는 점에서 우리가 지키고 가꾸어야 할 소중한 유산이다.[9]

Ⅲ~Ⅴ장에서 살펴보았듯이 근대 이후 한국선도는 '공생'을 핵심가치로 하는 성통·공완 실천인 홍익정치로 전개되었다. 대체로 그 공생은 개인-개인, 개인-공동체(국가), 국가-국가 간의 공생에 초점이 맞춰졌다. 그런데 현대선도를 대표하는 현대 단학에서는 공생의 한 축을 '지구'로까지 확장한다는 면에서 큰 차이를 보여준다.

이원론적 세계관에 입각하여 지구와 뭇 생명을 사람들 마음대로 사용해도 된다는 인식에 기초한 서구문명이 주도한 현대사회는 그 지속가능성을 심각하게 의심받고 있는 상황이다. 지구촌 곳곳에서 발생하는 폭우, 폭염, 산불, 한파 등 기후위기와 팬데믹은 인류가 공멸할 수도 있다는 위기의식을 심화시키고 있다. 이제까지와 똑같은 길을 계속 걸어 '공멸(共滅)할 것인가? 새로운 길을 선택하여 공생(共生)할 것인가?' 하는 물음은 이제 전 지구적인 화두가 되었다. 공생이 '개인-공동체-국가'를 넘어 자연, 지구로까지 확장돼야 했던 이유다.

2023년 3월 발표된 기후변화에 대한 정부 간 협의체(IPCC, Intergovernmental Panel on Climate Change)의 최종 보고서는 인간 활동이 현재 기후변화에 책임이 있음을 공식적으로 천명하였다. 모든 국가 정부의 검토와 동의를 거쳤기에 인간 활동이 기후변화의 중요한 원인이라는 것은 이제 인류가 도달한 공식 입장이 되었다.

기후 변화로 인한 최악의 파국적인 결과를 피하려면 산업화 당시와 비교

---

[9] 허성관, 「건국기원절과 홍익인간사상에 대한 이해」, 『건국기원 4357년 기념 건국기원절 학술토론회자료집』, 2024, 10쪽.

해 지구 평균 기온 상승을 1.5℃ 정도로 방어하고, 2030년까지 이산화탄소 배출량을 절반으로 줄이며, 2050년까지는 지구 대기에 추가되는 이산화탄소 순증가량을 '0'으로 만들어야 한다. 기후 전문가들에 따르면, '탄소제로' 또는 '넷제로(Net Zero)'라고 하는 이 목표는 매우 어렵지만 불가능한 것은 아니다. 이제 자신만의 이익이 아니라 지구를 중심으로 모든 생명체의 연결성을 느끼고 공생을 목표로 생각하고 선택하고 행동하는 것이 불가피한 시점이 되었다.

현대 단학은 대립과 분리를 극복하고 공생을 실현할 지혜를 홍익정신에서 찾는다. 세계를 하나의 거대한 생명 그물로 보고, 전체를 이롭게 하는 것이 자신을 이롭게 한다는 공생 정신이 바탕에 깔려있기 때문이다. 인류의 위대한 스승들의 가르침인 자비, 인, 사랑은 타인을 향한 마음가짐과 태도로서 수행과 실천을 통해 자각하고 키우는 개인적 덕목이지만, 홍익은 자비, 인, 사랑이 추구하는 인성 추구에 그치지 않고 사회적 실천과 그 결과를 강조한다. 실천을 통해 다른 사람들에게 도움을 주고 선한 영향을 미침으로써 세상을 바꾸라는 가르침이기에[10] 위기에 처한 지구와 공생을 현실화할 수 있는 사상으로 여겨진다.

현대 단학은 인간과 지구의 관계를 '경영'이라는 관점으로 바라본다. 지구를 마음껏 착취해도 되는 대상으로 보는 것이 아니라 사랑하는 가족이나 기업처럼 깊은 애정을 가지고 우리가 책임지고 보호하고 관리하고 경영할 대상으로 보는 것이다. 지구 전체를 하나의 단위로 놓고 보면 우리는 지구의 생태학적 균형을 회복하고 지속가능성을 확보하는데 도움이 될 원칙과 지식과 기술, 자원까지 많은 것을 이미 가지고 있다.[11] 문제는 '공생을 선택

---

10 이승헌·스티브 김, 『공생의 기술』, 한문화, 2023, 99쪽.
11 이승헌, 『신인류가 온다』, 한문화, 2023, 72~74쪽.

할 것인가?' 하는 우리의 마음자세와 태도에 있는 것이다.

지구의 미래를 책임지고 지구와 공생하는 실천 지침을 현대 단학에서는 '지구인운동'으로 이름하고 다음과 같이 다섯 가지로 제시한다.

첫째는 자연 건강 유지하기, 둘째는 자연과 조화롭게 살기, 셋째는 평화와 공생의 문화 증진하기, 넷째는 책임 있게 소비하고 지속가능한 개발 지원하기, 다섯째는 변화의 필요성과 방법에 관해 교육, 연대, 참여하기다. 이러한 지구인운동의 지침을 실천하고 다른 사람들이 동참하도록 독려함으로써 현대 단학은 지구와 지구의 모든 생명체를 위한 평화롭고 지속 가능한 미래를 창조할 수 있다고 천명한다.[12]

지구와 공생하는 다섯 가지 실천 지침은 홍익인간사상이 변화하는 시대 환경에 걸맞게 변화, 적용된 것이다. 단군조선 소도에서 오상(五常)으로 행해지던 충효신용인(忠孝信勇仁), 화랑들의 실천 지침이던 세속오계, 대일항쟁기 건국지침이었던 삼균주의는 이제 지구와 공생이 필수조건이 된 시대에 어울리는 홍익인간사상의 실천 지침인 지구인운동으로 변화되었다. 선도문화 전통에서 성통·공완으로 표현되었던 수행과 실천이 홍익교육에 기반한 인성회복과 공생을 실천하는 지구인운동으로 발전한 것이다.

경제 균등과는 역방향으로 질주해 온 경제 문제를 해결하는 것이 정치의 역할이듯이, 사회적 차원의 공생을 실천하기 위한 기본 토대로서의 '복지'(균등한 교육 기회, 균등한 사회참여 기회, 균등한 기본 소득)를 실현하는 것도 정치의 역할이다. 정치가 경제 균등의 방향성을 가지고 실천되는 것은 홍익인간사상이 정치에 투영된 홍익정치가 펼쳐져야만 현실화될 수 있다. 이는 개개인과 사회

---

[12] 이승헌, 『신인류가 온다』, 한문화, 2023, 123~124쪽. 현대 단학의 공생을 위한 다섯 가지 실천 지침에 대한 구체적인 방안들은 124~178쪽에 걸쳐 상세하게 설명되었다. 두 번째인 자연과 조화롭게 살기, 즉 자연과 공생은 ① 에너지 절약하기 ② 물 아껴 쓰기 ③ 친환경 교통수단 사용하기 ④ 일회용품 안 쓰기 ⑤ 아껴 쓰고 재활용하기 ⑥ 음식 낭비 줄이기 ⑦ 지역 농산물 이용하기 ⑧ 야생동물 보호하기 ⑨ 정기적으로 Earth Hour(지구를 위한 소등) 실천하기다.

공동체가 '공생'을 핵심가치로 삼도록 변화되어야 함을 의미한다.

이상에서 홍익교육에 기반한 삼균주의의 미래에 대해 살펴보았다. 홍익교육의 선행(先行)과는 별개로, 홍익정치 활성화를 위한 참여민주주의와 배심 재판 제도, 공생경제로 가는 한 방안으로 기본 소득과 ESG 경영을 살펴보았다. 삼균주의의 미래, 정치·경제·교육의 균등을 위한 구체적인 방안들은 사계 전문가들이 심도 깊게 연구하고 시민, 정책결정자들과 함께 치열하게 숙론하면서 만들어 나아가야 할 것이다. 그러나 그 방향성은 명확하다. 변화의 시작점은 인성 회복에 초점을 맞춘 교육, 선도 수련문화의 보급과 실천에서 찾아야 한다. 진정한 삼균제주의 계승과 발전은 '교육[인성회복을 위한 선도 수련문화 보급·실천] → 정치[홍익인간사상을 정치에서 실천하는 홍익정치] → 경제[공생경제]'의 방향으로 진행되어야 한다.

VII.

맺음말

한국선도의 홍익정치 전통과 삼균주의를 다룬 본 연구는 근대 이후 홍익정치론을 중심으로 고찰하되, 그 전후관계까지도 함께 살펴보았다. 삼균주의는 조소앙이 일제강점기 한국의 현황과 삼국시대 이래의 역사 연구를 통해 혁명의 이론적 무기로 찾아낸 삼균제도를 우리나라 건국이념이자 최고 공리인 홍익인간과 융합하여 홍익정치론으로 완성시킨 정치사상이다.

필자는 한국선도의 홍익정치론이 어떻게 발전해 왔는가를 살피는 과정과 함께 삼균주의를 고찰했다. 홍익정치란 홍익인간사상을 정치에 투영하여 실천하는 정치사상을 의미한다. 정치·경제·교육의 균등으로 국가를 진흥하고 태평을 보유하는 삼균제도가 홍익인간 이화세계 하자는 우리나라 건국정신이자 민족의 최고 공리라고 〈대한민국건국강령〉 총강 제2절에 명시되어 있음에도, 삼균주의의 사상 기반에 대해서는 구구한 논의가 있어 왔다. 필자는 대한민국의 민족사와 민족문화를 새롭게 바라보는 한국선도라는 시각으로 삼균주의를 재조명하고 삼균주의의 사상 기반을 밝히고자 하였다. 조소앙이 경험한 다양한 사상의 궤적이 삼균주의에 영향을 주었겠으나 삼균주의의 근본적인 사상 기반은 대종교로 중광된 선도사상, 곧 단군의 가르침인 홍익인간사상이었다.

한국선도는 우주에 두루 존재하는 기(氣, 에너지·생명력)를 매개로 사람 안의 기를 깨워내는 '천인합일' 수행에 기반한다. 수행을 통해 사람 안의 생명력을 회복[신인합일·성통]하고 사회 전체의 생명력 회복을 위해 실천[홍익인간·공완]하는 것이다. '느낌을 멈추고 숨을 고르게 하며 접촉을 금하는' 삼수행, 곧 호흡과 명상 수행을 통해 우리 내면에서 밝게 빛나는 신성(神性)인 양심이 회복된 개개인이 양심이 깨어 있는 밝은 세상을 만들어 가는 실천문화가 바로 한국선도다.

한국선도는 존재의 근원이자 생명의 본질을 '기'로 인식한다. 우주는 기로 가득 차 있으므로 우주를 구성하는 기본단위인 기는 분리되지 않는 하나(一)다. '하늘·땅·사람'은 존재의 근원인 기로 하나로 연결되기에 선조들은 자연과 사람은 분리되지 않는 '하나'라고 통찰했다. 우주만물의 근원이 하나임을 알게 되면 전체를 이롭게 하는 마음이 생겨나는 것은 자연스럽다.

사람은 모두 근원의 생명력에서 태어난 소중한 존재다. 모두가 동일한 기를 받고 태어났으니 사람은 모두 서로에게 소중하며 균등한 존재다. 사람들이 모두 생명의 본질인 기를 동등하게 받은 존재라면 모든 사람들이 '균등'하다는 것은 당위론적인 진리다. 즉, 균등의식은 기일원론의 세계관에서 자연스럽게 도출되는 것이다.

물질적인 삶을 살아가면서 혼탁하게 오염된 사람 안의 내기(內氣)는 수행을 통해서만 회복된다. 성통 수행과 공완 실천으로 존재에 대한 인식이 보다 깊어지면, 모든 존재는 근원의 생명력과 하나로 연결되어 있음을 깨닫게 된다. 모두가 하나라는 인식에 바탕하므로, 균등의식에 기초한 홍익인간사상이 공생(共生)을 핵심가치로 삼는 것은 너무도 자연스러운 귀결이다.

홍익인간사상이 홍익정치로 구현되었던 사실에 대한 역사 기록이 환웅족이 곰토템 족을 깨우치고 혼인동맹으로 새로운 세상을 열었다는『삼국유사』속의 환웅사화다. 단군조선으로 이어진 홍익정치는『단군세기』속 삼랑을보륵의 홍도익중(弘道益衆) 가르침으로도 확인된다. 주(周)나라가 3000여 가지 죄목으로 백성들을 옥죄면서 국가·사회를 유지할 당시 단군조선은 범금8조라는 최소한 법률로 유지되었다. 이는 단군조선에서 공생의 홍익정치가 펼쳐졌기에 가능했을 것이다.『태백일사』와『오월춘추』에 기록된, 중원지역이 홍수로 9년 동안 물난리를 겪던 시기 순(舜)의 사공(司空) 우(禹)를 만난 단군왕검의 태자 부루가 치수법을 전수한 사실은 홍익인간사상이 일국에 국한되지 않은 사해동포주의였음을 시사한다.

중원 동북지역에 '대인'과 '군자'들이 사는 대인국·군자국·불사지국이 있다는 『산해경』, 『회남자』, 『설문해자』 기록도 단군조선의 정치적 지향이 홍익인간이었음을 보여준다. 단군조선에서는 중원지역 토지세 절반인 5%만 걷었다고 기록한 『맹자』와 연·제·조나라 유민 수만 명이 단군조선 서쪽 국경지대로 몰려들었다는 『후한서』 기록을 함께 보면 고대 차이나 인들이 그만큼 세금이 가벼운 단군조선 홍익정치를 선망했음을 알 수 있다.

홍익인간을 실천(공완)하는 것은 내 안의 신성인 양심을 밝히는 수행(성통)과 불가분리 관계다. 대표적인 집단 수행이 제천이다. 선도제천은 내 안의 밝음과 우주의 밝음이 하나 되는 천인합일의 선도수행 의례다. 선도사서에 기록된 신시배달국의 선도제천문화는 유적과 유물로도 확인된다. '단(壇)·묘(廟)·총(塚)과 옥기(玉器)'를 표지유물로 하는 홍산문화가 신시배달국 선도제천문화였다. 흥륭와문화에서 발굴된 세계 최초의 옥결(玉玦)보다 1000여 년 앞선 옥결이 발굴된 소남산문화 2기층(서기전 7200년~서기전 6600년)의 '환호를 두른 적석총'과 수많은 옥·석기는 신시배달국 제천문화가 환국 시기 제천문화에서 비롯했음을 보여주는 유흔(遺痕)이다. 『삼국유사』에서 서자 환웅을 가히 홍익인간 할 만한 땅으로 천부인 3개를 주고 내려 보냈다는 환국 환인은 이제 역사학에서도 다루어져야 할 것이다.

단군조선 와해에 이어 불교와 습합을 거치며 세를 잃어가던 선도는 서경천도운동 무산 이후 유교세력이 득세하면서 더 약화되었다. 원 간섭기 이후 성리학이 보급되고, 성리학을 국시로 조선이 창건되자 선도는 민속·무속 기층문화로 저류화되어 공적영역에서 사라져갔다. 태종의 선도서 분서와 수서령, 세조·예종·성종 3대에 걸친 선도서 수서령은 사대의 대척점에

선 자주의 선도사상, 신분제 지배질서와 상극인 선도 평등사상이 확산되는 것을 방치하지 않겠다는 조선왕조 의지의 표명이었다.

구한말 유교성리학이 시의성을 상실하자 기층문화로 저류화 되었던 선도문화가 민족종교 형식으로 부상했다. 1909년 중광된 대종교가 그 대표다. 단군(大倧)의 가르침(敎)을 중광한 대종교는 사상 측면에서 한국선도 경전 『삼일신고』를 중심으로 하였고, 수행 측면에서 지감·조식·금촉이라는 한국선도 수행법을 따랐다(성통). 실천 측면에서는 홍익인간 재세이화라는 한국선도의 기준에 따라 일제의 폭압 속에서도 무장독립투쟁 등 항일독립투쟁을 주도하였다(공완).

1910~1920년대는 자주독립과 민족정체성 정립이라는 시대적 과제에 집중했기에 대종교는 홍익인간사상의 공생 가치에까지는 관심을 둘 겨를이 없었다. 나철은 타민족과 타종교를 침략·배척하지 않고 포용하는 세계평화에 대한 관점도 대종교인들에게 꾸준히 가르치고 실천하도록 요구하였다. 나철이 중광한 대종교가 1910~1920년대 항일무장투쟁을 주도하고 국학운동과 식산자강운동을 실천한 것과 세계평화에 대한 가르침은 모두 공완으로서 홍익인간사상을 실천한 것이다. 구체적으로 '홍익'을 표방하지 않았고 '공생'에 대한 관심으로 이어지지는 못했지만, 홍익정치론 토대가 마련된 것으로 보기에 충분한 증거다. 대종교의 성통·공완 실천은 1930년~1940년대 대종교계 선가들의 홍익정치론으로 이어졌다.

1920년대 이후 사회주의 이념이 독립투쟁의 한 축을 이루면서 좌우합작이 조국광복에 필요조건으로 등장하면서 홍익인간사상이 본격적으로 주목되었다. 민족의식 운동과 계급의식 운동은 민족의 독립을 해결하는 데 있어 상호 표리관계로 그 역량을 증대하여 서로 분리될 수 없었다. 시대는 민족주의 세력과 사회주의 세력 간 갈등 문제를 해결할 수 있는 이념을 요구했고, 그것은 일정한 철학적 기초 위에 확립된 주의(ism)와 정책을 기본 토대로 해야만 했다. 조소앙은 좌우익 진영 모두가 공감할 독립혁명 이론 창안에 매진했고 그 결과가 삼균주의였다.

1930~1940년대 홍익인간을 표방하고 정치사상으로 발전시킨 대표적인 대종교계 선가들이 정인보, 조소앙, 안재홍이다. 홍익정치를 논의하는 시발점은 정인보였다. 정인보가 건국이념으로 주목한 '홍익인간'의 대도(大道)를 홍익정치론자 조소앙·안재홍은 민주·평등·평화·공생 같은 현대적 이념을 함축하는 고유한 이상으로 해석하여 새로운 국가 건설을 주도할 기본이념으로 채택하였다.

정인보는 『동아일보』에 〈오천년간 조선의 얼〉을 연재하면서 홍익인간사상을 대중에 전파하였다. 환웅천왕의 신시배달국에서 단군조선으로 이어진 홍익인간사상은 단군조선 소도(蘇塗)에 설립된 경당이 충·효·신·용·인 오상으로 가르쳤고, 고구리는 이도흥치의 도로, 신라에서는 현묘지도의 도로 이어지면서 세속오계로 구체화되어 계승되었다.

정인보가 강조한 홍익인간사상은 수행이 개인적인 평안과 해탈, 불로장생을 희구하는 것에 그치지 않고 수행을 통한 깨달음을 사회적으로 실천하여 이상적인 공동체를 현실에서 구현하는 데 있었다. 자기 한 몸 제 한 집의 사사로운 이익을 추구하는 것이 아니라 '우리'를 돌아보는, 즉 공생하는 데 홍익의 대의가 있었다.

안재홍은 역사 연구를 통해 단군조선에서 실천되었던 고래(古來)의 민주주의인 '다사리'를 찾아냈다. 다사리는 만민이 '다 사뢰어(和白)' 국정에 그 총의(總意)를 표명하고 국민 총원을 '다 살리는' 만민공생을 이룬다는 '만민총언(萬民總言)·대중공생(大衆共生)' 민주주의다. 만민이 공생하는 다사리의 도(道)는 바로 홍익인간의 도였다.

다사리는 민주주의였지만 귀족계급에게만 독점되었으므로, 현대에서는 마땅히 전민중과 전 민족이 향유하도록 그 대상을 확대하여 보편화해야 한다. 이것이 안재홍의 신(新)민주주의다. 금권정치로 추락한 자본 중심 민주주의나 공산주의와 달리 삼균주의를 그 내용으로 삼는 신민주주의는 특정 계급이 부(富)·권(權)·지(智)력을 독단적으로 전유(專有)하는 것을 방지하여 균등사회·공영국가를 지향한다. 그런데 부의 평등에까지 이르지 못하면 그 평등은 단지 껍데기 평등에 불과하고, 혹심한 빈부 차별은 법제상 평등이 어떠한 실질적 공영생활도 보장할 수 없게 하므로 부의 균등이 가장 중요하다.

신민주주의는 전민족·전민중을 다 살리는 만민공생으로 '두루(빠짐없이 골고루)' 민주주의를 시행하는 것이므로, 홍익인간이라는 정치철학에 기초한 민주주의라는 의미에서 '홍익민주주의'라 명명해야 이름과 실제가 부합할 것이다. 더 쉽게 표현하여 '공생민주주의'라고 부를 수도 있다. 신민족주의 역시 다른 민족과 다른 나라와도 조화를 이루며 평화롭게 공생하여 인류공영에 이바지한다는 내용성과 홍익인간사상이 신시배달국 건립과 함께 시작되었다는 그 역사성을 동시에 고려하고, 또한 용어 자체에서 '조화·평화·공생'의 의미가 그대로 살아나는 '홍익민족주의'로 바꾸는 것이 명실상부할 것이다.

조소앙은 역사 연구를 통해 불평등한 현실을 타개할 혁명의 무기로 찾아낸 삼균제도를 홍익인간이라는 민족 최고 공리를 현실화하는 내용적 실체이자 구체적인 실천 지침 자리에 위치시켰다. 삼국 정립기 세속오계와 같은 홍익인간사상 실천 지침이었다. 여기에 더하여 해방 정국에서 안재홍이 통일민족국가 건설 방안으로 제시한 〈신민족주의와 신민주주의〉에서 만민공생의 '다사리주의'를 전민중적인 신민주주의로 발전시키면서 삼균주의를 신민주주의의 주요한 요소로 받아들였기에, 삼균주의가 근대 홍익정치론의 정점이라 할 수 있다.

1930년 1월 한국독립당 당의·당강으로 채택될 당시 삼균제도는 홍익인간사상과 결합되지 않았다. 1941년 11월 〈대한민국건국강령〉에서 비로소

부력·권력·지력의 삼균으로 국가를 진흥하고 태평하게 보유하는 것이 홍익인간 이화세계라 하여 정치·경제·교육의 균등, 즉 삼균제도가 홍익인간의 내용적 실체임이 표명되었다. 정인보가 홍익인간사상을 대중적으로 널리 알린 이후 조소앙은 홍익인간사상으로까지 인식을 확장하여 홍익인간과 삼균제도를 융합했다. 홍익인간사상이 삼균제도의 사상적 배경임을 명확히 한 이때 비로소 홍익정치론으로서의 삼균주의가 완성되었다.

〈일신교령〉과 〈학지광에 기함〉, 〈소앙기설〉을 살펴보면 조소앙의 존재론적 세계관은 선도사상의 기학적 세계관과 일치함을 알 수 있다. 삼균주의의 사상 기반은 대종교로 중광된 선도사상이다. 조소앙은 〈대동종교신창립〉에서 '자신의 대동종교는 단군의 신교와 다름이 없다' 하였고 〈자전(自傳)〉에서는 '신라 시대 최고 유력한 화랑을 사상의 몸체로 삼았다' 하여 유교·불교·도교의 으뜸 가르침을 아우르는 현묘지도, 풍류가 자신의 사상의 핵심임을 보여주었다. 정치사상으로서 삼균주의가 완성된 모습을 보여주는 〈대한민국건국강령〉에서는 삼균제도가 홍익인간의 내용적 실체임을 표명하여 삼균주의의 사상 기반이 선도문화의 홍익인간사상임을 분명히 하였다.

삼균주의는 대한민국임시정부에서 건국강령으로 제시한, 광복이후의 신민주국 건국지침이기에 그 사상 연원은 매우 중요하다. 대한민국이 법통을 이어받았다고 헌법에 명시한 대한민국임시정부에 참여했던 좌우를 막론한 독립지사들과 그들을 지지하고 후원한 민중들의 합의된 건국지침이 삼균주의였으므로, 그 배경이 되는 사상은 대한민국 정체성과 관련되어 여전히 유효하기 때문이다.

조소앙 삼균주의의 사상 기반에 대한 연구는 다양하다. 조소앙의 주장을 받아들여 한국선도의 홍익인간사상에서 찾는 논의도 있었지만, 서구에서 들여온 사회주의나 사회민주주의에서 찾는 경우도 있었고, 유교적 이념 특히 강유위가 재정립한 대동사상에서 찾는 의견도 여럿이었다. 심지어는 망국의 사상으로 전락한 성리학이 삼균주의의 사상적 토대라는 주장도 있었다.

망국의 사상이었던 주희성리학의 이일분수론에서 삼균주의를 도출하였다는 이상익의 주장은 우선, 윤리영역에 해당하는 이일(理一)을 존재론적 영역에서의 일기로 등치시키는 오류를 범하고 있다. 또한 실재를 두 세계인 이치(abstract)와 기운(concrete)으로 되어 있다고 보는 주희의 이원론적 세계관에서 기일원론 세계관이 도출되었다는 주장은 상식적으로도 오류다. 더욱이 내용적으로 선도사상과 대척점에 있는 성리학을 삼균주의의 토대라고 보는 관점은 모순이다. 선도사상은 홍익주의 세계관과 자주적인 역사인식을 가진데 반해 유교 성리학은 중화주의 세계관과 사대주의 역사인식을 가지고 있었고, 인간 평등에 기초한 홍익인간사상과 성리학 신분제는 상극이었기에 병립할 수 없기 때문이다. 신분제가 초래하는 불평등을 해소하고 정치·경제·교육의 권리를 균등하게 누리는 새로운 사회를 건설하고자 한 조소앙의 삼균주의가 봉건적 신분제 유지를 골간으로 불평등을 전제한 성리학에서 도출되었다는 견해를 어떻게 납득할 수 있겠는가.

유교 대동사상이 삼균주의의 사상적 배경이라는 견해도 쉽게 납득하기 어렵다. 『예기』에 보이는 대동사상은 기본적으로 공자와 그 후학들의 가르침에서 출발한다. 공자는 주나라 종법제도로의 회귀를 노래하며 '예'를 강조했다. 애초에 유교에서 예는 불균등을 전제하여 사람들에게 차등을 둔 뒤에 각자가 분수를 지켜야 사회가 안정된다고 본다. 유교에서 예는 이렇게 주어진 신분에 따른 사회적 질서의 규범과 행동의 표준적 절차를 따르게 하기 때문에 유교 이념에서는 수미(首尾)의 위상이 균등할 수 없다. 신분에 따른 질서를 주장했던 공자에게서 삼균주의 평등의 사상적 기원을 찾는 것은 모순이다.

조소앙이 경험한 다양한 사상들은 최종적으로 대종교 형태로 역사 무대에 재등장한 선도사상으로 귀일(歸一)되었다. 최치원이 언명한대로 선도사상은 유·불·도 삼교의 종지를 포괄하는 포용력이 있었기 때문이다. 삼균주의 사상 기반에 대한 구구한 주장들이 있으나 변하지 않는 그 핵심은 조소앙이 명언한 '홍익인간'이다.

〈대한민국건국강령〉에 나타난 새로운 국가 건설에 대한 계획은 철저한 균등사회를 실현하기 위한 것이었다. 이에 대한 시책은 정치·경제·교육 부문에 집중되어 있다. 그런데 삼균주의는 정치·경제·교육을 기초로 한 새로운 민주 국가 건설에 그치는 것이 아니다. 새로이 건설될 신민주국은 안으로는 정치·경제·교육 삼균을 바탕으로 국민 개개인의 균등한 생활을 확보하며, 밖으로는 민족과 민족, 나라와 나라의 평등을 실현하고 나아가 세계일가로 나아간다. 신민주국 안에서 정치·경제·교육의 균등을 협의의 삼균이라 한다면, 개인과 개인·민족과 민족·나라와 나라 간 평등은 광의의 삼균이라 할 것이다.

광복 80년을 바라보는 지금 정치, 교육 균등의 실천은 건국강령에서 적시한 요구사항을 대부분 넘어서고 있다. 그러나 경제 균등은 아직도 요원하다. 조소앙이 모든 것의 중심이며 원천이기에 중심이 된다고 보았던 경제는 균등의 방향이 아니라 오히려 역방향으로 질주하여 왔다.

경제의 집중적인 표현이 정치이고, 사회적으로 가치 있는 재화의 권위적인 분배과정이 정치다. 우리 시대 지배적인 자유주의적 정치관에서도 '희소한 재화를 배분하는 규칙을 누가 정할 것인가'를 둘러싼 투쟁의 장을 정치로 인식하므로, 경제 균등은 결국 정치를 통해서 이루어진다고 보아야 할 것이다.

경제 균등이 정치를 통해 이루어진다면, 소수의 가진 자에게 부의 축적을 강화시키는 방향의 정치가 아니라 경제 균등을 지향하며 두루 인간세상을 이롭게 하는 정치라면, 그 정치는 필히 '공생' 가치를 중심에 놓는 홍익 정치가 되어야 할 것이다. 국민에 의한 통치로서의 민주주의를 상징하는 1

인 1표제가 실행되고 있는데도 경제적 불평등이 해소되지 않고 계속 확대되는 이유는 1인 1표제가 실질적인 정치적 평등을 담보하지 못하기 때문이다.

조소앙이 주창했던 삼균제도는 홍익인간사상의 내용적 실체이자 실천 지침이었으니 삼균주의란 공생에 기초한 정치·경제·교육을 말하는 것이다. 곧 공생 정치, 공생 경제, 공생 교육을 이르는 것이다. 1인 1표제의 형식성이 정치 균등을 담보하지 못하는 것은 공생이라는 내용성을 담지 못하고 있기 때문이다. 자유민주주의는 형식적인 정치적 평등을 보장하지만 생산수단의 사적 소유에서 비롯되는 사회 경제적 불평등이 정치적 평등을 끊임없이 잠식·훼손하기에 결국 정치 균등은 '1인 1표제'라는 형식과 '공생'이라는 내용이 결합된 홍익정치가 펼쳐져야 현실화 될 수 있을 것이다.

민족사학자 납북으로 인한 민족사학 약화와 미군정기 기독교 우위 종교정책 영향으로 남북분단 이후 약화 일로를 걷던 한국선도는 1970년대 말~1980년대 초에 이르러 한국사회가 먹고 사는 굴레에서 조금 벗어나게 되자 그 본령인 수련법을 중심으로 발전하였다. 현대 단학에서도 수행을 통한 깨달음인 성통은 나와 남이 둘이 아닌 '하나'라는 진리를 깨달음으로써 결국 개개인의 인성이 회복되는 것을 의미한다. 인성이 바로 세워지면 거기서부터 변화가 시작된다.

초·중·고 학생들이 수련하는 국학기공명상이 인성변화에 유의미한 영향을 미친다고 확인되었다. 이는 선도 수련이 공생의식을 함양시킨다는 것을 의미한다. 1980년대 이후 40여 년 이상 현대선도가 자율적, 적극적으로 공원·학교·관공서·기업체·사회복지기관·군부대 등에서 수련문화 보급에 치중하여 인성회복에 가치를 둔 홍익교육을 펼쳐온 것은 양심이 깨어 있는 밝은 세상인 공생사회를 만드는 토대가 될 것이다. 앞으로 선도 수련을 통해 인성을 회복하는, 공생에 가치를 두는 홍익교육이 공교육에서 학생들을 대상으로 본격적으로 이루어지면 홍익정치를 통해 공생경제에 이르는 변화의 기반이 마련될 수 있을 것이다.

　선도문화 쇠퇴로 인하여 더불어함께 살아가는 공생 가치가 약화되고, 서구문화로 받아들인 개인주의가 이기주의로 폭주해 온 것이 삼균주의가 실현되지 못한 근본 원인이었다. 공생에 가치를 두는 홍익인간사상이 교육 현장에서 실천되지 못하여 '나와 세계와 자연이 모두 하나이므로 공생한다'는 인간 본성을 깨우치지 못하였기 때문이다. 조소앙은 삼균제도를 우리민족 최고 공리인 홍익인간 이화세계의 내용적 실체라고 천명하였음에도 교육의 기본원칙을 '과학적 지식의 보편화'에 국한시켰다. 교육의 세부항목에서도 수행을 통한 '인성회복'이라는 홍익교육 실천이 빠져있다. 몸과 마음을 닦는 수련, 즉 수행이 누락되자 홍익인간사상을 현실에서 실천하는 것은 난망(難望)한 일이 되고 말았다.

　경제 균등과는 역방향으로 질주해 온 경제 문제 해결과 사회적 차원의 공생을 실천하기 위한 기본 토대로서의 '복지'[균등한 교육 기회, 균등한 사회참여 기회, 균등한 기본 소득] 실현은 정치의 역할이다. 정치가 경제 균등의 방향성을 가지고 실천되는 것은 홍익인간사상을 정치에서 실천하는 홍익정치가 펼쳐져야 현실에서 구현될 수 있다. 이는 개개인과 사회 공동체가 '공생'을 핵심가치로 삼도록 변화되어야 함을 의미한다. 이를 위해서는 공생에 가치를 두는 '홍익교육'이 선행되야 할 것이다.

　홍익교육의 선행과는 별개로, 균등한 사회참여 기회로서의 참여민주주의와 배심 재판 제도는 홍익정치를 활성화시킬 것이다. 기본 소득과 함께 ESG 경영은 공생경제로 가는 한 방안이 될 것이다. 경영자의 공생의식 함양을 통하여 자본주의 위기를 극복할 수 있는 ESG 경영이 세계적인 담론이 되었다는 점에서도 홍익인간사상은 우리가 지키고 가꾸어야 할 소중한 유산이다.

　이 시대에 맞는 정치·경제·교육의 균등을 위한 구체적인 방안들은 사계 전문가들이 심도 깊게 연구하고 시민, 정책결정자들과 함께 치열하게 숙론하면서 만들어 나아가야 할 것이다. 그러나 그 방향성은 명확하다. 변화의 시작점은 인성 회복에 초점을 맞춘 교육, 선도 수련문화의 보급·실천에서 찾아야 한다. 삼균주의의 현대적 계승과 발전은 한국선도 수행을 통한 깨달음인 성통이 '인성회복' 운동으로 전개되고, 인성회복에 기반한 공완적 실천인 '홍익정치'로 이어져야 가능할 것이다. 진정한 삼균주의의 계승과 발전은 '교육[인성회복을 위한 선도 수련문화 보급·실천] → 정치[홍익인간사상을 정치에서 실천하는 홍익정치] → 경제[공생경제]' 방향으로 진행되어야 하는 것이다.

조소앙이 주창한 삼균주의는 삼균에 바탕한 신민주국(통일민족국가) 건설과 다른 한편으로 세계평화를 주창하는 사상이었다. 두 개의 국가로 분단된 민족 현실에서 평화적인 통일로 통일민족국가를 이루고 세계평화에 기여함은 삼균주의에서 주창되었으나 여전히 유효하고 필수적인 시대적 과제다. 다만, 그 현실적 해결책으로서 '한러공생론'과 '유라시안네트워크론'은 주제가 방대하여 본 연구에서 모두 다룰 수는 없으므로 후일을 기약하고자 한다.

참고문헌

1. 원전

『天符經』,『三一神誥』,『要正澄心錄演義』「符都誌」,『檀奇古史』,『三聖記』,
『檀君世紀』,『太白逸史』,『揆園史話』,
『廣開土太王陵碑』,『三國史記』,『三國遺事』,『帝王韻紀』,『龍飛御天歌』,
『高麗史』,『應製詩註』,『太宗實錄』,『三峯集』,『世宗實錄』,『東國通鑑』,
『世祖實錄』,『睿宗實錄』,『成宗實錄』,『東國史略』,『童蒙先習』,
『東國歷代總目』,『東史』,『東史綱目』,
『論語』,『禮記』,『山海經』,『孟子』,『淮南子』,『說文解字』,『史記』,
『春秋繁露』,『漢書』,『後漢書』,『三國志』,『抱朴子』,『周書』,『舊唐書』,
『遼史』,『朱熹集』,『朱子語類』.

2. 자료집

국사편찬위원회,『대한민국임시정부자료집』1(헌법·공보), 2005.
국사편찬위원회,『대한민국임시정부자료집』2(임시의정원 1), 2005.
국사편찬위원회,『대한민국임시정부자료집』3(임시의정원 2), 2005.
국사편찬위원회,『대한민국임시정부자료집』4(임시의정원 3), 2005.
국사편찬위원회,『한국독립운동사자료』3(임정편 3), 1973.
김동환,『대종교 항일투쟁 인물사전』, 선인, 2024.
「단군교포명서」(영인본)
대종교총본사,『대종교중광육십년사』, 1971.
柳永益 外編,『李承晚 東文 書翰集』下, 연세대학교출판부, 2009.
친일인명사전편찬위원회,『친일인명사전』, 민족문제연구소, 2009.
『한국민족문화대백과사전』
한국정신문화연구원,『한국독립운동사자료집』조소앙편(1), 1995.

3. 단행본

강돈구, 『한국 근대종교와 민족주의』, 집문당, 1992.
강만길, 『조소앙』, 한길사, 1982.
강정인, 『민주주의의 이해』, 문학과지성사, 1997.
강정인, 『서구중심주의를 넘어서』, 아카넷, 2004.
김광린, 『홍익인간론』, 도서출판 알음, 2024.
김구, 『백범일지』, 열화당 영혼도서관, 2019.
김기승, 『조소앙이 꿈꾼 세계』, 지영사, 2003.
김기승, 『대한민국임시정부의 이론가 조소앙』, 역사공간, 2015.
김상봉, 『영성 없는 진보』, 온뜰, 2024.
김삼웅, 『나철평전』, 꽃자리, 2021.
김상일 등, 『한사상의 이론과 실제』, 지식산업사, 1990.
김석영, 『선구자 이동녕일대기』, 을유문화사, 1979.
김석진, 『대산의 천부경』, 동방의 빛, 2009.
김영범, 『한국 근대민족운동과 의열단』, 창작과비평사, 1997.
김인식, 『조소앙평전』, 민음사, 2022.
김종서, 『신시·단군조선사 연구』, 한국학연구원, 2004.
김현철, 『경제학이 필요한 시간』, 김영사, 2023.
김희곤, 『대한민국임시정부 연구』, 지식산업사, 2004.
노경채, 『한국독립당연구』, 신서원, 1996.
대런 애쓰모글루·제임스 로빈슨 지음, 최완규 옮김, 『국가는 왜 실패하는가』, 시공사, 2012.
대런 애쓰모글루·제임스 로빈슨 지음, 장경덕 옮김, 『좁은 회랑』, 시공사, 2020.
대런 애쓰모글루·사이먼 존스 지음, 김승진 옮김, 『권력과 진보』, 생각의 힘, 2023.
대야발 저, 김두화·이관구 번역, 『단기고사』, 조선복음사, 1949.
대종교본사, 『역해종경사부합편』, 1999.
데이비드 보더니스, 『E=mc²』, 생각의 나무, 2001.
류대영·옥성득·이만열 공저, 『대한성서공회사Ⅱ』, 대한성서공회, 1994.
린 마굴리스 지음·이한음 옮김, 『공생자 행성』, 사이언스북스, 2007.
린 마굴리스·도리언세이건 지음, 김영 옮김, 『생명이란 무엇인가』, 리수, 2016, 149~208쪽.

박선희, 『고조선문명의 복식사』, 지식산업사, 2018.
박은식, 『대통령이 들려주는 우리역사』, 박문사, 2011.
박찬승, 『한국근대정치사상사연구』, 역사비평사, 1992.
박찬승, 『대한민국은 민주공화국이다』, 돌베개, 2013.
벤 앤셀 지음·박세연 옮김, 『정치는 왜 실패하는가』, 한국경제신문, 2024.
복기대, 『홍산문화의 이해』, 우리역사 연구재단, 2019.
삼균학회, 『삼균주의론선』, 삼성출판사, 1990.
선도문화연구원편, 『한국선도의 역사와 문화』, 국제평화대학원대학교출판부, 2006.
스티븐 호킹, 『호킹의 빅퀘스천에 대한 간결한 대답』, 까치, 2019.
신규식 저·김동환 옮김, 『한국혼』, 범우사, 2009.
신용하, 『신채호의 사회사상 연구』, 한길사, 1984.
신용하, 『고조선문명의 사회사』, 지식산업사, 2018.
심백강, 『교과서에서 배우지 못한 우리역사』, 바른역사, 2014.
안재홍, 『민세안재홍선집』 1, 지식산업사, 1981.
안재홍, 『민세안재홍선집』 2, 지식산업사, 1983.
안재홍, 『민세안재홍선집』 3, 지식산업사, 1991.
안재홍, 『민세안재홍선집』 4, 지식산업사, 1992.
우실하, 『고조선문명의 기원과 요하문명』, 지식산업사, 2018.
윤내현, 『고조선연구』 하, 만권당, 2016.
윤영상, 『다시 진보의 길을 묻다』, 나무와 숲, 2023.
윤이흠, 『한국종교연구』 1, 집문당, 1996.
이기동, 『환단고기』, 도서출판행촌, 2019.
이기동, 『유학오천년』 1, 성균관대학교출판부, 2022.
이기동, 『유학오천년』 3, 성균관대학교출판부, 2022.
이기동, 『한국철학사(상)』, 도서출판행촌, 2023.
이능화 저·이재곤 옮김, 『朝鮮神事誌』, 동문선, 2007.
이만열, 『단재 신채호의 역사학 연구』, 문학과지성사, 1990.
이승헌, 『丹學』, 한문화, 1992.
이승헌, 『힐링소사이어티』, 한문화, 2001.
이승헌, 『숨쉬는 평화학』, 한문화, 2002.
이승헌, 『뇌교육원론』, 한문화, 2010.
이승헌, 『공생의 기술』, 한문화, 2023.

이승헌, 『신인류가 온다』, 한문화, 2023.
이찬구, 『홍산문화의 인류학적 조명』, 개벽사, 2018.
이찬구, 『고조선의 오행과 역법 연구』, 한누리미디어, 2021.
이형구, 『발해연안에서 찾은 한국고대문화의 비밀』, 김영사, 2004.
이형구·이기환, 『코리안루트를 찾아서』, 성안당, 2009.
이호룡, 『한국의 아나키즘』, 지식산업사, 2020.
이홍규, 『한국인의 기원』, 우리역사 연구재단, 2010.
이홍범, 『홍익민주주의』, 도서출판대성, 1993.
E. 풀러토리 지음·유나영 옮김, 『뇌의 진화, 신의 출현』, 갈마바람, 2019.
임재해, 『고조선문명과 신시문화』, 지식산업사, 2018.
임채우, 「양주동 소장본 규원사화의 발견과 그 의미」, 『선도문화』 35, 2024.
장석흥, 『한국 독립운동의 혁명 영수 안창호』, 역사공간, 2016.
정경희, 『백두산문명과 한민족의 형성』, 만권당, 2020.
정병준, 『우남 이승만 연구』, 역사비평사, 2005.
정인보, 『담원정인보전집』 2, 연세대학교출판부, 1983.
정인보, 『담원정인보전집』 3, 연세대학교출판부, 1983.
정인보, 『담원정인보전집』 4, 연세대학교출판부, 1983.
정인보, 문성재 역주, 『조선사연구』 상, 우리역사 연구재단, 2013.
정인보, 문성재 역주, 『조선사연구』 하, 우리역사 연구재단, 2013.
제임스 러브록 지음·홍욱희 옮김, 『가이아』, 갈라파고스, 2004.
제이슨 브레넌 지음·홍권희 옮김, 『민주주의에 반대한다』, 아라크네, 2023.
조범래, 『한국독립당연구 1930~1945』, 선인, 2011.
조소앙, 『소앙선생문집』 상, 횃불사, 1979.
조소앙, 『소앙선생문집』 하, 횃불사, 1979.
조소앙, 『소앙집』, 한국고전번역원, 2019.
조소앙, 『유방집』, 한국고전번역원, 2019.
조소앙, 『조소앙선집』 상, 삼균학회, 2021.
조소앙, 『조소앙선집』 하, 삼균학회, 2021.
조지훈, 『한국민족운동사』, 나남출판, 1996.
최민홍, 『한국철학』, 성문사, 1976.
최재천, 『손잡지 않고 살아남은 생명은 없다』, 샘터사, 2014.
최재천, 『숙론』, 김영사, 2024.
카를 마르크스 지음·김수행 옮김, 『자본론 I』, 비봉출판사, 2019.

크로포트킨, 김영범 옮김, 『만물은 서로 돕는다』, 르네상스, 2005.
클라라 E 마테이 지음, 임경은 옮김, 『자본 질서; 긴축이 만든 불평등의 역사』, 21세기북스, 2024.
토마 피케티 지음, 장경덕 외 옮김, 『21세기자본』, 글항아리, 2014.
풍우란 저, 정인재 역, 『중국철학사』, 형설출판사, 1989.
한영우, 『조선전기사학사연구』, 서울대학교출판부, 1981.
한영우, 『한국민족주의역사학』, 일조각, 1994.
한영우, 『한국선비지성사』, 지식산업사, 2010.
한영우, 『다시 찾는 우리역사』 3(근대·현대), 경세원, 2017.
허신 저, 단옥재 주, 금하연·오채금 역주, 『설문해자』 1, 일월산방, 2015.
현규환, 『韓國流移民史』 上, 語文閣, 1967.
홍선희, 『조소앙의 삼균주의 연구』, 부코, 2014.
황현, 『梅泉野錄』, 명문당, 2008.

David Easton, *A Systems Analysis of Political Life*, New York, John Wiley, 1965.
H.B. Hulbert, *The Passing of Korea*, William Heinemann Co., London, 1906.
L.H. Underwood, *Underwood of Korea*, New York, Fleming H. Revell company, 1918.
WORLD INEQUALITY LAB, World Inequality Report 2022.

4. 논문

강돈구, 「동아시아의 종교와 민족주의」, 『종교연구』 22, 2001.
강만길, 「민족운동·삼균주의·조소앙」, 『조소앙』, 한길사, 1982.
강만길, 「신간회운동연구론」, 『한국민족운동사론』, 한길사, 1985.
강만길, 「민족운동·삼균주의·조소앙」, 『조소앙』, 한길사, 1982.
강명숙, 「갑오개혁 이후(1894~1910) 성균관의 변화」, 『교육사학연구』 10, 2006.
강정묵, 「빅데이터 개념정립 및 활용사례」, 『서울행정학회 학술대회 발표논문집』, 2015.
강정인·권도혁, 「조소앙의 삼균주의의 재해석; '균등' 개념의 분석 및 균등과 민주공화주의의 관계를 중심으로」,『한국정치학회보』52, 2018.
권상우,「정인보의 한국적 유학」,『한국학논집』73, 2018.
김광린,「평화통일과 홍익인간사상」,『단군학연구』13, 2005.
김광린,「국학과 민세 안재홍의 정치사상」,『선도문화』13, 2012.
김광린,「'한(하나, 一)'과 한민족의 정체성, 그리고 홍익인간」,『평화학논총』5, 2015.
김광린,「지구화, 지구시민, 그리고 홍익인간사상」,『선도문화』32, 2022.
김기승,「조소앙의 사상적 변천 과정-청년기 수학 과정을 중심으로」,『한국사학보』(3·4), 1998.
김기승,「대한독립선언서의 사상적 구조」,『한국민족운동사연구』22, 1999.
김기승,「조소앙의 육성교 구상에 나타난 민족주의와 세계주의」,『국사관논총』99, 2002.
김기승,「도산 안창호의 대공주의와 조소앙의 삼균주의 비교 연구」,『도산학연구』14, 2015.
김기승,「언론에 나타난 신간회 해체 논쟁의 전개과정」,『한국독립운동사연구』63, 2018.
김동환,「대종교 항일운동의 정신적 배경」,『국학연구』6집, 국학연구소, 2001.
김동환,「홍암 나철의 사상과 독립운동방략」,『한국독립운동사연구』19, 2002.
김동환,「근대 국학의 선구자-홍암나철」,『홍암 나철 사상의 재조명』, (사)국학원 학술회의, 2005.
김동환,「일제하 항일운동 배경으로서의 단군의 위상」,『선도문화』10, 2011.
김동환,「한국종교사 속에서의 단군민족주의」,『선도문화』15, 2013.
김동환,「조소앙과 대종교」,『국학연구』23, 2019.
김동환,「민족 종교와 민족 사학을 융합시킨 무원 김교헌론」,『역사와 융합』7, 2020.
김명섭,「조소앙의 아나키즘 수용과 반제 아시아 연대활동」,『동양학』84, 2021.
김명섭,「조소앙의 한살임당과 김상옥 의거」,『삼균주의연구논집』45, 2022.
김봉곤,「대종교의 종교성과 공공성 연구」,『원불교사상과 종교문화』72, 2017.
김수진,「인성교육의 주요 접근 및 쟁점 분석」이화여자대학교 박사학위논문, 2015.
김영범,「1920년대 후반기의 민족유일당운동에 대한 재검토」,『한국근현대사연구』1, 1994.
김용섭,「우리나라 근대 역사학의 성립」,『한국의 역사인식』하, 1976.
김용호,「조소앙의 삼균주의에 대한 재조명」,『한국정치연구』15, 2006.

김용환, 「홍암 나철 홍복사상의 세계시민성 가치」, 『단군학연구』 23, 2011.
김윤숙, 「한국선도의 신인합일 전통에서 바라본 최수운의 시천주사상」, 『선도문화』 34 2023.
김인식, 「삼균주의 정립의 시점과 계기」, 『사학연구』 145, 2022.
김재춘·최필순, 「집중이수제 정책의 등장과 퇴장: 정책 실패가 주는 시사점 탐색을 중심으로」, 『교육과정연구』 30(3), 2012.
김정각, 「주희역학에서의 '理一分殊'에 관한 연구」, 『철학』 134, 2018.
김정인, 「식민사관 비판론의 등장과 내재적 발전론의 형성」, 『사학연구』 125, 2017.
김철준, 「고려중기의 문화의식과 사학의 성격 : 『삼국사기』의 성격에 대한 재인식」, 『한국사연구』 9, 1973.
김철준, 「단재 사학의 치위」, 『한국사학사연구』, 1990.
김홍경, 「주희 이일분수설의 총체적 이해」, 『현상과인식』 14, 1990.
나종석, 「한국 민주공화국 헌법 이념의 탄생과 유교 전통」, 『철학연구』 147, 2018.
도광순, 「풍류도와 신선사상」, 『신라문화제학술발표논문집』, 1984.
문치웅, 「사기 오제본기에 나타나는 인물관계 기록의 문제점」, 『동아시아고대학』 40, 2015.
박걸순, 「호석 강석기 부자의 대종교 신앙과 민족운동」, 『한국사연구』 167, 2014.
박광수, 「홍암 나철의 단군신앙운동 연구」, 『종교연구』 53, 2008.
박만규, 「삼균주의 정립의 민족운동사적 배경 고찰: 안창호와 조소앙을 중심으로」, 『변태섭교수화갑기념 사학논총』, 삼영사, 1985.
박만규, 「안창호의 대공주의에 광한 두 가지 쟁점」, 『한국독립운동사연구』 61, 2018.
박명진, 「대종교독립운동사」, 『국학연구』 8집, 2003.
박미선, 「중등교과서의 한국고대사 내용요소와 체계화 방안」, 『역사교육』 152, 2019.
박성수, 「총설」, 『한국선도의 역사와 문화』, 국제평화대학원대학교출판부, 2006.
박은식, 「몽배금태조」, 『대통령이 들려주는 우리역사』, 박문사, 2011.
박한선, 「인간의 우월함은 연약함?」, 『호모사피엔스, 인류는 어떻게 진화하고 공존하는가?』, 국립중앙박물관, 2021.
방경훈, 「주희의 이일분수의 원리개념과 자아전개에 관한 연구」, 『원불교사상과 종교문화』 76, 2018.
배기동, 「세계시민학과 한민족의 홍익인간사상」, 『세계시민학 서설』, 주류성, 2021.
배기동, 「인간 다양성의 기원과 필연성의 이해」, 『세계시민학 서설』, 주류성, 2021.

백욱인, 「빅데이터의 형성과 전유체제 비판」, 『동향과 전망』 87, 2013.
복기대, 「한국 상고사 연구에 있어서 고고학 응용에 관하여」, 『선도문화』 6, 2009.
삿사 미츠아키, 「조소앙의 대동사상과 아나키즘-'육성교(六聖敎)'의 구상과 '한살임(韓薩任)'의 결성을 중심으로-」, 『한국종교』 40, 2016.
서굉일, 「조소앙의 육성교와 21세기 문명」, 『삼균주의연구논집』 19, 1999.
서길수, 「高句麗와 高麗의 소릿값(音價)에 대한 연구」, 高句麗研究 20, 2007.
서희경·박명림, 「민주공화주의와 대한민국 헌법 이념의 형성」, 『정신문화연구』 30, 2007.
석상순, 「'한국선도·중국도교·한국도교' 구분론-한국선도 변형태로서의 중국도교 연구 방향 제안」, 『선도문화』 33, 2022.
소대봉, 「안재홍의 신민족주의와 '홍익민족주의'」, 『유라시아문화』 4, 2021.
소대봉, 「한국 민족사학의 원형, '선도사학'」, 『선도문화』 31, 2021.
소대봉, 「선도 홍익사관의 전승 과정 연구」, 국제뇌교육종합대학원 석사학위논문, 2022.
소대봉, 「동아시아 선도문화 연구동향과 '한국선도'·'한국도교' 개념의 재검토」, 『선도문화』 33, 2022.
소대봉, 「한국 고대의 진휼과 '공생정치'」, 선도문화 34, 2023.
소대봉, 「한국선도와 대종교 독립지사들의 공생정치 사상」, 『유라시아 고대의 생명사상과 한민족의 '공생'정신 학술대회 자료집』, 2023.
송호수, 「단군사상과 민족운동」, 『단군; 그 이해와 자료』, 서울대학교출판부, 1994, 363쪽.
송호정, 「최근 한국상고사 논쟁의 본질과 그 대응」, 『역사와 현실』 100, 2016.
신기현, 「한국정치에 대한 평등인식의 영향력 분석:삼균주의의 토대와 제도화 과정을 중심으로」, 『정치·정보 연구』 1, 1998.
신용하, 「박은식의 역사관(上)」, 『역사학보』 90, 1981.
신용하, 「박은식의 역사관(下)」, 『역사학보』 91, 1981.
신용하, 「조소앙의 사회사상과 삼균주의」, 『한국학보』 104, 2001.
신우철, 「건국강령(1941.10.28.) 연구 '조소앙 헌법사상'의 헌법사적 의미를 되새기며」, 『중앙법학』 10, 2008.
신운용, 「「대한독립선언서의 발표시기와 서명자에 대한 분석」, 『대한독립선언서선포 100주년기념학술회의자료집』, 2018.
신운용, 「신규식의 민족운동과 대종교」, 『국학연구』 23, 2019.
신채호, 「東國古代仙敎考」, 『대한매일신보』, 1910.3.11.

안건호, 「Ⅱ. 6·10만세운동과 신간회운동」, 『신편한국사』 49, 국사편찬위원회, 2001.
안상두, 「발해 농장 시절의 백산: 만주를 거점으로 한 구국 독립 운동」, 『나라사랑』 19, 1975.
양승태, 「연호와 국가정체성; 단기연호 해명을 위한 정치철학적 논구」, 『한국정치학회보』 35-4, 2001.
여경수, 「조소앙의 삼균주의와 헌법사상」, 『민주법학』 48, 2012.
오기호, 「대종교시교문」(1912), 『알소리』 3, 서울: 한뿌리, 2006.
우대석, 「韓國仙道 수행 전통에서 바라본 대종교의 선도수행론」, 국제뇌교육종합대학원대학교 박사학위논문, 2015.
우대석, 「한국선도 수행 전통에서 바라본 대종교 수행론」, 『선도문화』 20, 2016.
유동욱, 「국학기공명상 프로그램이 신체적 자기개념과 인성에 미치는 영향-초·중·고등학생을 중심으로-」, 국제뇌교육종합대학원대학교박사학위논문, 2015.
윤내현, 「한민족의 형성과 출현」, 『고조선연구』, 일지사, 1994.
윤대원, 「일제의 김구 암살 공작과 밀정」, 『한국독립운동사연구』 61, 2018.
윤병석, 「日本人의 荒蕪地開拓權 要求에 대하여」, 『歷史學報』 22, 1964.
윤찬원, 「道家-道敎의 의미에 대한 철학적 고찰」, 『도교문화연구』 16, 2002.
윤홍근, 「소앙사상에 있어서 균등개념에 대한 연구」, 『삼균주의론선』, 삼성출판사, 1990.
이강식, 「신시조직의 구조와 기능」, 『단군학연구』 창간호, 1999.
이균영, 「신간회연구」, 한양대학교박사학위논문, 1990.
이상익, 「조소앙 삼균주의의 사상적 토대와 이념적 성격」, 『한국철학논집』 30, 2010.
이숙화, 「「대한독립선언서」 쟁점의 재론과 대종교와의 관련성」, 『단군학연구』 41, 2019.
이시종, 「상해 한국독립당 기관지 ≪진광(震光)≫ 연구」, 『통일인문학』 87, 2021.
이용범, 「현대 한국의 단군 인식과 민족 문제」, 『동북아역사논총』 20, 2008.
이익주, 「행촌 이암의 생애와 정치활동」, 『행촌 이암의 생애와 사상』, 일지사, 2002.
이인재·손경원·지준호·한성구, 「초등학생들의 사회·정서적 능력 함양을 위한 인성교육 통합 프로그램의 효과 분석」, 『도덕윤리과교육』 31, 2010.
이정애, 「조소앙 철학에 나타난 '기론'의 특징과 의의」, 『인문학연구』 67, 2024.

이정우, 「피케티 현상, 어떻게 볼 것인가?」, 『21세기 자본』 별책부록, 글항아리, 2014.
이현익, 「대종교인과 독립운동연원」, 『대종교보』 288, 2000.
이형구, 「요서지방(遼西地方)의 고조선(古朝鮮)」, 『단군학연구』 18, 2008.
임재해, 「민속문화의 생태학적 인식과 공생적 세계관」, 「민속문화의 생태학적 인식」, 당대, 2002.
정용대, 「조소앙의 삼균주의와 민족통일노선」, 『정신문화연구』 27, 2004.
정병준, 「중국 관내 신한청년당과 3·1운동」, 『한국독립운동사연구』 65, 2019.
정태욱, 「조소앙의 〈대한독립선언서〉의 법사상」, 『법철학연구』 14, 2011.
하문식, 「고조선 시기 제의에 대한 문제」, 『유라시아문화』 1, 2019.
이창일, 「기의 불멸과 귀신-화담 서경덕의 귀신 해석-」, 『정신문화연구』 31, 2008.
임기추, 「홍익인간사상의 현대적 적용에 의한 홍익정치 실현방향」, 『역사와 융합』 9, 2021.
전명혁, 「Ⅰ. 국내민족주의와 사회주의 운동」, 『신편한국사』 49, 국사편찬위원회, 2001.
정경희, 「한국선도의 수행법과 제천의례」, 『도교문화연구』 21, 2004.
정경희, 「朝鮮初期仙道祭天儀禮의 儒教地祭化와 그 의미」, 『국사관논총』 108, 2006.
정경희, 「'한국선도'와 근대 이후의 '국학' 담론」, 『동학학보』 11, 2007.
정경희, 「『부도지』에 나타난 한국선도의 '일·삼론'」, 『선도문화』 2, 2007.
정경희, 「한국선도의 삼원오행론-음양오행론의 포괄」, 『동서철학연구』 48, 2008.
정경희, 「韓國仙道와 檀君」, 『도교문화연구』 31, 2009.
정경희, 「한국선도의 '일·삼·구론(삼원오행론)'에 나타난 존재의 생성·회귀론」, 『동서철학연구』 53, 2009.
정경희, 「배달국 말기 '天孫文化'의 재정립과 '치우천왕'」, 『선도문화』 9, 2010.
정경희, 「한국선도의 '일·삼·구론(삼원오행론)'과 일본신도」, 『비교민속학』 44, 2011.
정경희, 「동아시아 '北斗-日月' 표상의 원형 연구」, 『비교민속학』 46, 2011.
정경희, 「동아시아 '천손강림사상'의 원형 연구 – 배달고국의 '北斗(삼신하느님) 신앙'과 천둥번개신(雷神) 환웅」, 『백산학보』 91, 2011.
정경희, 「홍산문화 옥기에 나타난 '조천'사상(1)」, 『선도문화』 11, 2011.
정경희, 「신라 '나얼(奈乙, 蘿井)' 제천 유적에 나타난 '얼(井)' 사상」, 『선도문화』 15, 2013.

정경희, 「한국선도와 『징심록』」, 『선도문화』 14, 2013.
정경희, 「고려후기 수선사세력의 동향과 고성 이씨 가문-여말 선도사학의 등장 배경」, 『세계환단학회 춘계학술대회자료집』, 2015.
정경희, 「현대 '선도 수련문화'의 확산과 '단학(丹學)'」, 『신종교연구』 32, 2015.
정경희, 「홍산문화 여신묘에 나타난 삼원오행형 마고7여신과 마고제천」, 『비교민속학』 60, 2016.
정경희, 「동북아 고고학에 나타난 배달국의 선도제천문화와 민족종교의 원형 회복」, 『선도문화』 32, 2021.
정경희, 「흑수백산지구 소남산문화 '옥벽류(벽·환·결)'의 요서지구 흥륭와문화 '결'로의 전파: 유라시아 신석기 선도제천문화의 계승과 확산 사례」, 『유라시아문화』 5, 2021.
정경희, 「흑수백산지구 소남산문화 '환호를 두른 구릉성 적석단총'의 요서지구 흥륭와문화로의 전파」, 『유라시아문화』 6, 2022.
정경희, 「흑수백산지구 소남산문화 '적석단총-옥석기문화'의 요서지구 소하서문화~흥륭와문화로의 전파」, 『유라시아문화』 7, 2022.
정경희, 「흑수백산지구 소남산문화의 옥·석기 조합 연구」, 『선도문화』 32, 2022.
정경희, 「흑수백산지구 중기 신석기 옥석기문화의 양대 중심과 소남산문화류의 옥석기 조합」, 『선도문화』 33, 2022.
정경희, 「구석기시대 '주먹도끼→첨두기→모신상'으로 본 호모사피엔스의 '생명-공생문화'」, 『유라시아문화』 8, 2023.
정경희, 「후기구석기의 초기(IUP) 호모사피엔스계 '신종 의기류'의 등장과 '호모사피엔스문화의 알타이바이칼→흑수백산 중심론'」, 『유라시아문화』 10, 2024.
정영훈, 「'단군민족주의'와 그 정치사상적 성격에 대한 연구-한말~정부수립기를 중심으로」, 단국대학교 정치외교학과 박사학위논문, 1993.
정영훈, 「홍암 나철의 종교민족주의」, 『정신문화연구』 25, 2002.
정영훈, 「대종교와 유교」, 『동양철학연구』 29, 2002.
정영훈, 「대종교와 단군민족주의」, 『단군학연구』 10, 2004.
정영훈, 「단기 연호, 개천절 국경일, 홍익인간 교육이념」, 『정신문화연구』 31, 2008.
정영훈, 「안재홍의 고운셈말 해석과 조선정치철학론」, 『단군학연구』 33, 2015.
정영훈, 「조소앙의 단군민족주의와 삼균사상」, 『단군학연구』 38, 2018.
정영훈, 「민족고유사상에서 도출된 통일민족주의」, 『단군학연구』 40, 2019.

정용대, 「조소앙의 삼균주의와 민족통일노선」, 『정신문화연구』 27, 2004.
정윤재, 「민세 안재홍의 다사리이념 분석」, 『동양정치사상사』 11-2, 2012.
정태욱, 「조소앙의 〈대한독립선언서〉의 법사상」, 『법철학연구』 14, 2011.
조동걸, 「임시정부 수립을 위한 1917년의 「대동단결선언」」, 『한국학논총』 9, 1987.
조동걸, 「해방후 한국사연구의 발흥과 특징」, 『한국현대사학사연구』, 나남출판사, 1998.
조동호, 「유라시아 이니셔티브, 단순한 외교 비전이 아닌 우리 경제의 절실한 희망」, 『월간교통』 210, 2015.
조소앙, 「信敎論」, 『대한유학생보』, 1907.
조소앙, 「대동종교신창립」, 『한국독립운동사자료집』 조소앙편(1)
조소앙, 「독립당과 공산당의 전도」, 『독립신문』, 1922. 05. 06.
조일문, 「조소앙의 삼균주의」, 『삼균주의론선』, 삼성출판사, 1990.
조준희, 「조선총독부 문서철 『社寺宗敎』, 「大倧敎・檀君敎ノ件(1911)」」, 『숭실사학』 35, 2015.
조현걸, 「우암 송시열의 춘추대의사상」, 『국제정치연구』 14, 2011.
조흥윤, 「한국단군신앙의 실태」, 『단군; 그 이해와 자료』, 서울대학교출판부, 1994.
주동률, 「평등과 응분(deserve)의 유기적관계에 대한 변호」, 『철학』 85, 2005.
지두환, 「조선초기 井田論 論議」, 『동양학』 28, 1998.
차주환, 「한국 도교의 공동체관」, 『도교문화연구』 11, 1997.
최남선, 「조선독립운동사」, 『육당최남선전집』 2, 2008.
최정임, 「중학생의 몸 교육을 위한 국학기공 실행연구」, 국제뇌교육종합대학원대학교 박사학위논문, 2020.
최충식, 「삼균주의와 삼민주의」, 『삼균주의론선』, 삼성출판사, 1990.
하일식, 「한국 고대사연구 33년간의 발자취」, 『한국고대사연구』 100, 2020.
한시준, 「조소앙연구-독립운동을 중심으로-」, 『사학지』 18, 1984.
한시준, 「조소앙의 역사의식」, 『삼균주의론선』, 삼성출판사, 1990.
한시준, 「조소앙의 삼균주의」, 『한국사 시민강좌』 10, 일조각, 1992.
한승조, 「단군신앙과 소앙사상」, 『한국의 정치사상』, 일념, 1989.
한승조, 「한국 정신사적 맥락에서 본 소앙사상」, 『삼균주의론선』, 삼성출판사, 1990.
한영우, 「1910년대 박은식의 민족주의 사학」, 『한국민족주의역사학』, 일조각, 1994.
한찬희・박성진・이재호・한정윤, 「인공지능에 의해 창출된 부의 재분배에 관한 고찰: 인공지능윤리교육에 주는 시사」, 『초등도덕교육』 73, 2021.

한창균, 「고조선의 성립배경과 발전단계 고고학 발굴자료와 연구성과를 중심으로」, 『국사관논총』33, 1992.
한홍섭, 「난랑비서의 풍류도에 대한 하나의 해석」, 『한국민족문화』26, 2005.
허성관, 「한국선도와 ESG 경영의 공생 정신」, 『선도문화』34, 2023.
허성관, 「개성상인 복식부기 장부에 나타난 공생경영」, 『유라시아문화』10, 2024.
허성관, 「건국기원절과 홍익인간사상에 대한 이해」, 『건국기원 4357년 기념 건국기원절 학술토론회자료집』, 2024.
현주, 「학교 인성교육의 의의와 과제」, 『한국교육개발원 연구보고서』, 2012.
黑龍江省文物考古硏究所·饒河縣文物管理所, 「黑龍江饒河縣小南山遺址2015年 Ⅲ區 發掘簡報」, 『考古』, 2019年 8期.
David Orme-Johnson, "Preventing Crime through the Maharishi Effect", *Journal of Offender Rehabilitation*, October 2008.
David W. Orme-Johnson, Michael C. Dillibeck, and Charles N. Alexander, "Preventing Terrorism and International Conflicts", *Journal of Offender Rehabilitation*, October 2008.
Do-Hyeong Lee, Hye Yoon Park, UI Soon Lee, Kyung-Jun Lee, Eun Chung Noh, Joon Hwan Jang, Do-Hyung Kang, "The effects of brain wave vibration on oxidative stress response and psychological symptoms", *Comprehensive Psychiatry* 60, 2015.
Folgieri, R., "Technology, Artificial Intelligence and Keynes' Utopia: A Realized Prediction?", in M. Bait, M. Brambilla & V. Crestani(Eds.), *Utopian Discourses Across Cultures: Scenarios in Effective Communication to Citizens and Corporations*, Frankfurt Am Main: Peter Lang AG., 2016.
Seung-Ho Lee, Sun-Mi Hwang, Do-Hyung Kang, Hyun-Jeong Yang, "Brain education-based meditation for patients with hypertension and/or type2 diabetes", *Medicine*, 2019.
Ye-Ha Jung, Taw Min Ha, Chang Young Oh, UI Soon Lee, Joon Hwan Jang, Jungwon Kim, Jae-Oh Park, Do-Hyung Kang, "The Effects of an Online Mind-Body Training Program on Stress, Coping Strategies, Emotional Intelligence, Resilience and Psychological State", *PLOS ONE*, August 2016.
Ye-Ha Jung, UI Soon Lee, Joon Hwan Jang, Do-Hyung Kang, "Effects

of Mind-Body Training on Personality and Behavioral Activation and Inhibition System According to Val66Met Polymorphism", *Psychiatry Investigation*, 2016.

5. 기타자료

『대한매일신보』 1910. 01. 27.
『독립신문』 1919. 10. 28. / 1926. 11. 18.
『동아일보』 1924. 01. 13. / 1924. 01. 2.~6. / 1946. 08. 13.
『조선일보』 1926. 11. 17. / 1927.01.20. / 1964. 05. 03. / 1966. 02. 10.
『서울경제』 2009. 09. 09.
『한겨레신문』 2019. 10. 19. / 2020. 07. 24.
『黑龍江日報』,「玉破天驚」, 2020. 07. 22.
『경기일보』 2022. 12. 07.
국가보훈처,「보도자료-건국강령으로 대한민국의 미래상을 제시한 임시정부 최고의 이론가 '조소앙'선생 서거 60주기 추모제 개최」 2018. 09. 09.
사단법인 대한국학기공협회, http://www.sportskigong.org/main#

찾아보기

ㄱ

가쓰라-태프트 밀약 87
가이아(Gaia)론 58
감통영성(感通靈誠) 91
갑골문 111
강우 112
강유위(康有爲) 173
강일순 84
강재이뇌(降在爾腦) 267
개경환도 255
개성상인 70, 71
개인주의 40, 253
개조파 124
개천교 259
개합회통(開闔會通) 155
건국기원절 258
건국이념 15, 27, 44, 128, 135
건국정신 18, 22, 23, 24
경봉조신(敬奉祖神) 91
경봉천신(敬奉天神) 91
경제성장률 248
경제의 집중적인 표현 247
경제의 집중적 표현 238
경학사(耕學社) 106
계급의식 128
계급의식 운동 15
고대사 45
고신교(古神敎) 18
곰토템 족 55
공멸(共滅) 44
공생(共生) 19, 20, 21, 25, 32, 38, 44, 46, 56, 67, 71, 94, 95, 100, 114, 146, 243

공생경영 70, 71
공생민족주의 150
공생민주주의 147, 148
공생의식 266, 269, 271
공생진화론 58
공수학회(共修學會) 194
공완(功完) 19, 36, 37, 47, 48, 84, 97, 100, 165, 213
공자 66, 83, 165
공자기원 225
공전과 자전 145
공전과 자전 원리 41
공주 시교당 사건 91
공평과 평등 145
공평과 평등 원리 41
광명도 259
광복군 제1지대 228
광의의 삼균 239
광정단(光正團) 105
광주학생운동 121
교육기본법 23, 71
교통국(交通局) 123
교화 164, 255
구서(九誓) 107
구심력과 원심력 145
구심력과 원심력 원리 41
구익균 186
국가철학 145
국민대표회의 124
국민(주민) 발안 276
국민(주민) 소환 276
국민(주민) 투표 276
국수주의 150
국어문법 111

찾아보기 313

국중대회(國中大會) 48
국채보상운동 194
국학기공(國學氣功) 265, 268
국학운동 104, 109, 111, 114
권람 129
귀산(貴山) 79, 141
귀신 신(神) 32
규원사화(揆園史話) 53
균등 37, 38, 44, 93, 143, 160, 176, 207, 222
균등사회 237
근대사학 110
근무산업(勤務産業) 91
금문(金文) 111
금촉 85
금촉(禁觸) 19, 31
기(氣) 19, 31, 32, 33, 34, 95, 143, 214, 219, 262
기본 소득 28
기본소득 278
기(氣)일원론 19, 35, 143, 215, 222, 255
기자(箕子) 81, 83, 110
기자조선 80, 83, 110
긴축재정 248
길항(拮抗) 권력 245, 251
김교헌 86
김구 124, 126, 201
김규식(金奎植) 107, 198, 202
김두봉 111, 201
김석영 206
김성수 118
김시습 215
김여식 198
김연성 193
김원봉 228
김위제열전 16, 129
김좌진 104, 106, 197
김창숙 124, 186

김항 84
김헌 108, 109
김혁 105
김호 105, 198
껍데기의 평등 238

ㄴ

나가모리 토키치로(長森藤吉郎) 192
나철 21, 26, 84, 86, 87, 89, 91, 97, 108, 114
난랑비서 95, 136, 137, 140, 183
냉전체제 257
넷제로(Net Zero) 281
노계집(盧溪集) 218
노동사회개진당 198
노예정신 81
뇌교육 268
뇌교육(Brain Education) 267
능력주의 237
니콜라 드 콩도르세(Nicolas de Condorcet) 277

ㄷ

다사리 131, 143, 146, 212
다수결제도 252
단군 48
단군개국 연호 84
단군고교(檀君古敎) 85, 143
단군교(檀君敎) 33, 89, 259
단군교오대종지포명서 90
단군교종무청 259
단군교포명서(檀君敎佈明書) 88, 89
단군기념의식 203
단군기원 196, 203, 225
단군마니숭조회 259
단군민족주의 151, 163
단군사상 161, 162, 166

단군사화 20
단군성전(檀君聖殿) 259
단군성조수도원 259
단군세기 48, 67, 129
단군왕검 15
단군조선 20, 45, 48, 96, 110, 114, 143
단기고사(檀奇古史) 75, 76
단기연호 258
단연동맹(斷煙同盟) 194
단학(丹學) 261
당도 97
대공주의(大公主義) 22, 184
대독립당조직북경촉성회 126
대동단결선언 196
대동단결선언서 206
대동사상 22, 28, 160, 163, 173
대동아공영 239
대동종교(大同宗敎) 184, 209
대동청년당(大東靑年黨) 103, 110
대런 애쓰모글루(Daron Acemoglu) 250
대야발(大野勃) 76
대종교(大倧敎) 24, 26, 84, 85, 89, 96, 97, 98, 107, 109, 114, 155, 171, 204, 259
대중공생(大衆共生) 143, 146
대한국민의회 123
대한군정부 104
대한군정서 104
대한독립선언서 108, 187, 206, 211
대한독립의군부 197
대한민국건국강령 15, 18, 24, 28, 165, 221
대한민국임시정부 123, 159
대한정의단 104
대한흥학회(大韓興學會) 194
데니소바유적 52
데라우치 총독 194
도가 38
도가철학 18
도교(道敎) 18, 38, 39, 47, 137
도교신앙 18
독사신론(讀史新論) 110
동국고대선교고(東國古代仙敎考) 102, 110
동맹 48
동명본기 138
동몽선습(童蒙先習) 80
동사(東史) 67
동양평화론 26, 114
동유략초(東遊略抄) 190, 203
동제사(同濟社) 106, 171, 195, 196
동중서 65, 66
동창학교 112
동학(東學) 84
두일백 88

ㄹ

린 마굴리스(Lynn Margulis) 58

ㅁ

마고 263, 264
마고사상 264
만국사회당대회 198
만민개로(萬民皆勞) 148
만민공생(萬民共生) 32, 131, 146
만주리선언 199
맹자 20, 61
무산자동맹 119
무오독립선언서 108, 197, 206
무장투쟁 114
무정부주의 200
무천 48
묵호자 78
문일평(文一平) 107
문헌고증사학 259
미 군정청 설문조사 234
민영달 197

민족개량주의 118, 159, 164
민족개량주의자 119
민족사학 110
민족운동 159
민족유일당 117, 122, 125, 127, 185, 201
민족의식 128
민족의식 운동 15
민족자결주의 123, 197
민족종교 21, 84
민족주의 150, 173, 177
민족혁명당 228
민주주의 173, 177

ㅂ

박남파 197
박달학원 171, 196
박은식(朴殷植) 104, 107, 109, 124, 125
박인로(朴仁老) 218
박중빈 84
박찬익(朴贊翊) 107, 197
박필양 190
반강권주의 200
발해고(渤海考) 99
발해농장 113
배달겨레(Baedal ethnic) 17, 24, 31, 42, 47, 58, 79, 166, 167
배달국 17, 20, 57
배심 재판 제도 277
배심 재판제도 28
백봉교단(白峰敎團) 99
백봉신사(白峯神師) 88, 91
백산상회(白山商會) 112
백산학교 112
백전도인(佰佺道人) 88
버크 보수주의 252
범금8조(犯禁八條) 60
범토템 족 55, 56

베르사유체제 123
변영만 193
보통선거제도 230
보황주의(保皇主義) 197
본질 35, 36, 63, 64
봉교과규(奉敎課規) 92
부도(符都) 66, 97, 183
부도지(符都誌) 64
부루 183
부민단 106
부(富)의 분배 248
북두칠성사상 264
북로군정서 104, 106
북부여기 77
북애자 53
북풍회 119
불로장생 48
불평등 248
불환과이환불균 175, 178
비타협적 민족운동 154
비타협적 민족주의 153
빅 데이터 244, 247

ㅅ

사기 66
사대·모화 182
사대모화 80, 81, 82, 111
사대주의 81, 160
사이토 마코토(齊藤實) 118
사회민주주의 177
사회주의 173, 177
사회주의 데모크라시 236
사회주의운동 159
산해경 46
삼국사기 69
삼국시대 68
삼국유사 20, 45, 55

삼국지 56
삼균제도(三均制度) 16, 17, 18, 24, 28, 117, 128, 132, 143, 188, 202, 220, 222, 274
삼균주의(三均主義) 16, 18, 21, 22, 24, 25, 26, 28, 117, 128, 143, 147, 155, 159, 160, 165, 167, 188, 202, 220, 222, 243
삼균주의학생동맹 202
삼문일답(三問一答) 208
삼민주의 22, 28, 163, 173
삼성기(三聖紀) 45
삼성밀기(三聖密記) 17
삼신하느님 263
삼원론 35, 36
삼원오행론 63, 64, 65
삼일신고(三一神誥) 24, 32, 34, 37, 63, 85, 88, 98, 99, 101, 161, 209
상고사 45
상속세율 248
상해임시정부 106
상호부조 58
상호부조(mutual aid) 57
색불루 75
서경덕 215
서경천도운동 79
서로군정서(西路軍政署) 106
서원보 194
서일 104, 106, 208
서효사(誓效詞) 130
선가(仙家) 32, 155
선교(仙敎) 18, 103, 104
선도(仙道) 18
선도기학(仙道氣學) 40, 262
선도문화 21, 24, 31, 59, 75, 114, 160
선도사상 24, 48, 160, 181, 183, 205
선도사학 111
선도 수련 271

선도 수련문화 28
선도수행 19
선도제천문화(仙道祭天文化) 19, 20, 21, 49, 52, 57
선불교 259
선불습합(仙佛習合) 78
선사(仙史) 137
선인(仙人) 138
설문해자 46
성균관 경학과(經學科) 191, 192
성리학 21, 79, 80, 82, 160, 166, 168
성수영성(誠修靈性) 91
성통(性通) 19, 36, 37, 47, 48, 84, 97, 165, 213
성통·공완 32, 38, 44, 98, 100, 101, 114, 136
세계주의 23
세속오계(世俗五戒) 27, 79, 95, 107, 136, 139, 141, 222
세습자본주의(patrimonial capitalism) 249
소남산문화 20, 49, 52, 53
소득불평등 250
소득세율 248
소앙기설(素昂氣說) 169, 214
소전(小篆) 111
소중화 81
손문 22, 28, 173
손정도 124
손진태(孫晉泰) 149
송양 138
송진우 118
수련문화 260, 261, 271
수미균평위 흥방보태평(首尾均平位 興邦保泰平) 16, 162, 165, 167, 225
수서령 17, 53, 82, 166, 182
수정자본주의 177
수행 21, 31, 36, 37, 38, 44, 75, 95, 97, 165, 212

스티븐슨 194
시변(時邊) 70
식민사학 259
식산자강운동 104, 112, 114
신(神) 19
신간회(新幹會) 117, 118, 120, 201
신교(神敎) 18
신규식(申圭植) 106, 107, 195
신단민사(神檀民史) 86, 108, 109
신단실기(神檀實記) 86, 108, 109
신리대전(神理大全) 134
신명균 111
신민부(新民府) 104, 122
신민족주의 148, 150, 152
신(新)민주주의 26, 28, 117, 131, 143, 146, 155, 222
신민회 106
신민회사건 194
신분제 82, 171, 182
신사기(神事記) 88, 162
신석우(申錫雨) 107
신석호 260
신선(神仙) 18
신선도(神仙道) 18
신선사상 47, 48
신성(神性) 31, 267
신숙 124
신시 17, 59
신시배달국 20, 34, 45, 48, 60, 67, 71, 110, 114
신의주사건 119
신인합일(神人合一) 19, 24, 31, 84, 165, 211
신자유주의 240
신지(神誌) 162
신지발리 129, 130
신지비사(神誌祕詞) 16, 128, 129, 161, 165, 167

신채호 15, 39, 45, 76, 102, 110, 193
신채호(申采浩) 107
신한청년단 198
신한혁명당 197
신한회(新韓會) 118
신해혁명 38
신흥강습소 106
신흥유신 80
실력양성론 159
실증사학 259
실천 97

ㅇ

아골타 81
아나키스트 200
아나키즘 163
아베 미쓰이에(阿部充家) 118
안고기토(安固基土) 90, 91
안광천 119
안명근 194
안재홍 21, 27, 28, 32, 45, 85, 100, 117, 120, 131, 143, 155
안창호 22, 124, 184, 201
안함로 45
안희제 112
알렌(Horace Newton Allen) 218
애합족우(愛合族友) 90, 91
애합종족(愛合宗族) 91
양계초 173
양심(良心) 19, 31
에너지 31, 32, 33, 34, 216, 262
여운형 124, 125
연정회(硏政會) 118
연좌제 62
연통제(聯通制) 123
연호 258
영고 48

예(禮) 176
예수기원 225
오기호 87, 89
오대종지(五大宗旨) 26, 90, 91, 101
오상 141
오월춘추 67
왕석보(王錫輔) 87
외교제일주의 124
용화불사 259
우익 154
우하량유적 45
원 간섭기 255
원광법사 79
원불교(圓佛敎) 84
원세훈 124, 125
위만정권 77
위임통치 123
유교 47
유교사관 138
유교사학 86
유득공(柳得恭) 99
유림 200
유신회(維新會) 87
유인석 197
유인식 193
유지파 124
유학 139
유호한국독립운동자동맹(留滬韓國獨立運動者
 同盟) 201
육성교 182, 205
윤기섭 126
윤세복 105, 112
윤자영 124
윤해 124
을미의병 88
을보륵 46
을사늑약 87, 104, 153, 193
을사의병 88

음양오행론 63, 65
응능응분 238
응제시주(應製詩註) 129
의무교육 235
의열단 15
이광수 118, 164
이규경 215
이극로 111
이기 87, 89
이기론 168
이도흥치(以道興治) 27, 101, 141
이동녕 106, 201
이명(李茗) 53
이범영 198
이병도 260
이살음 198
이상룡 106
이승만 123, 124
이승훈 218
이승휴 138
이시영 124
이암 129
이원론 40, 170
이일분수론(理一分殊論) 168, 169
이종일 206
이종휘 67
이철영 106
이청천 202
이하영(李夏榮) 192
이화세계(理化世界) 15, 17, 23, 95, 220
이회영 106, 197
인공지능(AI) 244, 247
인내천 31
인성교육 235, 251, 254
인성회복 175, 274
일기·삼기 264
일·삼·구론 63
일삼론(一·三論) 35, 63

일신교(一神敎) 184, 196
일신교령(一神敎令) 161, 169, 205, 209, 211, 212, 214
일연 45
일원론 170
일월회(日月會) 119
임시의정원 228
임시정부 124
임아상(任雅相) 99, 214
임오교변 113
임일 198
입신양명 255
잉여가치 245

ㅈ

자동화 245
자본수익률 248
자본적 민주주의 146
자본주의 데모크라시 236
자부(紫府) 137
자유민주주의 39, 147, 148, 252, 253
자유연합적 공동체 200
자유주의 39, 40
자치론 159
자치운동 164
자치운동론 118
장개석(蔣介石) 202
장인환 194
재가화상(在家和尙) 265
재세이화 36, 165
저항적 민족주의 104, 127, 149, 150, 155
전 국민적 데모크라시 236
전덕기 194
전명운 194
전병훈 33
접화군생(接化群生) 101, 181
정구이복(靜求利福) 91

정도전 80
정신철학통편 33
정역(正易) 84
정우회(正友會) 119
정우회선언 119
정의부(正義府) 105, 122
정인보 21, 27, 39, 61, 98, 100, 131, 134, 138, 155
정체사관(停滯史觀) 149
정토(淨土) 137
정훈모 89
제1차 국공합작 125
제1차 한일협약 87
제2차 영일동맹 87
제국주의 150
제임스 러브록(James Ephraim Lovelock) 58
제천 48
제천행사 62
조대기(朝代記) 53
조려 190
조병옥 203
조선공산당 사건 119
조선기원 225
조선노동당 119
조선말본 111
조선사 110
조선상고사 110
조선의용대 228
조선총독부 90
조선혁명당(朝鮮革命黨) 202
조선혁명선언 15
조성룡 190
조성환 201
조소앙(趙素昂) 15, 16, 21, 24, 27, 107, 108, 131, 143, 155, 197
조시원 220
조식(調息) 19, 31, 85
조완구 201

조용하(趙鏞夏) 193
조의선인 265
조정규 190
조지프 슘페터 252
조화 164
조화의 원리 42, 56
조화점(調和點) 65
종교(倧敎) 18
좌우합작 15, 27
좌익 154
주시경 111
주희 66
주희성리학 22, 24, 28, 79, 173
중광(重光) 85, 89, 97, 114
중광가(重光歌) 93, 94, 162, 225
중광단(重光團) 104
중국(中國) 39
중세사학 110
중화민국 38
중화사상 65
중화주의 80, 83, 97, 160, 182
중화주의적 166
증산도(甑山道) 84
지감(止感) 19, 31, 85
지구인 261, 282
지방자치제 230
지석영 111
진개(秦開) 77
진선미 210, 211, 212
진승·오광의 난 61
진역유기(震域遺記) 53
진휼(賑恤) 20, 67, 68, 69

ㅊ

차인(差人)제도 70
참여민주주의 28, 277
참의부 106, 122

참전계경(叅佺戒經) 255
창조파 124
천경지의(天經地義) 82, 182
천부(天符) 64, 65, 66, 146, 183
천부경(天符經) 32, 33, 34, 36, 63, 137, 161, 215
천손 62, 160
천손(天孫) 사상 48
천웅도(天雄道) 66, 183
천인감응 211
천인감응설 69
천인합일(天人合一) 19, 31, 48, 137
천지화랑 265
천화불교 259
청일전쟁 87
청파호 107
체용(體用) 관계 35
초월 명상 270
총소득점유율 244
최남선 108, 118
최린 118
最우익 154
최제우 84, 215
最좌익 154
최치원 95, 136, 137
최한기 215
최현배 111
추항(箒項) 79, 141
축적 245, 246
치안유지법 119
치화 164
친일파 119
침략적 민족주의 148

ㅋ

카이로회담 202
코민테른 122

크로포트킨(Peter Kropotkin) 58

ㅌ

타협적 민족운동 154
타협적 민족주의 153
탄소제로 281
태극도설 180
태극도해 180
태백일사(太伯逸史) 32, 59
토크빌(Alexis de Tocqueville) 277
통일민족국가 152, 153, 154, 155, 202
통일민족주의 153
통제점(統制點) 65

ㅍ

팔관(八關) 89
팔굉일우(八紘一宇) 239
패권정치 63
패권주의 65, 96, 97
평균소득 244
평균자산 244
포용적 경제제도 250
포용적 정치제도 250
포츠머스조약 87
표훈 35
표훈천사(表訓天詞) 35
풍류도(風流道) 18, 183
풍월도(風月道) 18, 135
플랫폼 246

ㅎ

하나님 35, 217, 218
하느님 32
하느님 신(神) 32
하늘의 뜻 136
하필원 119

한국광복군 228
한국국민당(韓國國民黨) 188, 202
한국독립당(韓國獨立黨) 17, 185, 201, 202, 220, 227
한국선도 18, 21, 24, 26, 31, 33, 40, 44, 95, 173, 254
한국유일독립당상해촉성회 126, 127, 201
한국통사(韓國痛史) 109, 110
한무제(漢武帝) 77
한(韓)민족 17
한사상 260
한살임(韓薩任) 200
한성정부 123
한얼교 259
한위건 121
한유(韓愈) 165
한일병합조약 89
한일신협약(정미7조약) 88
한족회 106
항일무장투쟁 104
해동비록(海東祕錄) 83
해방공간 257
헐버트(Homer Bezaleel Hulbert) 217
현대 단학 41, 261, 262, 280, 281
현대선도 42, 261, 275
현묘지도(玄妙之道) 27, 141, 183, 219
현상 35, 36, 63, 64
현상계 64
협의의 삼균 239
혼돈이론(chaos theory) 270
홍대용 215
홍도익중(弘道益衆) 46, 59, 131
홍명희(洪命熹) 107
홍산문화 45, 49
홍익교육 25, 253
홍익민족주의 150, 153
홍익민주주의 147, 148, 150
홍익인간(弘益人間) 15, 17, 18, 19, 23, 24,

32, 36, 38, 43, 71, 93, 94, 95, 96, 100, 101, 128, 131, 136, 138, 140, 141, 146, 165, 212, 220
홍익인간사상 18, 21, 24, 27, 28, 45, 55, 94, 95, 97, 111, 114, 136, 155, 202, 222, 254
홍익인간이념 18
홍익인세(弘益人世) 94
홍익정치 18, 20, 26, 43, 46, 55, 56, 59, 63, 67, 68, 70, 243, 253
홍익정치론 21, 26, 27, 28, 97, 114, 117, 129, 155, 202, 220, 222, 243
홍익주의 36, 60, 61, 66, 67, 96, 97
홍익홍제(弘益弘濟) 225
홍진 201
화랑 265
화백(和白) 146
화요파 119, 127
화요회 119
화이사상 204
화이(華夷)사상 66
환계(換稧) 71
환과고독(鰥寡孤獨) 20, 69
환국(桓國) 20, 53, 55, 57, 67, 110
환웅 48, 110, 183
환웅사화(桓雄史話) 20, 56, 57, 155, 183
환웅족 55
환웅천왕 17, 34
환인 48
환족 17
황무지 개간권 192
황상규 197
황현 87
회남자 46
회삼경(會三經) 134
획일적 평등주의 237
후한서 56
흑수백산지구 52

흥륭와문화 52
흥업단(興業團) 105

E

energy 19
ESG 경영 28, 71, 279

M

ML파 127

1

1인 1표제 251, 253, 273
12월 테제 122, 127
105인 사건 195